/ 以题讲法 / 案例教学 / 精准分析 / 试卷模拟 /

税务稽查
实务与案例

卢阳 王蕴 ◎ 主编

U0819803

中国财经出版传媒集团
中国财政经济出版社

图书在版编目（CIP）数据

税务稽查实务与案例 / 卢阳，王蕴主编. --北京：中国财政经济出版社，2021.5

ISBN 978-7-5223-0502-8

Ⅰ.①税… Ⅱ.①卢… ②王… Ⅲ.①税务稽查-案例-中国 Ⅳ.①F812.423

中国版本图书馆 CIP 数据核字（2021）第 070330 号

责任编辑：吕小军　李筱文　　　责任校对：胡永立
封面设计：陈宇琰　　　　　　　责任印制：党　辉

税务稽查实务与案例
SHUIWU JICHA SHIWU YU ANLI

中国财政经济出版社 出版

URL：http：//www.cfeph.cn
E-mail：cfeph@cfeph.cn
（版权所有　翻印必究）
社址：北京市海淀区阜成路甲 28 号　邮政编码：100142
营销中心电话：010-88191522
天猫网店：中国财政经济出版社旗舰店
网址：https：//zgczjjcbs.tmall.com
北京中兴印刷有限公司印刷　各地新华书店经销
成品尺寸：185mm×260mm　16 开　23.5 印张　516 000 字
2021 年 5 月第 1 版　2021 年 5 月北京第 1 次印刷
定价：89.00 元
ISBN 978-7-5223-0502-8
（图书出现印装问题，本社负责调换，电话：010-88190548）
本社质量投诉电话：010-88190744
打击盗版举报热线：010-88191661　QQ：2242791300

前　言

习近平总书记指出："法治是国家治理体系和治理能力的重要依托。""我国社会主义法治凝聚着我们党治国理政的理论成果和实践经验，是制度之治最基本最稳定最可靠的保障"。"只有全面依法治国才能有效保障国家治理体系的系统性、规范性、协调性，才能最大限度凝聚社会共识"。推进国家治理体系和治理能力现代化，就是要适应时代变化，使各方面制度更加科学、更加完善，实现党、国家、社会各项事务治理制度化、规范化、程序化。

税收是国家治理的基石，是宏观调控的手段，更是市场主体考虑的重要经济要素。税收征管制度与财税体制改革要适应中国特色社会主义市场经济体制需求，融入中国特色社会主义法治体系，以制度为基础，严格依法办事、照章办事，用制度管权、管事、管人，切实防范执法风险。因此，党的十八大以来，税收体制改革都是国家深化改革的重要内容之一。党的十九届五中全会更是对税收工作提出了新的更高要求。税收法治，关键在于税收执法过程的合法性与程序问题。规范税收执法，基础在于一线税务人员的法治素养与法治意识。

本书主要是税务干部培养税收法治意识、提升税务稽查业务水平的辅助工具，也可以作为 MPAcc 教学参考用书。本书收集了截至 2021 年 3 月的税收政策。因此，本书呈现了以下三个特点：

1. 以题讲法。本书根据知识点配合了大量例题，结合稽查业务，吃透税务稽查常见现象和解决路径。

2. 案例教学。本书搜集了部分税务稽查实践案例，以案说法，明晰税务稽查过程中的法律风险。

3. 精准分析。一题一分析，说清楚、讲透彻；分析习题时注明相关法律法规等政策依据，有法可依；逻辑清晰，层层递进，精准高效找出答案。

本书属于陕西省教育厅 2020 年度一般研究项目"区块链技术对税务组织结构的重塑研究"（项目编号：20JK0089）和陕西理工大学科研计划资助项目"区块链发票在税收治理中的应用研究"（项目编号：SLG1922）的阶段性成果。全书由陕西理工大学卢阳和国家税务总局税务干部学院大连校区王蕴共同设计、复核和审定。

东北财经大学网络教育学院原书记安福仁教授、国家税务总局陕西省税务局刘锋博士、国家税务总局江苏省税务局沈向民博士、国家税务总局哈尔滨市税务局马之超博士、国家税务总局牡丹江市税务局孙化刚博士、国家税务总局大连市税务局李冬杰博士、国家税务总局汉中市税务局第一稽查局焦振同志为本书的编写提供了宝贵意见，在此一并表示感谢。

由于水平有限，难免有疏漏或不妥之处，恳请读者批评指正。

编者

2021年3月

目　　录

第一章　税务稽查总论

税务稽查是维护税法尊严、净化税收环境、保障税收法治的税收行政执法活动，是落实税务行政执法与涉税犯罪“两法衔接”的桥梁。

在习近平新时代中国特色社会主义思想的指导下，依法治税和优化营商环境对税务稽查都有新要求，稽查执法理念与方式需要进一步优化。税务稽查要与时俱进、守正创新，为守法经营的纳税人营造公平竞争的税收环境。

第一节　税务稽查概述

一、税务稽查的概念

（一）税务稽查的定义

税务稽查是税务机关依据国家税收政策、法规和财务会计制度的规定，对纳税人、扣缴义务人和其他税务当事人履行纳税义务、扣缴义务及税法规定的其他义务等情况进行监督检查的一种管理活动。税务稽查是税收管理的重要环节，是对税收日常征收管理工作的重要补充，是国家监督管理的重要组成部分。税务稽查的内涵可以从以下几个方面来理解：

1. 税务稽查的主体是税务机关。《中华人民共和国税收征收管理法》（以下简称《税收征收管理法》）第十四条规定，税务机关是指各级税务局、税务分局、税务所和国务院规定设立的并向社会公告的税务机构。《中华人民共和国税收征收管理法实施细则》（以下简称《税收征收管理法实施细则》）第九条规定，《税收征收管理法》第十四条所称按照国务院规定设立的并向社会公告的税务机构，是指省级以下税务局的稽查局。

2. 税务稽查的客体是纳税义务人，包括代扣代缴义务人、代收代缴义务人、纳税担保人等。

3. 税务稽查的依据是国家的各种税收法规和税收相关的法律法规，包括税收基本法、税收实体法、税收程序法、会计法、企业财务制度、行政复议法等。这些法律法规不仅明确规定了税务稽查的权限，同时还为税务稽查工作提供了详细的法律判断和法定工作程序，税务机关只有严格按照税法的要求办事，才能确保税务稽查的法律效力。

4. 税务稽查的目的是保障税收收入，加强税收征收管理，保证税法的贯彻实施。

（二）税务稽查和审计的区别

税务稽查和审计都是经济管理的工作内容。从学科划分角度看，两者没有本质的区别，但是在实际工作中两者存在明显的区别。

1. 检查主体不同。税务稽查是政府的行政行为，稽查的主体是依据法律规定具有行使税收检查权利的政府行政机关。按现行机构设置，各级税务局的稽查分局是税收检查的实际执行主体，税务机关的税务稽查主体地位是通过法律程序确定的。

审计不是政府的专门行政行为，检查的主体也不仅仅是政府权力机关。如果仅仅是从一般审计的角度分析问题，不考虑国家审计部门对国有资产的专项审计，那么审计的主体就不是政府权力机关，而仅仅是具有商业营业目的的会计公司或会计师事务所。

2. 检查的内容不同。税务稽查的主要内容是被检查对象的纳税行为，包括被检查对象的财务会计资料、库存材料、商品、未使用的原始凭证、市场监督管理部门签发的工商营业执照等。审计的主要内容是与被检查主体会计核算有关的行为，包括检查纳税人的会计核算资料、资产等。由于计算会计成本和准予税前扣除项、利润和应纳税所得额的方式不同，税务稽查和审计的内容必然存在差异。

3. 检查的依据不同。税务稽查的根本依据是税收法律规定，虽然会计法、财务管理法以及其他经济法规也是税务稽查的依据，但是当这些法规与税收法规产生冲突时，税法是唯一的检查依据。审计的依据主要是会计法及相关的财务制度，只有在特殊的检查目的下，其他经济法规才是审计的依据。

4. 检查的目的不同。税务稽查的根本目的是通过检查纳税人的有关纳税资料发现和纠正纳税人的纳税行为。审计的目的是通过核实账簿，查清财产物资和被查对象的财务管理情况。

二、税务稽查的权限范围

根据《税收征收管理法》第五十四条等条款规定，税务机关的税务检查权限范围主要包括以下内容：

1. 检查纳税人的账簿、记账凭证、报表和有关资料，检查扣缴义务人代扣代缴、代收代缴税款的账簿、记账凭证和有关资料。

账簿、凭证、报表和有关资料，是记录和反映纳税人、扣缴义务人生产经营情况的凭据，也是税务机关检查纳税人、扣缴义务人履行纳税义务人情况的依据之一。通过对账簿、凭证和报表等有关资料的检查，可以了解其业务经营活动是否合法，账务记载是否真实，核算是否正确，费用开支、成本列支是否符合规定的范围和标准，从而监督纳税人和扣缴义务人认真遵守财务制度，严肃财经纪律。

2. 到纳税人的生产经营场所和货物存放地检查纳税人应纳税的商品、货物或者其他财产，检查扣缴义务人与代扣代缴、代收代缴税款有关的经营情况。

对商品、产品的生产经营和货物存放地的检查，是税务稽查的一个必要环节。通过实地检查了解，可以掌握纳税人、扣缴义务人的实际生产经营情况是否与财务处理、记录以及纳税人的申报资料相符，从中掌握规律，发现问题，促进纳税人和扣缴义务人如实申报。对商品、产品的生产经营和货物存放地的检查是查账检查的延续与补充。对于不设置账簿经营的纳税人，场地检查是一种独立的检查活动，因此，场地检查是税务机关对无照经营和小规模营业人经常进行的一种检查活动。

3. 责成纳税人、扣缴义务人提供与纳税或者代扣代缴、代收代缴税款有关的文件、证明材料和有关资料。

纳税人、扣缴义务人提供的与纳税或者代扣代缴、代收代缴税款有关的文件、证明材料和有关材料，是税务机关了解和掌握税收征管情况的直接依据。因此，要求提供资料者必须遵循及时、准确、全面和合法的原则。

4. 询问纳税人、扣缴义务人与纳税或者代扣代缴、代收代缴税款有关的问题和情况。

税务机关在行使这一权利时，通常是根据查账已经掌握的线索或收集到的检举揭发材料。此时，通过行使询问权，可以多方面验证事实的真伪，掌握大量账外活动情况，从而发现和证实问题。税务机关在行使询问权时要做好记录，必要时还要由当事人、证人写出书面材料。

5. 到车站、码头、机场、邮政企业及其分支机构检查纳税人托运、邮寄应纳税商品、货物或者其他财产的有关单据、凭证和有关资料。

交通要道和邮政企业及其分支机构是商品流通与商品交易比较集中的地方，但流动性大，不易监管，因而税收流失问题比较严重。这种检查方法目前是我国税务机关经常采用的税务稽查方法，对于查处各种偷税和漏税行为、强化源泉控管、宣传税收政策、维护经济秩序、促进经济健康发展起着重要作用。

6. 经县以上税务局（分局）局长批准，凭全国统一格式的检查存款账户许可证明，查询从事生产、经营的纳税人、扣缴义务人在银行或者其他金融机构的存款账户。税务机关在调查税收违法案件时，经设区的市、自治州以上税务局（分局）局长批准，可以查询案件涉嫌人员的储蓄存款。税务机关查询所获得的资料不得用于税收以外的用途。在经济领域中，大多数经营活动的支付与收取是通过银行往来账户实现的，也有相当一部分是现金交易，许多个体工商户、私营企业主将在经营活动中取得的收入以个人储蓄的名义存入银行。允许税务机关到银行检查纳税人的账户和存款，主要是为了税务机关在查处偷税案件过程中及时了解纳税人、扣缴义务人往来账户的情况，掌握偷税的证据，并防止偷税人将存款转移。

[例题1-1]（综合题）某税务机关接到群众举报，称该市某酒店有偷税行为。为掌握有关线索，该市税务局派税务人员邓某等4人扮作客人，到该酒店就餐。餐后索要发票，服务人员开具了一张内部收据，当税务人员询问是否可以打折时，对方称如果不开发票可以打折。

第二天，邓某等4人又来到该酒店，称自己是市税务局的，有人举报你们有偷税行为，并出示税务稽查证件和《税务检查通知书》，依法对酒店进行税务检查。

检查中，该酒店老板不予配合，检查人员出示了前一天的就餐发票，并趁老板不注意时直接打开吧台抽屉，从中搜出大量该酒店的自制收据和数本商业零售发票。经核实，该酒店擅自印制收据并非法使用商业零售发票，偷逃税款。请问税务机关的稽查行为是否合法?

[答案解析] 税务机关的稽查行为不合法。根据《税收征收管理法》第五十四条等条款规定，税务机关有以下六项税务检查权：账簿资料检查权、商品货物检查权、责成提供纳税资料权、寄运货物单证检查权、责成提供纳税资料权、查核储蓄存款账户权和询问权。但是，法律并未赋予税务机关类似公安机关、安全机关、检察机关所享有的搜查权利。税务机关实施税务检查时只能行使上述六项法定职权，否则，就属于违法。

[例题1-2]（单项选择题） 稽查人员在检查过程中如果要将纳税人以前会计年度的账簿、记账凭证、报表和其他有关资料调回税务机关检查，必须经县级以上税务局（分局）局长批准，并在法定的归还期限内完整归还。这里的法定归还期限是指（　　）。

A. 1个月　　B. 2个月

C. 3个月　　D. 6个月

[参考答案] C

[答案解析] 依据《税收征收管理法实施细则》第八十六条规定，税务机关行使《税收征收管理法》第五十四条第（一）项职权时，可以在纳税人、扣缴义务人的业务场所进行；必要时，经县以上税务局（分局）局长批准，可以将纳税人、扣缴义务人以前会计年度的账簿、记账凭证、报表和其他有关资料调回税务机关检查，但是税务机关必须向纳税人、扣缴义务人开付清单，并在3个月内完整退还；有特殊情况的，经设区的市、自治州以上税务局局长批准，税务机关可以将纳税人、扣缴义务人当年的账簿、记账凭证、报表和其他有关资料调回检查，但是税务机关必须在30日内退还。

[例题1-3]（单项选择题） 某市高新区税务局稽查局检查人员要查询涉案人员王某的储蓄存款，批准的稽查局领导岗位是（　　）。

A. 高新区税务局局长　　B. 高新区税务局稽查局局长

C. 市税务局稽查局局长　　D. 市税务局局长

[参考答案] D

[答案解析] 依据《税收征收管理法》第五十四条规定，税务机关在调查税收违法案件时，经设区的市、自治州以上税务局（分局）局长批准，可以查询案件涉嫌人员的储蓄存款。税务机关查询所获得的资料，不得用于税收以外的用途。

[延伸阅读]　**税务稽查与核定征收权**①

2004年广州德发房产建设有限公司（以下简称德发公司）因银行1.3亿港元的到期债务无力偿还，遂决定委托广州穗和拍卖行有限公司（以下简称拍卖行）将德发公司

① 该案例分析改编自卢阳："德发案对税务行政执法的启示"，《税务与经济》，2018年第4期，第94-97页。

所有的、位于广州市人民中路555号、估值为530 769 427.08港元的“美国银行中心”的房产拍卖，清偿银行债务。同年12月2日，拍卖行在《信息时报》C16版刊登拍卖公告，公布将于2004年12月9日举行拍卖会。

依据拍卖委托合同的约定，该处房产拍卖底价为1.3亿港元，竞投者在拍卖前须先将拍卖保证金6 800万港元转到德发公司指定账户。在拍卖公告期间内，仅有盛丰实业有限公司符合拍卖公告要求，成为本次拍卖的唯一竞买人。应当注意的是，该竞买人的法人代表与德发公司法人代表曾是夫妻关系，且在拍卖公告期间，该竞买人私下与拍卖行接触，获悉了该房产的拍卖底价。2004年12月9日，盛丰实业有限公司以底价1.3亿港元竞买成功上述标的物的部分房产。之后，德发公司按1.38 255亿元的拍卖成交价格，先后向税务部门申报缴付了营业税6 912 750元及堤围防护费124 429.5元。

2006年，广州市地方税务局第一稽查局（以下简称广州地税稽查一局）认为上述拍卖交易存在瑕疵，在调查2003—2005年的周边房价后，认为该拍卖成交价格明显低于市场价格，因此，应当认定德发公司申报的计税依据属于《税收征收管理法》第三十五条中明显偏低且无正当理由的情形，并重新核定德发公司该次拍卖的计税价格应当为311 678 775元，并以此为基础重新核定了德发公司应缴纳营业税及堤围防护费，要求德发公司补缴税款及滞纳金共计1 000余万元。

德发公司对广州地税稽查一局做出的税务处理决定不服，向广州市地方税务局申请行政复议。2010年2月8日，广州市地方税务局做出的行政复议决定维持了广州地税稽查一局的处理决定。德发公司不服复议决定，遂向法院提起行政诉讼，经过广州市天河区人民法院一审、广州市中级人民法院二审、广东省高级人民法院再审后，三级法院都驳回了德发公司的诉讼请求。但是，德发公司仍然不服，向最高人民法院申请再审。2014年12月25日，最高人民法院决定提审此案，并于2017年4月7日做出再审判决。

最高人民法院的再审判决包括以下三个方面的内容：一是撤销广州地税稽查一局做出的对德发公司加收滞纳金的决定；二是责令广州地税稽查一局在本判决生效之日起30日内返还已经征收的滞纳金，并按照同期中国人民银行公布的一年期人民币整存整取定期存款基准利率支付相应利息；三是驳回德发公司其他诉讼请求。

作为新中国成立以来第一起由最高人民法院审结的税务行政案件，德发案一直牵动着税务实务界和理论界的广泛关注与讨论。廖仕梅（2015）在最高人民法院的判决结果出炉前，将本案的研究视角聚焦在税务机关的核定征收权问题上，坚定地认为，“计税依据明显偏低”没有法律依据，税务机关行使核定征收权侵犯了纳税人的意思自治。最高人民法院的判决结果出炉后，袁森庚（2017）系统地分析了最高人民法院的判决书，批评了最高人民法院认定税务机关加收滞纳金缺乏法律依据的判决结果太过随意。然而，从税收执法角度看，德发案的症结在广州地税稽查一局混淆了核定征收权的性质与适用范围，错误地认为，核定征收可以作为事后认定当事人税收违法的管理手段。

1. 意思自治原则与税务稽查。意思自治是现代民法的重要原则，也是市场经济的基石之一。在“法无禁止即自由”的民法语境下，意思自治意味着当事人享有是否缔结合同、与谁缔结合同、决定合同内容和缔结合同方式等多方面的自由。其中，决定合同内容的自由就包括了当事人自行决定交易价格的自由。而所谓市场价格，其实就是无数个基于意思自治原则形成的价格决策的平均数。因此，在具体的一宗交易中，价格可能高于市场价格，也可能低于市场价格。特别是拍卖价格，其形成机制比较复杂，容易受到诸多不确定因素的影响，例如拍卖师的行为、拍卖现场的氛围和竞拍者非理性决策等。因此，一般依照法定程序进行的拍卖活动，经过了公平公正的竞价程序，不论拍卖成交价格的高低，都是充分竞争的结果，就可以视为市场的公允价格。因此，最高人民法院认为，如果没有法定机构依法认定拍卖行为无效或者违反拍卖法的禁止性规定，原则上税务机关应当尊重作为计税依据的拍卖成交价格，不能以拍卖价格明显偏低为由行使核定征收权。

换言之，如果广州地税稽查一局按照所掌握的证据，证明竞买人和拍卖人之间存在恶意串通，则应当通过法定机构宣告拍卖无效，并按照税务稽查程序，依据市场公允价格作为计税依据，进行追缴税款并加处罚款与滞纳金。从这一维度理解，最高人民法院的判词与袁森庚（2017）的主张没有显著分歧。

2. 税务局稽查局享有核定征收权。核定征收权也称之为推定课税权，是自由裁量的行政行为。作为行政管理权，行使核定征收权即意味着做出了一项新的具体行政行为，在该具体行政行为没有被认定为无效或撤销的前提下，该具体行政行为即产生了变更原有税收法律关系的终局效果。因此，核定征收权不能作为税务稽查认定当事人税收违法的依据。换言之，主管税务机关放弃了继续通过税务稽查查明案情、确定税收违法行为，并依据税收违法行为实施强制措施的可能性。

由于广州地税稽查一局没有通过法定机构宣告拍卖无效，而选择了核定征收的方式确定该案的计税依据，实际上是以税收征管权替代了税务稽查权，是一项新的具体行政行为。那么，广州地税稽查一局做出的具体行政行为是否合法有效成了本案的关键。

从行政权力划分的角度看，既然核定征收权是征税权的一部分，则应当由税收征管部门专享，而稽查部门应当专司稽查业务管理、税务检查和税收违法案件查处。从这一角度看，广州地税稽查一局行使《税收征收管理法》第三十五条规定的应纳税额核定权确有超越职权之嫌。但是，依据《税收征收管理法实施细则》第九条第二款规定，“国家税务总局应当明确划分税务局和稽查局的职责，避免职责交叉”。而国家税务总局在明确稽查局和其他税务机构的职责之前，各级稽查局现行职责不变。按照现行各级稽查局的职责范围和税收征管实践，稽查局除了稽查业务管理、税务检查和税收违法案件查处之外，配合征管部门强化日常征管也是稽查局的工作职责。因此，广州地税稽查一局行使核定征收权符合现行税收征管及税务稽查体制，这一点也得到了最高人民法院的确认。

3. 滞纳金的性质与作用。张峰振（2015）指出，滞纳金只是一种行政强制执行方式。只有行政机关做出具体行政行为后，当事人拒不执行具体行政行为，才产生滞纳金。

本案中，广州地税稽查一局做出的具体行政行为引发了原有税收法律关系的变更。简而言之，德发公司基于广州地税稽查一局做出的具体行政行为变更了纳税义务起始时间，即广州地税稽查一局重新核定应纳税额的当日，德发公司应当按照核定征收的计税依据缴纳税款，拒不执行的，方产生滞纳金。因此，广州地税稽查一局在核定德发公司应缴税款前并不产生滞纳金，这也是最高人民法院认为广州地税稽查一局对德发公司征收该税款确定之前的滞纳金没有法律依据的原因。

4. 税务局稽查局应当尽可能不使用核定征收权。虽然，税务稽查的终极目的是提升纳税人的税法遵从度、提升税收征管效率，但是，税务稽查与税收征管仍然存在着显著差异。税务稽查的职能在于确认并打击税收违法行为，强调稽查程序合法、证据确凿；而税收征管则更偏重于效率，强调征税成本控制，这也是《税收征收管理法》赋予税务机关包括核定征收、税收保全等多项便于税收征管的行政特权的原因。如果将税收征管权与税务稽查权混同，单纯强调税收征管效率，税务稽查部门则会失去追求证据确凿、认定事实清楚的动力。

如前文所述，核定征收权是税收行政管理权的一种，行使核定征收权意味着税收法律关系的产生或变更。从税收征管与税务稽查的差异来看，核定征收权应当由税收征管部门专享。允许税务稽查部门行使核定征收权，将降低税务稽查部门调查案件真相、取得确凿证据的激励，进而降低税务稽查案件处理质量，德发案恰好为这一论点提供了有力的证据。因此，纵然在现有法律环境下，税务稽查部门可以行使核定征收权，但税务部门仍应当构建相应的制度，激励税务稽查部门主要通过查清案件事实处理税收违法案件，通过处理事实清楚、证据确凿的税务违法案件，实现以税务稽查提升纳税人税法遵从度的目标。

三、税务稽查的作用

税务机关对纳税人、扣缴义务人履行纳税义务或者扣缴义务情况的检查，是一种行政监督手段，是税务机关履行职责、行使权利的过程。税务稽查对规范纳税行为的作用主要体现在以下五个方面：

（一）有利于发挥税收监督作用

监督是税收的内在功能，但是税收监督功能只有通过税收征收过程才能得以发挥。国家依法收税、纳税人依法纳税是税收发挥监督作用的前提条件。税务稽查通过对纳税人、扣缴义务人的生产经营情况以及解缴税款情况的稽核、审查，来保证税收监督功能的实现。为使税务的监督职能充分发挥出来，稽查的广度和深度不可偏废。没有一定的稽查面，效果会大打折扣。没有达到一定深度的稽查，就不可能形成有效的监督。

（二）有利于国家财政收入

税收是我国财政收入的主要形式，是国家财力的主要支柱，税收收入决定了国家财力的支付能力。然而，由于税收具有无偿性的特点，纳税人通常不能自觉依法纳税，甚至违法偷逃税款，给国家造成了极大的损失。通过税务稽查，不仅能直接查补大量税款，为国家挽回大量损失，而且堵塞了税收漏洞，为组织收入奠定了基础，从而有效地保证了国家财政收入。

（三）有利于提高纳税遵从水平

通过稽查执法机关对税收违法案件的查处，可以教育稽查对象和其他纳税人、扣缴义务人，从而起到引导纳税遵从的作用。税务稽查的教育职能是由税务稽查的最终目的决定的，监督、惩处的最终目的是为了教育纳税人依法纳税。税务稽查的教育职能主要表现在两方面：一方面，对发现的税收违法行为要依法予以修正，并按照税法的要求予以处理；另一方面，通过公告、新闻发布会、媒体曝光等宣传手段扩大稽查执法的影响面，以达到教育广大纳税人、震慑税收违法活动的效果。

（四）有利于促进企业改善生产经营管理

通过税务稽查，可以了解情况，揭露矛盾，考察企业的生产经营管理和会计核算水平。对先进的管理方法和核算方法，要帮助总结经验，加以推广，对存在的问题和管理中的薄弱环节，要提出改进意见，帮助企业制定措施，建立和健全财务管理制度，督促企业改善经营管理，加强经济核算，提高经济效益。

（五）有利于提高税务机关的税收征管水平

税务稽查能够发现纳税人的有关纳税问题，并且能够找出纳税人偷逃税款的客观原因，发现税收征收管理中的薄弱环节，有利于税务机关总结经验，促进征管工作的科学化、规范化，不断提高税收征管水平。

第二节　税务稽查程序

税务稽查程序包括选案、检查、审理、执行四个环节。

一、选案

税务局稽查局应当根据法律法规的规定，围绕所属税务局和上级税务局稽查局的稽查工作要求，以风险管理为导向，以税收大数据为支撑，通过信息收集、预测分析、税源调查等一系列工作，准确把握内外部条件，运用科学方法制订各类税务稽查计划，根据税务稽查计划情况进行随机选案，并对选取稽查案件进行案源管理。

（一）税务稽查计划

税务稽查计划按照所涉及的内容，可以划分为综合计划和专项计划；税务稽查计划按照适用的范围，可以划分为辖区范围内的统筹计划、本级计划和本局计划；税务稽查计划按照时间的跨度，可以划分为年度计划、月度计划。

（1）综合计划应当按年制订；若有必要，可以细化为半年计划。

（2）专项计划包括税务稽查随机抽查计划、税收专项整治计划、税务稽查案件复查计划等。

①统筹专项计划一般按年制订，有特别时限要求的，按照具体时限要求制订；若有必要，可以细化为半年计划。

②本级专项计划应当按年制订，除本级税务稽查案件复查计划外，应当细化分解为月度计划；若有必要，可以细化为半年计划、季度计划。

③本局专项计划应当按年制订，且除本局税务稽查案件复查计划外，应当细化分解为月度计划；若有必要，可以细化为半年计划、季度计划。

各级税务局稽查局，根据自身管辖和职责，分别制订各类计划（见图1－1）：

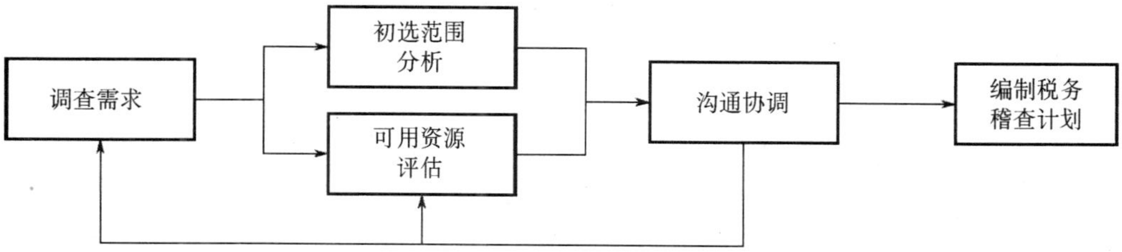

图1－1　税务稽查计划制订流程

（1）国家税务总局稽查局制订全国范围内的统筹综合计划、统筹专项计划和本局税务稽查案件复查计划。

（2）省（自治区、直辖市、计划单列市，下同）税务局稽查局既制订辖区范围内的统筹综合计划、统筹专项计划，也制订本级综合计划、本级专项计划、本局综合计划、本局专项计划。其中，本级综合计划和本级专项计划针对本局和本级跨区域稽查局；除税务稽查案件复查计划外，本局综合计划和本局专项计划仅针对本局。

（3）市（地、盟、州，下同）税务局稽查局，制订本级综合计划、本级专项计划、本局综合计划、本局专项计划。其中，本级综合计划和本级专项计划针对本局和本级跨区域稽查局；本局综合计划和本局专项计划仅针对本局，市税务局稽查局不制订税务稽查案件复查计划。

（4）省及省以下稽查局，应当于上一级或者本级税务稽查计划下达后15日内，制订税务稽查计划。跨区域稽查局根据本级综合计划、本级专项计划制订本局的相应计划，但不制订税务稽查随机抽查计划、税务稽查案件复查计划。

（二）选案的基本要求

1. 税务稽查随机抽查机制。根据国家税务总局《推进税务稽查随机抽查实施方案》规定，税务稽查选案采取随机抽查机制。

税务稽查随机抽查主体是各级税务稽查部门。国家税务总局稽查局负责组织、协调全国税务稽查随机抽查工作，根据工作需要从全国重点税源企业中随机抽取待查对象，组织或督促相关地区税务稽查部门实施稽查。省、市税务局稽查局负责组织、协调、实施辖区内税务稽查随机抽查工作。税务局稽查局负责实施辖区内税务稽查随机抽查工作。税务稽查对象指纳税人、扣缴义务人和其他涉税当事人。所有待查对象，除线索明显涉嫌偷、逃、骗、抗税和虚开发票等税收违法行为直接立案查处的外，均须通过摇号等方式，从税务稽查对象分类名录库和税务稽查异常对象名录库中随机抽取。各级税务局建立税务稽查对象分类名录库，实施动态管理。国家税务总局名录库包括全国重点税源企业，相关信息由税务稽查对象所在省税务局提供。省税务局名录库包括辖区内的全国、省、市重点税源企业。市税务局名录库包括辖区内的所有税务稽查对象。名录库应录入税务稽查对象税务登记基本信息和前三个年度经营规模、纳税数额以及税务检查、税务处理处罚、涉税刑事追究等情况。省、市税务局在收集各类税务稽查案源信息的基础上，建立税务稽查异常对象名录库，实施动态管理。名录库应包括长期纳税申报异常企业、税收高风险企业、纳税信用级别低的企业、多次被检举有税收违法行为的企业、相关部门列明违法失信联合惩戒企业等，并录入税务登记基本信息以及涉嫌税收违法等异常线索情况。

2. 随机抽查方式。随机抽查分为定向抽查和不定向抽查。定向抽查是指按照税务稽查对象类型、行业、性质、隶属关系、组织架构、经营规模、收入规模、纳税数额、成本利润率、税负率、地理区域、税收风险等级、纳税信用级别等特定条件，通过摇号等方式，随机抽取确定待查对象名单，对其纳税等情况进行稽查。不定向抽查是指不设定条件，通过摇号等方式，随机抽取确定待查对象名单，对其纳税等情况进行稽查。定向抽查与不定向抽查结合应用，兼施并举（见图 1－2）。

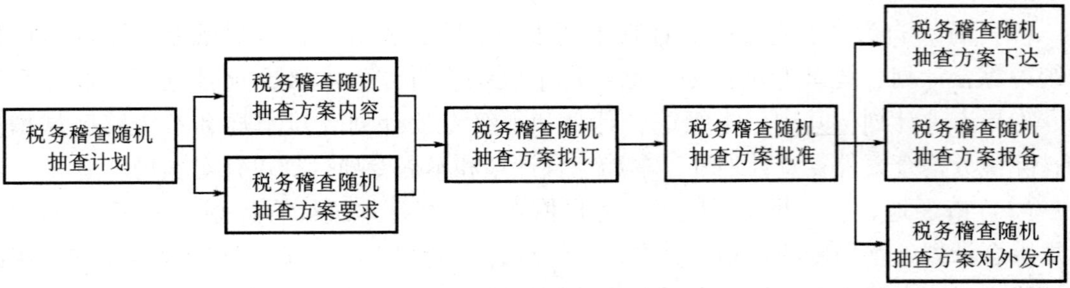

图 1－2　税务稽查随机抽查方案制订流程

对随机抽查对象，税务稽查部门可以直接检查，也可以要求其先行自查，再实施重点检查，或自查与重点检查同时进行。对自查如实报告税收违法行为，主动配合税务稽查部门检查，主动补缴税款和缴纳滞纳金的，依法从轻、减轻或不予行政处罚；税务稽查部门重点检查发现存在重大税收违法行为或故意隐瞒税收违法行为的，应依法从严处罚；涉嫌犯罪的，应依法移送公安机关处理。

3. 随机抽查比例和频次。需分类确定随机抽查比例和频次：

（1）对全国、省、市重点税源企业，采取定向抽查与不定向抽查相结合的方式，每年抽查比例 20% 左右，原则上每 5 年检查一轮。

（2）对非重点税源企业，采取以定向抽查为主、辅以不定向抽查的方式，每年抽查比例不超过 3%。

（3）对非企业纳税人，主要采取不定向抽查方式，每年抽查比例不超过 1%。

（4）对列入税务稽查异常对象名录库的企业，要加大抽查力度，提高抽查比例和频次。

（5）3 年内已被随机抽查的税务稽查对象，不列入随机抽查范围。

4. 执法检查人员的选择。各级税务局建立税务稽查执法检查人员分类名录库，实施动态管理。名录库应录入执法检查人员基本信息及其专长、业绩等情况，并按照执法检查人员擅长检查的行业、领域、税种、案件等进行分类。实施抽查的执法检查人员，通过摇号方式，从税务稽查执法检查人员分类名录库中随机选派，也可以采取竞标等方式选派。执法检查人员应根据抽查内容，结合其专长进行选派。在一定周期内对同一抽查对象不得由同一执法检查人员实施检查。对同一抽查对象实施检查，选派执法检查人员不得少于两人。执法检查人员与抽查对象有利害关系的，应依法回避。

（三）案源管理

案源管理，是指稽查局案源部门、检举管理部门、协查部门按照规定程序，对各类涉税数据、信息和线索进行收集、处理、立案、反馈的管理过程（见图1－3）。

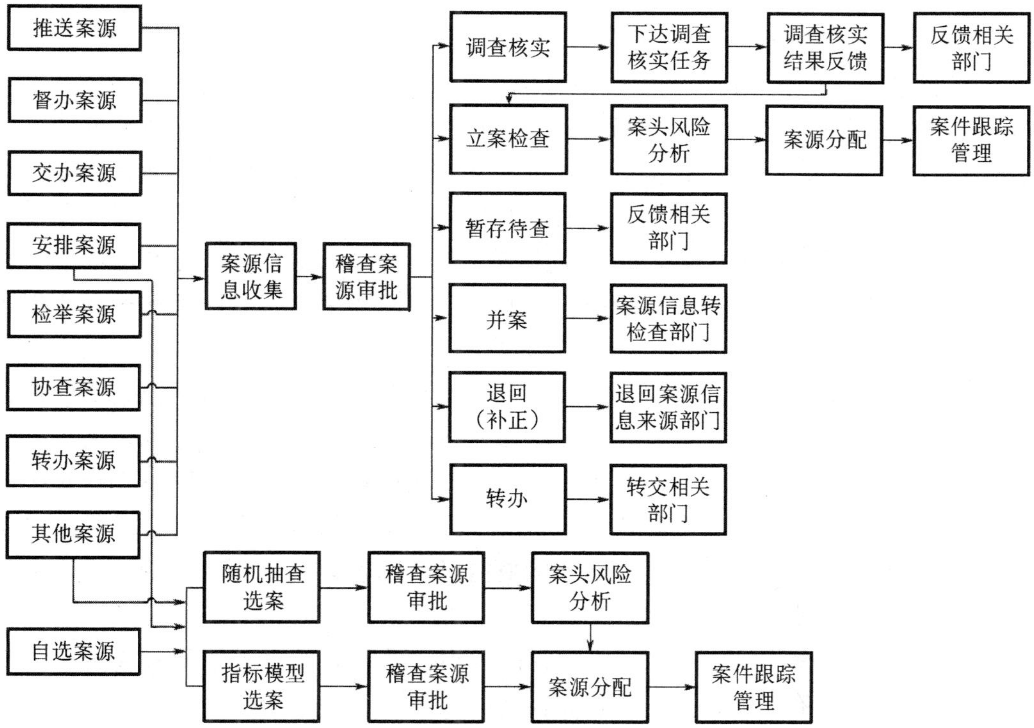

图1－3 案源管理流程

案源管理应当遵循依法依规、风险导向、统筹协调、分类分级、动态管理的原则。税务稽查局应当以风险管理为导向，以税收大数据为支撑，以风险推送、外部转办、稽查自选为重点，以打击偷税（逃避缴纳税款）、逃避追缴欠税、骗税、抗税、虚开发票等税收违法行为为目标，注重处理结果的分析反馈和增值使用，形成风险闭环式案源管理的新格局。案源管理包括建立案源信息库、推送案源处理、督办案源处理、交办案源处理、自选案源处理、安排案源处理、检举案源处理、协查案源处理、转办案源处理、其他案源处理、案源分配、案件跟踪管理等。

税务局稽查局负责对辖区内的案源进行统筹管理。省、市税务局稽查局负责统筹稽查案源管理，积极运用税收大数据分析选取涉嫌偷逃骗抗税和虚开发票等严重涉税违法行为的稽查案源，开展“双随机”选案，受理风险推送、涉税检举、上级交（督）办、外部单位转办、受托协查等案源。省、市税务局稽查局统筹推送各类案源，跨区域稽查局原则上不开展选案工作。

二、检查

税务稽查对象确定后，下一步要做的工作就是税务稽查的实施。税务稽查的实施，是指税务稽查人员按照税务稽查方案所确定的方式、方法，依据税收法律、法规、规章以及税务部门的权限，有目标、有步骤地进行税务稽查活动。这一步是税务稽查的中心环节，大量的查询、核对计算、调查核实的工作都在这一阶段进行。纳税人和扣缴义务人有无违反税收政策、法规，有无违反财经纪律、偷逃税款等问题，都要在这一阶段基本查清。

（一）准备工作

1. 法律准备。税务稽查是一项政策性很强的工作，税收法律及其他相关的经济法律是税务稽查工作的根本法律依据，不了解和不熟悉法律就不能做好该项工作。尤其是面对被检查对象复杂、涉及的行业广泛、纳税人违法表现多种多样的现状，更要求检查人员有较高的执法水平和能力。检查前的法律准备对最终检查结果有决定性的影响，在该阶段税务机关应该根据具体检查对象查找并明确相关的适用法律，以保证检查工作顺利进行。

2. 查阅相关资料。为了使税务稽查更具有针对性，力争在较短时间内查明问题，税务机关应当认真查阅纳税人的有关资料。比如，通过查阅纳税人的税务登记表、税种登记表，可了解纳税人的主要经营项目、经营规模；通过查阅纳税人的财务会计报表，可了解纳税人的实际经营状况和盈利状况；通过查阅纳税人的纳税申报表、缴款书以及历年税务稽查报告，可以了解纳税人的纳税申报情况。在收集和整理被查单位纳税资料的基础上，确定稽查重点，并拟定稽查提纲。

3. 下达《税务检查通知书》。实施稽查前应当向纳税人发出书面稽查通知，告知其检查时间、准备的资料等。预先通知有碍检查的除外。

（二）实施检查

检查的实施是整个纳税稽查的核心环节。当稽查的准备工作就绪之后，稽查人员按照组织分工情况，根据稽查提纲的要求，深入纳税户，开始进行具体细致的纳税稽查。实施税务稽查的人员应当两人及以上，并向被稽查人出示税务检查证和《税务检查通知书》。否则，被检查人有权拒绝稽查。

检查应当自实施检查之日起 60 日内完成；确需延长检查时间的，应当经稽查局局长批准。

1. 稽查人员回避。稽查人员与被查对象有下列关系之一的，应当自行回避，被检查对象也有权要求其回避：

（1）稽查人员与被检查当事人有近亲属关系的；

（2）稽查人员与被检查当事人有利害关系的；

（3）稽查人员与被检查对象有其他关系可能影响公正执法的；

（4）对被检查对象认为应当回避的，稽查人员是否回避，由本级税务机关的局长审定。

[例题1-4]（单项选择题） 被查对象要求税务稽查人员回避的，或者税务稽查人员自己提出回避的，能依法决定其是否回避的稽查局领导岗位是（　　）。

A. 所属税务局领导　　B. 所属税务局局长

C. 上级稽查局局长　　D. 稽查局局长

[参考答案] D

[答案解析] 《税务稽查工作规程》第七条规定，被查对象要求税务稽查人员回避的，或者税务稽查人员自己提出回避的，由稽查局局长依法决定是否回避。

[例题1-5]（单项选择题） 能依法审查决定稽查局局长是否应回避的岗位是（　　）。

A. 所属税务局领导　　B. 所属税务局局长

C. 上级稽查局局长　　D. 稽查局局长

[参考答案] A

[答案解析] 《税务稽查工作规程》第七条规定，稽查局局长的回避，由所属税务局领导依法审查决定。

2. 稽查取证。税务机关可根据法定程序和实际工作的需要，在税务稽查实施时采用调账检查、询问、查询存款账户或者储蓄存款、实地检查和异地协查等方式。

（1）调账检查。调账检查是指税务机关按照法定的程序和手续，将检查对象的账簿、凭证、报表及有关资料调回税务机关实施税务稽查的检查方式。其目的是通过审查稽查对象会计核算的正确性和规范性，查找税收违法的线索。税务机关在调取稽查对象的账簿资料时，应按规定办理调账手续，并在规定的时间内完整归还。调取和归还账簿资料时，稽查人员和稽查对象的经办人员应当场点清账簿资料的种类及数量，并当场签名。

（2）实地检查。实地检查是指检查人员根据选案确定的稽查对象和稽查实施计划，到纳税人、扣缴义务人的生产经营场所和货物存放地，对其账簿、报表、凭证及生产经营等情况实施纳税检查的稽查方式。实施检查的主要内容包括：检查商品、货物或其他财产是否与账证相符；检查账簿、凭证等会计资料档案的设置、保存状况，特别是原始凭证的保存情况；检查当事人计算机及其服务器的配置和储存的数据信息情况；检查当事人隐藏的账外证据资料，获取涉税违法的直接证据。

[例题1-6]（单项选择题） 某市稽查局对某文教用品有限公司2018年的纳税情况进行了实地检查，发现该公司存在账外销售情况，存在少申报缴纳增值税和企业所得税情况。税务机关依据《税收征收管理法》第六十三条第一款规定，对该公司的违法行为定性为偷税。税务机关收集的下列材料不能作为该案证据的是（　　）。

A. 从该文教用品有限公司当场调取了的2018年会计账簿

B. 从该文教用品有限公司当场调取了的 2018 年纳税申报表

C. 该文教用品有限公司法人代表郑某某的笔录

D. 该文教用品有限公司 2019 年企业所得税纳税申报表

[参考答案] D

[答案解析] 选项 A、B、C 能证明案件真实情况。选项 D 与要证明的 2018 年纳税情况没有关联性。

(3) 异地协查。在税务稽查的过程中，需要跨辖区调查取证时，可以采用委托协查和异地调查的方法进行。

3. 填写《税务稽查工作底稿》。《税务稽查工作底稿》是对稽查中发现的问题及涉及的账户、记账凭证、金额等细节进行的逐笔记录，以全面反映此项稽查工作的内容。稽查人员应认真填写《税务稽查工作底稿》，并交由被查对象有关负责人逐栏核对认可，以此作为处理依据。

(三) 出具报告

稽查结束后，稽查人员应当认真整理稽查资料，归集相关证据，分析稽查结果，提出处理意见，编制《税务稽查工作报告》，连同《税务稽查工作底稿》及其他证据提交审理部门审理。

《税务稽查工作报告》的主要内容包括：案件的来源；被查对象的基本情况；检查时间和检查所属期间；检查方式、方法以及检查过程中采取的措施；查明的税收违法事实及性质、手段；被查对象是否有拒绝、阻挠检查的情形；被查对象对调查事实的意见；税务处理、处罚建议及依据；其他应当说明的事项；检查人员的签字和报告时间。

经检查没有发现税收违法事实的，应当在《税务稽查工作报告》中说明检查内容、过程、事实情况。

三、审理

稽查审理是指税务机关的专门机构按照规定的职责和程序，对稽查终结的涉税案件依法进行审核和做出处理决定的过程。稽查审理是税务稽查必不可少的环节，对于保证稽查局依法行使职权，保证税收违法案件的查处质量，确保对各类税收违法案件处理的公平、公正，保护公民、法人和其他组织的合法权益等都有十分重要的作用。审理的终结工作应视具体情况而定，可以补充稽查，也可以另行安排稽查，还可以重新编制《税务稽查工作报告》。对大案、要案、疑难案件、定案有困难的，应报经上级机关审理后定案；对构成犯罪的，应制作《涉嫌犯罪案件移送书》，移送司法机关。

(一) 审理

税务稽查案件的审理一般由稽查部门内设的专门组织和人员受理。案情复杂的，稽查局应当集体审理；案情重大的，稽查局应当依照国家税务总局有关规定，报请所属税务局集体审理。审理人员在接到税务稽查人员提交的《税务稽查工作报告》及有关资料后，应当在 15 日内审理完毕。

审理人员应当认真审理税务稽查人员提供的《税务稽查工作报告》及所有与案件有

关的资料，并对报告中的如下内容进行确认：

1. 被查对象是否正确；

2. 税收违法事实是否清楚、证据是否充分、数据是否正确、资料是否齐全；

3. 适用法律、行政法规、规章及其他规范性文件是否适当，定性是否正确；

4. 是否符合法定程序；

5. 是否超越或者滥用职权；

6. 税务处理、处罚建议是否适当；

7. 其他应当审核确认的事项或者问题。

（二）制作《税务稽查审理报告》

税务稽查审理完毕后，审理人员应当制作《税务稽查审理报告》。

审理部门区分下列情形分别做出处理：

1. 认为有税收违法行为，应当进行税务处理的，拟制《税务处理决定书》；

2. 认为有税收违法行为，应当进行行政处罚的，拟制《税务行政处罚决定书》；

3. 认为税收违法行为轻微，依法可以不予税务行政处罚的，拟制《不予税务行政处罚决定书》；

4. 认为没有税收违法行为的，拟制《税务稽查结论》。

四、执行

税务稽查的执行是指税务机关依照法定程序和权限，督促检查对象履行税务处理（罚）决定的过程。稽查执行是案件查处必不可少的重要环节，对维护税收法律法规的严肃性、增强打击税收违法活动的力度、挽回国家税款的损失、保护当事人的合法权益、保证税务稽查成果的真正实现都有非常重要的作用。税务稽查机构应指定专人负责税务处理决定的执行。

（一）税务处理文书的送达

税务执行人员接到批准的《税务处理决定书》《税务行政处罚决定书》《不予税务行政处罚决定书》《税务稽查结论》等税务文书后，应当依法及时送达被执行人。

税务机关在文书送达时填写送达回证是一项必经的法定程序。税务机关采取直接送达或留置送达方式，都必须有税务文书送达回证，由受送达人在税务文书送达回证上写明收到日期，并签名或盖章。受送达人是个人的，由其直接签收，受送达人不在的，由其同住成年家属或代理人签收；受送达人或其他法定签收入拒绝签收时，由被邀请到场的人员在“见证人签名盖章栏”签章并留置。

如果税务文书不能直接送达，税务机关可采取邮寄送达、公告送达、委托送达等方式。

（二）税务处理决定的执行

税务处理决定的执行包括两种情况：自动执行和强制执行。

自动执行是指纳税人在接到税务机关的处理决定书及处罚决定书后，自动到征收部门缴纳税款、滞纳金和罚款。

强制执行分为税务强制执行和司法强制执行。

被执行人未按照《税务处理决定书》确定的期限缴纳或者解缴税款、滞纳金的，稽查局经所属税务局局长批准，可以依法采取强制执行措施，或者依法申请人民法院强制执行。

税务执行人员在各事项执行完毕后，应当编制《税务稽查执行报告》，移交审理部门整理归档。

具体的税务稽查工作流程如图 1－4 所示。

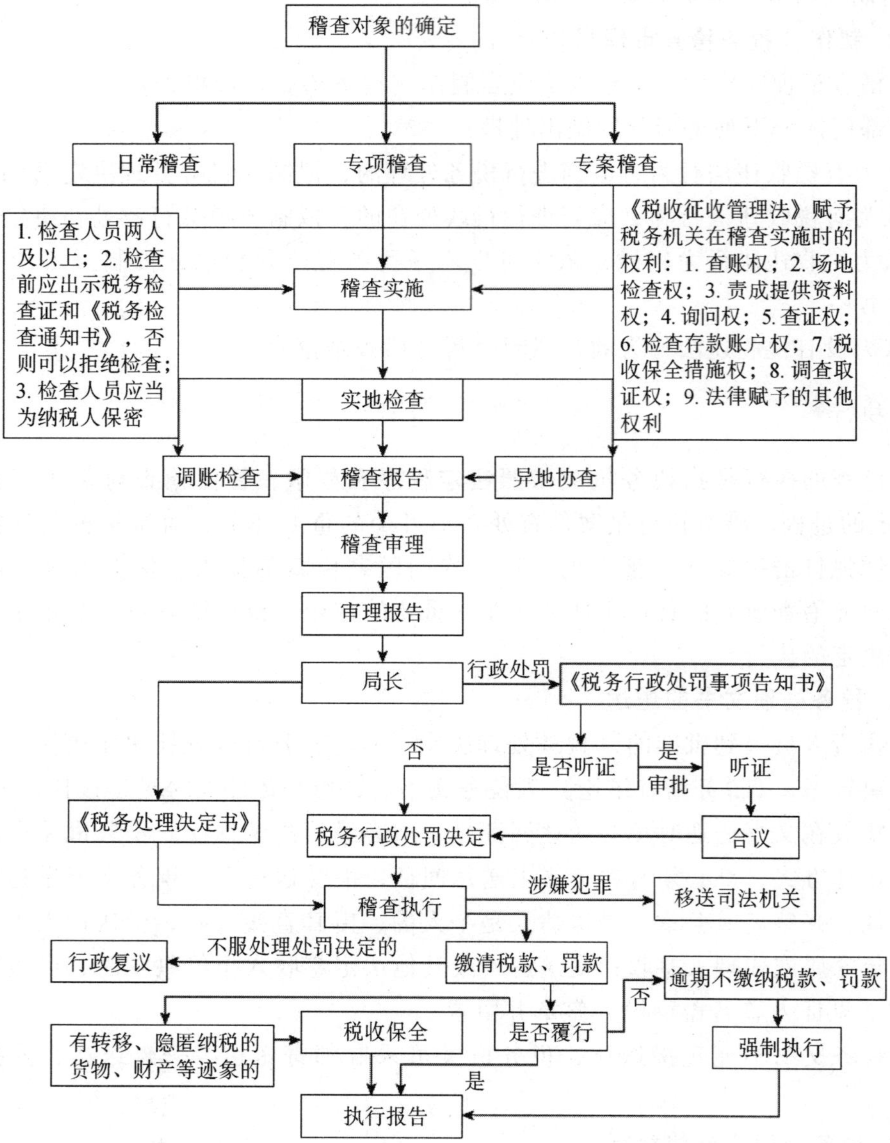

图 1－4　税务稽查工作流程

第三节 税务稽查的主要方法

税务稽查的方法是税务稽查人员在稽查工作中为达到税务稽查目的、完成税务稽查任务采取的重要手段。在税务稽查工作中，采用何种方法，应视稽查对象、稽查目的以及被查对象的生产经营特点、财务管理水平和会计核算水平等具体情况而定。

一、详查法和抽查法

按照检查的内容、范围、数量和查账详略的不同要求，税务稽查的方法可分为详查法和抽查法。

（一）详查法

详查法又称全查法或详细审查法，是指对稽查对象在检查期内的所有经济活动、涉及经济业务和财务管理的部门及其经济信息资料，采取严密的审查程序，进行周详的审核检查。

详查法适用于规模较小、经济业务较少、会计核算简单、核算对象比较单一的企业，或者为了揭露重大问题而进行的专案检查，以及在整个检查过程中对某些（某类）特定项目、事项所进行的检查。因而，详查法对于管理混乱、业务复杂的企业，以及税务稽查的重点项目和事项的检查十分适用，通常都能取得较为满意的效果。详查法也适用于对歇业、停业清算企业的检查，在立案侦查经济案件时也会采用。

详查法的优点在于稽查比较全面彻底，可以发现企业在整个生产经营过程中的问题，稽查结果相对比较符合实际；缺点是工作量大，需要耗费大量的时间、人力、物力，容易受时间、人力等因素的制约而无法采用。

（二）抽查法

抽查法也称选查法，是税务机关对被查的纳税人一定时期的会计凭证、账簿、报表及有关纳税资料有针对性地抽取一部分进行稽查的一种方法。该方法的优点是针对性强，稽查重点突出，效率较高，稽查效果较明显；缺点是由于抽查的范围有限，未查部分容易漏掉问题，而且，以抽样结果推断总体的结论，会有一定的误差。

抽查法通常是在分析报表或通过其他途径取得了一定的稽查线索的前提下采用的，一般适用于规模比较大、会计核算比较健全的纳税人。

抽查法效果的好坏，关键在于抽查对象确定的准确程度。在选择抽查对象方面，抽查法具体又分为两种：一是重点抽查法，即根据检查目的、要求或事先掌握的纳税人的有关纳税情况，有目的地选择一部分会计资料或存货进行重点检查；二是随机抽查法，即以随机方法，选择纳税人某一特定时期或某一特定范围的会计资料或存货进行检查。

抽查法的程序一般包括：

1. 制订抽查方案。在制订抽查方案时要尽量考虑到各种因素的影响，使方案尽可能与实际情况相符。在抽查确定以后，要按照抽查要求合理确定抽查的对象和内容。当某一抽查存在多个对象时，要按照重要性原则确定具体的抽查对象。具体有：按检查的目的决定抽查对象；按被查项目在检查工作中的重要性决定抽查对象；按会计记录或报表分析中出现的矛盾决定抽查对象；按被查项目发生问题的可能性决定抽查对象。此外，还应根据不同的抽查项目制定合理的抽查路线，确定抽查的时间、人员分工、复核等。

2. 实施具体抽查。实施具体抽查是对抽查方案的具体落实，在实施抽查时要把握好抽查时间，以免影响企业的生产经营。在抽查实物资产时，要选择资产流动量相对较小时进行，以免影响抽查结果的正确性。

3. 分析和判断抽查结果。根据抽查结果对总体进行推断是抽查法的目的，但抽查结果只能作为对总体判断的参考，不能作为直接定案的依据。对于抽查结果与实际情况差异比较大的，应进一步查明原因，必要时可以扩大抽查范围，或者放弃抽查结果。分析时应注意进行准确性和可靠性的分析。

二、顺查法和逆查法

按照查账的顺序不同，税务稽查方法可分为顺查法和逆查法。

（一）顺查法

顺查法又称正查法，是指税务机关对被查纳税人实施稽查时，按照其会计核算的顺序，从审查会计凭证开始，依次稽查账簿、报表，并将其相互核对的一种稽查方法，即以凭证核对账簿，再以账簿核对报表。采用这种检查方法，优点是全面、系统、精确，不至遗漏问题，可以了解企业整个核算过程；缺点是工作量大，往往难以抓住问题的中心，费时费力。这种方法一般适用于那些审查范围小、凭证资料少，尤其是会计核算制度不健全、财务管理混乱、问题较多的纳税单位。运用顺查法时要注意掌握下列关系：

1. 核对会计科目的对应关系。无论是工业企业还是商业企业，它们所使用的会计科目、名称及其使用范围、核算内容与对应科目，各种会计制度均有明确规定。如果科目对应关系出现异常，通常就会发生偷逃税的问题。因此，检查会计科目的对应关系是否正常，及其与发生的经济业务是否相符，是查核偷逃税问题的一种有效手段。

2. 核对经济业务与会计核算的关系。会计核算应当按照制度规定如实反映企业的经济业务。为了有效监督企业的经济活动，应对企业发生的各项收入、成本费用、往来结算和财务分配等各项业务，明确规定它们应当在哪些科目核算，哪些可以开支和开支多少，哪些则不能列支。

3. 核对账证、账账、账表、账实之间的关系。账证、账账、账表、账实之间存在内在的相互制约关系。通常而言，它们的数据应当是一致的，如果发生异常，则往往与税收和利润有关，必须查实调整，做到一致。

（二）逆查法

逆查法又称倒查法，是指税务机关在稽查时，逆着会计核算的顺序，依次稽查会计报表、账簿、凭证，并将其相互核对的一种稽查方法，通常与抽查法结合使用。运用这种方法时，先审阅会计报表，从中发现问题和线索，然后有针对性地核对审查账簿记录，再有重点、有目的地审查记账凭证和原始凭证。这种方法便于抓住重点，省时省力，检查效果较为显著。缺点是稽查面窄，如果稽查人员业务技术和分析判断能力差，一些在报表上反映不了、反映不出的问题和违法记录通常无法检查出来。因此，这种方法通常适用于会计核算制度和财务管理比较健全的纳税单位。

［例题1-7］ 税务机关人员2019年5月在审查上海市某电器公司2018年度会计报表时，发现利润表中"营业成本"项目本期金额与上期金额相比有异常变化。税务机关人员应如何进行稽查？

［答案解析］ 税务人员应采取逆查法进行查账，先审阅会计报表，然后根据审阅出的"营业成本"中存在的问题，有针对性地核对审查账簿记录，再有重点、有目的地审查记账凭证和原始凭证。逆差法便于抓住重点，省时省力，检查效果较为显著。

［提示］ 逆查法的查账要点包括：审阅会计报表各有关项目之间的勾稽关系，注意观察是否存在奇异数字，如果发现某一数字出现异常变化，则可将其列为查账重点；根据查账重点审查相关会计账簿；根据相关会计账簿提供的线索审查会计凭证。

三、分析法

在税务稽查中，通常需要对获得的材料进行整理和分析来发现问题。分析法就是对被稽查的会计报表、账簿、凭证等纳税资料进行审查分析，以查证落实或确定进一步稽查线索的一种稽查方法。分析法主要包括下列三种方法：

（一）控制计算法

控制计算法是指运用可靠的或科学测定的数据，利用数学等式原理来推测、证实账面资料是否正确，从而发现问题的一种检查方法。常用的方法有以产核销、以耗计产。其中，以产核销是指按照本期产品生产数量，加上期初库存，减去期末库存来证实销售数量是否正确；以耗计产是指根据单位产品的单位原料消耗量，来稽查原材料应消耗的数量与实际消耗数量是否相符。控制计算法的基本程序为：

1. 确定需要进行分析的事项或目标。需要进行分析的事项和目标，是指检查人员在检查过程中根据检查目的和要求，以求证某些事项是否客观存在并正确的实际事件。

2. 确定事项分析的参考数据和采集进行事项分析的数据。需要进行分析的事项或目标确定后，必须根据被分析事项的特征，确定相应的参数，同时采集供分析实体的相关数据。确定事项分析的参考数据，可以是企业同期比较值，也可以是行业平均值。

3. 建立事项分析的数学模型。建立数学模型，是控制计算法的基本条件。对同一事项进行分析比较可以有多种不同的方法，也可以建立多种数学分析模型。

4. 数据分析结果比较。根据控制计算法所得到的数据，与企业实际数据进行比较而出现的差异，需要通过进一步检查和核实才能确定是否对税收构成实际影响。

（二）比较分析法

比较分析法是根据企业的会计报表与账面的数据，同企业的有关计划指标、历史资料或同类企业的相关数据进行动态和静态对比的一种分析方式。

按照参照物的不同，可以分为纵向比较和横向比较。纵向比较是指将稽查期有关指标的实际完成数，与本企业其他年份的相同指标进行比较，从而分析在纳税方面存在的问题。横向比较是指将稽查期有关指标的实际完成数与计划、与同类型企业的相同指标进行比较，寻找在纳税方面存在问题的线索。

按照比较指标的形式不同，又可分为绝对数比较分析和相对数比较分析。绝对数比较分析是直接以同一指标的绝对数对比，如本期商品销售收入额、利润额与同期指标的本期计划数或历史同期数对比。相对数比较分析是计算出同一指标中的一对相关数值进行对比，从相对值的变动结合客观因素，分析发现异常现象。

运用比较分析法，要注意指标的可比性、对比口径的一致性，否则，比较的结果不能说明问题。还应注意的是，对比分析的结果只能是为检查提供线索，并不意味着经济活动的分析可以替代实际检查，更不能以对比分析的结果作为定案的依据。

（三）相关分析法

相关分析法，是指将存在关联关系的被查项目进行对比，揭示其中的差异，并且判明经济业务可能存在问题的一种分析方法。对于稽查对象而言，一项经济业务的发生，必然会引起一连串相关活动的变动，这既是由经济活动的相关性决定的，同时，也是由经济活动的规律决定的。

四、查账法、查询法和外调法

按照信息来源的途径不同，税务稽查方法可分为查账法、查询法和外调法。

（一）查账法

查账法是指税务机关通过直接稽查企业账簿发现问题，并确定纳税人是否正确履行纳税义务的方法。

（二）查询法

查询法是指税务机关根据审查过程中发现的疑点和问题，通过直接询问或调查的方式，取得必要的证据资料或证实有关问题的方法。根据查询方式的不同，查询法分为面询法和函询法。其中，面询法是由稽查人员向有关人员当面了解、核实情况的一种检查方法；函询法是根据检查需要，将需要询证的问题、事项制成规定格式的函件，寄给有关单位和人员，根据对方的回函获取有关资料，以查实问题的一种检查方法。

（三）外调法

外调法就是指对纳税人被怀疑的或已掌握一定线索的经济事项，通过向与其有经济联系的单位或个人进行调查，予以查证核实的一种方法。外调法主要用于对外来凭证和往来款项进行调查，包括函调和派人外调。函调应文字简练，派出外调人员应熟悉案情。

[提示] 通过函调与对方核对账目时，要将款项发生的周期、凭证号码、金额、发生事项的原因等详细内容写清楚，同时把发信日期、内容、对方单位以及收到复信情况记入查账底稿，作为日后备查资料。

五、联系查法和侧面查法

按照检查资料之间相互关系的不同，税务稽查方法可分为联系查法和侧面查法。

（一）联系查法

联系查法是指税务机关以被查纳税人的财务会计资料为稽查对象，利用财务资料之间的勾稽关系来判断纳税人是否存在问题。包括账内联系和账外联系。账内联系是指企业内部的会计资料之间相互制约的关系，重点是通过相关资料的分析来追溯其原始业务的发生情况，进而判断其账面核算资料的正确性；账外联系是指企业内部的账务记录与外部有关单位的账务之间的相互关系，重点是分析购销协作、加工联营和结算往来关系，从中发现问题。

联系查法有稽查全面、彻底的优点，可以用来查证纳税人是否真实地反映了生产经营情况，有无错账、漏账或违反财经纪律行为而造成少缴或不缴税款的问题，但工作较烦琐。它既适用于财务核算制度比较健全的企业，也适用于财务核算制度不健全、管理较混乱的企业。

（二）侧面查法

侧面查法是根据平时掌握的征管、信访资料和职工群众反映的情况，对有关账簿记录进行核查的一种检查方法。采用这种方法，能够有针对性地发现问题，但是由于信息是片面的，发现的问题也有局限性。

总体而言，运用联系查法和侧面查法，可以跳出就账查账的圈子，做到账内账外结合、内查和外调结合，有利于推动查账工作的不断深化。

六、盘存法

盘存法是指通过对被查对象的货币资金、存货及固定资产等实物进行盘点清查核实其账实是否相符，进而发现税务问题的一种稽查方法。盘存法可以结合企业期末财产清算进行，也可以不规定时间选用任何一天进行。采用不规则的时间进行盘存检查时，应将待查库存的实际盘存数调整到上期末的库存数，以便与企业会计结账报告时间的账面库存数比较，查出实盘数与账面结存数的差额。

由于盘点工作量大，在每次税务稽查时，不一定都要进行盘点，一般是对纳税问题较多或管理较混乱的企业，或是通过查账发现问题的企业进行盘点。在对实物进行盘点时，一般也不进行全面盘点，而只是对贵重物资或重点物资进行盘点，对一般物资只进行抽查盘点。

盘存法主要包括下列两种方式：

（一）实物量盘存

实物量盘存是对以实物数量计算的流动资产进行盘存检查的一种方式，如对工业企业的原材料、包装物、低值易耗品、在产品、产成品，以及对商品流通企业的库存商品受托代销商品、材料物资等进行实物量的盘存。对采用永续盘存制核算且对存货管理和生产管理制度完善的企业，可利用存货责任保管人员提供的实物盘存表与会计账面实物数量核对或抽样盘存检查核对。对采用实物量盘存制核算、存货管理制度松散的企业，税务人员应深入现场对存货实物量进行实地盘点，查出盘盈盘亏数量，并查明原因。

（二）价值量盘存

价值量盘存是对货币资金或对实物进行价值盘存的一种方式。在盘存货币资金时，若发现未达账项调整后的企业存款余额与开户银行对账单的期末余额不符，或以白条抵充现金的结存数，应注意审查企业有无收入不入账或资金账外活动等问题。

在盘存计算售价金额核算的库存商品价值时，可以直接用实际盘存的价值量与账存价值量核对，检查有无漏报商品销售收入，也可以将实存商品售价金额换算为进价成本，结合“商品进销差价”账户的贷方余额，检查其结转的商品销售成本是否正确。

在实际工作中，实物量盘存和价值量盘存是相互作用的，根据税务稽查的要求，实物量盘存通常还应计算出价值量，而有些价值量盘存也必须先计算出实物量后再确定价值量。

第四节　错账更正及纳税调整

在对纳税人的纳税情况进行全面审查后，对于有错漏问题的会计账目，按照财务会计制度进行账务调整，使账账、账证、账实相符。正确、及时地调整账务，既可以防止明补暗退，又可避免重复征税，能使税务机关的征收管理资料与纳税人的会计核算资料保持一致。如果只查补税款而不调整账务，除影响会计核算资料的真实性外，还可能给今后的征收管理造成混乱，下次查账时还可能出现重复劳动。

一、错账类型

错账类型主要有两种情况：

1. 会计分录错误，指既不符合会计制度又违反税法规定。

2. 未作纳税调整，指虽然符合会计制度但不符合税法规定而未作相应调整。如税法有标准的扣除项目，多见于企业所得税。

二、账务调整原则

（一）一致性原则

账务处理的调整要与现行财务会计制度相一致，要与税法的有关会计核算规定相一致。账务处理的调整首先要符合现行税法的有关规定，对税法规定与财务会计制度规定相冲突的地方，要按税法的要求进行调整，要与税法的有关会计核算规定相一致。

（二）科学性原则

新的账务处理业务必须符合会计原理和核算程序，反映错账的来龙去脉，清晰表达调账的思路；还要做到核算准确、可靠，正确反映企业的账务状况和生产经营情况，并使会计期间上下期保持连续性和整体性；同时坚持平行调整，在调整总账的同时调整其所属的明细账户。

（三）简便易行原则

从实际出发，既要做到账实一致，反映查账的结果，又要坚持从简调整的原则。在账务调整方法的运用上，能用补充调整法的则不用冲销调整法，尽量从简。

三、账务调整方法

由于企业所处的行业不同，执行的会计制度也有差异，各企业的错误更是千差万别，因此具体的账务调整方法也各不相同。账务调整方法根据错账所处时段的不同可分为年度内调账和跨年度调账两大类。

（一）年度内调账方法

在一个会计年度结账前，查出纳税人的错账或漏账，可以在当期的有关账户直接进行调整。调整方法主要有以下三种：

1. 红字冲销法。红字冲销法是采取先用红字冲销原错误会计分录，再用蓝字编制正确的会计分录的错账更正方法。这种方法适用于会计科目用错，或会计科目虽未错，但实际记账金额大于应记金额的错误账项。

2. 补充登记法。补充登记法是通过编制转账分录，将调整金额直接入账，以更正错账。它主要适用于漏记，或错账所涉及的会计科目没有错误，而实际记账金额小于应记金额的情况。

3. 综合调账法。综合调账法是指将红字冲销法与补充登记法加以综合运用，它一般适用于错用会计科目这种情况，而且主要用于所得税纳税审查后的账务调整，如果涉及会计所得，可以直接调整“本年利润”账户。综合调账法一般运用于会计分录的借贷方中，有一方会计科目用错，而另一方会计科目没用错的情况。正确的一方不调整，错误的一方用原科目转账，同时使用正确的科目调整。

同样，如果错账是在月度结算后发现，而企业又是按月结算利润的，则影响到利润的项目，还应通过“本年利润”账户调整。

（二）跨年度调账方法

1. 对上一年度错账且对上一年度税收产生影响的，分以下两种情况：

（1）如果在上一年度决算报表编制前发现的，可直接调整上年度账项，这样可以应用上述几种方法加以调整，对于影响利润的错误金额需一并调整“本年利润”账户核算的内容。

（2）如果在上一年度决算报表编制之后发现的，一般不能应用上述方法，而应按正常的会计核算对有关账户一一调整，这时应当区别不同情况，以简便实用的原则进行调整：对于不影响上年利润的项目，可以直接进行调整；对于影响上年利润的项目，由于企业在会计年度内已结账，所有的损益账户在当期都结转至“本年利润”账户，凡涉及调整会计利润的，不能用正常的核算程序对“本年利润”进行调整，而应通过“以前年度损益调整”账户进行调整。

2. 对上一年度错账且不影响上一年度税收，但与本年度核算和税收有关的，可以根据上一年度账项的错漏金额影响本年度税收的情况，相应调整本年度有关账项。

第二章　增值税稽查

第一节　增值税纳税人的稽查

一、增值税纳税人稽查的法律依据

（一）纳税义务人

在中华人民共和国境内销售货物或者提供加工、修理修配劳务，销售服务、无形资产、不动产以及进口货物的单位和个人，为增值税的纳税人。

（二）一般纳税人与小规模纳税人的划分

增值税纳税人分为一般纳税人和小规模纳税人。增值税小规模纳税人标准为年应征增值税销售额500万元及以下。

其中，年应税销售额，是指纳税人在连续不超过12个月或四个季度的经营期内累计应征增值税销售额，包括纳税申报销售额、稽查查补销售额、纳税评估调整销售额。纳税申报销售额，是指纳税人自行申报的全部应征增值税销售额，其中包括免税销售额和税务机关代开发票销售额。稽查查补销售额和纳税评估调整销售额计入查补税款申报当月（或当季）的销售额，不计入税款所属期销售额。如果该销售额为含税的，应按照征收率换算为不含税的销售额。增值税小规模纳税人偶然发生的销售无形资产和转让不动产的销售额，不计入应税行为的年销售额。试点纳税人试点实施前的应税行为年销售额按以下公式换算：

应税行为年销售额＝连续不超过12个月应税行为营业额合计÷(1＋征收率)

按规定差额征收增值税的试点纳税人，上述公式中“应税行为营业额”按未扣除前的营业额计算。

一般纳税人是指年应征增值税销售额（包括一个公历年度内的全部应税销售额）超过小规模纳税人标准的企业和企业性单位。年应税销售额未超过规定标准的纳税人，会计核算健全，能够提供准确税务资料的，可以向主管税务机关办理一般纳税人资格登记，成为一般纳税人。年应税销售额超过小规模纳税人标准的个人视同小规模纳税人。不经常发生应税行为的单位和个体工商户可选择按照小规模纳税人纳税。兼有销售货物、提供加工修理修配劳务和应税行为，且不经常发生销售货物、提供加工修理修配劳务和应税行为的单位和个体工商户，可选择按照小规模纳税人纳税。

除国家税务总局另有规定外，一经登记为一般纳税人后，不得转为小规模纳税人。

（三）扣缴义务人

中华人民共和国境外的单位或个人在境内发生应税行为，在境内未设有经营机构的，以购买方为增值税扣缴义务人。财政部和国家税务总局另有规定的除外。

（四）合并纳税

两个或者两个以上的试点纳税人，经财政部和国家税务总局批准可以视为一个纳税人合并纳税。具体办法由财政部和国家税务总局另行制定。

二、增值税纳税人身份常见问题

（一）一般纳税人资格登记的问题

一般纳税人资格登记问题包括符合一般纳税人条件但不办理一般纳税人登记以及无法准确分清一般纳税人与小规模纳税人的界限。

（二）租赁或承包经营的问题

租赁或承包经营的问题包括：承租或承包的企业、单位和个人，不按规定办理税务手续，以出租人或发包人的名义进行经营，逃避纳税义务；承租承包超市、商场的柜台和经营场地，以超市、商场的名义进行经营，逃避纳税义务。

（三）扣缴义务人的问题

扣缴义务人的问题包括：发生扣缴义务时，扣缴义务人未按规定履行代扣代缴义务；扣缴义务人的扣缴情况不真实；境外纳税人在境内发生应税行为，支付人未按规定履行扣缴义务等。

三、增值税纳税人身份的稽查方法

（一）针对纳税人资格的稽查方法

1. 年应税销售额的稽查。税法规定，增值税小规模纳税人标准为年应征增值税销售额 500 万元及以下的为小规模纳税人，销售额 500 万元以上的为一般纳税人。在稽查中应注意：销售额，是指纳税人在连续不超过 12 个月的经营期内累计应征增值税销售额。在这里，销售额不包括增值税，即不含税销售额。

2. 企业性质的稽查。税法规定，年应税销售额超过规定标准的其他个人不属于一般纳税人。年应税销售额超过规定标准但不经常发生应税行为的单位和个体工商户可选择按照小规模纳税人纳税。除国家税务总局另有规定外，转登记纳税人按规定再次登记为一般纳税人后，不得再转登记为小规模纳税人。

（二）针对租赁或承包经营的稽查方法

1. 根据提供的纳税人名称进行调查质证，审核出租人、发包人与承租或承包的企业、单位和个人签订的承包、承租合同或协议，核实实际经营人，审查承租或承包的企业、单位和个人是否有独立的生产、经营权，在财务上是否独立核算，并定期向出租者或发包者上缴租金或承包费，确认其是否存在逃避纳税义务的行为。

2. 检查出租人、发包人财务账簿中“其他应收款”“其他应付款”“其他业务收入”“营业外收入”“销售费用”“管理费用”“财务费用”等账户，审核是否有承包费和租金收入，是否将承租或承包部分的收入纳入出租人、发包人财务核算，确定承租或承包的企业、单位和个人是否履行纳税义务。

[例题 2-1] 某公司于2018年2月领取营业执照和税务登记，主营小五金配件、橡胶制品的销售，为增值税一般纳税人。稽查人员在对该公司的纳税情况进行稽查时，发现2018年明细账中“其他业务收入”中有“A公司承包费收入”20万元，核对记账凭证及原始凭证，其会计分录为：

借：银行存款　　200 000

　　贷：其他业务收入——李某承包费　　200 000

经进一步询问得知，2018年1月起，该公司将其店面出包给李某经营，经营项目仍为该公司的主营业务，并签订了出（承）包协议。协议约定，公司将店面承包给李某经营，并提供营业执照，李某自主经营、自负盈亏，债权、债务和税收由李某自己负责，在财务上实行独立核算（不纳入该公司统一核算和管理）。李某既没有向税务机关办理相关的税务登记，也未进行申报纳税。按照税法规定，李某应自行进行税务登记，并申报纳税。根据《中华人民共和国增值税暂行条例》（以下简称《增值税暂行条例》）的规定，凡在中华人民共和国境内发生应税销售行为的单位和个人都是增值税纳税义务人。纳税人应当向其机构所在地主管税务机关申请一般纳税人。

（三）针对扣缴义务人的稽查方法

对于扣缴义务人所签订的劳务合同，相关部门应认真审阅，并且认真审查境外的单位或个人在境内发生应税销售行为的情况，核实扣缴义务人是否正确履行扣缴义务。

[例题 2-2] 稽查人员在对我国境内A公司进行稽查时，核对2018年记账凭证及原始凭证，其会计分录为：

借：管理费用——B公司咨询费　　1 060 000

　　贷：银行存款　　1 060 000

经查明，B公司为境外商务咨询公司，在境内没有经营机构。

按照增值税法的相关规定，A公司应当负担增值税代扣代缴义务。

A公司应当扣缴的税额计算如下：

应扣缴增值税 = 106 ÷（1 + 6%）× 6% = 6（万元）

A公司除了应当补缴代为扣缴的增值税税额6万元，还应当按照《税收征收管理法》第六十九条的规定，对扣缴义务人应扣未扣、应收而不收税款的，由税务机关向纳税人追缴税款，对扣缴义务人处应扣未扣，应收未收税款50%以上3倍以下的罚款。并从滞纳税款之日起，按日加收滞纳税款万分之五的滞纳金。

第二节　增值税征税范围的稽查

一、增值税征税范围稽查的法律依据

（一）增值税课税的基本范围

在中华人民共和国境内销售货物或者提供加工、修理修配劳务，销售服务、无形资产、不动产以及进口货物。加工是指受托加工货物，即委托方提供原料及主要材料，受托方按照委托方的要求制造货物并收取加工费的业务。应税行为分为三大类，即销售应税服务、销售无形资产和销售不动产。其中，应税服务包括交通运输服务、邮政服务、电信服务、建筑服务、金融服务、现代服务、生活服务。具体范围按照《销售服务、无形资产或者不动产注释》执行。

[例题2－3]（多项选择题） 下列（　　）行为属于增值税的征收范围。

A. A公司将房屋与B公司土地交换

B. C银行将房屋出租给D饭店，而D饭店长期不付租金，后经双方协商，由银行在饭店就餐抵账

C. E房地产开发企业委托F建筑工程公司建造房屋，双方在结算价款时，房地产企业将若干套房屋转让给建筑公司冲抵工程款

D. H运输公司与I汽车修理公司商订，H运输公司为I汽车修理公司免费提供运输服务，I汽车修理公司为其免费提供汽车维修作为回报

[参考答案] ABCD

[答案解析] A公司将不动产换取了B公司的土地使用权，虽然A公司没有取得货币，但对于A公司而言是取得了B公司的土地使用权；B公司是以土地为代价换取了A公司房屋所有权，这里的土地使用权和房屋所有权是其他经济利益。C银行在饭店就餐抵账，对C银行而言，出租房屋取得的是免费接受餐饮服务；对D饭店提供餐饮服务取得的是免费使用房屋。这里的餐饮服务和房屋出租等也是其他经济利益。E房地产开发企业委托F建筑工程公司建造房屋，实际上E房地产开发企业取得了F建筑工程公司的建筑劳务，F建筑工程公司获得了房屋所有权。H运输公司为I汽车修理公司免费提供运输服务，I汽车修理公司为其免费提供汽车维修作为回报。这里运输服务和汽车维修都属于其他经济利益，因此都应征收增值税。

（二）视同销售的行为

单位或个体经营者的下列行为，视同销售货物：（1）将货物交付他人代销；（2）销售代销货物；（3）设有两个以上机构并实行统一核算的纳税人，将货物从一个机构移送其他机构用于销售，但相关机构设在同一县（市）的除外；（4）将自产、委托加工或购买的货物作为投资，提供给其他单位或个体经营者；（5）将自产、委托加工或

购买的货物分配给股东或投资者；（6）将自产、委托加工的货物用于集体福利或个人消费；（7）将自产、委托加工或购买的货物无偿赠送他人。

单位或者个体工商户向其他单位或者个人无偿提供服务、无偿转让无形资产或者不动产，除用于公益事业或者以社会公众为对象外，应视同发生应税行为，照章缴纳增值税。

上述第（3）项中所称的用于销售，是指受货机构向购货方开具发票或者向购货方收取货款。受货机构的货物移送行为有上述两项情况之一的，应当向所在地税务机关缴纳增值税；未发生上述两项情况的，则应由总机构统一缴纳增值税。

[例题 2－4]（多项选择题） 根据增值税法律制度的规定，企业发生的下列行为中，属于视同销售货物行为的有（　　）。

A. 将货物交付他人代销

B. 将自产货物用于职工福利

C. 将购进运动器材无偿赠送给某学校

D. 将购进的货物用于集体福利

E. 将委托加工的货物作为投资，提供给其他单位

[参考答案] ABCE

[答案解析] 购进的货物用于集体福利不得抵扣进项税额，不做视同销售处理。

（三）混合销售行为

一项销售行为如果既涉及货物又涉及服务，为混合销售行为。从事货物的生产、批发或零售的单位和个体工商户的混合销售行为，按照销售货物缴纳增值税；其他单位和个人的混合销售行为，按照销售服务缴纳增值税。混合销售行为成立的行为标准有两点，一是其销售行为必须是一项；二是该项行为必须既涉及服务又涉及货物，其“货物”是指《中华人民共和国增值税暂行条例》（以下简称《增值税暂行条例》）中规定的有形动产，包括电力、热力和气体；服务是指属于改征范围的交通运输服务、建筑服务、金融保险服务、邮政服务、电信服务、现代服务、生活服务等。

（四）兼营行为

纳税人销售货物，提供加工、修理修配劳务，销售服务、无形资产或者不动产适用不同税率或者征收率的，应当分别核算适用不同税率或者征收率的销售额，未分别核算销售额的，按照以下方法适用税率或者征收率：

（1）兼有不同税率的销售货物，提供加工、修理修配劳务，销售服务、无形资产或者不动产，从高适用税率。

（2）兼有不同征收率的销售货物，提供加工、修理修配劳务，销售服务、无形资产或者不动产，从高适用征收率。

（3）兼有不同税率和征收率的销售货物，提供加工、修理修配劳务，销售服务、无形资产或者不动产，从高适用税率。

[即学即用] 某试点一般纳税人既销售不动产，又提供经纪代理服务，如果该纳税人能够分别核算上述两项应税行为的销售额，则提供销售不动产适用9%的增值税税率，

提供经纪代理服务适用6%的增值税税率；如果该纳税人没有分别核算上述两项应税行为的销售额，则销售不动产和提供经纪代理服务均从高适用9%的增值税税率。

（五）增值税起征点

小规模纳税人发生增值税应税销售行为，合计月销售额未超过10万元（以一个季度为一个纳税期的，季度销售额未超过30万元）的，免征增值税。小规模纳税人发生增值税应税销售行为，合计月销售额超过10万元，但扣除本期发生的销售不动产的销售额后未超过10万元的，其销售货物、劳务、服务、无形资产取得的销售额免征增值税。

二、增值税征税范围常见问题

（一）关于视同销售行为的问题

（1）受托代销业务没有申报纳税。

（2）不同县（市）间移送货物用于销售未申报纳税。

（3）自产或委托加工的货物用于集体福利和个人消费，未视同销售申报纳税。

（4）自产、委托加工或购买的货物用于对外投资、分配给股东或无偿赠送他人，未视同销售申报纳税。

（二）从事兼营业务的纳税人未按规定申报缴纳增值税

（三）关于混合销售行为的问题

当发生混合销售行为时，未按规定履行纳税义务。

（四）关于处理个人使用过的固定资产的问题

当销售个人使用过的应税固定资产时，未按照规定申报缴纳增值税。

（五）关于加工劳务的问题

把货物销售当作受托加工业务处理，仅仅就加工费收入申报缴纳增值税，从而少缴税款。

三、增值税征税范围稽查方法

（一）对于视同销售行为的稽查

1. 对于委托代销业务没有申报纳税的稽查。

第一，应确认委托代销业务的真实性，查阅委托方与受托方签订的委托代销合同或协议，重点检查是否构成代销业务，核实纳税人是否将直销业务作为委托代销业务进行核算。

第二，检查收到代销清单前是否收取货款，收到清单后是否及时结转销售，审查发出代销商品是否超过180天，核实有无延迟纳税义务发生时间和不计销售的问题。检查“应收账款”“应付账款”“其他应付款”“销售费用（或营业费用）”等账户，核查“库存商品——委托代销商品”账户贷方发生额的对应账户是否发生错误。

第三，审查代销商品账户、销售资料和往来明细账，查阅相关合同、协议，了解被查单位是否存在代销业务，必要时对受托代销商品采用发函协查或实地盘存的方法进行检查，核实是否存在代销收入不入账、隐匿销售收入或延缓实现销售收入时间的问题。

[例题2-5] 某通信设备有限公司主营手机批发零售业务，为增值税一般纳税人。2019年6月实现销售收入12 600万元，已交增值税93万元，实际税负率为0.74%；2019年7月销售收入76 160万元，已交增值税670万元，实际税负率为0.88%。在对该公司实施检查的过程中，稽查人员发现库存商品明细账中三种型号的手机连续两年库存数量不变。经实地盘点企业仓库，发现上述手机账实不符，两者相差1 300台。企业解释1 300台的差额是委托代销发出的手机，因未收到代销清单，故未记账。稽查人员要求企业提供代销协议，经核实，发现代销手机发出已超过180天。依据《中华人民共和国增值税暂行条例实施细则》（以下简称《增值税暂行条例实施细则》）的规定，该公司应按视同销售货物的规定补缴增值税。已知每台手机的不含税对外售价为2 000元。

应补缴增值税：2 000×1 300×13% =338 000（元）

账务调整分录为：

借：应收账款　　338 000

　　贷：应交税费——应交增值税（销项税额）　　338 000

2. 在不同县（市）间移送货物用于销售没有申报纳税的稽查。审查工商登记情况，了解企业经营机构尤其是异地分支机构的设立情况；检查“库存商品”等存货类账户，核实机构间是否存在移送货物的情况；核对机构间的往来明细账和银行资金往来凭据；审查销售部门的销售台账、仓库部门的实物账等情况。

3. 对于将自产或委托加工的货物用于集体福利和个人消费，无偿提供服务，无偿转让无形资产或者不动产未视同销售申报纳税问题的稽查。

第一，实地询问自产或委托加工货物的用途，分析有无用于集体福利和个人消费、无偿提供服务、无偿转让无形资产或者不动产。

第二，查看“应付职工薪酬”账户的借方发生额，从而检查“库存商品”“自制半成品”账户的贷方发生额，若发生额大于当期结转的主营业务成本，说明有可能将自制或委托加工的货物用于非应税项目或集体福利、个人消费，应对“应付职工薪酬”账户进行逆向反查，对这些账户的借方发生额的对应账户进行审核，检查其是否使用了自产或委托加工的货物。检查仓库发货单，审核是否存在集体福利和个人消费领用自产、委托加工货物的情况。审核计税价格，核实有无以成本价作为计税依据的情况。

[例题2-6] 2019年6月，稽查局对A公司进行税务稽查，在核对“应付职工薪酬”明细账及相应的记账凭证时，发现一笔会计分录为：

借：应付职工薪酬　　110 000

　　贷：库存商品——书包　　110 000

后附一张出库单。

经与A公司财务人员进一步核实，该公司将自产书包用于集体福利。已知该书包的对外不含税售价为100元/个，共计1 200个，总价值120 000元。

[答案解析] 按照税法规定，企业将自产货物用于集体福利，应视同销售并按对外售价计算缴纳增值税。该公司应计算补缴增值税。账务调整分录为：

借：应付职工薪酬　　15 600

贷：应交税费——应交增值税（销项税额） 15 600

4. 对于将自产、委托加工或购买的货物用于对外投资、分配给股东或无偿赠送他人，未视同销售申报纳税的稽查。

查看“长期股权投资”“应付股利”“库存商品”“营业外支出”等账户借方的对应账户是不是“原材料”“库存商品”等存货类账户，核实企业有无将自产、委托加工或购买的货物用于对外投资和分配给股东以及无偿赠送他人等事项；如果有，查阅相应业务的记账凭证，再对应“应交税费——应交增值税（销项税额）”账户，检查纳税人用于投资、赠送或分配的货物是否按规定核算了销项税额。

（二）对于兼营的稽查

查看工商登记情况，采取询问、实地观察等方法，了解企业的实际经营范围，核实其是否有兼营不同税率应税货物和服务的情况；检查“其他业务收入”“营业外收入”“其他业务支出”“营业外支出”以及费用类账户，审核不同税率应税货物和服务是否分别核算，不分别核算或者不能准确核算的，税务机关可核定其应税销售额。

［**例题2－7**］税务机关在对某工业公司进行检查时，发现该公司有一支非独立核算的小型运输车队，但在“其他业务收入”和“其他业务支出”账户中没有运输收入或支出的核算记录，经进一步审核“销售费用”账户，发现有多笔红字冲减销售费用的记录。通过对原始凭据的审查，发现该企业车队取得的对外承运收入直接冲减了销售费用。

其会计分录为：

借：应收账款 10 900

贷：销售费用 10 900

［**答案解析**］依据《增值税暂行条例实施细则》的规定，该公司应将运输收入计入“其他业务收入”，而不能直接抵销“销售费用”。

账务调整分录为：

借：销售费用 10 900

贷：其他业务收入 10 000

应交税费——应交增值税（销项税额） 900

（三）对于混合销售行为的稽查

1. 查看工商营业执照和税务登记证件，了解企业的经营范围，检查纳税人的生产经营场所，了解有无混合销售业务。

2. 检查“主营业务收入”“其他业务收入”账户，核实混合销售行为中各项目是否一并申报缴纳增值税，有无将一项混合销售业务分割分别核算的情况。

3. 审查有关成本、费用账户，核实是否存在将收取的混合销售收入直接冲减成本、费用。

（四）对于处理个人使用过的固定资产的稽查

在检查账户时着重检查“固定资产”“固定资产清理”“资产处置损益”“应交税费——应交增值税（销项税额）”或“应交税费——简易计税”账户，核实销售自己使用过的应缴纳增值税的固定资产是否已申报缴纳增值税。

（五）对于加工劳务的稽查

查看加工合同或协议，审核加工业务的资金流动，检查受托方与委托方、原材料供应商之间的资金往来，核查受托方是否存在代垫原料及主要材料价款或代购原材料的情况。如果有必要，则到委托方进行调查，防止存在将购销业务作为委托加工业务进行核算、纳税的问题。

第三节　增值税销项税额的稽查

一、增值税销项税额稽查的法律依据

（一）增值税销项税额的纳税义务发生时间

1. 发生应税销售行为，纳税义务发生时间为收讫销售款或者取得索取销售款凭据的当天；先开具发票的，为开具发票的当天；进口货物纳税义务发生时间为报关进口的当天。按销售结算方式的不同，具体为：

（1）采取直接收款方式销售货物，不论货物是否发出，均为收到销售额或取得索取销售额凭据的当天；

（2）采取托收承付和委托银行收款方式销售货物，为发出货物并办妥托收手续的当天；

（3）采取赊销和分期收款方式销售货物，为书面合同约定的收款日期的当天，无书面合同的或者书面合同没有约定收款日期的，为货物发出的当天；

（4）采取预收货款方式销售货物，为货物发出的当天，但销售生产工期超过 12 个月的大型机械设备、船舶、飞机等货物，为收到预收款或者书面合同约定的收款日期的当天；

（5）纳税人提供租赁服务采取预收款方式的，其纳税义务发生时间为收到预收款的当天。

2. 特别规定。委托其他纳税人代销货物，为收到代销单位销售的代销清单的当天。纳税人以代销方式销售货物，在收到代销清单前已收到全部或部分货款的，其纳税义务发生时间为收到全部或部分货款的当天；对于发出代销商品超过 180 天仍未收到代销清单及货款的，视同销售实现，其纳税义务发生时间为发出代销商品满 180 天的当天。其他视同销售货物行为，为货物移送的当天。

纳税人从事金融商品转让，为金融商品所有权转移的当天。

视同销售服务、无形资产或者不动产的，其纳税义务发生时间为服务、无形资产转让完成的当天或者不动产权属变更的当天。增值税扣缴义务发生时间为纳税人增值税纳税义务发生的当天。

[例题2-8]（多项选择题） 下列关于增值税纳税义务发生时间的表述中，正确的有（　　）。

A. 纳税人采取直接收款方式销售货物，为货物发出的当天

B. 纳税人销售应税劳务，为提供劳务的同时收讫销售款或者取得索取销售款凭据的当天

C. 提供租赁服务采取预收款方式，为收到预收款的当天

D. 纳税人采取赊销方式销售货物，为书面合同约定的收款日期的当天

E. 采取托收承付和委托银行收款方式销售货物，为发出货物并办妥托收手续的当天

[参考答案] BCDE

[答案解析] 选项A，纳税人采取直接收款方式销售货物，不论货物是否发出，均为收到销售款或取得索取销售款凭据。

（二）应税交易

应税交易是指销售货物、服务、无形资产、不动产和金融商品。

1. 销售货物，是指有偿转让货物的所有权。其中，货物是指有形动产，包括电力、热力、气体在内。

2. 销售服务，是指提供加工、修理修配服务，交通运输服务，邮政服务，电信服务，建筑服务，金融服务，现代服务，生活服务。

（1）加工、修理修配服务，是指有偿提供加工、修理修配劳务。其中，加工是指受托加工货物，即委托方提供原料及主要材料，受托方按照委托方的要求制造货物并收取加工费的业务；修理修配是指受托对损伤和丧失功能的货物进行修复，使其恢复原状和功能的业务。单位或者个体工商户聘用的员工为本单位或者雇主提供加工、修理修配劳务，不包括在内。

（2）交通运输服务，是指利用运输工具将货物或者旅客送达目的地，使其空间位置得到转移的业务活动，包括陆路运输服务、水路运输服务、航空运输服务和管道运输服务。

①陆路运输服务，是指通过陆路（地上或者地下）运送货物或者旅客的运输业务活动，包括铁路运输服务和其他陆路运输服务。出租车公司向使用本公司自有出租车的出租车司机收取的管理费用，按照陆路运输服务缴纳增值税。

②水路运输服务，是指通过江、河、湖、川等天然、人工水道或者海洋航道运送货物或者旅客的运输业务活动。

水路运输的程租业务和期租业务属于水路运输服务。

程租业务是指运输企业为租船人完成某一特定航次的运输任务并收取租赁费的业务。

期租业务是指运输企业将配备有操作人员的船舶租赁给他人使用一定期限，租赁期内听候承租方调遣，不论是否经营，均按天向承租方收取租赁费，发生的固定费用均由船东负担的业务。

③航空运输服务，是指通过空中航线运送货物或者旅客的运输业务活动。

航空运输的湿租业务属于航空运输服务。

湿租业务是指航空运输企业将配备有机组人员的飞机租赁给他人使用一定期限，租赁期内听候承租方调遣，不论是否经营，均按一定标准向承租方收取租赁费，发生的固定费用均由承租方承担的业务。

④管道运输服务，是指通过管道设施输送气体、液体、固体物质的运输业务活动。

无运输工具承运业务按照交通运输服务缴纳增值税。

无运输工具承运业务是指经营者以承运人身份与托运人签订运输服务合同，收取运费并承担承运人责任，然后委托实际承运人完成运输服务的经营活动。

（3）邮政服务，是指中国邮政集团公司及其所属邮政企业提供邮件寄递、邮政汇兑和机要通信等邮政基本服务的业务活动，包括邮政普遍服务、邮政特殊服务和其他邮政服务。

第一，邮政普遍服务，是指函件、包裹等邮件寄递，以及邮票发行、报刊发行和邮政汇兑等业务活动。

第二，邮政特殊服务，是指义务兵平常信函、机要通信、盲人读物和革命烈士遗物的寄递等业务活动。

第三，其他邮政服务，是指邮册等邮品销售、邮政代理等业务活动。

（4）电信服务，是指利用有线、无线的电磁系统或者光电系统等各种通信网络资源，提供语音通话服务，传送、发射、接收或者应用图像、短信等电子数据和信息的业务活动，包括基础电信服务和增值电信服务。

第一，基础电信服务，是指利用固网、移动网、卫星、互联网，提供语音通话服务的业务活动，以及出租或者出售带宽、波长等网络元素的业务活动。

第二，增值电信服务，是指利用固网、移动网、卫星、互联网、有线电视网络，提供短信和彩信服务、电子数据和信息的传输及应用服务、互联网接入服务等业务活动。

卫星电视信号落地转接服务按照增值电信服务缴纳增值税。

（5）建筑服务，是指各类建筑物、构筑物及其附属设施的建造、修缮、装饰，线路、管道、设备、设施等的安装以及其他工程作业的业务活动，包括工程服务、安装服务、修缮服务、装饰服务和其他建筑服务。

第一，工程服务，是指新建、改建各种建筑物、构筑物的工程作业，包括与建筑物相连的各种设备或者支柱、操作平台的安装或者装设工程作业，以及各种窑炉和金属结构工程作业。

第二，安装服务，是指生产设备、动力设备、起重设备、运输设备、传动设备、医疗实验设备以及其他各种设备、设施的装配、安置工程作业，包括与被安装设备相连的工作台、梯子、栏杆的装设工程作业，以及被安装设备的绝缘、防腐、保温、油漆等工程作业。

固定电话、有线电视、宽带、水、电、燃气、暖气等经营者向用户收取的安装费、初装费、开户费、扩容费以及类似收费，按照安装服务缴纳增值税。

第三，修缮服务，是指对建筑物、构筑物进行修补、加固、养护、改善，使之恢复原来的使用价值或者延长其使用期限的工程作业。

第四，装饰服务，是指对建筑物、构筑物进行修饰装修，使之美观或者具有特定用途的工程作业。

第五，其他建筑服务，是指上述工程作业之外的各种工程作业服务，如钻井（打井）、拆除建筑物或者构筑物、平整土地、园林绿化、疏浚（不包括航道疏浚）、建筑物平移、搭脚手架、爆破、矿山穿孔、表面附着物（包括岩层、土层、沙层等）剥离和清理等工程作业。

航道疏浚服务属于“物流辅助服务——港口码头服务”。

（6）金融服务，是指经营金融、保险的业务活动，包括贷款服务、直接收费金融服务、保险服务和金融商品转让。

第一，贷款服务，是指将资金借贷给他人使用并取得利息收入的业务活动。

各种占用、拆借资金取得的收入，包括金融商品持有期间（含到期）的利息（保本收益、报酬、资金占用费、补偿金等）收入、信用卡透支利息收入、买入返售金融商品的利息收入、融资融券收取的利息收入，以及融资性售后回租、押汇、罚息、票据贴现、转贷等业务取得的利息及利息性质的收入，按照贷款服务缴纳增值税。

融资性售后回租是指承租方以融资为目的，将资产出售给从事融资性售后回租业务的企业后，从事融资性售后回租业务的企业将该资产出租给承租方的业务活动。

以货币资金投资收取的固定利润或者保底利润，按照贷款服务缴纳增值税。

第二，直接收费金融服务，是指为货币资金融通及其他金融业务提供相关服务并且收取费用的业务活动，包括提供货币兑换、账户管理、电子银行、信用卡、信用证、财务担保、资产管理、信托管理、基金管理、金融交易场所（平台）管理、资金结算、资金清算、金融支付等服务。

第三，保险服务，是指投保人根据合同约定，向保险人支付保险费，保险人对于合同约定的可能发生的事故因其发生所造成的财产损失承担赔偿保险金责任，或者当被保险人死亡、伤残、疾病或者达到合同约定的年龄、期限等条件时承担给付保险金责任的商业保险行为，包括人身保险服务和财产保险服务。

人身保险服务是指以人的寿命和身体为保险标的的保险业务活动。

财产保险服务是指以财产及其有关利益为保险标的的保险业务活动。

（7）现代服务，是指围绕制造业、文化产业、现代物流产业等提供技术性、知识性服务的业务活动，包括研发和技术服务、信息技术服务、文化创意服务、物流辅助服务、租赁服务、鉴证咨询服务、广播影视服务、商务辅助服务和其他现代服务。

第一，研发和技术服务，包括研发服务、合同能源管理服务、工程勘察勘探服务、专业技术服务。

第二，信息技术服务，是指利用计算机、通信网络等技术对信息进行生产、收集、处理、加工、存储、运输、检索和利用，并提供信息服务的业务活动，包括软件服务、电路设计及测试服务、信息系统服务、业务流程管理服务和信息系统增值服务。

第三，文化创意服务，包括设计服务、知识产权服务、广告服务和会议展览服务。

第四，物流辅助服务，包括航空服务、港口码头服务、货运客运场站服务、打捞救助服务、装卸搬运服务、仓储服务和收派服务。

第五，租赁服务，包括融资租赁服务和经营租赁服务。

融资租赁服务，是指具有融资性质和所有权转移特点的租赁活动，即出租人根据承租人所要求的规格、型号、性能等条件购入有形动产或者不动产租赁给承租人，合同期内租赁物所有权属于出租人，承租人只拥有使用权，合同期满付清租金后，承租人有权按照残值购入租赁物，以拥有其所有权。不论出租人是否将租赁物销售给承租人，均属于融资租赁。按照标的物的不同，融资租赁服务可分为有形动产融资租赁服务和不动产融资租赁服务。

经营租赁服务，是指在约定时间内将有形动产或者不动产转让给他人使用且租赁物所有权不变更的业务活动。按照标的物的不同，经营租赁服务可分为有形动产经营租赁服务和不动产经营租赁服务。

有形动产的广告位出租给其他单位或者个人用于发布广告，按照经营租赁服务缴纳增值税。

车辆停放服务、道路通行服务（包括过路费、过桥费、过闸费）等按照不动产经营租赁服务缴纳增值税。

水路运输的光租业务、航空运输的干租业务属于经营租赁。光租业务是指运输企业将船舶在约定的时间内出租给他人使用，不配备操作人员，不承担运输过程中发生的各项费用，只收取固定租赁费的业务活动。干租业务是指航空运输企业将飞机在约定的时间内出租给他人使用，不配备机组人员，不承担运输过程中发生的各项费用，只收取固定租赁费的业务活动。

鉴证咨询服务，包括认证服务、鉴证服务和咨询服务。

广播影视服务，包括广播影视节目（作品）的制作服务、发行服务和播映服务。

商务辅助服务，包括企业管理服务、经纪代理服务、人力资源服务、安全保护服务。

其他现代服务，是指除研发和技术服务、信息技术服务、文化创意服务、物流辅助服务、租赁服务、鉴证咨询服务、广播影视服务和商务辅助服务以外的现代服务。

比如纳税人为客户办理退票而向客户收取的退票费、手续费等收入，按照“其他现代服务”缴纳增值税。

纳税人对安装运行后的电梯提供的维护保养服务，按照“其他现代服务”缴纳增值税。

（8）生活服务。

文化体育服务，包括文化服务和体育服务。

教育医疗服务，包括教育服务和医疗服务。

旅游娱乐服务，包括旅游服务和娱乐服务。

餐饮住宿服务，包括餐饮服务和住宿服务。

居民日常服务，是指主要为满足居民个人及其家庭日常生活需求提供的服务，包括市容市政管理、家政、婚庆、养老、殡葬、照料和护理、救助救济、美容美发、按摩、桑拿、氧吧、足疗、沐浴、洗染、摄影扩印等服务。

其他生活服务，是指除文化体育服务、教育医疗服务、旅游娱乐服务、餐饮住宿服务和居民日常服务之外的生活服务。

3. 销售无形资产，是指转让无形资产所有权或者使用权的业务活动。无形资产是指不具有实物形态，但能带来经济利益的资产，包括技术、商标、著作权、商誉、自然资源使用权和其他权益性无形资产。

技术包括专利技术和非专利技术。

自然资源使用权包括土地使用权、海域使用权、探矿权、采矿权、取水权和其他自然资源使用权。

其他权益性无形资产包括基础设施资产经营权、公共事业特许权、配额、经营权（包括特许经营权、连锁经营权、其他经营权）、经销权、分销权、代理权、会员权、席位权、网络游戏虚拟道具、域名、名称权、肖像权、冠名权、转会费等。

4. 销售不动产，是指转让不动产所有权的业务活动。不动产是指不能移动或者移动后会引起性质、形状改变的财产，包括建筑物、构筑物等。

建筑物包括住宅、商业营业用房、办公楼等可供居住、工作或者进行其他活动的建造物。

构筑物包括道路、桥梁、隧道、水坝等建造物。

转让建筑物有限产权或者永久使用权的，转让在建的建筑物或者构筑物所有权的，以及在转让建筑物或者构筑物时一并转让其所占土地的使用权的，按照销售不动产缴纳增值税。

5. 销售金融商品，是指转让外汇、有价证券、非货物期货和其他金融商品所有权的业务活动。

其他金融商品转让包括基金、信托、理财产品等各类资产管理产品和各种金融衍生产品的转让。

6. 进口货物。根据税法的规定，申报进入中华人民共和国海关境内的货物，均应缴纳增值税。

确定一项货物是否属于进口货物，首先要看其是否有报关进口手续。一般来说，境外产品要输入境内，都必须向我国海关申报进口，并办理有关报关手续。只要是报关进口的应税货物，不论其是国外产制还是我国已出口而转销国内的货物，是进口者自行采购的货物还是国外捐赠的货物，是进口者自用还是作为贸易或其他用途等，均应按照规定缴纳进口环节的增值税。在规定对进口货物征收增值税的同时，国家对于一些特定的进口货物制定了减免税政策，比如直接用于科学研究、科学试验和教学的进口仪器、设备免征进口环节的增值税。

7. 非应税交易。下列项目视为非应税交易，不征收增值税：

（1）员工为受雇单位或者雇主提供取得工资薪金的服务。

（2）行政单位收缴的行政事业性收费、政府性基金。

（3）因征收、征用而取得补偿。

（4）存款利息收入。

（5）国务院财政、税务主管部门规定的其他情形。

8. 确定增值税销售额的特殊项目：

（1）货物期货，包括商品期货和贵金属期货，应当征收增值税，在期货的实物交割环节纳税。

（2）银行销售金银的业务，应当征收增值税。

（3）典当业的绝当物品销售业务和寄售业代委托人销售寄售物品的业务，均应征收增值税。

（4）纳税人提供的矿产资源开采、挖掘、切割、破碎、分拣、洗选等劳务，属于增值税应税劳务，应当缴纳增值税。

（5）纳税人转让土地使用权或者销售不动产的同时一并销售的附着于土地或者不动产上的固定资产中，凡属于增值税应税货物的，应按规定计算缴纳增值税；凡属于不动产的，应按照“销售不动产”税目计算缴纳增值税。

（6）电力公司向发电企业收取的过网费，应当征收增值税。

（7）供电企业进行电力调压并按电量向电厂收取的并网服务费，应当征收增值税。

（8）印刷企业接受出版单位委托，自行购买纸张，印刷有统一刊号（CN）以及采用国际标准书号编序的图书、报纸和杂志，按货物销售征收增值税。

（9）出租车公司向使用本公司自有出租车的出租车司机收取的管理费用，按照交通运输业中的陆路运输服务征收增值税。

（10）水路运输的程租、期租业务，按照交通运输业中的水路运输服务征收增值税；航空运输的湿租业务，按照交通运输业中的航空运输服务征收增值税。

（11）航天运输服务，按照交通运输业中的航空运输服务征收增值税。

（12）水路运输的光租业务、航空运输的干租业务，属于经营租赁，征收增值税。

（13）航空运输企业已售票但未提供航空运输服务取得的逾期票证收入，按照交通运输业中的航空运输服务征收增值税。

（14）港口设施经营人收取的港口设施保安费，按照物流辅助服务中的“港口码头服务”征收增值税。

（15）代理记账按照商务辅助服务中的“经纪代理服务”征收增值税；翻译服务和市场调查服务，按照鉴证咨询服务中的“咨询服务”征收增值税。

（16）纳税人取得的中央财政补贴，不属于增值税应税收入，不征收增值税。

（17）融资性售后回租业务中承租方出售资产的行为，不属于增值税征收范围，不征收增值税。融资性售后回租业务是指承租方以融资为目的，将资产出售给经批准从事融资租赁业务的企业后，又将该项资产从该融资租赁企业租回的行为。融资性售后回租业务中承租方出售资产时，资产所有权以及与资产所有权有关的全部报酬和风险并未完全转移。

（18）纳税人在资产重组的过程中，通过合并、分立、出售、置换等方式，将全部或者部分实物资产以及与其相关联的债权、负债和劳动力一并转让给其他单位和个人，不属于增值税的征税范围，其中涉及的货物转让，不征收增值税。在前述业务中，若纳税人将全部或者部分实物资产以及与其相关联的债权、负债经多次转让后，最终的受让方与劳动力接收方为同一单位和个人的，仍适用前述规定，其中货物的多次转让行为均不征收增值税。

（19）航空运输企业提供的旅客利用里程积分兑换的航空运输服务，不征收增值税。

（20）以积分兑换形式赠送的电信业服务，不征收增值税。

（21）营改增试点纳税人根据国家指令无偿提供的铁路运输服务、航空运输服务，属于《营业税改征增值税试点实施办法》规定的以公益活动为目的的服务，不征收增值税。

（22）无运输工具承运业务，按照交通运输服务缴纳增值税。

（23）航道疏浚服务按照“物流辅助服务——港口码头服务”缴纳增值税。

（24）货物运输代理服务，是指接受货物收货人、发货人、船舶所有人、船舶承租人或者船舶经营人的委托，以委托人的名义，为委托人办理货物运输、装卸、仓储和船舶进出港口、引航、靠泊等相关手续的业务活动。货物运输代理服务按照“经纪代理服务”缴纳增值税。

（25）金融商品持有期间（含到期）的利息（保本收益、报酬、资金占用费、补偿金等）收入，按照贷款服务缴纳增值税。金融商品持有期间（含到期）取得的非保本的上述收入，不属于利息或利息性质的收入，不征收增值税。

（26）纳税人购入基金、信托、理财产品等各类资产管理产品持有至到期，不属于金融商品转让。

（27）证券公司、保险公司、金融租赁公司、证券基金管理公司、证券投资基金以及其他经中国人民银行、银监会、证监会、保监会批准成立且经营金融保险业务的机构发放贷款后，自结息日起90天内发生的应收未收利息按现行规定缴纳增值税，自结息日起90天后发生的应收未收利息暂不缴纳增值税，待实际收到利息时按规定缴纳增值税。

（28）资管产品运营过程中发生的增值税应税行为，以资管产品管理人为增值税纳税人。

（29）转让金融商品出现的正负差，按盈亏相抵后的余额为销售额。若相抵后出现负差，可结转下一纳税期与下期转让金融商品销售额相抵，但年末时仍出现负差的，不得转入下一个会计年度。

（30）提供餐饮服务的纳税人销售的外卖食品，按照“餐饮服务”缴纳增值税。

（31）宾馆、旅馆、旅社、度假村和其他经营性住宿场所提供会议场地及配套服务的活动，按照“会议展览服务”缴纳增值税。

（32）纳税人在游览场所经营索道、摆渡车、电瓶车、游船等取得的收入，按照“文化体育服务”缴纳增值税。

（33）非企业性单位中的一般计税方法纳税人提供的研发和技术服务、信息技术服务、鉴证咨询服务，以及销售技术、著作权等无形资产，可以选择简易计税方法按照3%的征收率计算缴纳增值税。

（34）一般计税方法纳税人提供教育辅助服务，可以选择简易计税方法按照3%的征收率计算缴纳增值税。

（35）纳税人提供武装守护押运服务，按照“安全保护服务”缴纳增值税。

（36）物业服务企业为业主提供的装修服务，按照“建筑服务”缴纳增值税。

（37）纳税人将建筑施工设备出租给他人使用并配备操作人员的，按照“建筑服务”缴纳增值税。

（38）药品生产企业销售自产创新药的销售额，为向购买方收取的全部价款和价外费用，其提供给患者后续免费使用的相同创新药，不属于增值税视同销售范围。

（39）被保险人获得的保险赔付不征收增值税。

（40）房地产主管部门或者其指定机构、公积金管理中心、开发企业以及物业管理单位代收的住宅专项维修资金，不征收增值税。

（41）根据国家指令无偿提供的铁路运输服务、航空运输服务，属于《营业税改征增值税试点实施办法》第十四条规定的用于公益事业的服务，不征收增值税。

（42）执罚部门和单位查处的具备拍卖条件、不具备拍卖条件以及属于专营的财物，取得的收入如数上缴财政，不予征税。购入方再销售的照章纳税。

（43）经批准允许从事二手车经销业务的纳税人，收购二手车时将其过户登记到自己名下，销售时再将该二手车过户登记到买家名下的行为，属于销售货物的行为，应按照现行规定征收增值税。

（44）供电企业利用自身输变电设备对并入电网的企业自备电厂生产的电力产品进行电压调节，收取并网服务费，属于提供加工劳务，应当征收增值税。

（45）自2018年1月1日起，纳税人已售票但客户逾期未消费取得的运输逾期票证收入，按照“交通运输服务”缴纳增值税。

9. 确定增值税销售额的特殊行为：

（1）视同应税交易行为。单位或者个体工商户的下列行为，视同销售货物。下列情形视同应税交易，应当依照规定缴纳增值税：

①单位和个体工商户将自产或者委托加工的货物用于集体福利或个人消费。

②单位和个体工商户无偿赠送货物，但用于公益事业的除外。

③单位和个人无偿赠送无形资产、不动产或者金融商品，但用于公益事业的除外。

④国务院财政、税务主管部门规定的其他情形。

［知识要点提醒］视同应税交易行为的判定。外购的货物用于集体福利、个人消费，属于不得抵扣进项税额的情形，而不属于视同应税交易行为的发生，已经抵扣进项税额的要做进项税额转出。将自产、委托加工的货物用于集体福利或个人消费应视同应税交易，缴纳增值税。

（2）混合交易行为。一项应税交易如果涉及两个以上税率或者征收率的，为混合交易行为。纳税人发生混合交易行为，从主适用税率或者征收率。从事货物的生产、批发或者零售的单位和个体工商户的混合交易行为，按照销售货物缴纳增值税；其他单位和个体工商户的混合交易行为，按照销售服务、无形资产、不动产和金融商品缴纳增值税。

上述从事货物的生产、批发或者零售的单位和个体工商户，包括以从事货物的生产、批发或者零售为主，并兼营销售服务的单位和个体工商户在内。

混合交易行为涉及的不同税率或征收率只是针对一项交易行为而言的，也就是说，销售服务是为了直接销售一批货物而提供的，两者之间是紧密相连的从属关系。

[知识要点提醒] 纳税人在销售活动板房、机器设备、钢结构件等自产货物的同时提供建筑、安装服务，应分别核算货物和建筑服务的销售额，分别适用不同的税率或者征收率。

一般计税方法纳税人销售自产机器设备的同时提供安装服务，应分别核算机器设备和安装服务的销售额，安装服务可以按照甲供工程选择适用简易计税方法计税。

（3）兼营行为。纳税人发生适用不同税率或者征收率的应税交易，应当分别核算适用不同税率或者征收率的销售额；未分别核算的，从高适用税率。

（三）销售额

销售额为纳税人销售货物或者服务、无形资产或者不动产收取的全部价款和价外费用，但是不包括收取的销项税额。

1. 价外费用。价外费用是指价外收取的手续费、补贴、基金、集资费、返还利润、奖励费、违约金、包装费、包装物租金、储备费、优质费、运输装卸费、代收款项、代垫款项及其他各种性质的价外收费。但不包括收取的销项税额、受托加工应征消费税的消费品所代收代缴的消费税、代垫运费（同时符合承运部门的运费发票开具给购货方、纳税人将该项发票转交给购货方两个条件）。凡价外费用，无论其会计制度如何核算，均应并入销售额计算应纳税额。

纳税人代有关行政管理部门收取的费用，凡同时符合以下条件的，不属于价外费用，不征收增值税。一是经国务院、国务院有关部门或省级政府批准；二是开具经财政部门批准使用的行政事业收费专用票据；三是所收款项全额上缴财政或虽不上缴财政但由政府部门监管，专款专用。

纳税人销售货物的同时代办保险而收取的保险费以及从事汽车销售的纳税人收取的代购买方缴纳的车辆购置税、牌照费，不作为价外费用征收增值税。

电力公司向发电企业收取的过网费，应当征收增值税。

对从事热力、电力、燃气、自来水等公用事业的增值税纳税人收取的一次性费用，凡与货物的销售数量有直接关系的，征收增值税。

2. 包装物及其押金。纳税人为销售货物而出租出借包装物收取的押金，单独记账核算的，不并入销售额征税。但对因逾期未收回包装物不再退还的押金，应按所包装货物的适用税率征收增值税。

从 1995 年 6 月 1 日起，对销售除啤酒、黄酒外的其他酒类产品而收取的包装物押金，无论是否返还以及会计上如何核算，均应并入当期销售额征税。

自2004年7月1日起，纳税人为销售货物出租、出借包装物而收取的押金，无论包装物周转使用期限长短，超过一年（含一年）以上仍不退还的，均并入销售额征税。

[例题2-9] 某石油制品销售公司为增值税一般纳税人，主要从事汽油、柴油、机油等油品的批发、零售业务。税务稽查人员在实地调查时发现，该公司仓库里存放着大量油桶，经询问后得知是为零星客户采取的便民措施。在售油时向客户提供出借油桶的服务，每只油桶收取租金80元，回收期限为1年。稽查人员进一步检查"其他应付款——应付包装物押金"明细账，发现尚有贷方余额38.4万元。结合"包装物——油桶"库存情况，逐笔核对记录的业务发生情况，查实该公司共购入油桶1万只，全新未用油桶4 000只，周转使用已收回的旧油桶1 200只，周转使用尚未收回的油桶4 800只，共收取押金金额38.4万元，经与购销合同等有关资料核对，发现其中4 040只油桶已超过一年的回收期限，相应的押金32.32万元，应转作商品销售收入并计提销项税额。

根据国家税务总局《增值税若干具体问题的规定》，对因逾期未收回包装物不再退还的押金，应按所包装货物的适用税率征收增值税。该公司对逾期包装物押金长期挂账。当地税务机关责令其补缴增值税税款37 182.30元，并处以1倍的罚款。该公司根据这一处理决定，调整账务如下：

结转逾期未收回包装物押金收入：

借：其他应付款——应付包装物押金	323 200	
贷：应交税费——应交增值税（销项税额）		37 182.30
本年利润（以前年度损益调整）		286 017.70

缴纳罚款：

借：营业外支出——税收罚款	37 182.30	
贷：银行存款		37 182.30

3. 销售折扣与折让。纳税人采取折扣方式销售货物，如果销售额和折扣额在同一张发票上分别注明的，可按折扣后的销售额征收增值税；如果将折扣额另开发票，不论其在财务上如何处理，均不得从销售额中减除折扣额。

纳税人销售货物并向购买方开具增值税专用发票后，由于购货方在一定时期内累计购买货物达到一定数量，或者由于市场价格下降等原因，销货方给予购货方相应的价格优惠或补偿等折扣、折让行为，销货方可按现行《增值税专用发票使用规定》的有关规定开具红字增值税专用发票。

[例题2-10]（单项选择题） 甲公司为增值税一般纳税企业，适用的增值税税率为13%。6月1日，甲公司向乙公司销售一批商品，按价目表上标明的价格计算，其不含增值税的售价总额为20 000元。因属批量销售，甲公司同意给予乙公司10%的商业折扣；同时，为鼓励乙公司及早付清货款，甲公司规定的现金折扣条件（按含增值税的售价计算）为：2/10，1/20，n/30。假定甲公司6月8日收到该笔销售的价款（含增值税税额），则实际收到的价款为（　　）元。

A. 20 462.40　　　　B. 19 933.20

C. 22 932　　D. 20 340

［参考答案］B

［答案解析］实际收到的价款 =（20 000 - 20 000 × 10%）×（1 + 13%）-（20 000 - 20 000 × 10%）×（1 + 13%）× 2% = 19 933.20（元）

4. 核定销售额。纳税人发生应税销售行为的价格明显偏低并无正当理由的，由主管税务机关核定其销售额。其核定顺序如下：

按纳税人最近时期同类货物应税服务的平均销售价格确定；

按其他纳税人最近时期同类货物应税服务的平均销售价格确定；

按组成计税价格确定，组成计税价格的公式为：

组成计税价格 = 成本 ×（1 + 成本利润率）

属于应征消费税的货物，其组成计税价格中应加计消费税额。

5. 特殊销售方式。纳税人采取以旧换新方式销售货物，应按新货物的同期销售价格确定销售额；纳税人采取还本销售方式销售货物，不得从销售额中减除还本支出。

对金银首饰以旧换新业务，可以按销售方实际收取的不含增值税的全部价款征收增值税。

［例题 2 - 11］ 税务检查发现，某商场销售白酒一批，共计 2 000 千克，价款 46 330 元（含税），收妥货款存入银行，该批白酒成本为 31 000 元，企业作如下账务处理：

借：银行存款　　46 330

　　贷：库存商品　　31 000

　　　　应收账款　　15 330

［答案解析］ 本案应按照税收法规和财务会计制度将企业对外销售取得的收入按正常销售业务处理。

正确的会计分录为：

借：银行存款　　46 330

　　贷：主营业务收入　　41 000

　　　　应交税费——应交增值税（销项税额）　　5 330

借：税金及附加　　10 250

　　贷：应交税费——应交消费税　　10 250

借：主营业务成本　　31 000

　　贷：库存商品　　31 000

6. 应税服务的销售额。

贷款服务，以提供贷款服务取得的全部利息及利息性质的收入为销售额。

直接收费金融服务，以提供直接收费金融服务收取的手续费、佣金、酬金、管理费、服务费、经手费、开户费、过户费、结算费、转托管费等各类费用为销售额。

金融商品转让，按照卖出价扣除买入价后的余额为销售额。金融商品转让，不得开具增值税专用发票。

［例题 2 - 12］（单项选择题） 根据现行增值税政策规定，增值税一般纳税人转让因

同时实施股权分置改革和重大资产重组而首次公开发行股票并上市形成的限售股取得的收入，适用（　　）税率。

A. 13%　　　　B. 9%

C. 6%　　　　D. 3%

[参考答案] C

[答案解析] 本题涉及的知识点是增值税的征税范围与税率。《国家税务总局关于国内旅客运输服务进项税抵扣等增值税征管问题的公告》（国家税务总局公告2019年第31号）第十条规定，纳税人转让因同时实施股权分置改革和重大资产重组而首次公开发行股票并上市形成的限售股，以及上市首日至解禁日期间由上述股份孳生的送、转股，以该上市公司股票上市首日开盘价为买入价，按照“金融商品转让”缴纳增值税。《财政部　国家税务总局关于全面推开营业税改征增值税试点的通知》（财税〔2016〕36号）附件一《销售服务、无形资产、不动产注释》与《增值税暂行条例》规定，金融商品转让属于金融服务，适用6%税率。

经纪代理服务，以取得的全部价款和价外费用，扣除向委托方收取并代为支付的政府性基金或者行政事业性收费后的余额为销售额。向委托方收取的政府性基金或者行政事业性收费，不得开具增值税专用发票。

[例题2-13]（单项选择题） 根据现行增值税政策规定，拍卖行受托拍卖取得的手续费或佣金收入，按照（　　）缴纳增值税。

A. 直接收费金融服务　　　　B. 经纪代理服务

C. 其他现代服务　　　　D. 金融商品转让

[参考答案] B

[答案解析] 本题涉及的知识点是增值税的征税范围。《国家税务总局关于明确中外合作办学等若干增值税征管问题的公告》（国家税务总局公告2018年第42号）第五条规定，拍卖行受托拍卖取得的手续费或佣金收入，按照“经纪代理服务”缴纳增值税。

航空运输企业的销售额，不包括代收的机场建设费和代售其他航空运输企业客票而代收转付的价款。

一般纳税人提供客运场站服务，以其取得的全部价款和价外费用，扣除支付给承运方运费后的余额为销售额。

纳税人提供旅游服务，可以选择以取得的全部价款和价外费用，扣除向旅游服务购买方收取并支付给其他单位或者个人的住宿费、餐饮费、交通费、签证费、门票费和支付给其他接团旅游企业的旅游费用后的余额为销售额。选择上述办法计算销售额的纳税人，向旅游服务购买方收取并支付的上述费用，不得开具增值税专用发票，可以开具普通发票。

纳税人提供建筑服务适用简易计税方法的，以取得的全部价款和价外费用扣除支付的分包款后的余额为销售额。

房地产开发企业中的一般纳税人销售其开发的房地产项目（选择简易计税方法的房

地产老项目除外)，以取得的全部价款和价外费用，扣除受让土地时向政府部门支付的土地价款后的余额为销售额。

7. 融资租赁和融资性售后回租业务。经中国人民银行、商务部、银保监会批准从事融资租赁业务的试点纳税人提供融资租赁服务，以取得的全部价款和价外费用，扣除支付的借款利息（包括外汇借款和人民币借款利息）、发行债券利息和车辆购置税后的余额为销售额。

经中国人民银行、银保监会或者商务部批准从事融资租赁业务的试点纳税人，提供融资性售后回租服务，以取得的全部价款和价外费用（不含本金），扣除对外支付的借款利息（包括外汇借款和人民币借款利息）、发行债券利息后的余额作为销售额。试点纳税人根据 2011 年 4 月 30 日前签订的有形动产融资性售后回租合同，在合同到期前提供的有形动产融资性售后回租服务，可继续按照有形动产融资租赁服务缴纳增值税。

[实务问答 2－1] 疫情防控重点物资生产企业一次性扣除政策，如果企业是通过融资租赁方式取得的设备，这个是否能适用一次性扣除政策呢？

答：《财政部　税务总局关于支持新型冠状病毒感染的肺炎疫情防控有关税收政策的公告》（财政部　税务总局公告 2020 年第 8 号）规定，对疫情防控重点保障物资生产企业为扩大产能新购置的相关设备，允许一次性计入当期成本费用在企业所得税税前扣除。“购置”包括以货币形式购进或自行建造两种形式，与单位价值 500 万元以下设备、器具一次性税前扣除政策口径保持统一。融资租赁不属于上述两种形式，因此不能适用疫情防控重点保障物资生产企业一次性税前扣除政策。

继续按照有形动产融资租赁服务缴纳增值税的试点纳税人，经中国人民银行、银保监会或者商务部批准从事融资租赁业务的，根据 2011 年 4 月 30 日前签订的有形动产融资性售后回租合同，在合同到期前提供的有形动产融资性售后回租服务，可以选择以下方法之一计算销售额：

（1）以向承租方收取的全部价款和价外费用，扣除向承租方收取的价款本金，以及对外支付的借款利息（包括外汇借款和人民币借款利息）、发行债券利息后的余额为销售额。

（2）以向承租方收取的全部价款和价外费用，扣除支付的借款利息（包括外汇借款和人民币借款利息）、发行债券利息后的余额为销售额。纳税人从全部价款和价外费用中扣除价款，应当取得符合法律、行政法规和国家税务总局有关规定的有效凭证。否则，不得扣除。

[例题 2－14]（多项选择题） 按照增值税现行政策规定，关于贷款服务，下列说法正确的有（　　）。

A. 以货币资金投资收取的固定利润或者保底利润，按照“贷款服务”缴纳增值税

B. 融资性售后回租，按照“贷款服务”缴纳增值税

C. 购进的贷款服务用于增值税应税项目，其进项税额可以从销项税额中抵扣

D. 金融商品持有期间（含到期）取得的非保本的收益，按照“贷款服务”征收增值税

[参考答案] AB

[答案解析] 本题涉及的知识点是增值税征税范围和进项税额。《财政部 国家税务总局关于全面推开营业税改征增值税试点的通知》（财税〔2016〕36号）附件一规定，贷款是指将资金贷与他人使用而取得利息收入的业务活动。各种占用、拆借资金取得的收入，包括金融商品持有期间（含到期）利息（保本收益、报酬、资金占用费、补偿金等）收入、信用卡透支利息收入、买入返售金融商品利息收入、融资融券收取的利息收入，以及融资性售后回租、押汇、罚息、票据贴现、转贷等业务取得的利息及利息性质的收入，按照贷款服务缴纳增值税。融资性售后回租，是指承租方以融资为目的，将资产出售给从事融资性售后回租业务的企业后，从事融资性售后回租业务的企业将该资产出租给承租方的业务活动。以货币资金投资收取的固定利润或者保底利润，按照贷款服务缴纳增值税。选项A、B正确。

（四）增值税税率

适用增值税一般计税方法的纳税人销售或者进口除适用9%税率和零税率以外的货物，提供加工、修理修配劳务和有形动产租赁服务，税率一律为13%。

适用增值税一般计税方法的纳税人提供交通运输业服务、邮政业服务、基础电信服务、建筑、不动产租赁服务、销售不动产、转让土地使用权，适用税率为9%。

增值税一般计税方法纳税人销售或者进口下列货物，按9%的税率计征增值税：

农产品（含粮食）、自来水、暖气、石油液化气、天然气、食用植物油、冷气、热水、煤气、居民用煤炭制品、食用盐、农机、饲料、农药、农膜、化肥、沼气、二甲醚、图书、报纸、杂志、音像制品、电子出版物。

纳税人销售服务、无形资产、金融商品，税率为6%。

零税率：

（1）纳税人出口货物，税率为零；国务院另有规定的除外。

（2）境内单位和个人跨境销售国务院规定范围内的服务、无形资产，税率为零。

（五）增值税的征收率

简易计税方法纳税人经营规模小，而且会计核算不健全，难以按增值税税率计税和使用增值税专用发票抵扣进项税款，因此实行按销售额与征收率计算应纳税额的简易计税方法。

简易计税方法纳税人按照简易计税方法计税的销售不动产、不动产经营租赁服务、提供劳务派遣选择差额纳税（除试点前开工的高速公路的车辆通行费），征收率为5%；

在其他情况下，简易计税方法纳税人发生应税交易行为的增值税征收率为3%。

1. 销售自己使用过的物品。

（1）一般计税方法纳税人销售自己使用过的属于税法规定不得抵扣且未抵扣进项税额的固定资产（不动产除外，下同），自2014年7月1日起调整为按照简易办法依照3%的征收率减按2%征收增值税。对于此类业务，纳税人应开具普通发票，若按照简易办法依照3%的征收率缴纳增值税，可以开具增值税专用发票。具体包括以下几种情形：

①2008年12月31日以前未纳入扩大增值税抵扣范围试点的纳税人，销售自己使用

过的 2008 年 12 月 31 日以前购进或者自制的固定资产。

②2008 年 12 月 31 日以前已纳入扩大增值税抵扣范围试点的纳税人，销售自己使用过的在本地区扩大增值税抵扣范围试点以前购进或者自制的固定资产。

③一般计税方法纳税人销售自己使用过的属于《增值税暂行条例》第十条规定不得抵扣且未抵扣进项税额的固定资产。

④纳税人购进或者自制固定资产时为简易计税方法纳税人，转为一般计税方法纳税人后销售该固定资产。

⑤一般计税方法纳税人发生按简易办法征收增值税应税行为，销售其按照规定不得抵扣且未抵扣进项税额的固定资产。

（2）一般计税方法纳税人销售自己使用过的除固定资产以外的物品，应当按照适用税率（13% 或 9%）征收增值税。

2. 销售旧货。一般计税方法纳税人销售旧货，按照简易计税办法依照 3% 的征收率减按 2% 征收增值税。对于此类业务，纳税人应开具普通发票，不得开具增值税专用发票。

3. 销售服务、无形资产、不动产。一般计税方法纳税人销售下列服务、无形资产、不动产的，可以选择简易计税方法计税。

（1）一般计税方法纳税人可选择 5% 征收率的有：

①出租、销售 2016 年 4 月 30 日前取得的不动产。

②提供劳务派遣服务、安全保护服务（含提供武装守护押运服务）选择差额纳税的。注意：向用工单位收取用于支付给劳务派遣员工工资、福利和为其办理社会保险及住房公积金的费用，不得开具增值税专用发票，可以开具普通发票。

③收取试点前开工的一级公路、二级公路、桥、闸通行费。

④提供人力资源外包服务。注意：向委托方收取并代为发放的工资和代理缴纳的社会保险、住房公积金，不得开具增值税专用发票。

⑤转让 2016 年 4 月 30 日前取得的土地使用权，以取得的全部价款和价外费用减去取得该土地使用权的原价后的余额为销售额。

⑥2016 年 4 月 30 日前签订的不动产融资租赁合同。

⑦以 2016 年 4 月 30 日前取得的不动产提供的融资租赁服务。

⑧中外合作油（气）田开采的原油、天然气，按 5% 的征收率征收增值税。

⑨房地产开发企业出租、销售自行开发的房地产老项目。

（2）一般计税方法纳税人可选择 3% 征收率的有：

①销售自产的用微生物、微生物代谢产物、动物毒素、人或动物的血液或组织制成的生物制品。

②寄售商店代销寄售物品（包括居民个人寄售的物品在内）。

③典当业销售绝当物品。

④销售自产的县级及县级以下小型水力发电单位生产的电力。

⑤销售自产的自来水。

⑥销售自产的建筑用和生产建筑材料所用的砂、土、石料。

⑦销售自产的以自己采掘的砂、土、石料或其他矿物连续生产的砖、瓦、石灰（不含黏土实心砖、瓦）。

⑧销售自产的商品混凝土（仅限于以水泥为原料生产的水泥混凝土）。

⑨单采血浆站销售非临床用人体血液。注意：不得开具增值税专用发票。

⑩药品经营企业销售生物制品。

⑪光伏发电项目发电户销售电力产品。

⑫资管产品管理人运营资管产品过程中发生的增值税应税行为，暂适用简易计税方法，按照3%的征收率缴纳增值税。

⑬兽用药品经营企业销售兽用生物制品。

⑭公共交通运输服务，包括轮客渡、公交客运、地铁、城市轻轨、出租车、长途客运、班车。

⑮经认定的动漫企业为开发动漫产品提供的服务以及在境内转让动漫版权。

⑯电影放映服务、仓储服务、装卸搬运服务、收派服务和文化体育服务（含纳税人在游览场所经营索道、摆渡车、电瓶车、游船等取得的收入）。

⑰以纳入营改增试点之日前取得的有形动产为标的物提供的经营租赁服务。

⑱纳入营改增试点之日前签订的尚未执行完毕的有形动产租赁合同。

⑲以清包工方式提供、为甲供工程提供的、为建筑工程老项目提供的建筑服务。注意：建筑工程总承包单位为房屋建筑的地基与基础、主体结构提供工程服务，建设单位自行采购全部或部分钢材、混凝土、砌体材料、预制构件的，适用简易计税方法计税（不是可选择）。

⑳一般计税方法纳税人销售电梯的同时提供安装服务，其安装服务可以按照甲供工程选择适用的简易计税方法计税。

㉑提供物业管理服务的纳税人，向服务接受方收取的自来水水费，以扣除其对外支付的自来水水费后的余额为销售额，按照简易计税方法依3%的征收率计算缴纳增值税。

㉒公路经营企业收取营改增试点前开工的高速公路的车辆通行费。

㉓中国农业发展银行总行及其各分支机构提供涉农贷款取得的利息收入。

㉔农村信用社、村镇银行、农村资金互助社、由银行业机构全资发起设立的贷款公司、法人机构在县（县级市、区、旗）及县以下地区的农村合作银行和农村商业银行提供金融服务取得的收入。

㉕对中国农业银行纳入“三农金融事业部”改革试点的各省、自治区、直辖市、计划单列市分行下辖的县域支行和新疆生产建设兵团分行下辖的县域支行（又称县事业部）提供农户贷款、农村企业和农村各类组织贷款取得的利息收入。

㉖提供非学历教育服务。

㉗提供教育辅助服务。

㉘非企业性单位中的一般计税方法纳税人提供的研发和技术服务、信息技术服务、鉴证咨询服务以及销售技术、著作权等无形资产。

㉙非企业性单位中的一般计税方法纳税人提供技术转让、技术开发和与之相关的技术咨询、技术服务。

㉚对拍卖行受托拍卖增值税应税货物，向买方收取的全部价款和价外费用，按照3%的征收率计算缴纳增值税。

㉛自2018年5月1日起，增值税一般计税方法纳税人生产销售和批发、零售抗癌药品，可选择按照简易计税办法依照3%的征收率计算缴纳增值税。上述纳税人选择简易计税办法计算缴纳增值税后，36个月内不得变更。

二、增值税销项税额稽查过程中的常见问题

当企业计算销项税额时，通常在各种销售方式下都会出现计算的偏差，导致应纳税费的减少。通常在稽查时，针对一般销售方式下的销售额、特殊销售方式下的销售额、视同销售行为的销售额、销售收入确认时间等几个方面进行检查。具体问题包括以下几个方面：

（一）关于纳税义务发生时间的问题

人为推迟销售入账时间，延迟实现税款，主要包括：

（1）采用托收承付结算方式销售时，为调减当期销售或利润，延期办理托收手续。

（2）发出商品时不作销售收入处理。

（3）采用交款提货销售方式销售时，货款已收到，提货单和发票账单已交给买方，但买方尚未提货的情况下，不作销售收入处理。

（4）故意推迟代销商品的结算，人为调节或推迟当期应交税费。

（5）货物已经发出，未收到货款而不申报纳税。

（6）提供建筑服务、租赁服务，收到预收款未计入收入。

（7）取得金融商品转让收入，但推迟办理所有权转移手续。

[例题2-15] 某路边小超市（小规模纳税人）销售商品一批，货款41 200元，购货方尚未支付货款，经税务检查发现，商品已经发出，但该商店未作销售处理。

[答案解析] 发货应作销售处理。可采用补充调整法作如下账务处理：

借：应收账款　　41 200

　　贷：商品销售收入　　40 000

　　　　应交税费——应交增值税　　1 200

[例题2-16] 纳税人出租一辆小轿车，租金5 000元/月，一次性预收了对方一年的租金共60 000元，则应在收到60 000元租金的当天确认纳税义务发生，并按60 000元确认收入。而不能将60 000元租金采取按月分摊确认收入的方法，也不能在该业务完成后再确认收入。

纳税人提供租赁服务与提供其他应税服务的处理原则有所不同，如果纳税人采取预收款方式的，以收到预收款的当天作为纳税义务发生时间。

（二）关于销售额申报情况的问题

采取少申报或不申报销售额的办法，不计或少计销项税额，包括：

（1）账面已计销售，但账面未计提销项税额，未申报纳税。

（2）账面已计销售、已计提销项税额，但未申报或少申报纳税。

（三）关于账面隐匿销售额的问题

不按规定核算货物销售，应计未计销售收入，不计提销项税额，主要有以下三种情况：

（1）销售货物直接冲减“生产成本”或“库存商品”。

（2）以物易物不按规定确认收入，不计提销项税额。

（3）用货物抵偿债务，不按规定计提销项税额。

［**例题 2－17**］甲公司为增值税一般纳税人，主营业务为机械设备制造。2019 年 5 月当地税务机关对其纳税情况实施全面检查。稽查人员采用审阅法检查“原材料”账户相关记账凭证时，发现 2019 年 5 月 112 号记账凭证记载如下：

借：应付账款　　192 100

　　贷：原材料　　192 100

记账凭证后附有仓库出库单据。采用外调法至债权单位调查，查实该公司存在以电机抵付应付购货款的事实。

［**答案解析**］根据税法规定，企业对于双方以物抵债的行为，应作销售处理。

账务调整如下：

借：应收账款　　192 100

　　贷：主营业务收入　　170 000

　　　　应交税费——应交增值税（销项税额）　　22 100

（四）关于虚构销货退回业务的问题

1. 纳税人为了少缴税款，采取虚构退货的手段，人为减少应计税销售收入，销售货物直接冲减生产成本或库存商品。

2. 以退货名义支付费用。

（五）关于收取价外费用的问题

将向购货方收取的各种应一并缴纳增值税的价外费用，采用不入账、冲减费用、人为分解代垫运费或长期挂往来账等手段，不计算缴纳增值税。

［**例题 2－18**］2019 年 9 月稽查局对某企业 2019 年 6 月的纳税情况进行检查时，发现其中一笔业务作分录如下：

借：银行存款　　40 680

　　贷：营业外收入　　40 680

“记账凭证摘要栏”中注明为收取的装卸费。稽查人员遂调取该企业与付款方签订的产品购销合同进行检查，合同约定销货方为购货方装卸货物，但费用由购货方负担。又采用查询法面询此业务的销售人员，证实为随同货物销售收取的装卸费，企业未计提销项税额。

［**答案解析**］因“合同约定销货方为购货方装卸货物，但费用由购货方负担”。所以，构成混合交易，从主适用税率，即销售货物税率 13%。从分录看出，上述装卸费含

增值税，应交增值税（销项税额）4 680［40 680 ÷（1 + 13%）×13%］。综上所述，应当调减营业外收入 4 680 元，调增应交增值税（销项税额）4 680 元。

账务调整如下：

借：营业外收入　　4 680

　　贷：应交税费——应交增值税（销项税额）　　4 680

（六）关于利用关联企业转移计税价格的问题

纳税人发生应税销售行为的价格明显低于同行业其他企业同期的销售价格，或某一笔应税销售行为的销售价格明显低于同期该货物的平均销售价格。

（七）关于坐支销货款的问题

将收取的销售款项先支付费用（如购货方的回扣、推销奖、销售费用、委托代销商品的代销手续费用等或用销货款直接进货），再将余款入账作收入的行为。

（八）关于受托加工业务实物收入的问题

接受委托加工业务的受托方收取的抵顶加工费的材料、余料收入，不计收入，不申报纳税。

［稽查实例 2 – 1］ 稽查人员在对某制线厂进行检查时发现，该厂有大量的受托加工业务，但账面没有余料收入，稽查人员觉得不正常，将此作为检查的重点之一。到加工车间调取资料，取得了记载销售受托加工余料的车间加工台账详细情况。经与账面记录核对，发现账面上均无相关记录。最终查实该厂隐匿加工余料收入，不申报纳税的税收违法事实。

（九）关于以旧换新、还本销售的问题

（1）纳税人采用还本销售方式销售货物，按减除还本支出后的销售额计税。

（2）纳税人采用以旧换新销售方式销售货物，按实际收取的销售款项计税（金银首饰除外）。

（十）关于机构间移送货物的问题

设有两个以上的机构并实行统一核算的纳税人，将货物从一个机构移送其他机构［不在同一县（市）］用于销售，未作销售处理。

（十一）关于出售、出借包装物的问题

（1）随同产品出售单独计价包装物不计或少计收入。

（2）包装物押金收入不及时纳税。

［例题 2 – 19］ 稽查人员 8 月对某公司同年 6 月的纳税情况进行检查，发现该企业销售黏合剂产品，同时有包装物出借业务，并收取押金。稽查人员核对企业包装物账面数量与库存实物数量时，发现存在一定的差异。进一步检查企业的有关账证资料，查实该企业 6 月销售产品并收取包装物押金 169 500 元，在 8 月 25 日将这笔逾期的包装物押金转入了“营业外收入”，未计提销项税额。

［答案解析］ 企业在收取押金一年后，若依然没有退回包装物，则押金也不再退还，转作销售收入。

账务调整如下：

应计提销项税额：169 500 ÷（1 + 13%）× 13% = 19 500（元）

借：本年利润 19 500

贷：应交税费——应交增值税（销项税额） 195 00

（十二）关于销售残次品、废品、材料、边角废料的问题

销售残次品、废品、材料、边角废料等隐匿账外，或直接冲减原材料、成本、费用等账户，或作其他收入，不计提销项税额。

[**例题 2 - 20**] 稽查局对某机械设备有限公司纳税情况进行检查。检查中，稽查人员采用比较分析法对该公司的有关财务数据进行分析，发现其税收负担率明显低于行业平均税收负担率。进一步采用审阅法和核对法查核收入类账户反映的收入金额与应交税费账户反映的销项税额之间的勾稽关系是否正常，发现销项税额小于按收入金额和相应税率计算的税额。于是，采用抽查法抽查"主营业务收入""其他业务收入"等账户以及相关的记账凭证、附件资料，发现在 5 月 23 日第 23 号凭证上有这样一笔分录：

借：银行存款 169 500

贷：其他业务收入 169 500

记账凭证后附单据一份，上面注明货物为废铁和铁屑。查实了该公司实现销售未计提销项税额的事实。

[**答案解析**] 废铁和铁屑等货物在销售之后同样需要计提增值税。

账务调整如下：

借：本年利润（以前年度损益调整） 19 500

贷：应交税费——应交增值税（销项税额） 19 500

（十三）关于以货物对外投资业务的问题

以自产、委托加工或购买的货物对外投资时，未作视同销售处理，或者计税依据错误，少缴增值税。

（十四）关于账外经营的问题

纳税人为了少缴税款，设立两套账簿，对内账簿真实核算生产经营情况，对外账簿记载虚假的经营收入和利润情况，以应对税务机关检查，并以此作为纳税申报的依据。

[**稽查实例 2 - 2**] 在对某化工企业进行检查时，稽查人员首先对企业产品结构和成本构成进行了分析，确定产品品种所耗用的主要材料，通过对同行业摸底调查，掌握了该类产品的投入产出率（得到该市行业协会的认可）。再将企业当期主要材料耗用数量乘以行业平均投入产出率，求得每种产品的正常产量。在与企业"产成品"明细账上记录的入库数量核对后发现：该企业应产出乙醛 286 吨，而账面入库 205 吨；应产出甲基氢胺 232 吨，而账面入库 198 吨。稽查人员通过进一步检查确认企业存在账外经营偷逃税款的事实。

[**稽查实例 2 - 3**] 某市税务机关 2019 年 6 月对某电子有限公司 2018 年度的纳税情况进行检查。稽查人员通过对该公司 2018 年度以及以前年度的纳税申报资料和附报资料进行比较分析，发现该公司 2018 年的销售收入与以前年度相比无明显变化，但增值税税收负担率有较大幅度的下降，明显低于同一时期同行业的平均水平。从财务报表的

数据来看，是库存商品的大幅增加导致了税收负担率的下降。

检查过程中，稽查人员采用顺查法检查了“原材料”账户的购入和领用情况，并与“生产成本”账户记载的原材料耗用情况进行了核对。同时深入生产车间了解材料的实际耗用情况、产品生产情况，掌握产品产出的第一手资料。经查，原材料的购进、耗用、结存的数量，与该公司“原材料”“生产成本”账户的记载情况以及生产车间的投入产出情况均相符。

稽查人员又重点检查了该公司的仓库，对存货进行了盘点，发现实际库存数小于账面数。遂采用核对法检查“主营业务收入”和“库存商品”账户、仓库明细账之间的数量差异，发现“库存商品”账户贷方数与“主营业务收入”账户记载的销售数量一致，但仓库明细账记载的出库数量大于“主营业务收入”账户记载的销售数量，其差额正好是盘点盘亏的数量。进而检查仓库的出库单据，查实差额部分均为发出的产品。取得相关资料后，稽查人员采用查询法面询公司负责人，公司负责人承认上述发出的产品均为已实现的销售收入，未申报纳税，货款已经收讫，存放在公司另外开设的账户上，此账户未向税务机关报告。

三、增值税销项税额的稽查方法

（一）一般销售方式下销售额的检查

销售额是指纳税人销售货物或销售服务、无形资产或者不动产收取的全部价款和价外费用。

价外费用，是指价外收取的各种性质的收费。包括收取的手续费、补贴、基金、集资费、返还利润、奖励费、违约金、包装费、包装物租金、储备费、优质费、运输装卸费、代收款项、代垫款项及其他各种性质的价外收费。但不包括代为收取并符合规定的政府性基金或者行政事业性收费和以受托方名义开具发票代委托方收取的款项。凡价外费用，无论其会计制度如何核算，均应并入销售额计算应纳税额。

按会计制度规定，由于对价外费用一般都在“其他应付款”“其他业务收入”“营业外收入”等科目中核算，因而企业在实务中经常会出现对价外收费虽在相应科目中进行会计核算，却未核算其销项税额，或者不按会计核算要求进行收入核算，而是将发生的价外收费直接冲减有关费用项目的现象。

在进行纳税稽查时，一定要严格核算各项价外收费。根据原始发票所列商品、劳务、无形资产或者不动产的名称，严格界定价外费用的性质，结合“应交税费——应交增值税（销项税额）”账户，检查“其他应付款”“其他业务收入”“营业外收入”等账目的明细账，查看属于销售货物或应税行为从购货方收取的价外费用，是否按规定依照货物的适用税率计算销项税额。检查纳税人的“销售费用”“管理费用”账户，如有借方红字发生额或贷方发生额，应对照记账凭证逐笔进行审核，如果对应账户是“银行存款”“库存现金”“其他应收款”等，可能有瞒报价外费用。

[**例题 2-21**] 北方公司是一家主营五金器材的公司，属于增值税一般纳税人。税务机关在对该公司增值税纳税情况进行检查时发现，“财务费用”账户有红字冲减费用

的情况，进一步检查原始凭证，发现是因为该公司因另一公司未按时付款而收取了延期付款利息，金额共计50 000元。公司原账务处理如下：

借：银行存款　　169 500

　　贷：财务费用　　169 500

[答案解析] 按税法规定，延期付款利息都应并入销项税额计算增值税，因此公司不计销项税额的处理是错误的，应当予以补税。

公司应当补税 = 169 500 ÷ (1 + 13%) × 13% = 19 500（元）

税务机关按《税收征收管理法》有关规定责令公司补交税款和滞纳金，并处以相应的罚款。

账务调整为：

借：本年利润（以前年度损益调整）　　19 500

　　贷：应交税费——应交增值税（销项税额）　　19 500

（二）折扣方式下销项税额的稽查

折扣销售是指销售方在发生应税销售行为时，因购货方购货数量大等原因给予购货方价格上的优惠。销售折扣是指销货方在发生应税销售行为后，为了鼓励购货方尽早偿还合同中协议的价款而给予购货方的一种价格上的优惠。销售折让是指货物销售以后，由于品种、质量等原因，导致购货方未予以退货，销货方给予购货方一种价格上的优惠。

对于折扣销售，销售额和折扣额在同一张发票上分别注明的，可按折扣后的余额计算销项税额；若是将折扣额另外开具发票，则无论在财务上如何计算，均不能在价格中抵减折扣的金额。对于销售折扣，实质上是一种融资性质的理财费用，因此折扣额不能在销售额中扣除。同时，税法中规定，纳税人销售货物并向购货方开具专用发票后，由于购买方在一定时期内累计购买货物达到了一定的数量，或者偶遇市场价格下降的原因，购货方给予销货方相应的价格优惠或补偿等折扣、折让行为，销货方可开具红字增值税专用发票。

检查时，首先要注意折扣销售、销售折扣和销售折让在税法中的区别，正确判断纳税人发生的折扣方式属于哪一种类型。核对本期增值税纳税申报表中的销售额和“主营业务收入”账户中所列的金额，如果不一致，则可能会出现折扣的销售方式。此时，若判明纳税人属于销售折扣的情况，要检查销售额和折扣额是否在同一张发票上分别注明，检查执行的折扣标准和折扣额是否符合规定，查看“主营业务收入”账户是否有红字冲销、是否有开具红字专用发票的情况。

（三）以旧换新方式下销项税额的稽查

以旧换新是指纳税人在销售自己的货物时，有偿收回旧货物的行为。根据税法规定，采取以旧换新方式销售货物的，应按新货物的同期销售价格确定销售额，不得扣减旧货物的收购价格。之所以这样规定，既是因为销售货物与收购货物是两个不同的业务活动，销售额与收购额不能相互抵减，也是为了严格增值税的计算征收，防止出现销售额不实、减少纳税的现象。考虑到金银首饰以旧换新业务的特殊情况，对金银首饰以旧换新业务，可以按销售方实际收取的不含增值税的全部价款征收增值税。

以旧换新应重点检查纳税人是否按新货物的同期销售价格确认销售额。检查纳税人“主营业务收入”或“其他业务收入”等账户的明细账，看是否有某些产品的销售价格明显低于正常水平，防止纳税人按实际收取的价款计算销项税额。

（四）以物易物方式下销售额的稽查

以物易物是一种较为特殊的购销活动，是指购销双方不是以货币结算，而是以同等价款的货物相互结算，实现货物购销的一种方式。在实务中，有的纳税人以为以物易物不是购销行为，销货方收到购货方抵顶货款的货物，认为自己不是购货；购货方发出抵顶货款的货物，认为自己不是销货。这两种认识都是错误的。正确的方法应当是：以物易物双方都应作购销处理，以各自发出的货物核算销售额并计算销项税额，以各自收到的货物按规定核算购货额并计算进项税额。应注意，在以物易物活动中，应分别开具合法的票据，如收到的货物不能取得相应的增值税专用发票或其他合法票据的，不能抵扣进项税额。

在检查时一是要检查购销双方是否都具有合法的票据；二是要检查“库存商品”等账户的贷方发生额。如果借方对应的账户为“原材料”“库存商品”“固定资产”等，而无贷方“应交税费——应交增值税（销项税额）”，则可能存在异常，需要结合原始凭证进一步检查。

[例题2-22] 某公司为一家电器生产企业，属于增值税一般纳税人。税务机关在检查中发现“工程物资”账户反映该企业从某钢铁厂购进钢材一批，金额200 000元，然而企业的会计处理却是：

借：工程物资　　200 000

　　贷：库存商品　　200 000

经询问，企业用自产电器换取钢铁厂的钢材用于职工食堂建设，双方都开具了普通发票，该产品市场价格250 000元，成本200 000元，该批钢材尚未领用。

[答案解析] 按规定，以物易物双方都应该做购销处理。

企业应补缴增值税 = 250 000 × 13% = 32 500元。

账务调整是：

借：工程物资　　50 000

　　贷：本年利润　　17 500

　　　　应交税费——应交增值税（销项税额）　　32 500

[例题2-23] 某公司为增值税一般纳税人，主要生产机械设备，当地税务机关对其上年度的纳税情况实施全面检查。稽查人员采用审阅法检查“库存商品”账户相关记账凭证时，发现2019年12月第112号记账凭证记载如下：

借：原材料　　100 000

　　贷：库存商品　　100 000

记账凭证后附有仓库出库单据。经查，该公司以生产电机设备交换钢材做原材料，已知该设备的不含税对外售价为120 000元，该批原材料尚未领用。

[答案解析] 以物易物行为应视同购销两个过程。

应补增值税 = 120 000 × 13% = 15 600（元）

账务调整为：

借：原材料　　20 000

　　贷：以前年度损益调整　　4 400

　　　　应交税费——应交增值税（销项税额）　　15 600

（五）还本销售方式下销售额的稽查

还本销售是指纳税人在销售货物后，到一定期限由销售方一次或分次退还给购货方全部或部分价款。这种方式实际上是一种筹资，是以货物换取资金的使用价值，到期还本不付息的方法。税法规定，采取还本销售方式销售货物，其销售额就是货物的销售价格，不得从销售额中减除还本支出。

在检查时应注意企业是否按照扣除还本支出后的销售额作销售，少计销项税额。对纳税人还本销售业务应重点检查“销售费用”明细账有无还本销售支出核算业务，记账是否正确。

（六）包装物押金的稽查

包装物是指纳税人包装本单位货物的各种物品。纳税人销售货物时另收取包装物押金，目的是促使购货方及早退回包装物，以便周转使用。

根据税法规定，纳税人为销售货物而出租出借包装物收取的押金，单独记账核算的，时间在 1 年以内，又未过期的，不并入销售额征税，但对因逾期未收回包装物不再退还的押金，应按所包装货物的适用税率计算销项税额。上述规定中，“逾期”是指按合同约定实际逾期或以 1 年为期限，对收取 1 年以上的押金，无论是否退还均并入销售额征税。当然，在将包装物押金并入销售额征税时，需要先将该押金换算为不含税价，再并入销售额征税。对于个别包装物周转使用期限较长的，报经税务机关确定后，可适当放宽逾期期限。另外，包装物押金不应混同于包装物租金，包装物租金在销货时作为价外费用并入销售额计算销项税额。从 1995 年 6 月 1 日起，对销售除啤酒、黄酒外的其他酒类产品而收取的包装物押金，无论是否返还以及会计上如何核算，均应并入当期销售额征税。对销售啤酒、黄酒所收取的押金，按上述一般押金的规定处理。

检查时应注意检查有关合同、协议，了解各种包装物的回收期限，凡收取的包装物押金超过 1 年或未超过 1 年但已经超过规定期限的，若其仍旧挂在“其他应付款”账户上，应对其进行调整。对销售酒类产品（啤酒、黄酒除外）而收取的包装物押金，检查企业是否在当期就计算了销项税额。

（七）销售自己使用过的固定资产的稽查

“已使用过的固定资产”是指纳税人根据财务会计制度已经计提折旧的固定资产。自 2009 年 1 月 1 日起，纳税人销售自己使用过的固定资产，应区分不同情形征收增值税：

（1）一般纳税人销售自己使用过的 2009 年 1 月 1 日以后购进或者自制的固定资产，按照适用税率征收增值税。

（2）2008 年 12 月 31 日以前未纳入扩大增值税抵扣范围试点的一般纳税人，销售自已使用过的2008年12月31日以前购进或者自制的固定资产，按照3%的征收率减半征收增值税。

（3）2008年12月31日以前已纳入扩大增值税抵扣范围试点的一般纳税人，销售自己使用过的在本地区扩大增值税抵扣范围试点以前购进或者自制的固定资产，按照3%的征收率减半征收增值税；销售自己使用过的在本地区扩大增值税抵扣范围试点以后购进或者自制的固定资产，按照适用税率征收增值税。

（4）一般纳税人销售自己使用过的属于《增值税暂行条例》第十条规定，不得抵扣且未抵扣进项税额的固定资产，按简易办法依3%的征收率减半征收增值税。

（5）小规模纳税人（除其他个人外，下同）销售自己使用过的固定资产，减按2%的征收率征收增值税。小规模纳税人销售自己使用过的除固定资产以外的物品，应按3%的征收率征收增值税。

检查时应重点检查“固定资产”明细账，看纳税人出售的固定资产的购买年限，销售时是否正确计算了税款。

（八）视同销售行为的销售额的稽查

视同销售行为中某些行为由于不是以资金的形式反映出来，会出现无销售额的现象。因此，税法规定，对视同销售征税而无销售额的，按下列顺序确定其销售额：第一，按纳税人最近时期同类货物的平均销售价格确定；第二，按其他纳税人最近时期同类货物的平均销售价格确定；第三，按组成计税价格确定。

检查机构之间移送货物时，应采用比较分析法，将纳税人应税销售行为的销售价格、销售利润率与本企业和其他同业企业的同期销售价格、销售利润率进行对比，核实销售价格和销售利润率是否明显偏低。采用询问、调查等方法，了解纳税人的经营战略、发展规划和销售政策，了解与价格明显偏低的销售对象是否存在关联关系，审核纳税人货物销售价格偏低的理由是否正当，如无正当理由，应予以补缴税款。

（九）销售收入确认时间的稽查

在检查销售收入确认时间时，应查阅“主营业务收入”明细账，根据摘要内容和凭证字号，调阅有关记账凭证和原始凭证，将“销货发票”“出库单”等单据上记载的发出商品的时间等内容，与“主营业务收入”明细账、“增值税纳税申报表”的相关记录进行比较分析。根据所附的发货证明、收货证明，确认其发出日期；根据所附的托收回单、送款单等确定其收款依据，判断是否延期办理托收手续、入账时间是否正确、有无存在不及时结转销售的问题。必要时可调查询问有关业务人员和保管人员，以取得证据。如发现存在问题或疑点，再根据有关凭证进行深入核对，进一步查证，特别要注意检查核算期末前几天的销售情况。检查仓库实物账，并与货物出运凭证核对，确认货物的出库和出运时间，判断是否存在滞后入账的情况。

［例题2－24］（综合题） 某机电公司为个体工商户，系增值税一般纳税人，经营机电工具。税务机关对其经营情况进行纳税检查时，发现（某）账务处理中，“预收账款”的账务处理较多，系异常情况，税务机关据此产生了怀疑。

经检查该个体工商户的资产负债表，发现年末“预收账款”贷方余额为803 138.06

元。该个体工商户经营的是机电产品，属于非紧俏商品，基本上是卖方市场，购货单位先付款后提货的可能性较小，故检查重点放到"预收账款（暂收款）"账户。此账户贷方发生额比较频繁，故抽取调阅发生额较大的凭证详细检查。经查阅其业务日报表和销售部门的发货记录，发现付款单位已将货提走，但发票未开，从而确定为属于销售货物的行为，只是部分余款未结。经过逐项核实，发现该企业将销售货款挂"预收账款"，未转入"商品销售收入"，少报销售额795 502.62元（其相应的商品成本为643 502.62元）。

根据《增值税暂行条例》规定，发生应税销售行为，其纳税义务的发生时间，为收讫销售款或取得索取销售款凭据的当天。该公司已取得销货款，并已发出货物，即负有纳税义务，应补交增值税款并接受相应的处罚。

应计销售收入 = 795 502.62（元）

应补交增值税 = 795 502.62 × 13% = 103 415.3406（元）

（十）开具的增值税专用发票的稽查

一般纳税人发生应税销售行为，应向购买方开具专用发票。商业企业一般纳税人零售的烟、酒、食品、服装、鞋帽（不包括劳保专用部分）、化妆品等消费品不得开具专用发票。增值税小规模纳税人（以下简称小规模纳税人）需要开具专用发票的，可向主管税务机关申请代开，试点范围内的增值税小规模纳税人也可以自行开具增值税专用发票。销售免税货物不得开具专用发票，法律、法规及国家税务总局另有规定的除外。

检查时，看发票是否按号码顺序开具；发票联和抵扣联是否加盖了发票专用章；是否按照增值税纳税义务发生的时间来开具。

四、专用发票的检查

专用发票作为商事凭证和虚开行为的必备载体，载明销货方纳税义务、购买方进项税额的合法证明，是受票方纳税人认证申报进项税额和企业所得税税前扣除的重要凭证。"发票流"是生产、经营活动的真实性、关联性、流转逻辑性的表现形式，发票流的检查在虚开发票案件查处中处于首要、基础的环节，与资金流、货物流、生产经营情况以及上下游企业的检查相互依赖、互为支撑，能有效地印证虚开行为是否成立。

发票流的检查，须从发票的真伪、票面信息的汇总比对以及流转过程的逻辑性等三个方面进行。

（一）真伪辨别

目前，虚开发票行为有真票虚开与假票虚开并存。真票虚开是指从税务机关领取并开具与实际经营业务情况不符的发票，是虚开的主要表现形式。假票虚开是指使用私自印制、伪造、变造、非法取得（含套用合法发票代码、号码）或者废止的发票为他人、为自己开具与实际经营业务情况不符的发票；假票虚开目的主要是报销费用、列支成本、套取资金，以"普通发票"居多。随着税务机关着力优化营商环境，领取发票便利化措施的持续推进，"假发票"呈下降趋势、偶发态势。近年来，中间层级空壳公司或受票方开具或取得"套打票""变造票"实施跨省虚开发票行为时有发生。发票流的检查中，应坚持查案必须查票、查票先验真伪的原则开展。

1. 票面查验。

（1）加密防伪措施。新系统在原系统增值税专用发票代码、发票号码、开票日期、购方税号、销方税号、金额、税额等 7 项数字信息系统自动生成“数字 + 符号”的 84 位加密内容的基础上，新增了购方名称、销方名称、货物名称、单位、数量等 5 项汉字信息，对共计 12 项票载信息进行加密，形成 108 位密文信息（如图 2－1 所示）。在打印发票时，在将密文打印到发票右上角“密码区”的同时，发票的主要信息被逐条计入金税盘或税控盘上的“黑匣子”来完成计税功能，并上传至国家税务总局形成电子底账。受票方在勾选认证时，确定开票方已上传开票数据的情况下，不能找到对应发票，或与票面信息不符的，可确定为假票或克隆票。新系统通过证书验证实现数据的保密性、完整性和真实性，以及数据内容和人员操作行为的抗抵赖等安全功能，实现在线开票与限制离线开票功能，适时传输开票电子数据。税务数字证书系统为税务信息系统构建统一的网络信任体系，包括数字证书身份认证、数据加密、签名验签等，从开票系统将纳税人票据信息上传至电子底账数据库，最后进行票表比对保证纳税人票据信息的可用性和不被篡改。

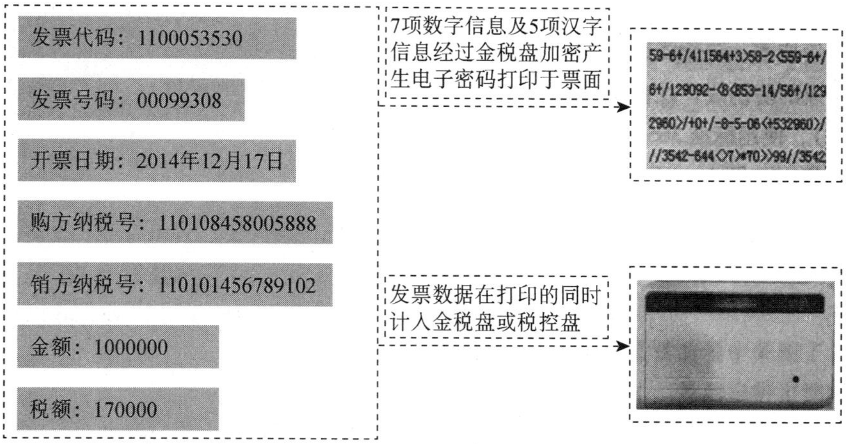

图 2－1 增值税专用发票加密防伪措施

（2）纸质防伪措施。光角变色圆环纤维（如图 2－2 所示）。在发票联、抵扣联、记账联专用纸张中使用了光角变色圆环纤维防伪技术，防伪纤维的物理形态呈圆环状随机分布在纸张中，在自然光下观察与普通纸张基本相同，在紫外光下圆环纤维近光源侧和远光源侧表现出不同的荧光色。使用标准 365nm 紫外光源以小于 45 度的角度照射圆环纤维，靠近光源的半圆环为红色，远离光源的半圆环为黄绿色。由于其独特的物理形态和光学防伪效果，可有效防止印刷模仿。

造纸防伪线。在发票联、抵扣联、记账联专用纸张中使用了造纸防伪线防伪技术。防伪线在自然光下具有黑水印的特点，在紫外光下为红蓝荧光点形成的防伪线。在自然光下对光观察防伪线呈现黑色线状水印（如图 2－3 所示），使用标准 365nm 紫外光源垂直照射防伪线呈现红蓝荧光点形成的条状荧光带（如图 2－4 所示）。假票可能会采用印刷荧光带模拟防伪线，但在自然光下不具有黑水印效果。

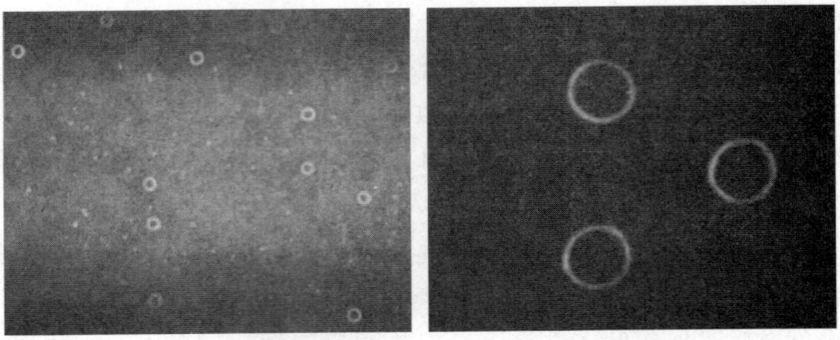

图 2－2 纸质增值税专用发票光角变色圆环纤维防伪措施

图 2－3 自然光下观察纸质增值税专用发票防伪线

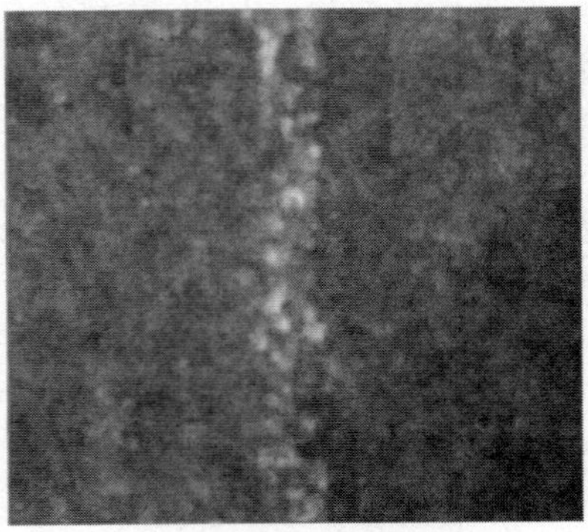

图 2－4 紫外光下观察纸质增值税专用发票防伪线

颜色擦可变技术。发票所有联次地区代码使用具有颜色擦可变特征的防伪油墨印刷。油墨印迹在外力摩擦作用下可以发生颜色变化，产生红色擦痕（如图 2－5 所示）。该项技术是一种可靠性强、公众易于识别的防伪技术。使用一张普通的白纸摩擦票面的地区代码区域，在白纸表面及地区代码的摩擦区域均会产生红色擦痕。

图 2－5 纸质增值税专用发票颜色擦可变技术防伪措施红色擦痕

异型号码。发票所有联次号码使用异型号码印刷，印刷号码的字体是专为增值税专用发票设计的异型变化字体（ 如图 2－6 所示）。该项技术可直接用肉眼识别，异型号码的字型、字体均与普通号码有明显差异。

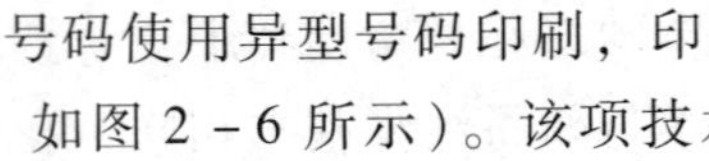

图 2－6 纸质增值税专用发票联次号码异形号码

特殊波段机读技术。在发票联、抵扣联、记账联监制章油墨中采用了该项专用机读技术，监制章图案可在特殊波段的光谱激发下，发射出特定波段的机读信号，使用增值税专用发票检验器进行检测（如图 2－7 所示）。检测过程中，将发票置于图示位置，根据仪器指示灯显示判断票据是否具有该防伪特征，“正常”为有、“异常”为无。

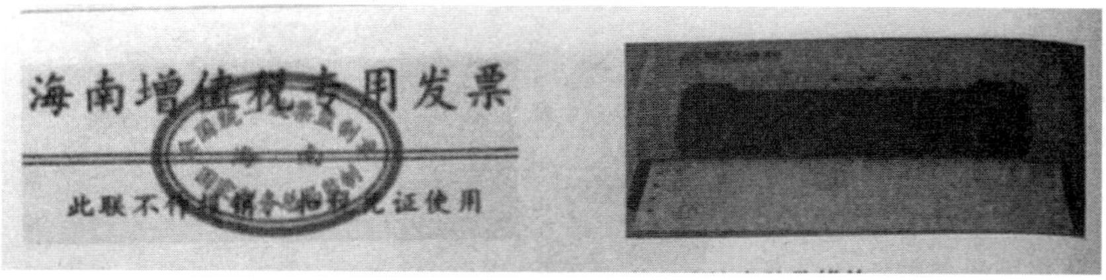

图 2－7　增值税专用发票特殊波段机读技术防伪措施

复合信息防伪特征。在发票联、抵扣联、记账联票面中采用了复合信息防伪技术。该项技术将多种防伪技术有机结合，具有较强的防伪能力。该项技术需要使用复合信息防伪特征检验仪进行检测（ 如图 2－8 所示）。

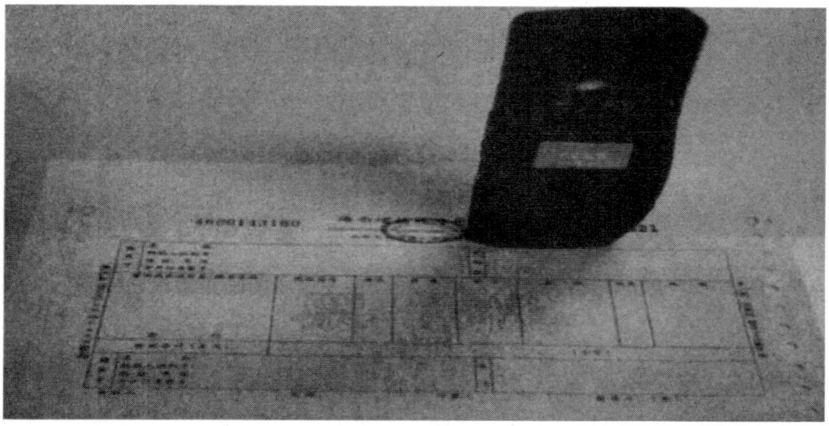

图 2－8　增值税专用发票复合信息防伪措施

综上，现有增值税专用发票纸质防伪措施如图 2－9 所示。

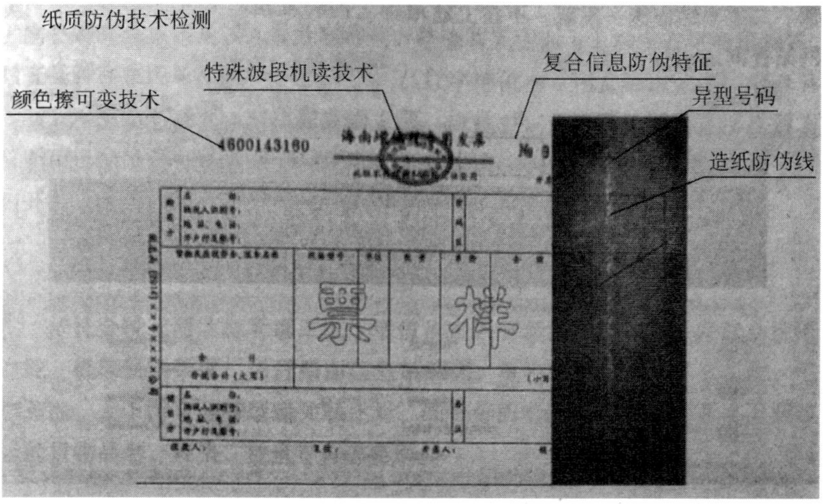

图 2－9　纸质增值税专用发票防伪措施

(3) 增值税普通发票防伪。使用白纸摩擦票面的发票代码和字符区域，在白纸表面以及发票代码和字符的摩擦区域均会产生红色擦痕（如图 2－10 所示）。

图 2－10　纸质增值税普通发票防伪措施

2. 网络查验。通过国家税务总局增值税发票查验平台可查验最近 1 年内使用增值税发票管理新系统开具的发票（如图 2－11 所示），包括增值税专用发票、增值税普通发票（含电子普通发票、卷式发票、通行费发票）、机动车销售统一发票、二手车销售统一发票。不在上述范围之内的发票，须进入当地税务机关网站查询。

图 2－11　国家税务总局全国增值税发票查验平台

3. 协查查验。在虚开发票案件的检查中，对有疑问的发票可向受票地或开票地税务机关发起协查，核实票面内容和业务的真实性。也可根据案情需要，开展上下游实地调查核实。

（二）对照审查

1. 票面信息核对。核对发票联和抵扣联、记账联和抵扣联、抵扣联和销货清单、抵扣联和认证抵扣清单票面信息是否一致。票面信息应重点关注各要素内容，如“货物或应税劳务、服务名称”“金额”“税额”“开票方”“受票方”等；核查作废发票全部联次是否齐全、票面信息是否一致。对取得的增值税专用发票和普通发票的纸质发票联和抵扣联（销货清单）的，可登录增值税发票电子底账系统、增值税发票新系统，核对发票电子数据与纸质票面数据是否一致；对于机动车统一销售发票，应核对六联票面信息是否一致。对滞留票应核查发票联、抵扣联是否在受票企业处，如滞留发票不在受票方的，应追查发票去向、对有关票据交接人员开展询问，核查有无中间人。对于红字专用发票，核查是否存在无系统校验通过的《开具红字增值税专用发票信息表》而开具红字专用发票的情况；对负数普通发票，应核对以前开具的对应蓝字普通发票票面信息是否一致。对于异常低值开具发票，应核对是否存在仅仅在系统内开具发票，而用空白发票或分享相关联次对外开具“阴阳票”的情况。

2. 经营信息比对。依托“金税”三期信息管理系统、增值税发票管理新系统、电子底账系统等，提取发票数据，通过票面信息敏感词、货物进销品名、税率匹配、经营范围、上下游企业等逻辑关联比对，综合分析检查期间取得和开具发票涉及的货物品名、规格、数量等关键要素。

（1）核查日期、发票号码。虚开企业取得进项抵扣凭证集中，对外开具发票也较为集中。一般开出去的发票是连号且顶额开具。有些企业取得虚开的发票，或恶意接受虚开的抵扣凭证，往往不能回避时间跨月、发票号码却会连号等不正常现象。核对票面信息时如有上述异常情况，应引起高度重视，认真核查，排除疑点。

（2）核查货物品名、规格、数量、税率。分析核查发票票载的货物品名、规格、数量，归纳汇总，进行综合比对分析。

①比对分析经营范围。检查时应核查企业登记的经营范围、经营方式以及经营规模、行业常规，了解企业实际面对的服务对象、受票方，其受票方不在实际销售服务群体中，受票方离散，超越销售服务半径，销售货物进销项不符，存货周转率畸高，或主要是面对终端消费者而开具增值税专用发票的金额、数量占比过高，存在利用“富余票”“票货分离”虚开增值税专用发票的嫌疑，应着重结合物流检查情况进行综合判定。电商票是目前典型的利用“富余票”实施“票货分离”的虚开发票行为，近几年还出现了“白糖票”“化工票”“油品票”等相似的虚开发票行为。

电商平台开票信息多由客户自行填写，目前缺乏验证手段确认受票方就是实际购买方。不法分子可能利用上述漏洞，套取增值税发票（如图2－12所示）。可利用电商平台每笔订单的明细记录都保存在后台数据库以及付款方式主要是在线支付的特点，比对发票开具受票方与实际交易业务是否匹配。

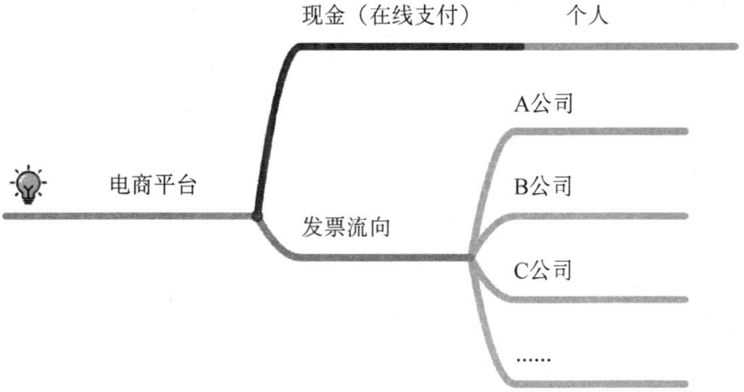

图2－12　套取电商平台发票

②核查购销货合同。正常购货业务，购销双方一般都会签订合同，来保证双方的民事权利和正常业务流程。因此，在检查过程中如遇到专用发票金额大，又是现金支付等异常现象，应首先从购销合同入手，分析判断业务的真实性，再综合企业银行资金往来与存货之间的勾稽关系，还原真实业务事实。

③比对验收、入库单与发票开具时间、数量。在检查过程中，应根据购销业务实现与开票惯例，开展开票时间、内容与货物验收、确认等逻辑判断，如企业每次取得专用发票时间在前，验收、入库在后，且每次验收入库时数量与专用发票数量相符，应在后续检查中开展货物流跟踪检查，分析购进商品在流转过程中是否存在外界因素变化影响，排除正常损耗的影响。

④比对运输成本及承运货物数量。对比起运地、到终点地的常规运价，分析运输单价与取得增值税专用发票货物价格（属包到价）对比是否合理；从运输货物数量可行性分析，取得增值税专用发票的货物数量、实际运输货物数量、货物入库数量与账上是否相符，核查多开运费抵扣或不开运费等异常情况。

⑤比对生产经营能力。"生产型"企业虚开发票，一般要核查场地、生产能力、产品，如生产能力与开票金额、数量不匹配，开票数量远远大于生产量。日常管理、现场核查中，发现刻意制造繁忙的生产经营假象，而实际能耗极少，只生产少量产品，对外虚开发票，当开票量达到一定程度时，企业就注销或走逃。可运用水、电、气等能耗的投入产出比对分析方法，根据其实际耗水、电、气量，测算生产能力与可供开票的产品数量和金额，同时结合"资金流"和"发票流"的检查，排除外购产品的可能性，查实是否存在虚开发票的事实。

（3）核查交易金额。

①与资金流的比对。资金流转时间比对。首先调取贸易合同核查销售结算方式，现有销售结算方式中款、货、票流程一般如下：现款现货结算的，收款、发货、验收、开票；先款后货的，预收款、下单、发货、验收、开票；先货后款（赊销、分期收款）结算的，先发货、销售回款、付款、开票；期货方式的，收款、释放仓单交割或转移提货权、提货、开票。通过票流与资金流、货物流时间比对分析，核查有无收付款凭证时间与发票开具时间异常的情况，或发票开具时间与销售结算流程逻辑不符的情况。

交易流转金额比对。将发票数据与账簿数据、资金流数据交互比对，以时间为主轴、金额为主线，核查票流与资金流的对应关系。正常的贸易交易中现款现货的票流金额一般等于资金流金额；先款后货的一般开票金额小于预收款金额，等于发出货物后再付余额；先货后款的开票金额一般等于销货收款金额，小于或等于发出货物金额；期货一般开票金额与货物金额一致，但小于收款金额（涉及期货保证金）。

上下游资金收付比对。按资金流检查方法查实资金支付情况，核查是否有资金收付方与票流开售企业不一致的情况。

②核查特定情形资金流。主要针对不法分子利用税收优惠、政策漏洞等抵扣链条中断的情形，如利用农产品收购（销售）发票、海关进口增值税专用缴款书等扣税凭证，大肆从事涉税违法活动，虚构业务，为自己虚开发票或利用海关进口增值税专用缴款书

骗抵进项税额。应深入实地外调核查，核实上下游单位或人员的真实经营情况。

（4）核查发票销货清单。对开具《销售货物或者提供应税劳务清单》的，从增值税发票管理新系统、电子底账系统提取物品清单明细，与纸质清单开展逐项比对检查，核查是否存在机外开具、阴阳销货清单情况。

（三）流转过程的逻辑检查

通过实地检查，在发票真实，账务处理规范、资料齐备，对应货物流、资金流、运输流相匹配的情况下，如果之前有明确指向（如查前分析或实名举报）存在虚开发票嫌疑的，则对发票流转过程的逻辑性检查就显得比较重要。可通过对包括实际控制人、具体经办人等重要关联人员的询问和实地核查来实现。

在检查过程中，要拟定严密的询问提纲，以发票时间信息为主线，厘清发票的取得、入账、抵扣、开具时点，查明发票交接方式与痕迹。目前虚开发票违法活动中已有的发票交接方式主要有直接交接、委托交接、邮寄交接。对直接交接的，应检查或询问当事人：何人、何时、以何种工具到达何地，与何人在何处交接，何人在场，收到发票后何时再交予何人；对委托交接的，应检查或询问当事人：何人、何时、何地、受何人委托、以何方式交予何人；对邮寄交接的，应检查或询问当事人：寄出地、寄达地、收派途径、寄件人、收件人。对检查中发现多家受票企业同一人收票，或多家受票企业同一邮寄地址收票，实地核查受票企业收票地址查无受票人的。对中间人交接，应检查或询问当事人：中间人的基本情况及联络方式、何时、何地从开票方取得开具发票、何时、何地交予受票方何人以及中间人收取开票费等情况。

增值税发票管理新系统上线后，可以定时采集开具的税控发票全票面信息，发票的存根联、抵扣联数据均放在后台数据库中，实行抄报税、认证全程网上进行，实现发票开受票方双向比对，解决不能及时查询发票、上门抄报税等问题。目前，不法分子利用发票电子数据上传后即可勾选认证的规定，开票企业只通过系统上传开具的发票电子数据，弃用纸质发票。受票企业在开票方上传数据后，立即勾选认证形成进项税额抵扣项，再向下游开具发票，拉长虚开发票链条，增加查处难度。检查中，应依托增值税发票管理新系统、电子底账信息管理系统、“金税”三期税收管理系统（国家税务总局平台），进行票流信息查询、比对、追踪，取得开票方主管税务机关提供的涉案企业纳税人开具发票的相关证据，以及受票方主管税务机关提供的涉案企业勾选认证发票的相关证据，形成上下连通的发票流证据链条。

第四节　进项税额的稽查

进项税额是指纳税人购进的与应税交易相关的货物、服务、无形资产、不动产和金融商品支付或者负担的增值税税额。

进项税额是与销项税额相对应的另一个概念。在开具增值税专用发票的情况下，它们之间的对应关系是：销售方收取的销项税额，就是购买方支付的进项税额。对于任何一般计税方法纳税人来说，由于其在经营活动中既会发生应税交易行为，又会发生购进货物、服务、无形资产、不动产或者接受应税劳务，因此，每个一般计税方法纳税人都会有收取的销项税额和支付的进项税额。值得注意的是，并非纳税人支付的所有进项税额都可以在计算应纳税额时从销项税额中抵扣。现行增值税法对于哪些进项税额可以抵扣、哪些进项税额不能抵扣做了专门、严格的规定。

一、进项税额稽查的法律依据

（一）准予从销项税额中抵扣的进项税额

根据税法的规定，准予从销项税额中抵扣的进项税额，限于下列增值税扣税凭证上注明的增值税税额和按规定的扣除率计算的进项税额。

1. 从销售方或者提供方取得的增值税专用发票（含税控机动车销售统一发票）上注明的增值税税额。

2. 从海关取得的海关进口增值税专用缴款书上注明的增值税税额。

3. 购进农产品，除取得增值税专用发票或者海关进口增值税专用缴款书外，按照农产品收购发票或者销售发票上注明的农产品买价和扣除率计算的进项税额。进项税额的计算公式为：

进项税额 = 买价 × 扣除率

其中，买价包括纳税人购进农产品在农产品收购发票或者销售发票上注明的价款和按规定缴纳的烟叶税。

烟叶收购金额包括纳税人支付给烟叶销售者的烟叶收购价款和价外补贴，价外补贴统一暂按烟叶收购价款的10%计算。计算公式如下：

烟叶收购金额 = 烟叶收购价款 ×（1 + 10%）

应纳烟叶税税额 = 烟叶收购金额 × 税率（烟叶税税率为20%）

准予抵扣的进项税额 =（烟叶收购金额 + 应纳烟叶税税额）× 扣除率

纳税人购进农产品，取得一般计税方法纳税人开具的增值税专用发票或海关进口增值税专用缴款书的，以增值税专用发票或海关进口增值税专用缴款书上注明的增值税税额为进项税额；从按照简易计税方法依照3%的征收率计算缴纳增值税的简易计税方法纳税人处取得增值税专用发票的，以增值税专用发票上注明的金额和9%的扣除率计算进项税额；取得（开具）农产品销售发票或收购发票的，以农产品销售发票或收购发票上注明的农产品买价和9%的扣除率计算进项税额。

营业税改征增值税试点期间，纳税人购进用于生产销售或委托（受托）加工13%税率货物的农产品的扣除率为10%。

纳税人从批发、零售环节购进适用免征增值税政策的蔬菜、部分鲜活肉蛋而取得的普通发票，不得作为计算抵扣进项税额的凭证。

纳税人购进农产品既用于生产销售或委托（受托）加工13%税率货物又用于生产销售其他货物或服务的，应当分别核算用于生产销售或委托（受托）加工13%税率货物和其他货物或服务的农产品进项税额。未分别核算的，统一以增值税专用发票或海关进口增值税专用缴款书上注明的增值税税额为进项税额，或以农产品收购发票或销售发票上注明的农产品买价和9%的扣除率计算进项税额。

需要注意的是，购进农产品按照《农产品增值税进项税额核定扣除试点实施办法》抵扣进项税额的不适用上述规定。

4. 从境外单位或者个人购进服务、无形资产或者不动产，从税务机关或者境内代理人取得的解缴税款的完税凭证上注明的增值税税额，中华人民共和国境外（以下简称境外）单位或者个人在境内发生应税交易行为，扣缴义务人在扣缴增值税的时候，应按照以下公式计算应扣缴税额：

应扣缴税额 = 购买方支付的价款 ÷ (1 + 税率) × 税率

需要注意的是，按照上述公式计算应扣缴税额时，无论购买方支付的价款是否超过500万元的一般计税方法纳税人标准，无论扣缴义务人是一般计税方法纳税人或者简易计税方法纳税人，一律按照境外单位或者个人发生应税交易行为的适用税率予以计算。

5. 部分行业农产品按照核定扣除办法计算当期准予扣除的进项税额。《财政部　国家税务总局关于在部分行业试行农产品增值税进项税额核定扣除办法的通知》（财税〔2012〕38号）规定，自2012年7月1日起，以购进农产品为原料生产销售液体乳及乳制品、酒及酒精、植物油的增值税一般计税方法纳税人，纳入农产品增值税进项税额核定扣除试点范围，其购进农产品无论是否用于生产上述产品，增值税进项税额均按照《农产品增值税进项税额核定扣除试点实施办法》的规定抵扣。

《财政部　国家税务总局关于扩大农产品增值税进项税额核定扣除试点行业范围的通知》（财税〔2013〕57号）规定，自2013年9月1日起，扩大实行核定扣除试点的行业范围，由各省、自治区、直辖市、计划单列市税务部门商同级财政部门选择部分行业开展核定扣除试点工作。试点纳税人应自执行《农产品增值税进项税额核定扣除试点实施办法》之日起，将期初库存农产品以及库存半成品、产成品耗用的农产品增值税进项税额做转出处理，以避免重复抵扣增值税进项税额。

（1）以购进农产品为原料生产货物的试点纳税人，其农产品增值税进项税额可按照投入产出法、成本法和参照法核定。

第一，投入产出法是指依据农产品单耗数量、当期销售货物数量、农产品平均购买单价（含税，下同）和农产品增值税进项税额扣除率（以下简称扣除率。如果纳税人生产的货物适用税率为13%，则其扣除率为13%；如果纳税人生产的货物适用税率为9%，则其扣除率为9%，下同）计算当期允许抵扣的农产品增值税进项税额，相应的计算公式为：

$$当期允许抵扣农产品增值税进项税额 = 当期农产品耗用数量 \times 农产品平均购买单价 \times \frac{扣除率}{1 + 扣除率}$$

当期农产品耗用数量 = 当期销售货物数量（不含采购除农产品以外的半成品生产的货物数量）× 农产品单耗数量

第二，成本法是指依据当期主营业务成本、农产品耗用率以及扣除率计算当期允许抵扣的农产品增值税进项税额。其计算公式为：

$$当期允许抵扣农产品增值税进项税额=当期主营业务成本\times农产品耗用率\times\frac{扣除率}{1+扣除率}$$

农产品耗用率=上年投入生产的农产品外购金额（含税）÷上年生产成本

第三，参照法是指新举办的试点纳税人或者试点纳税人新增产品的，可参照所属行业或者生产结构相近的其他试点纳税人确定农产品单耗数量或者农产品耗用率，再按照投入产出法或者成本法计算当期允许抵扣的农产品增值税进项税额。

（2）购进农产品直接销售的试点纳税人，其当期允许抵扣的农产品增值税进项税额按照以下公式计算：

当期允许抵扣农产品增值税进项税额=

当期销售农产品数量÷(1－损耗率)×农产品平均购买单价×扣除率÷(1+扣除率)

损耗率=损耗数量÷购进数量

（3）购进农产品用于生产经营且不构成货物实体（包括包装物、辅助材料、燃料、低值易耗品等）的试点纳税人，其当期允许抵扣的农产品增值税进项税额按照以下公式计算：

当期允许抵扣农产品增值税进项税额=当期耗用农产品数量×农产品平均购买单价×扣除率÷(1+扣除率)

农产品平均购买单价是指购买农产品期末平均买价，不包括买价之外单独支付的运费和入库前的整理费用。其计算公式为：

期末平均买价=

$$\left(\frac{期初库存}{农产品数量}\times\frac{期初}{平均买价}+\frac{当期购进}{农产品数量}\times\frac{当期}{买价}\right)\div\left(\frac{期初库存}{农产品数量}+\frac{当期购进}{农产品数量}\right)$$

6. 不动产及不动产在建工程的进项税额抵扣。自2019年4月1日起，增值税一般计税方法纳税人（以下简称纳税人）取得并在会计制度上按固定资产核算的不动产，以及发生的不动产在建工程，其进项税额可以全额一次性进行抵扣。纳税人取得的不动产，包括以直接购买、接受捐赠、接受投资入股以及抵债等各种形式取得的不动产。

纳税人新建、改建、扩建、修缮、装饰不动产，属于不动产在建工程。

纳税人购进货物和设计服务、建筑服务，用于新建不动产与不动产在建工程，其进项税额可以从销项税额中抵扣。

7. 按照规定不得抵扣且未抵扣进项税额的固定资产、无形资产和不动产发生用途改变，用于允许抵扣进项税额的应税项目，可在用途改变的次月按照下列公式计算可以抵扣的进项税额：

可以抵扣的进项税额=固定资产、无形资产、不动产净值÷(1+适用税率)×适用税率

上述可以抵扣的进项税额应取得合法有效的增值税扣税凭证。

8. 自2018年1月1日起，纳税人支付的道路、桥、闸通行费，按照以下规定抵扣进项税额：

（1）纳税人支付的道路通行费，按照收费公路通行费增值税电子普通发票上注明的增值税税额抵扣进项税额。

2018年1月1日至6月30日，纳税人支付的高速公路通行费，如暂未能取得收费公路通行费增值税电子普通发票，可凭取得的通行费发票（不含财政票据，下同）上注明的收费金额按照下列公式计算可抵扣的进项税额：

高速公路通行费可抵扣进项税额＝高速公路通行费发票上注明的金额÷(1＋3%)×3%

2018年1月1日至12月31日，纳税人支付的一级、二级公路通行费，如暂未能取得收费公路通行费增值税电子普通发票，可凭取得的通行费发票上注明的收费金额按照下列公式计算可抵扣进项税额：

一级、二级公路通行费可抵扣进项税额＝一级、二级公路通行费发票上注明的金额÷(1＋5%)×5%

（2）纳税人支付的桥、闸通行费，暂凭取得的通行费发票上注明的收费金额按照下列公式计算可抵扣的进项税额：

桥、闸通行费可抵扣进项税额＝桥、闸通行费发票上注明的金额÷(1＋5%)×5%

以上所称通行费，是指有关单位依法或者依规设立并收取的过路、过桥和过闸费用。

9. 自2018年1月1日起，纳税人租入固定资产、不动产，既用于一般计税方法计税项目，又用于简易计税方法计税项目、免征增值税项目、集体福利或者个人消费的，其进项税额准予从销项税额中全额抵扣。

10. 纳税人购进国内旅客运输服务，其进项税额允许从销项税额中抵扣。

纳税人未取得增值税专用发票的，暂按照以下规定确定进项税额：

（1）取得增值税电子普通发票的，为发票上注明的税额；

（2）取得注明旅客身份信息的航空运输电子客票行程单的，为按照下列公式计算进项税额：

航空旅客运输进项税额＝（票价＋燃油附加费）÷(1＋9%)×9%

（3）取得注明旅客身份信息的铁路车票的，为按照下列公式计算的进项税额：

铁路旅客运输进项税额＝票面金额÷(1＋9%)×9%

（4）取得注明旅客身份信息的公路、水路等其他客票的，按照下列公式计算进项税额：

公路、水路等其他旅客运输进项税额＝票面金额÷(1＋3%)×3%

11. 自2019年4月1日至2021年12月31日，允许生产、生活性服务业纳税人按照当期可抵扣进项税额加计10%，抵减应纳税额（以下称加计抵减政策）。

（1）生产、生活性服务业纳税人，是指提供邮政服务、电信服务、现代服务、生活服务（以下称四项服务）取得的销售额占全部销售额的比重超过50%的纳税人。四项服务的具体范围按照《销售服务、无形资产、不动产注释》（财税〔2016〕36号附件）执行。

2019年3月31日前设立的纳税人，自2018年4月至2019年3月期间的销售额（经营期不满12个月的，按照实际经营期的销售额）符合上述规定条件的，自2019年4月1日起适用加计抵减政策。

2019年4月1日后设立的纳税人，自设立之日起3个月的销售额符合上述规定条件的，自登记为一般计税方法纳税人之日起适用加计抵减政策。

纳税人确定适用加计抵减政策后，当年内不再调整，以后年度是否适用，根据上年度销售额计算确定。

纳税人可计提但未计提的加计抵减额，可在确定适用加计抵减政策当期一并计提。

（2）纳税人应按照当期可抵扣进项税额的10%计提当期加计抵减额。按照现行规定不得从销项税额中抵扣的进项税额，不得计提加计抵减额；已计提加计抵减额的进项税额，按规定作进项税额转出的，应在进项税额转出当期，相应调减加计抵减额。计算公式如下：

当期计提加计抵减额 = 当期可抵扣进项税额 × 10%

当期可抵减加计抵减额 = 上期末加计抵减额余额 + 当期计提加计抵减额 − 当期调减加计抵减额

（3）纳税人应按照现行规定计算一般计税方法下的应纳税额（以下称抵减前的应纳税额）后，区分以下情形加计抵减：

①抵减前的应纳税额等于零的，当期可抵减加计抵减额全部结转下期抵减。

②抵减前的应纳税额大于零，且大于当期可抵减加计抵减额的，当期可抵减加计抵减额全额从抵减前的应纳税额中抵减。

③抵减前的应纳税额大于零，且小于或等于当期可抵减加计抵减额的，以当期可抵减加计抵减额抵减应纳税额至零。未抵减完的当期可抵减加计抵减额，结转下期继续抵减。

（4）纳税人出口货物劳务、发生跨境应税行为不适用加计抵减政策，其对应的进项税额不得计提加计抵减额。

纳税人兼营出口货物劳务、发生跨境应税行为且无法划分不得计提加计抵减额的进项税额，按照以下公式计算：

不得计提加计抵减额的进项税额 = 当期无法划分的全部进项税额 × 当期出口货物劳务和发生跨境应税行为的销售额 ÷ 当期全部销售额

（5）纳税人应单独核算加计抵减额的计提、抵减、调减、结余等变动情况。骗取适用加计抵减政策或虚增加计抵减额的，按照《税收征收管理法》等有关规定处理。

（6）加计抵减政策执行到期后，纳税人不再计提加计抵减额，结余的加计抵减额停止抵减。

根据《财政部　税务总局关于明确生活性服务业增值税加计抵减政策的公告》（财政部、税务总局公告2019年第87号），2019年10月1日至2021年12月31日，允许生活性服务业纳税人按照当期可抵扣进项税额加计 15%，抵减应纳税额（以下简称“加计抵减 15% 政策”）。生活性服务业纳税人是指提供生活服务取得的销售额占全部销售额的比重超过 50% 的纳税人。

2019 年 9 月 30 日前设立的纳税人，自 2018 年 10 月至 2019 年 9 月期间的销售额（经营期不满 12 个月的，按照实际经营期的销售额）符合上述规定条件的，自 2019 年 10 月 1 日起适用加计抵减 15% 政策。

2019 年 10 月 1 日后设立的纳税人，自设立之日起 3 个月的销售额符合上述规定条件的，自登记为一般计税方法纳税人之日起适用加计抵减 15% 政策。

纳税人确定适用加计抵减 15% 政策后，当年内不再调整，以后年度是否适用，根据上年度销售额计算确定。

生活性服务业纳税人应按照当期可抵扣进项税额的 15% 计提当期加计抵减额。按照现行规定不得从销项税额中抵扣的进项税额，不得计提加计抵减额；已按照 15% 计提加计抵减额的进项税额，按规定做进项税额转出的，应在进项税额转出当期，相应调减加计抵减额。计算公式如下：

当期计提加计抵减额 = 当期可抵扣进项税额 ×15%

当期可抵减加计抵减额 = 上期末加计抵减额余额 + 当期计提加计抵减额 − 当期调减加计抵减额

［知识要点提醒］ 生活性服务业纳税人的进项税额抵减比例提高至 15%。

（二）不得抵扣的进项税额

根据《增值税暂行条例》及其实施细则和营改增税收政策的规定，下列情况的进项税额不得从销项税额中抵扣：

1. 纳税人购进货物、服务、无形资产、不动产或者接受应税劳务，取得的增值税扣税凭证（即增值税专用发票、海关进口增值税专用缴款书、农产品收购发票、农产品销售发票和税收完税凭证）不符合法律、行政法规或者国务院税务主管部门有关规定的，其进项税额不得从销项税额中抵扣。纳税人凭完税凭证抵扣进项税额的，应当具备书面合同、付款证明和境外单位的对账单或者发票；资料不全的，其进项税额不得从销项税额中抵扣。

2. 使用简易计税方法计税项目、免征增值税项目、集体福利或者个人消费的购进货物，加工、修理修配劳务，服务，无形资产和不动产。其中，涉及的固定资产、无形资产、不动产，仅指专用于上述项目的固定资产、无形资产（不包括其他权益性无形资产）、不动产。

纳税人的交际应酬属于个人消费。

3. 非正常损失的不动产，以及该不动产所耗用的购进货物、设计服务和建筑服务。

4. 非正常损失的不动产在建工程所耗用的购进货物、设计服务和建筑服务。

5. 购进并直接用于消费的餐饮服务、居民日常服务和娱乐服务对应的进项税额。

6. 购进贷款服务对应的进项税额。

7. 财政部和国家税务总局规定的其他情形。

已抵扣进项税额的购进货物（不含固定资产）、劳务或者服务，发生上述情形（简易计税方法计税项目、免征增值税项目除外）的，应当将该进项税额从当期进项税额中扣减；无法确定进项税额的，按照当期实际成本计算应扣减的进项税额。

固定资产是指使用期限超过 12 个月的机器、机械、运输工具以及其他与生产经营有关的设备、工具、器具等。

非正常损失是指因管理不善造成被盗、丢失、霉烂变质的损失，以及被执法部门依法没收或者强令自行销毁的货物。

已抵扣进项税额的固定资产、无形资产或者不动产，发生上述情形的，按照下列公式计算不得抵扣的进项税额：

不得抵扣的进项税额 = 固定资产、无形资产或者不动产净值 × 适用税率

固定资产、无形资产或者不动产净值是指纳税人根据财务会计制度计提折旧或摊销后的余额。

（三）关于进项税额的其他规定

1. 一般计税方法纳税人兼营简易计税方法计税项目、免征增值税项目而无法划分不得抵扣进项税额的，按下列公式计算不得抵扣的进项税额：

$$\text{不得抵扣的进项税额} = \frac{\text{当期无法划分}}{\text{的全部进项税额}} \times \left(\frac{\text{当期简易计税方法}}{\text{计税项目销售额}} + \frac{\text{免征增值税}}{\text{项目销售额}}\right) \div \text{当期全部销售额}$$

主管税务机关可以按照上述公式依据年度数据对不得抵扣的进项税额进行清算。

2. 有下列情形之一者，应按销售额和增值税税率计算应纳税额，不得抵扣进项税额，也不得使用增值税专用发票：

（1）一般计税方法纳税人会计核算不健全，或者不能提供准确税务资料的。

（2）除可选择按简易计税方法纳税人纳税之外，纳税人的销售额超过简易计税方法纳税人标准，应当申请办理一般计税方法纳税人资格认定而未申请的。

3. 自 2013 年 8 月 1 日起，一般计税方法纳税人自用的应征消费税的摩托车、汽车、游艇，其进项税额准予从销项税额中抵扣。但是，如果购进的摩托车、汽车、游艇用于简易计税方法计税项目、免征增值税项目、集体福利或者个人消费以及发生非正常损失，其进项税额仍不得抵扣。

4. 一般计税方法纳税人发生购进货物退回或者折让、服务中止或者折让而收回的增值税税额，应当从当期的进项税额中扣减。

5. 一般计税方法纳税人在资产重组过程中，将全部资产、负债和劳动力一并转让给其他增值税一般计税方法纳税人（以下简称新纳税人），并按程序办理注销税务登记的，其在办理注销登记前尚未抵扣的进项税额可结转至新纳税人处继续抵扣。

6. 一般计税方法纳税人因住所、经营地点变动，按照相关规定，在工商行政管理部门做变更登记处理，但因涉及改变税务登记机关，需要办理注销税务登记并重新办理税务登记的，在迁达地重新办理税务登记后，其增值税一般计税方法纳税人资格予以保留，办理注销税务登记前尚未抵扣的进项税额允许继续抵扣。

7. 纳税人取得的财政补贴收入，与其销售货物、服务、无形资产、不动产的收入或者数量直接挂钩的，应按规定计算缴纳增值税。纳税人取得的其他情形的财政补贴收入，不属于增值税应税收入，不征收增值税。

（四）向供货方收取的返还收入的税务处理

对商业企业向供货方收取的与商品销售量、销售额挂钩（如以一定比例、金额、数量计算）的各种返还收入，均应按平销返利行为的有关规定冲减当期增值税进项税额。应冲减进项税额的计算公式为：

$$当期应冲减的进项税额 = 当期取得的返还资金 \div \left(1 + \frac{所购进货物适用}{增值税税率}\right) \times 所购进货物适用增值税税率$$

（五）进项税额转出的处理

已抵扣进项税额的购进应税销售行为发生不得抵扣进项税额所列情况的，应将其进项税额从当期发生的进项税额中扣减。

适用一般计税方法的纳税人，兼营简易计税方法计税项目、免征增值税项目而无法划分不得抵扣的进项税额，按照下列公式计算不得抵扣的进项税额：

不得抵扣的进项税额 = 当期无法划分的全部进项税额 ×（当期简易计税方法计税项目销售额 + 免征增值税项目销售额）÷ 当期全部销售额

已抵扣进项税额的购进货物（不含固定资产）、劳务、服务，按规定不得从销项税额中抵扣时（简易计税方法计税项目、免征增值税项目除外），应当将该进项税额从当期进项税额中扣减；无法确定该进项税额的，按照当期实际成本计算应扣减的进项税额。

已抵扣进项税额的固定资产、无形资产或者不动产，按规定不得从销项税额中抵扣时，按照下列公式计算不得抵扣的进项税额：

不得抵扣的进项税额 = 固定资产、无形资产或者不动产净值 × 适用税率

固定资产、无形资产或者不动产净值，是指纳税人根据财务会计制度计提折旧或摊销后的余额。

纳税人适用一般计税方法计税的，因销售折让、中止或者退回而退还给购买方的增值税税额，应当从当期的销项税额中扣减；因销售折让、中止或者退回而收回的增值税税额，应当从当期的进项税额中扣减。

纳税人进口货物报关后，境外供货商向国内进口方退还或返还的资金，或进口货物向境外实际支付的货款低于进口报关价格的差额，不作进项税额转出处理。

（六）抵扣时限规定

1. 增值税一般纳税人取得 2017 年 1 月 1 日及以后开具的增值税专用发票、海关进口增值税专用缴款书、机动车销售统一发票、收费公路通行费增值税电子普通发票，取消认证确认、稽核比对、申报抵扣的期限。纳税人在进行增值税纳税申报时，应当通过本省（自治区、直辖市和计划单列市）增值税发票综合服务平台对上述扣税凭证信息进行用途确认。

2. 增值税一般纳税人取得2016年12月31日及以前开具的增值税专用发票、海关进口增值税专用缴款书、机动车销售统一发票，超过认证确认、稽核比对、申报抵扣期限，但符合规定条件的，仍可按照《国家税务总局关于逾期增值税扣税凭证抵扣问题的公告》（国家税务总局公告2011年第50号，2017年第36号、2018年第31号修改）、《国家税务总局关于未按期申报抵扣增值税扣税凭证有关问题的公告》（国家税务总局公告2011年第78号，2018年第31号修改）规定，继续抵扣进项税额。

二、进项税额稽查的常见问题

在进项税抵扣环节中，进项税额涉税账户主要包括“库存商品”（“原材料”“包装物”“低值易耗品”）、“固定资产”“待处理财产损溢”“在建工程”“应付职工薪酬”“固定资产清理”“实收资本”“营业外收入”“资产处置收益”等账户。检查增值税专用发票上进口货物的进项税额、外购农产品的进项数额、不得抵扣的进项税额的项目、改变用途和非正常损失、销售返还等产生的税收问题，包含以下几个大类：

（一）关于购进环节的问题

1. 扩大农产品收购凭证的使用范围，将其他费用计入买价，多抵扣进项税。

2. 错用扣税率，低税高扣。

3. 采购途中的非合理损耗未按规定转出进项税额。

（二）关于存货保管使用环节的问题

1. 发生退货或取得折让未按规定作进项税额转出，多抵扣税额。

2. 用于简易计税方法计税项目、集体福利或者个人消费、非正常损失的购进货物未按规定作进项税额转出，多抵扣税额。

3. 用于免征增值税项目的进项税额未按规定转出，多抵扣税额。

4. 以存挤销，将因管理不善等因素造成的材料短缺计入正常发出数，少缴增值税。

5. 盘亏材料未按规定的程序和方法及时处理账务，造成相应的进项税额未转出，或盈亏相抵后作进项税额转出，少缴增值税。

（三）关于受让应税销售行为进项税额的问题

1. 应税销售行为支出用于非简易计税方法计税项目、免税项目、集体福利和个人消费的，不作进项税额转出。

2. 虚构业务，让他人为自己虚开发票，多抵扣进项税额。

（四）关于一般纳税人登记前的进项税额的问题

小规模纳税人转为一般纳税人后，抵扣其小规模纳税人期间发生的进项税额。

（五）购买服务、无形资产、不动产的问题

1. 发票所记载项目与实际项目不符。

2. 专门用于简易计税项目、免税项目、集体福利和个人消费的，其进项税额是否进行了抵扣。

三、进项税额稽查的稽查方法

（一）对于购进环节的稽查

检查时，需对照增值税专用发票，审查“库存商品”“应交税费——应交增值税（进项税额）”账户借方发生额是否相符。审查购入免税农产品的买价是否真实，有无将一些进货费用，如收购人员的差旅费、奖金、雇用人员的手续费以及运杂费等采购费用计入买价计算进项税额进行扣税；有无擅自扩大收购凭证的使用范围或错用扣除税率的问题。

纳税人在材料采购过程中发生短缺与毁损时，在未查明原因前，其短缺与毁损部分应按含税成本计入“待处理财产损溢”账户，待查明原因后，再根据不同情况做出账务处理。对短缺与毁损的进项税额应暂列“应交税费”账户按待抵扣进项税额核算，或者在“其他应收款”账户核算。但有的纳税人在处理这类问题时，往往采取提高实际入库原材料成本，按购入货物的全部价款核算计提进项税额的方法，对这部分短缺与毁损不作账务处理。

在检查时，可采用审阅法、核对法、分析法、盘存法等多种方法，核实纳税人是否发生非正常损失，重点审查“物资采购”“原材料”“待处理财产损溢”和“应交增值税”明细账账户，结合收料单，查明进项税额核算是否正确，有无提高入库原材料价格、不扣除损耗短缺、按购入货物全额计列进项税额等问题。

（二）对于存货保管使用环节的稽查

检查“原材料”“包装物”“低值易耗品”“库存商品”等会计账户，看其贷方的对应账户是否为生产成本、制造费用和销售费用，检查“材料分配单”“领料单”，查看去向，审查有无非应税项目领料直接计入成本、费用的情况；对用于集体福利、个人消费领用的或非正常损失的，审核是否贷记“应交税费——应交增值税（进项税额转出）”账户；从能确定外购货物批次的单位成本或当期实际成本，核实应由非应税项目（非正常损失）承担的材料物资成本金额，按规定的税率复算进项税额转出是否正确，有无故意降低应付职工薪酬领用材料的成本，少计进项税额转出的情况。

[例题2-25]（综合题）某市税务机关对该市××钢管制造有限公司纳税情况实施检查。检查过程中，稽查人员运用观察法到车间、仓库及其他部门实地观察企业产、供、销、运各环节运行情况及企业内控情况。了解到该企业自设食堂及托儿所，据此，稽查人员把“福利费”账户作为检查重点之一，运用顺查法对其“应付职工薪酬”明细账进行分析检查，在审查“应付职工薪酬”账户发生额中，未发现有分配领料及其他物耗记录。稽查人员抽查了6月的材料分配记账凭证，其账务处理为：

借：生产成本	3 500 000	
制造费用	560 000	
管理费用	68 000	
销售费用	23 000	
贷：原材料		4 151 000

凭证后附的材料分配单显示，在管理费用中列支的材料费用68 000元中有食堂、托儿所领用的8 700元。查实企业将应由“应付职工薪酬”承担的材料费用计入了“管理费用”账户，未作增值税进项税额转出的事实。

[答案解析] 应由“应付职工薪酬”承担的材料费用，不能抵扣进项，应转入进项税额转出。

应转出进项税额 = 8 700 × 13% = 1 131（元）

[例题2-26]（单项选择题） 某面粉生产企业为增值税一般纳税人，2019年5月因管理不善丢失一批4月份从农民手中购入用于生产面粉的小麦，账面成本为8 700元，进项税额已抵扣，则该项损失当期应转出的增值税进项税额是（　　）元。

A. 783　　　　B. 860.44

C. 692.74　　　　D. 1 131

[参考答案] B

[答案解析] 2019年4月1日起，从农民手中购入小麦用于生产面粉按照买价和9%扣除率计算抵扣进项税额，剩余的91%计入成本。因此，在计算进项税额转出时，需将账面成本先还原为最初的买价，再计算进项税额。

该项损失应转出的进项税额 = 8 700/(1 − 9%) × 9% = 860.44（元）

（三）对于受让应税销售行为进项税额的稽查

在检查时，主要审查“其他业务支出”“制造费用”“原材料”等账户，查阅增值税专用发票，结合加工合同或协议所载明的加工品名、性质和用途，看有无将发生的应税销售行为支出用于免税项目、集体福利和个人消费，作增值税进项税额抵扣的；有无提供劳务的单位与开具发票的单位不相符的情况；有无虚构加工业务，让他人为自己虚开增值税专用发票的行为。

（四）对于一般纳税人资格登记前的进项税额的稽查

在检查时，查看一般纳税人的认定时间、经济业务事项的发生时间，查阅购销合同、协议、货物入库单、仓库保管记录等，核实是否存在小规模纳税人转为一般纳税人后抵扣其小规模纳税人期间发生的进项税额。

（五）购买服务、无形资产、不动产的问题

在检查时，查看增值税专用发票所记载项目与实际纳税人经营项目是否相符，税率是否与规定一致；有无虚假记载，以低税率应税行为代替高税率行为的情况；有无虚构应税行为，让他人为自己虚开增值税专用发票的行为。

纳税人购进服务、无形资产或者不动产（不包括其他权益性无形资产），如果专用于简易计税方法计税项目、免征增值税项目、集体福利或者个人消费项目的，其进项税额不得从销项税额中抵扣。对属于兼用于允许抵扣项目和上述不允许抵扣项目情况的，其进项税额准予全部抵扣。

第五节　增值税税收优惠的稽查

一、增值税税收优惠稽查的法律依据

（一）根据《增值税暂行条例》的规定，下列项目免征增值税：

（1）农业生产者销售的自产农产品。

（2）避孕药品和用具。

（3）古旧图书。

（4）直接用于科学研究、科学试验和教学的进口仪器、设备。

（5）外国政府、国际组织无偿援助的进口物资和设备。

（6）由残疾人的组织直接进口供残疾人专用的物品。

（7）自然人销售的自己使用过的物品。

（8）托儿所、幼儿园、养老院、残疾人福利机构提供的育养服务、婚姻介绍、殡葬服务。

（9）残疾人员个人提供的服务。

（10）医院、诊所和其他医疗机构提供的医疗服务。

（11）学校和其他教育机构提供的教育服务，学生勤工俭学提供的服务。

（12）农业机耕、排灌、病虫害防治、植物保护、农牧保险以及相关技术培训业务，家禽、牲畜、水生动物的配种和疾病防治。

（13）纪念馆、博物馆、文化馆、文物保护单位管理机构、美术馆、展览馆、书画院、图书馆举办文化活动的门票收入，宗教场所举办文化、宗教活动的门票收入。

（14）境内保险机构为出口货物提供的保险产品。

除上述外，增值税的免税、减税项目由国务院规定，任何地区、部门均不得规定免税、减税项目。

（二）特殊减免

根据国民经济和社会发展的需要，或者由于突发事件等原因对纳税人经营活动产生重大影响的，国务院可以制定增值税专项优惠政策，报全国人民代表大会常务委员会备案。

1. 资源综合利用产品和劳务。根据《财政部　国家税务总局关于印发〈资源综合利用产品和劳务增值税优惠目录〉的通知》（财税〔2015〕78 号）的规定，纳税人销售自产的资源综合利用产品和提供资源综合利用劳务，可享受增值税即征即退政策。退税比例包括 30%、50%、70%、100% 四个档次。

2. 免征蔬菜流通环节（包括批发、零售）增值税。该免税项目包括经过切分、晾晒、冷藏、冷冻程序加工的蔬菜，但不包括蔬菜罐头。

3. 粕类产品。豆粕属征税饲料；其他粕类饲料免征增值税。制种企业生产、销售种子，属于农业生产者销售自产农业产品，免征增值税。

4. 按债转股企业与金融资产管理公司签订的债转股协议，债转股原企业将货物资产作为投资提供给债转股新公司的，免征增值税。

5. 节能服务公司将项目中的货物转让给用能企业，免征增值税。

6. 图书销售免征增值税。自 2018 年 1 月 1 日至 2020 年 12 月 31 日，对指定出版物在出版环节的增值税先征后退 100%、50%；免征图书批发、零售增值税。

7. 对电影产业的电影发行收入免征增值税。对电影制片企业销售电影拷贝（含数字拷贝）、转让版权取得的收入，电影发行企业取得的电影发行收入，电影放映企业在农村的电影放映收入，自 2019 年 1 月 1 日至 2023 年 12 月 31 日免征增值税。

8. 对内资研发机构和外资研发中心采购国产设备，全额退还增值税。

9. 原对城镇公共供水用水户在基本水价（自来水价格）外征收水资源费的试点省份，在水资源费改税试点期间，按照不增加城镇公共供水企业负担的原则，城镇公共供水企业缴纳的水资源税所对应的水费收入，不计征增值税，按"不征税自来水"项目开具增值税普通发票。

10. 自 2016 年 5 月 1 日起，纳税人采取转包、出租、互换、转让、入股等方式将承包地流转给农业生产者用于农业生产，免征增值税。在《财政部　国家税务总局关于租入固定资产进项税额抵扣等增值税政策的通知》（财税〔2017〕90 号）下发前已征的增值税，可抵减以后月份应缴纳的增值税或办理退税。

11. 自 2016 年 5 月 1 日起，社会组织收取的会费，免征增值税。在《财政部　国家税务总局关于租入固定资产进项税额抵扣等增值税政策的通知》（财税〔2017〕90 号）下发前已征的增值税，可抵减以后月份应缴纳的增值税或办理退税。

社会组织是指依照国家有关法律法规设立或登记并取得《社会组织法人登记证书》的非营利法人。会费是指社会组织在国家法律法规、政策许可的范围内，依照社团章程的规定，收取的个人会员、单位会员和团体会员的会费。

社会组织开展经营服务性活动取得的其他收入，一律照章缴纳增值税。

12. 在 2018 年 12 月 31 日前，公共租赁住房经营管理单位出租公共租赁住房，免征增值税。

13. 中国台湾航运公司、航空公司从事海峡两岸海上直航、空中直航业务在大陆取得的运输收入，免征增值税。

14. 纳税人提供的直接或者间接国际货物运输代理服务，免征增值税。

（1）纳税人提供直接或者间接国际货物运输代理服务，向委托方收取的全部国际货物运输代理服务收入，以及向国际货物运输承运人支付的国际运输费用，必须通过金融机构进行结算。

（2）纳税人为内地（大陆）与香港特区、澳门特区、台湾地区之间的货物运输提供的货物运输代理服务，参照国际货物运输代理服务的有关规定执行。

（3）委托方索取发票的，纳税人应当就国际货物运输代理服务收入向委托方全额开具增值税普通发票。

15. 以下利息收入，免征增值税：

（1）国家助学贷款。

（2）国债、地方政府债。

（3）中国人民银行对金融机构的贷款。

（4）住房公积金管理中心用住房公积金在指定的委托银行发放的个人住房贷款。

（5）外汇管理部门在从事国家外汇储备经营的过程中，委托金融机构发放的外汇贷款。

（6）在统借统还业务中，企业集团或企业集团中的核心企业以及集团所属财务公司按不高于支付给金融机构的借款利率水平或者支付的债券票面利率水平，向企业集团或者集团内下属单位收取的利息。

统借方向资金使用单位收取的利息，高于支付给金融机构的借款利率水平或者支付的债券票面利率水平的，应全额缴纳增值税。

16. 被撤销金融机构以货物、不动产、无形资产、有价证券、票据等财产清偿债务，免征增值税。

17. 保险公司开办的一年期以上人身保险产品取得的保费收入，免征增值税。

18. 下列金融商品转让收入：

（1）合格境外机构投资者（QFII）委托境内公司在我国从事证券买卖业务。

（2）香港市场投资者（包括单位和个人）通过沪港通买卖上海证券交易所上市A股。

（3）香港市场投资者（包括单位和个人）通过基金互认买卖内地基金份额。

（4）证券投资基金（封闭式证券投资基金、开放式证券投资基金）管理人运用基金买卖股票、债券。

（5）个人从事金融商品转让业务。

（6）全国社会保障基金理事会、全国社会保障基金投资管理人运用全国社会保障基金买卖证券投资基金、股票、债券取得的金融商品转让收入。

19. 金融同业往来利息收入，免征增值税。

（1）金融机构与中国人民银行所发生的资金往来业务，包括中国人民银行对一般金融机构贷款以及中国人民银行对商业银行的再贴现等。

（2）银行联行往来业务。同一银行系统内部不同行、处之间所发生的资金账务往来业务。

（3）金融机构间的资金往来业务，是指经中国人民银行批准，进入全国银行间同业拆借市场并通过全国统一的同业拆借网络进行的短期［一年以下（含一年）］无担保资金融通行为。

（4）金融机构之间的转贴现业务。金融同业往来利息收入除上述情况外，还包括同业存款、同业借款、同业代付、买断式买入返售金融商品、持有金融债券、同业存单。

20. 同时符合下列条件的担保机构从事中小企业信用担保或者再担保业务取得的收

入（不含信用评级、咨询、培训等收入），3 年内免征增值税。

（1）已取得监管部门颁发的《融资性担保机构经营许可证》，依法登记注册为企（事）业法人，实收资本超过 2 000 万元。

（2）平均年担保费率不超过银行同期贷款基准利率的 50%。

平均年担保费率 = 本期担保费收入 ÷（期初 ÷ 担保余额 + 本期增加 ÷ 的担保金额）× 100%

（3）连续合规经营 2 年以上，资金主要用于担保业务，具备健全的内部管理制度和为中小企业提供担保的能力，经营业绩突出，对受保项目具有完善的事前评估、事中监控、事后追偿与处置机制。

（4）为中小企业提供的累计担保贷款额占其两年累计担保业务总额的 80% 以上，单笔 800 万元以下的累计担保贷款额占其累计担保业务总额的 50% 以上。

（5）对单个受保企业提供的担保余额不超过担保机构实收资本总额的 10%，且平均单笔担保责任金额最多不超过 3 000 万元人民币。

（6）担保责任余额不低于其净资产的 3 倍，且代偿率不超过 2%。

担保机构免征增值税政策采取备案管理方式。符合条件的担保机构应到所在地县（市）主管税务机关和同级中小企业管理部门履行规定的备案手续，自完成备案手续之日起，享受 3 年免征增值税政策。在 3 年免税期满后，符合条件的担保机构可按规定程序办理备案手续后继续享受该项政策。

21. 国家商品储备管理单位及其直属企业承担商品储备任务，从中央或者地方财政取得的利息补贴收入和价差补贴收入，免征增值税。

22. 纳税人提供技术转让、技术开发和与之相关的技术咨询、技术服务，免征增值税。

23. 同时符合下列条件的合同能源管理服务，免征增值税。

（1）节能服务公司实施合同能源管理项目的相关技术，应当符合国家质量监督检验检疫总局和国家标准化管理委员会发布的《合同能源管理技术通则》（GB/T 24915 - 2010）规定的技术要求。

（2）节能服务公司与用能企业签订节能效益分享型合同，其合同格式和内容符合《中华人民共和国合同法》和《合同能源管理技术通则》（GB/T 24915 - 2010）等规定。

24. 自 2018 年 1 月 1 日至 2020 年 12 月 31 日，科普单位的门票收入以及县级及以上党政部门和科协开展科普活动的门票收入，免征增值税。

25. 政府举办的从事学历教育的高等、中等和初等学校（不含下属单位），举办进修班、培训班取得的全部归该学校所有的收入，免征增值税。

26. 政府举办的职业学校设立的主要为在校学生提供实习场所，并由学校出资自办、由学校负责经营管理、经营收入归学校所有的企业，从事《销售服务、无形资产或者不动产注释》中“现代服务”（不含融资租赁服务、广告服务和其他现代服务）、“生活服务”（不含文化体育服务、其他生活服务和桑拿、氧吧）业务活动取得的收入，免征增值税。

27. 家政服务企业由员工制家政服务员提供家政服务取得的收入，免征增值税。

28. 福利彩票、体育彩票的发行收入，免征增值税。

29. 军队空余房产租赁收入，免征增值税。

30. 为了配合国家住房制度改革，企业、行政事业单位按房改成本价、标准价出售住房取得的收入，免征增值税。

31. 将土地使用权转让给农业生产者用于农业生产行为，免征增值税。

32. 涉及家庭财产分割的个人无偿转让不动产、土地使用权的行为，免征增值税。

家庭财产分割包括下列情形：离婚财产分割；无偿赠予配偶、父母、子女、祖父母、外祖父母、孙子女、外孙子女、兄弟姐妹；无偿赠予对其承担直接抚养或者赡养义务的抚养人或者赡养人；房屋产权所有人死亡，法定继承人、遗嘱继承人或者受遗赠人依法取得房屋产权。

33. 土地所有者出让土地使用权和土地使用者将土地使用权归还给土地所有者的行为，免征增值税。

34. 县级以上地方人民政府或自然资源行政主管部门出让、转让或收回自然资源使用权（不含土地使用权）的行为，免征增值税。

35. 随军家属就业。

（1）为安置随军家属就业而新开办的企业，自领取税务登记证之日起，其提供的应税服务 3 年内免征增值税。

享受税收优惠政策的企业，随军家属必须占企业总人数的 60%（含）以上，并有军（含）以上政治和后勤机关出具的证明。

（2）从事个体经营的随军家属，自办理税务登记事项之日起，其提供的应税服务 3 年内免征增值税。

随军家属必须有师以上政治机关出具的可以表明其身份的证明。

按照上述规定，每一名随军家属可以享受一次免税政策。

36. 军队转业干部就业。

（1）从事个体经营的军队转业干部，自领取税务登记证之日起，其提供的应税服务 3 年内免征增值税。

（2）为安置自主择业的军队转业干部就业而新开办的企业，凡安置自主择业的军队转业干部占企业总人数 60%（含）以上的，自领取税务登记证之日起，其提供的应税服务 3 年内免征增值税。

享受上述优惠政策的自主择业的军队转业干部必须持有师以上部队颁发的转业证件。

37. 各党派、共青团、工会、妇联、中科协、青联、台联、侨联收取党费、团费、会费以及政府间国际组织收取会费，属于非经营活动，不征收增值税。

38. 中国邮政集团公司及其所属邮政企业提供的邮政普遍服务和邮政特殊服务，免征增值税。

39. 中国邮政集团公司及其所属邮政企业为金融机构代办金融保险业务取得的代理

收入，免征增值税。

纳税人兼营增值税减税、免税项目的，应当单独核算增值税减税、免税项目的销售额；未单独核算的项目，不得减税、免税。

纳税人发生应税交易适用减税、免税规定的，可以选择放弃减税、免税，依照规定缴纳增值税。

纳税人同时适用两个以上减税、免税项目的，可以分不同减税、免税项目选择放弃。

放弃的减税、免税项目36个月内不得再减税、免税。

（三）增值税起征点

个人发生应税行为的销售额未达到增值税起征点的，免征增值税；达到起征点的，全额计算缴纳增值税。增值税起征点不适用于登记为一般纳税人的个体工商户。

增值税起征点幅度如下：

（1）按期纳税的，为月销售额5 000—20 000元（含本数）。

（2）按次纳税的，为每次（日）销售额300—500元（含本数）。对增值税小规模纳税人中月销售额未达到2万元的企业或非企业性单位，免征增值税。2020年12月31日前，对月销售额2万元（含本数）至3万元的增值税小规模纳税人，免征增值税。自2019年1月1日至2021年3月31日，小规模纳税人增值税起征点由月销售额3万元提高到10万元。自2020年4月1日至2020年12月31日，对月销售额15万元以下（含本数）的增值税小规模纳税人，免征增值税。

小规模纳税人发生增值税应税销售行为，合计月销售额超过15万元，但扣除本期发生的销售不动产的销售额后未超过15万元的，其销售货物、劳务、服务、无形资产取得的销售额免征增值税。

（四）增值税加计抵减政策

自2019年4月1日至2021年12月31日，允许生产、生活性服务业纳税人按照当期可抵扣进项税额加计10%，抵减应纳税额。执行期限从2019年4月1日至2021年12月31日，是指税款所属期。生产、生活性服务业纳税人，是指提供邮政服务、电信服务、现代服务、生活服务取得的销售额占全部销售额的比重超过50%的纳税人。2019年3月31日前设立的纳税人，其销售额比重按2018年4月至2019年3月的累计销售额进行计算；实际经营期不满12个月的，按实际经营期的累计销售额计算。2019年4月1日后设立的纳税人，其销售额比重按照设立之日起3个月的累计销售额进行计算。

自2019年4月1日至2021年12月31日，允许生产、生活性服务业纳税人按照当期可抵扣进项税额加计10%，抵减应纳税额（以下称加计抵减政策）。

1. 生产、生活性服务业纳税人，是指提供邮政服务、电信服务、现代服务、生活服务（以下称四项服务）取得的销售额占全部销售额的比重超过50%的纳税人。四项服务的具体范围按照《销售服务、无形资产、不动产注释》（财税〔2016〕36号附件）执行。

2019年3月31日前设立的纳税人，自2018年4月至2019年3月的销售额（经营期不满 12 个月的，按照实际经营期的销售额）符合上述规定条件的，自 2019 年 4 月 1 日起适用加计抵减政策。

2019 年 4 月 1 日后设立的纳税人，自设立之日起 3 个月的销售额符合上述规定条件的，自登记为一般计税方法纳税人之日起适用加计抵减政策。

纳税人确定适用加计抵减政策后，当年内不再调整，以后年度是否适用，根据上年度销售额计算确定。

纳税人可计提但未计提的加计抵减额，可在确定适用加计抵减政策当期一并计提。

2. 纳税人应按照当期可抵扣进项税额的 10% 计提当期加计抵减额。按照现行规定不得从销项税额中抵扣的进项税额，不得计提加计抵减额；已计提加计抵减额的进项税额，按规定作进项税额转出的，应在进项税额转出当期，相应调减加计抵减额。计算公式如下：

当期计提加计抵减额 = 当期可抵扣进项税额 ×10%

当期可抵减加计抵减额 = 上期末加计抵减额余额 + 当期计提加计抵减额 − 当期调减加计抵减额

3. 纳税人应按照现行规定计算一般计税方法下的应纳税额（以下称抵减前的应纳税额）后，区分以下情形加计抵减：

（1）抵减前的应纳税额等于零的，当期可抵减加计抵减额全部结转下期抵减；

（2）抵减前的应纳税额大于零，且大于当期可抵减加计抵减额的，当期可抵减加计抵减额全额从抵减前的应纳税额中抵减；

（3）抵减前的应纳税额大于零，且小于或等于当期可抵减加计抵减额的，以当期可抵减加计抵减额抵减应纳税额至零。未抵减完的当期可抵减加计抵减额，结转下期继续抵减。

4. 纳税人出口货物劳务、发生跨境应税行为不适用加计抵减政策，其对应的进项税额不得计提加计抵减额。

纳税人兼营出口货物劳务、发生跨境应税行为且无法划分不得计提加计抵减额的进项税额，按照以下公式计算：

不得计提加计抵减额的进项税额 = 当期无法划分的全部进项税额 × 当期出口货物劳务和发生跨境应税行为的销售额 ÷ 当期全部销售额

5. 纳税人应单独核算加计抵减额的计提、抵减、调减、结余等变动情况。骗取适用加计抵减政策或虚增加计抵减额的，按照《税收征收管理法》等有关规定处理。

6. 加计抵减政策执行到期后，纳税人不再计提加计抵减额，结余的加计抵减额停止抵减。

根据《财政部　税务总局关于明确生活性服务业增值税加计抵减政策的公告》（财政部、税务总局公告 2019 年第 87 号），2019 年 10 月 1 日至 2021 年 12 月 31 日，允许生活性服务业纳税人按照当期可抵扣进项税额加计 15%，抵减应纳税额（以下简称“加计抵减 15% 政策”）。生活性服务业纳税人是指提供生活服务取得的销售额占全部销售额的比重超过 50% 的纳税人。

2019年9月30日前设立的纳税人，自2018年10月至2019年9月的销售额（经营期不满12个月的，按照实际经营期的销售额）符合上述规定条件的，自2019年10月1日起适用“加计抵减15%政策”。

2019年10月1日后设立的纳税人，自设立之日起3个月的销售额符合上述规定条件的，自登记为一般计税方法纳税人之日起适用“加计抵减15%政策”。

纳税人确定适用“加计抵减15%政策”后，当年内不再调整，以后年度是否适用，根据上年度销售额计算确定。

生活性服务业纳税人应按照当期可抵扣进项税额的15%计提当期加计抵减额。按照现行规定不得从销项税额中抵扣的进项税额，不得计提加计抵减额；已按照15%计提加计抵减额的进项税额，按规定做进项税额转出的，应在进项税额转出当期，相应调减加计抵减额。计算公式如下：

当期计提加计抵减额 = 当期可抵扣进项税额 ×15%

当期可抵减加计抵减额 = 上期末加计抵减额余额 + 当期计提加计抵减额 − 当期调减加计抵减额

[知识要点提醒] 生活性服务业纳税人的进项税额抵减比例提高至15%。

[例题2－27]（单项选择题） 关于增值税加计抵减政策，下列说法不正确的是（　　）。

A. 关于加计抵减政策适用所称“销售额”，包括纳税申报销售额、稽查查补销售额、纳税评估调整销售额。其中，税务机关代开发票销售额，免、抵、退办法出口销售额，即征即退项目销售额不包含在计算加计抵减政策适用所称“销售额”中

B. 2019年3月31日前设立，且2018年4月至2019年3月销售额均为零的纳税人，以首次产生销售额当月起连续3个月的销售额确定适用加计抵减政策

C. 2019年4月1日后设立，且自设立之日起3个月的销售额均为零的纳税人，以首次产生销售额当月起连续3个月的销售额确定适用加计抵减政策

D. 经财政部和国家税务总局或者其授权的财政和税务机关批准，实行汇总缴纳增值税的总机构及其分支机构，以总机构本级及其分支机构的合计销售额，确定总机构及其分支机构适用加计抵减政策

[参考答案] A

[答案解析] 本题涉及的知识点是增值税的加计抵减。《国家税务总局关于国内旅客运输服务进项税抵扣等增值税征管问题的公告》（国家税务总局公告2019年第31号）第二条规定：

（1）《财政部　税务总局　海关总署关于深化增值税改革有关政策的公告》（财政部　税务总局　海关总署公告2019年第39号）第七条关于加计抵减政策适用所称“销售额”，包括纳税申报销售额、稽查查补销售额、纳税评估调整销售额。其中，纳税申报销售额包括一般计税方法销售额，简易计税方法销售额，免税销售额，税务机关代开发票销售额，免、抵、退办法出口销售额，即征即退项目销售额。A选项错误，税务机关代开发票销售额，免、抵、退办法出口销售额，即征即退项目销售额包含在计算加计抵减政策适用所称“销售额”中。

（2）2019年3月31日前设立，且2018年4月至2019年3月销售额均为零的纳税人，以首次产生销售额当月起连续3个月的销售额确定适用加计抵减政策。2019年4月1日后设立，且自设立之日起3个月的销售额均为零的纳税人，以首次产生销售额当月起连续3个月的销售额确定适用加计抵减政策。

（3）经财政部和国家税务总局或者其授权的财政和税务机关批准，实行汇总缴纳增值税的总机构及其分支机构，以总机构本级及其分支机构的合计销售额，确定总机构及其分支机构适用加计抵减政策。

二、增值税税收优惠稽查常见问题

（一）关于私自把应税项目改为减免税项目的问题

1. 将应税项目的销售收入记入减免税项目。

2. 将减免税项目的进项税额记入应税项目。

3. 减免税项目领用应税项目材料，进项税额未转入减免税项目。

（二）关于擅自更改免税期间的销售收入和进项税额从而骗取优惠的问题

1. 将征税期间的销售收入计入免税期间。

2. 将免税期间的进项税计入征税期间。

（三）关于制造虚假资料，骗取享受税收优惠资格的问题

1. 编造虚假残疾人资料，骗取增值税即征即退税收优惠。

2. 编造虚假的产品生产工艺、配方比例和产品用途，骗取增值税免征、减征、先征后退和即征即退的税收优惠。

三、增值税税收优惠的稽查方法

（一）对于私自把应税项目改为减免税项目的稽查

在检查时，主要是检查纳税人的具体经营项目、产品生产工艺流程、配方比例和产品用途，是否分别核实减免税项目和应税项目的范围。检查企业减免税项目和应税项目的会计核算和财务管理情况，核实是否严格按照规定进行了分类明细核算。如未实行分别核算，应区别情况进行检查。若耗用原材料基本相同，检查不同时期应税项目的单位材料消耗定额，看不同时期的消耗定额是否有明显的较大变动，是否存在免税项目领用材料计入了应税项目成本中，同时进项税额也未转入免税项目的情况。若耗用原材料不相同，检查材料领用单和仓库发料记录，看有无将免税项目领用材料混入应税项目成本中，进项税额未转入免税项目的情况。检查减免税项目货物出库单、提货单等出库票据，与减免税项目“库存商品”“主营业务收入”账户贷方发生数进行核对。审核减免税项目存货发出品名、数量，与减免税项目“库存商品”账户贷方发生的品名、数量是否相符。核实减免税项目销售明细账记录的销售货物品名、数量和销售发票记载的品名、数量是否一致。

［**稽查实例2-4**］稽查人员对某木器有限公司（增值税一般纳税人，主要利用三剩物和次小薪材生产销售木竹纤维板、木炭等）2018年度进行增值税纳税情况检查时发

现，该公司2018年5月购进的一批次小薪材单价明显偏高，经到仓库核查实物账、询问仓库保管员，查实这批购进货物并非“次小薪材”而是原木，已全部用于生产加工木竹纤维板并销售，金额中应包含增值税额，不能免税。

[答案解析]

根据相关规定，用不属于三剩物与次小薪材的原料加工生产的木竹纤维板不得享受增值税即征即退优惠政策，应补缴已退还的增值税。

(二) 对于擅自更改免税期间的销售收入和进项税额从而骗取优惠的稽查

在检查时，应核对分析纳税人免税期开始或结束前后临近月份的销售收入、原材料购入、进项税额抵扣是否存在异常变动。审核有无将征税期间的销售收入计入免税期间，或者将免税期间的进项税额计入征税期间，重点检查异常会计账户征免税交界期前后的情况。核实月份销售收入异常变动的情况，查看销售凭证、货物原始出库单以及销售合同等资料，有无将减免税期开始前实现的销售收入延迟到免税期开始后入账，或者将免税期结束前尚未实现的销售收入提前入账。检查仓库出库单、提货单等出库票据，与“库存商品”“主营业务收入”账户贷方发生数以及销售明细账相关数据进行核对，查实其真实的发货日期。审核购销合同、托收回单、收款单等，确认其收款的依据和货款结算方式，看有无将征税期间的销售收入计入免税期间的情况。核对材料仓库入库数量，与“库存商品”账户借方发生数量是否匹配，确认材料入库单的实际收货日期，查阅汇款单、送款单的付款方式，看有无将免税期间的进项税额计入征税期间进行抵扣。

[稽查实例2-5] 2019年5月，税务稽查人员对某新办水泥生产企业（属增值税一般纳税人，主要生产经营的产品是利用“三废”生产的水泥，自2016年10月起享受增值税即征即退税收优惠政策）2017—2018年的纳税情况进行实地检查时发现，该企业存在将自产水泥用于在建工程未计提销项税金，销售水泥收取运输费、装卸费等价外费用未计提销项税金等事实。同时还发现，该企业2018年8—9月账面销售收入比前期大幅度下降，遂询问企业财务人员，未得到合理解释，稽查人员从生产部获取了2018年8—9月的生产快报，从销售部获取了发货汇总表，经逐笔审核后，查实了该企业2018年8—9月已发出部分水泥，未及时在当期作销售，人为延迟到2018年10月入账。至此企业不得不承认将应税产品销售收入延迟计入免税期收入，少缴增值税的事实。

[答案解析] 企业将应税产品销售收入延迟计入免税期收入，少缴增值税，应补缴增值税。

(三) 对于制造虚假资料，骗取享受税收优惠资格的稽查

在检查时，应查阅企业职工花名册、应付工资表、考勤表和用工合同等资料，核实企业安置残疾人比例是否符合规定，有无瞒报职工人数，人为提高安置残疾人比例的情况。询问调查企业安置的残疾人员，到生产车间实地了解残疾人上岗情况，核对企业上报的资料，查实有无编造虚假的安置残疾人人数的情况，骗取增值税即征即退税收优惠。查阅原材料、库存商品明细账及有关记账凭证和原始凭证，核对购入原材料的进货发票、财务原材料明细账与原材料入库单、仓库原材料明细账是否相符。必要时，应实地到生产车间调查了解产品生产工艺流程、原材料耗用比例、产品用途等实际情况，查看是否与企业提供的资料一致。

本章小结

增值税稽查的主要内容包括对纳税人的稽查，对征税范围的稽查，对应纳税额的稽查，对税收优惠的稽查，以及对纳税时间、地点的稽查等。稽查的主要方法包括监控纳税人的申报情况，审核纳税人的申报数据，分析税负率，综合分析存货、负债、进项税额等等。

第三章　消费税稽查

第一节　消费税纳税人稽查

一、消费税纳税人稽查的政策依据

在中华人民共和国境内生产、委托加工和进口《中华人民共和国消费税暂行条例》（以下简称《消费税暂行条例》）规定的消费品的单位和个人，以及国务院确定的销售《消费税暂行条例》规定的消费品的其他单位和个人，为消费税的纳税人。

上述“单位”具体包括企业、行政单位、事业单位、军事单位、社会团体及其他单位。“个人”是指个体工商户及其他个人。消费税纳税义务人所指的单位和个人也包括外商投资企业、外国企业和外国公民。

此外，对消费税的纳税义务人有一些特殊规定。对委托加工的应税消费品，除受托方为个人外，由受托方在向委托方交货时代收代缴税款；对进口的应税消费品，以进口人或其代理人为纳税人。

金银首饰、铂金首饰和钻石及钻石饰品在零售环节征税。《财政部、国家税务总局关于对超豪华小汽车加征消费税有关事项的通知》（财税〔2016〕129 号）规定，在“小汽车”税目下增设“超豪华小汽车”子税目。该子税目的征收范围为每辆零售价格 130 万元（不含增值税）及以上的乘用车和中轻型商用客车，即乘用车和中轻型商用客车子税目中的超豪华小汽车。对超豪华小汽车，在生产（进口）环节按现行税率征收消费税的基础上，在零售环节加征消费税，税率为 10%。

二、消费税纳税人稽查常见问题

1. 从事应税消费品生产经营的纳税人未办理税务登记、税种登记手续，或虽办理登记却未申报纳税。

2. 受托加工应税消费品未按规定履行代收代缴义务。

三、消费税纳税人的稽查方法

1. 界定纳税人的身份，检查纳税人是否属漏征漏管户。

2. 对照现行政策，查看稽查对象有无法定代收代缴义务；对于有法定代收代缴义务的，应让其提供代收代缴义务登记手续，以界定其身份。

3. 检查有无履行代收代缴义务。查阅委托加工合同，结合受托加工账目，核实在境内受托加工应税消费品（不包括金银首饰）的单位和个人（受托方为个人的除外）在交货时是否按照规定代收代缴了消费税。

第二节 消费税税目、税率的稽查

一、消费税税目、税率稽查的政策依据

按照《消费税暂行条例》规定，征收消费税的有烟、酒、高档化妆品等15个税目，有的税目还进一步划分为若干子目。消费税采取比例税率和定额税率两种形式，以适应不同应税消费品的实际情况。消费税的税目、税率如表3－1所示。

表3－1 消费税税目、税率表

<table>
<tr><th rowspan="2">税目</th><th colspan="3">税率</th></tr>
<tr><th>生产（进口）环节</th><th>批发环节</th><th>零售环节</th></tr>
<tr><td>一、烟</td><td></td><td></td><td></td></tr>
<tr><td>1. 卷烟</td><td></td><td></td><td></td></tr>
<tr><td>（1）甲类卷烟</td><td>56%加0.003元/支</td><td rowspan="2">11%加0.005元/支</td><td></td></tr>
<tr><td>（2）乙类卷烟</td><td>36%加0.003元/支</td><td></td></tr>
<tr><td>2. 雪茄烟</td><td>36%</td><td></td><td></td></tr>
<tr><td>3. 烟丝</td><td>30%</td><td></td><td></td></tr>
<tr><td>二、酒</td><td></td><td></td><td></td></tr>
<tr><td>1. 白酒</td><td>20%加0.5元/500克（或者500毫升）</td><td></td><td></td></tr>
<tr><td>2. 黄酒</td><td>240元/吨</td><td></td><td></td></tr>
<tr><td>3. 啤酒</td><td></td><td></td><td></td></tr>
<tr><td>（1）甲类啤酒</td><td>250元/吨</td><td></td><td></td></tr>
<tr><td>（2）乙类啤酒</td><td>220元/吨</td><td></td><td></td></tr>
<tr><td>4. 其他酒</td><td>10%</td><td></td><td></td></tr>
<tr><td>三、高档化妆品</td><td>15%</td><td></td><td></td></tr>
<tr><td>四、贵重首饰及珠宝玉石</td><td></td><td></td><td></td></tr>
</table>

续表

税目	税率		
	生产（进口）环节	批发环节	零售环节
1. 金银首饰、铂金首饰和钻石及钻石饰品			5%
2. 其他贵重首饰和珠宝玉石	10%		
五、鞭炮、焰火	15%		
六、成品油			
1. 汽油	1.52 元/升		
2. 柴油	1.2 元/升		
3. 航空煤油	1.2 元/升		
4. 石脑油	1.52 元/升		
5. 溶剂油	1.52 元/升		
6. 润滑油	1.52 元/升		
7. 燃料油	1.2 元/升		
七、摩托车			
1. 气缸容量 250 毫升	3%		
2. 气缸容量在 250 毫升（不含）以上的	10%		
八、小汽车			
1. 乘用车			
（1）气缸容量（排气量，下同）在 1.0 升（含 1.0 升）以下的	1%		
（2）气缸容量在 1.0 升以上至 1.5 升（含 1.5 升）的	3%		
（3）气缸容量在 1.5 升以上至 2.0 升（含 2.0 升）的	5%		
（4）气缸容量在 2.0 升以上至 2.5 升（含 2.5 升）的	9%		
（5）气缸容量在 2.5 升以上至 3.0 升（含 3.0 升）的	12%		
（6）气缸容量在 3.0 升以上至 4.0 升（含 4.0 升）的	25%		
（7）气缸容量在 4.0 升以上的	40%		
2. 中轻型商用客车	5%		
3. 超豪华小汽车	按子税目 1 和子税目 2 的规定征收		10%
九、高尔夫球及球具	10%		

续表

税目	税率		
	生产（进口）环节	批发环节	零售环节
十、高档手表	20%		
十一、游艇	10%		
十二、木制一次性筷子	5%		
十三、实木地板	5%		
十四、电池	4%		
十五、涂料	4%		

注：超豪华小汽车是指每辆零售价格为130万元（不含增值税）及以上的乘用车和中轻型商用客车。

[例题3-1]（单项选择题） 下列不属于消费税税目的是（　　）。

A. 烟叶　　B. 雪茄烟

C. 烟丝　　D. 卷烟

[参考答案] A

[答案解析] 烟叶不属于消费税征税范围。

二、消费税一般税目税率的稽查

（一）消费税一般税目常见涉税问题

兼营应税消费品和非应税消费品，如高档化妆品和护肤护发品、高档手表和普通手表等，采取混淆产品性能、类别、名称，隐瞒、虚报销售价格等手段，故意混淆应税与非应税的界限。

兼营不同税率应税消费品从低适用税率。

将适用不同税率的应税消费品组成成套产品销售时，从低适用税率。

将应税消费品作为非应税消费品申报。如从事金银首饰零售业务的单位和个人将金基、银基合金首饰作为镀金、镀银首饰申报，逃避缴纳消费税。

（二）消费税一般税目的稽查方法

参照《消费税暂行条例》中税目的具体说明，检查应税消费品和非应税消费品的划分是否正确。

对照“主营业务收入”“应交税费——应交消费税”明细账，检查是否兼营税率不同的应税消费品，不同税率的应税消费品是否分别核算，其适用的税率是否正确，未分别核算的是否从高适用税率。

检查“库存商品”“自制半成品”“原材料”“委托加工物资”“包装物”等账户，如发现有将适用不同税率的应税消费品组成成套消费品销售时，查看其是否从高适用税率。

检查有无错报、漏报应税消费品。稽查人员可利用掌握的信息（可通过调查、举报、传媒、广告等途径取得）和征管数据，查看企业已开具的发票上注明的购货单位及销售价格，或稽查“库存商品”及“主营业务收入”等账户。必要时，查看企业成品仓库的原始入库、出库记录，也可以前往购货方进行调查，查看购货方的“库存商品”

账户及原始入库记录。

[例题3-2]（综合题） 某化妆品公司是增值税一般纳税人，2020年2月从日本进口一批高档化妆品，海关核定的关税完税价格为140 000元，关税税率为26%，高档化妆品消费税税率为15%。则该批高档化妆品进口环节应缴增值税和消费税合计是多少？

[答案解析] 本题涉及的知识点是进口环节增值税和消费税的计算。《增值税暂行条例》第十四条规定，纳税人进口货物，按照组成计税价格和条例第二条规定的税率计算应纳税额。组成计税价格和应纳税额计算公式为：

组成计税价格 = 关税完税价格 + 关税 + 消费税

应纳税额 = 组成计税价格 × 税率

《消费税暂行条例》第九条规定，进口的应税消费品，按照组成计税价格计算纳税。实行从价定率办法计算纳税的组成计税价格计算公式为：

组成计税价格 =（关税完税价格 + 关税）÷（1 - 消费税比例税率）

组成计税价格 = 140 000 ×（1 + 26%）÷（1 - 15%）= 20 752 941（元）

应纳增值税 = 20 752 941 × 13% = 2 697 882（元）

应纳消费税 = 20 752 941 × 15% = 3 112 941（元）

合计应纳税额 = 2 697 882 + 3 112 941 = 5 810 823（元）

三、卷烟产品的稽查

（一）卷烟产品常见涉税问题

混淆卷烟的品种、牌号、价格，从低适用36%的税率。

自产自用、委托加工、进口的卷烟，从低适用税率。

在卷烟批发环节加征一道消费税所产生的涉税问题。

（二）卷烟产品的稽查方法

了解纳税人生产经营的基本情况，掌握其生产销售卷烟的品种、牌号和价格，检查其适用的税目税率是否正确。

检查“原材料”“库存商品”“委托加工物资”“主营业务收入”等账户，看其是否有自产自用、委托加工、进口的卷烟，并与“应交税费——应交增值税”明细账进行核对，看自产自用、委托加工的卷烟是否按同牌号卷烟计税，没有同牌号卷烟的，是否适用了56%的比例税率；对进口的卷烟，要根据公式计算每标准条进口卷烟适用的比例税率是否正确。

对于在境内从事卷烟批发业务的单位和个人，批发销售的所有牌号规格的卷烟，按其销售额（不含增值税）征收11%加0.005元/支的消费税。检查这类纳税人时，要查看纳税人将卷烟批发给纳税人以外的单位和个人时是否纳税或是否将卷烟销售额与其他商品销售额分开核算，未分开核算的，要一并缴纳消费税。

[例题3-3]（单项选择题） 某烟厂用自产烟丝为原材料生产卷烟，下列说法正确的是（　　）。

A. 烟丝移送使用时应缴纳消费税，卷烟销售时不再缴纳消费税

B. 烟丝移送使用时不缴纳消费税，卷烟销售时再缴纳消费税

C. 烟丝移送使用时和卷烟销售时都应计算缴纳消费税

D. 烟丝移送使用时缴纳的消费税可以抵减卷烟销售时缴纳的消费税

[参考答案] B

[答案解析] 本题涉及的知识点是消费税的纳税环节。《消费税暂行条例》第四条规定，纳税人生产的应税消费品，于纳税人销售时纳税。纳税人自产自用的应税消费品，用于连续生产应税消费品的，不纳税；用于其他方面的，于移送使用时纳税。烟丝和卷烟都属于应税消费品，烟厂用自产烟丝为原材料生产卷烟，烟丝移送使用时不纳消费税，卷烟销售时再纳消费税。

[例题 3-4]（判断题） 某烟草公司从事批发和零售卷烟业务，如果分别核算卷烟批发和零售环节的销售额、销售数量，则只就卷烟批发环节的销售额、销售数量缴纳消费税；如果未分别核算批发和零售环节销售额、销售数量的，按照卷烟批发和零售环节加总的全部销售额、销售数量计征批发环节的消费税。（　　）

[参考答案] 正确

[答案解析] 本题涉及的知识点是卷烟消费税的纳税环节和税率调整。《财政部 国家税务总局关于调整卷烟消费税的通知》（财税〔2015〕60号）规定，自2015年5月10日起，将卷烟批发环节从价税税率由5%提高至11%，并按0.005元/支加征从量税。纳税人兼营卷烟批发和零售业务的，应当分别核算批发和零售环节的销售额、销售数量；未分别核算批发和零售环节销售额、销售数量的，按照全部销售额、销售数量计征批发环节消费税。

[例题 3-5]（单项选择题） 某卷烟批发企业2020年3月，批发销售给卷烟零售企业卷烟10箱（标准箱），取得含税收入220万元，包装费5万元，该企业当月应缴纳消费税税额是（　　）万元。

A. 21.34　　　　B. 21.90

C. 22.05　　　　D. 22.15

[参考答案] D

[答案解析] 卷烟在批发环节复合计征消费税，税率为11%和250元/箱。

该企业当月应纳消费税 $=(220+5)\div(1+13\%)\times11\%+10\times250\div10\,000=22.15$（万元）

[例题 3-6]（判断题） 卷烟在生产和批发两个环节均征收消费税，但批发企业在计算纳税时不得扣除已含的生产环节的消费税税款。（　　）

[参考答案] 正确

[答案解析] 本题涉及的知识点是卷烟消费税的纳税环节和税款抵扣。《财政部 国家税务总局关于调整烟产品消费税政策的通知》（财税〔2009〕84号）第二条第九项规定，卷烟消费税在生产和批发两个环节征收后，批发企业在计算纳税时不得扣除已含的生产环节的消费税税款。

四、酒类产品的稽查

（一）酒类产品常见涉税问题

从低适用税目税率。

故意压低啤酒的出厂价格，从低确定单位税额。

（二）酒类产品的稽查方法

了解纳税人的生产工艺、生产流程，掌握其生产销售酒的品种，准确划分征税对象、适用税目税率。检查“原材料”“库存商品”“委托加工物资”等账户及相关单据，核实酒的种类及适用税率是否正确。

故意压低啤酒出厂价格的检查。检查“主营业务收入”“应交税费——应交消费税”明细账，核对销售发票、销售单据等原始凭据，看其啤酒销售价格是否合理，确定其适用的单位税额是否正确。

[例题 3－7]（单项选择题） 按照消费税现行政策规定，下列消费品中实行从价定率与从量定额相结合征税办法的是（　　）。

A. 白酒　　　　B. 药酒

C. 烟丝　　　　D. 啤酒

[参考答案] A

[答案解析]《财政部　国家税务总局关于调整酒类产品消费税政策的通知》（财税〔2001〕84 号）第二条规定，粮食白酒、薯类白酒计税办法由《消费税暂行条例》规定的实行从价定率计算应纳税额的办法调整为实行从量定额和从价定率相结合计算应纳税额的复合计税办法。应纳税额计算公式：应纳税额＝销售数量×定额税率＋销售额×比例税率

选项 A 正确，白酒实行从价定率与从量定额复合计税。

《国家税务总局关于印发〈消费税征收范围注释〉的通知》（国税发〔1993〕153 号）第二条第五项规定，其他酒是指除粮食白酒、薯类白酒、黄酒、啤酒以外，酒度在 1 度以上的各种酒。其征收范围包括糠麸白酒、其他原料白酒、土甜酒、复制酒、果木酒、汽酒、药酒等。选项 B 错误，药酒属于其他酒，实行从价定率法征税。

《消费税暂行条例》第二条规定，消费税的税目、税率，依照本条例附件《消费税税目税率表》执行。消费税税目、税率的调整，由国务院决定。第五条规定，消费税实行从价定率、从量定额，或者从价定率和从量定额复合计税（以下简称复合计税）的办法计算应纳税额。选项 C 错误，烟丝实行从价定率法征税。

《消费税暂行条例》第十条规定，实行从量定额办法计算应纳税额的应税消费品，计量单位的换算标准如下：（1）黄酒：1 吨＝962 升；（2）啤酒：1 吨＝988 升；（3）汽油：1 吨＝1 388 升；（4）柴油：1 吨＝1 176 升；（5）航空煤油：1 吨＝1 246 升；（6）石脑油：1 吨＝1 385 升；（7）溶剂油：1 吨＝1 282 升；（8）润滑油：1 吨＝1 126 升；（9）燃料油：1 吨＝1 015 升。选项 D 错误，啤酒实行从量定额征税。

[例题 3－8]（多项选择题） 关于应税消费品销售额的确定，下列表述正确的有

(　　)。

A. 白酒实行从价定率和从量定额复合计税的办法计算应纳税额

B. 啤酒消费税单位税额按照出厂价格（含包装物及包装物押金）划分档次，上述包装物押金不包括供重复使用的塑料周转箱的押金

C. 对酒类产品生产企业销售酒类产品而收取的包装物押金，因逾期未收回包装物而不再退还的押金，应并入酒类产品销售额中征收消费税

D. 娱乐业、饮食业自制啤酒，不征收消费税

［参考答案］ AB

［答案解析］ 本题涉及的知识点是包装物的消费税。《财政部　国家税务总局关于调整酒类产品消费税政策的通知》（财税〔2001〕84号）第一条规定，调整粮食白酒、薯类白酒消费税税率。粮食白酒、薯类白酒消费税税率由比例税率调整为定额税率和比例税率。选项A正确。

《财政部　国家税务总局关于调整酒类产品消费税政策的通知》（财税〔2001〕84号）第四条规定，调整啤酒消费税单位税额。(1) 每吨啤酒出厂价格（含包装物及包装物押金）在3 000元（含3 000元，不含增值税）以上的，单位税额250元/吨。(2) 每吨啤酒出厂价格在3 000元（不含3 000元，不含增值税）以下的，单位税额220元/吨。(3) 娱乐业、饮食业自制啤酒，单位税额250元/吨。选项D错误。

《财政部　国家税务总局关于明确啤酒包装物押金消费税政策的通知》（财税〔2006〕20号）规定，自2006年1月1日起，《财政部　国家税务总局关于调整酒类产品消费税政策的通知》（财税〔2001〕84号）规定啤酒消费税单位税额按照出厂价格（含包装物及包装物押金）划分档次，上述包装物押金不包括供重复使用的塑料周转箱的押金。选项B正确。

《财政部　国家税务总局关于酒类产品包装物押金征税问题的通知》（财税字〔1995〕53号）规定，从1995年6月1日起，对除啤酒、黄酒外的酒类产品生产企业销售酒类产品而收取的包装物押金，无论押金是否返还与会计上如何核算，均需并入酒类产品销售额中，依酒类产品的适用税率征收消费税。选项C错误。

第三节　消费税纳税环节和纳税义务发生时间的稽查

一、消费税纳税环节的稽查

（一）生产销售环节的消费税稽查

1. 政策依据。应税消费品的消费税除了金银首饰和超豪华小汽车在零售环节征收以及卷烟在批发环节加征以外，其余都在生产环节征税，委托加工应税消费品也同样属于生产制造环节。

2. 常见涉税问题。在境内生产销售应税消费品（不包括金银首饰等特殊情况），未申报纳税；不符合税法中委托加工业务范围的受托加工，未按销售自制应税消费品缴纳消费税。

3. 稽查方法。检查纳税人的经营范围，看其是否有上述应税消费品的应税行为；

检查"库存商品""生产成本""委托加工物资"等账户，看其是否有属于应税消费品的货物。

审查购销合同，了解购销双方有关货物流、资金流以及收款依据的约定，检查存货明细账、仓库实物账、货币资金类账户明细账、往来款项明细账、银行对账单以及相关发运货物单据，并与销售发票、收入明细账、"应交税费——应交消费税"明细账进行比对，核查是否已发生纳税义务而未及时申报缴纳消费税。

检查不生产最终应税消费品的生产企业、商业企业、服务企业时，重点看其生产经营过程是否有自产自制应税消费品又连续用于生产经营的行为。

[例题 3－9]（单项选择题） 某酒厂（增值税一般纳税人），2020 年 4 月销售自产粮食白酒 1 000 斤，增值税发票综合服务平台开具的增值税专用发票注明每斤不含税销售价 50 元，连同包装物一起销售，包装物价值 11 300 元，并向购货方收取白酒的"品牌使用费"4 520 元；以外购散装白酒装瓶销售，共计 40 000 斤，取得价税金额合计 226 000 元，本月应纳消费税税额是（　　）元。

A. 73 300　　　　B. 84 750

C. 85 500　　　　D. 83 256

[参考答案] A

[答案解析] 粮食白酒消费税实行复合计税，销售额应该包括包装物价值及品牌使用费。外购散装白酒瓶装销售，瓶装白酒属于新的应税消费品，对外销售时，要缴纳消费税。应纳消费税 $=1\,000\times0.5+[50\times1\,000+(11\,300+4\,520)\div(1+13\%)]\times20\%+40\,000\times0.5+226\,000\div(1+13\%)\times20\%=73\,300$（元）

（二）自产自用环节的消费税稽查

1. 政策依据。纳税人自产自用的应税消费品，用于连续生产应税消费品的，不纳税；凡用于其他方面的，于移送使用时纳税，用于其他方面的是指纳税人用于生产非应税消费品、在建工程、管理部门、非生产机构、提供劳务，以及用于馈赠、赞助、集资、广告、样品、职工福利、奖励等方面。

2. 常见涉税问题。将自产应税消费品（不包括金银首饰）用于连续生产应税消费品以外用途的，未按规定视同销售，计算缴纳消费税，如直接冲减生产成本，增加辅助生产成本或其他业务支出，或者根本不作账务处理，直接列入商品损耗；生产、批发、零售单位用于馈赠、赞助、集资、广告、样品、职工福利、奖励等方面的金银首饰，未按视同销售在移送使用时申报纳税。

3. 稽查方法。检查"自制半成品""库存商品"明细账的贷方发生额及对应关系，如果对应账户为"在建工程""应付职工薪酬""长期股权投资""营业外支出""销售费用""管理费用"等账户，而未同时贷记"应交税费——应交消费税"等账户，说明企业将应税消费品用于其他方面时未缴纳消费税。

[例题 3-10]（综合题） 某税务稽查局在对 A 摩托车厂 2019 年度经营情况进行检查时发现，2019 年 2 月份，管理部门领用 2 辆普通型摩托车作为交通工具，另将 10 辆该型号摩托车捐赠给贫困地区，该企业并未计算上述行为应缴纳的消费税。已知该企业生产的普通型摩托车不含增值税单价为 7 000 元/辆，成本为 5 500 元/辆，汽缸容量在 250 毫升以上，适用 10% 的消费税税率。请计算企业应补缴的消费税。

[答案解析] 将自产应税消费品（不包括金银首饰）用于连续生产应税消费品以外用途的，如用于馈赠、赞助、集资、广告、样品、职工福利、奖励等方面，应于移送使用时按同类消费品的销售价格计算纳税。

该摩托车厂少缴消费税 = 7 000 × (2 + 10) × 10% = 8 400（元）

（三）委托加工应税消费品的稽查

1. 政策依据。委托加工应税消费品是指由委托方提供原材料和主要材料，受托方只收取加工费和代垫部分辅助材料加工应税消费品。除此之外都不能称作委托加工。

对委托加工的应税消费品的应纳消费税，由受托方（受托方为个人的除外）在向委托方交货时代收代缴消费税。纳税人委托个人加工应税消费品的，一律由委托方收回后在委托方所在地缴纳消费税。

委托方将收回的应税消费品，以不高于受托方的计税价格出售的，为直接出售，不再缴纳消费税；委托方以高于受托方的计税价格出售的，不属于直接出售，需按照规定申报缴纳消费税，在计税时准予扣除受托方已代收代缴的消费税。委托方收回后若用于连续生产应税消费品的，已纳的消费税款准予按规定抵扣。

2. 常见涉税问题如下：

委托加工应税消费品（不包括金银首饰）的应纳消费税，受托方未按规定代收代缴，委托方也未主动申报纳税；委托个体经营者加工应税消费品（不包括金银首饰）的纳税人，未按规定申报纳税。

隐匿或部分隐匿委托加工的应税消费品；委托方以委托加工的部分应税消费品抵偿加工费，少申报缴纳消费税。

受托方为多揽业务，故意将加工的应税消费品记作非应税消费品，不履行代收代缴税款的义务，帮助委托方逃避纳税；委托方与受托方串通，货物收发、加工以及款项收付均不作账务处理，偷逃消费税。

3. 稽查方法。

（1）对受托方的稽查。

首先，检查委托加工业务的真实性。下列情况不得视为委托加工业务：一是受托方提供原材料；二是受托方先将原材料卖给委托方，然后再接受加工；三是受托方以委托方名义购进原材料生产应税消费品。上述业务应按照销售自制应税消费品缴纳消费税。

其次，稽查“库存商品——代制品”和“主营业务收入——工业性劳务收入”明细账的贷方发生额、发生时间，并核对企业收取加工费时开具的发票存根联，查清委托方提货时间。

再次，稽查“其他业务收入”和“营业外收入”明细账及应收应付款明细账，看有无将加工业务收入隐匿在其中，未申报纳税。

最后，审查受托方收入明细账和双方的往来明细账、“应交税费——应交消费税”账户，核查是否在交货时代收代缴消费税。

（2）对委托方的稽查。审查（或外调）其往来单位，看其有无委托加工应税消费品的业务；核实委托加工数量与其收回数量是否匹配；若收回委托加工应税消费品直接用于销售的，核实其销售数量与委托加工的收回数量是否匹配。

核对仓库实物账、发（收）货、发（收）料凭据及存货明细账，审查核对货币资金类账户明细账及银行对账单，核查是否存在双方串通，以及货物、资金账外循环偷逃消费税的情况。

[例题3-11]（多项选择题） 化妆品公司委托加工厂生产加工高档化妆品，下列情形属于加工厂销售自制应税消费品的有（　　）。

A. 由加工厂提供原材料生产的高档化妆品

B. 加工厂先将原材料卖给化妆品公司，然后再接受加工的高档化妆品

C. 由加工厂以化妆品公司名义购进原材料生产的高档化妆品

D. 化妆品公司提供原料和主要材料，加工厂只收取加工费和代垫部分辅助材料加工的高档化妆品

[参考答案] ABC

[答案解析] 本题涉及的知识点是委托加工的消费税。《中华人民共和国消费税暂行条例实施细则》（以下简称《消费税暂行条例实施细则》）第七条规定，委托加工的应税消费品，是指由委托方提供原料和主要材料，受托方只收取加工费和代垫部分辅助材料加工的应税消费品。对于由受托方提供原材料生产的应税消费品，或者受托方先将原材料卖给委托方，然后再接受加工的应税消费品，以及由受托方以委托方名义购进原材料生产的应税消费品，不论在财务上是否作销售处理，都不得作为委托加工应税消费品，而应当按照销售自制应税消费品缴纳消费税。选项D是委托加工业务，选项A、B、C不是委托加工业务，是受托方销售自制应税消费品。

（四）进口应税消费品的稽查

1. 政策依据。进口应税消费品，由进口人或其代理人向报关地海关申报纳税，于报关进口时由海关代征进口环节的消费税。

2. 常见涉税问题：一是进口应税消费品（不包括金银首饰）在报关进口时，未足额申报消费税；二是进口金银首饰（除个人携带、邮寄进境外），在零售环节未申报纳税或未足额申报纳税。

3. 稽查方法。审查纳税人的经营范围，看其是否有进口应税消费品的应税行为；检查“库存商品”“生产成本”“委托加工物资”等账户，看其中是否有属于应税消费品的进口货物；对有进口应税消费品的，除金银首饰外，均应核查其进口环节的完税证明及其货款支付、往来情况。

[例题3-12]（单项选择题） 按照消费税现行政策规定，进口的应税消费品，实行

从价定率办法计算应纳税额，按照（　　）计算纳税。

A. 完税价格　　B. 组成计税价格

C. 到岸价格　　D. 离岸价格

［参考答案］ B

［答案解析］ 本题涉及的知识点是进口环节消费税的计算。《消费税暂行条例》第九条规定，进口的应税消费品，按照组成计税价格计算纳税。实行从价定率办法计算纳税的组成计税价格计算公式为：

组成计税价格 =（关税完税价格 + 关税）÷（1 – 消费税比例税率）

［例题 3 – 13］（单项选择题） 纳税人以进口的高档化妆品为原料继续生产高档化妆品，将连续生产出的高档化妆品销售后在计算缴纳消费税时，对进口高档化妆品已纳的消费税税款应按（　　）办法处理。

A. 按进口高档化妆品当期生产领用数量已纳税款予以扣除

B. 按进口高档化妆品已缴纳的消费税税款全部扣除

C. 按进口高档化妆品已缴纳的消费税税款扣除 50%

D. 进口高档化妆品已缴纳的消费税税款不得扣除

［参考答案］ A

［答案解析］ 本题涉及的知识点是消费税已纳税款抵扣。《国家税务总局关于高档化妆品消费税征收管理事项的公告》（国家税务总局公告 2016 年第 66 号）第二条规定，自 2016 年 10 月 1 日起，高档化妆品消费税纳税人以外购、进口和委托加工收回的高档化妆品为原料继续生产高档化妆品，准予从高档化妆品消费税应纳税额中扣除外购、进口和委托加工收回的高档化妆品已纳消费税税款。

《国家税务总局关于用外购和委托加工收回的应税消费品连续生产应税消费品征收消费税问题的通知》（国税发〔1995〕94 号）第二条规定，当期准予扣除的外购或委托加工收回的应税消费品的已纳消费税税款，应按当期生产领用数量计算。选项 A 正确。

（五）批发和零售环节消费税的稽查

1. 政策依据。自 2015 年 5 月 10 日起，卷烟在批发环节征收 11% 的消费税和 0.005 元/支的从量税。

注意：只有卷烟在商业批发环节缴纳消费税，雪茄烟、烟丝以及其他应税消费品在商业批发环节只缴纳增值税，不缴纳消费税。

金银首饰、铂金首饰和钻石及钻石饰品在零售环节征税。《财政部、国家税务总局关于对超豪华小汽车加征消费税有关事项的通知》（财税〔2016〕129 号）规定，在“小汽车”税目下增设“超豪华小汽车”子税目。该子税目的征收范围为每辆零售价格 130 万元（不含增值税）及以上的乘用车和中轻型商用客车，即乘用车和中轻型商用客车子税目中的超豪华小汽车。对超豪华小汽车，在生产（进口）环节按现行税率征收消费税的基础上，在零售环节加征消费税，税率为 10%。

2. 常见涉税问题。批发单位将批发业务混淆成零售业务；金银首饰与非金银首饰的划分不正确；从事金银首饰零售业务（包括受托代销）、为生产经营单位以外的单位和个人加工金银首饰未申报纳税；生产、进口的金银首饰，在零售环节未足额缴纳消费税。

3. 稽查方法。检查卷烟经销商的营业范围是否注明“卷烟批发”字样，并与其实际经营活动对照；对经营单位兼营生产、加工、批发、零售业务进行检查时，应特别关注其生产、加工、批发业务是否与零售业务分别核算，凡是未分别核算销售额或者划分不清的，一律视同批发征收消费税。

检查在零售环节征税的金银首饰与在工业生产环节征税的其他贵重首饰在征税范围的确定上是否准确，金银首饰与非金银首饰的划分是否正确；纳税人将金银首饰用于馈赠、赞助、集资、广告、样品、职工福利、奖励等方面是否缴纳消费税；为经营单位以外的单位和个人加工金银首饰（包括带料加工、翻新改制、以旧换新等业务，不包括修理、清洗业务）是否缴纳消费税；生产、进口的金银首饰，在零售环节是否足额缴纳消费税。

[例题3-14]（多项选择题） 按照消费税现行政策规定，下列超豪华小汽车消费税的税务处理，正确的有（　　）。

A. “小汽车”税目下增设“超豪华小汽车”子税目。超豪华小汽车的征收范围为每辆零售价格130万元（不含增值税）及以上的乘用车和中轻型商用客车

B. 对超豪华小汽车，在生产（进口）环节按现行税率征收消费税基础上，在零售环节加征消费税，税率为15%

C. 将超豪华小汽车销售给消费者的单位和个人为超豪华小汽车零售环节纳税人

D. 国内汽车生产企业直接销售给消费者的超豪华小汽车，消费税税率按照生产环节税率计算

[参考答案] AC

[答案解析] 本题涉及的知识点是超豪华小汽车的消费税。

《财政部　国家税务总局关于对超豪华小汽车加征消费税有关事项的通知》（财税〔2016〕129号）第一条规定，自2016年12月1日起，“小汽车”税目下增设“超豪华小汽车”子税目。征收范围为每辆零售价格130万元（不含增值税）及以上的乘用车和中轻型商用客车，即乘用车和中轻型商用客车子税目中的超豪华小汽车。对超豪华小汽车，在生产（进口）环节按现行税率征收消费税基础上，在零售环节加征消费税，税率为10%。选项A正确，选项B错误。

第二条规定，将超豪华小汽车销售给消费者的单位和个人为超豪华小汽车零售环节纳税人。选项C正确。

第三条规定，超豪华小汽车零售环节消费税应纳税额计算公式为：

应纳税额=零售环节销售额（不含增值税，下同）×零售环节税率

国内汽车生产企业直接销售给消费者的超豪华小汽车，消费税税率按照生产环节税率和零售环节税率加总计算。消费税应纳税额计算公式为：应纳税额=销售额×（生产环节税率+零售环节税率）。选项D错误。

二、消费税纳税义务发生时间的稽查

（一）消费税纳税义务发生时间稽查的政策依据

纳税人销售的应税消费品，其纳税义务的发生时间为：

纳税人采取赊销和分期收款结算方式的，为书面合同约定的收款日期的当天，书面合同没有约定收款日期或者无书面合同的，为发出应税消费品的当天；采取预收货款结算方式的，为发出应税消费品的当天；采取托收承付和委托银行收款方式的，为发出应税消费品并办妥托收手续的当天；采取其他结算方式的，为收讫销售款或者取得索取销售款凭据的当天。

纳税人自产自用应税消费品的，为移送使用的当天。

纳税人委托加工应税消费品的，为纳税人提货的当天。

纳税人进口应税消费品的，为报关进口的当天。

（二）消费税纳税义务发生时间常见涉税问题

未按规定的纳税义务发生时间申报缴纳消费税。

（三）消费税纳税义务发生时间的稽查方法

1. 生产外销的应税消费品。

（1）采用直接收款结算方式的：

结合订货合同，如合同注明直接收款方式，将“主营业务收入”“其他业务收入”等与货物出库单进行核对，查明当月应实现的收入是否全部入账，有无压票现象。

通过对应收、应付、其他应收、其他应付等有关明细账进行清理，查看有无虚列户名的无主账户或转账异常的情况，凡核算内容不符合规定的、发生额挂账时间较长的，就存在隐匿收入的可能，必要时可到对方单位调查取证。

（2）采取预收货款结算方式的：

将“预收账款”账户（有的企业是在“其他往来账户”核算的）与“主营业务收入”等账户进行比对，检查其是否在发出应税消费品的当天确认销售额。

审查存货明细账、仓库实物账、发货（出门）凭据、运输单据等，与收入明细账、“应交税费——应交消费税”明细账进行比对，核查发出应税消费品时是否及时申报缴纳消费税。

（3）采取托收承付和委托银行收款方式。

审查购销合同，了解收款期限和相关约定，结合出库单（或销售清单），以季末或年末发出商品备查簿为依据，将一定时期内办理托收的相关凭据、银行对账单、银行结算凭证回单联及发票开具日期，与“主营业务收入”“其他业务收入”“应交税费——应交消费税”明细账进行比对，核查其是否存在不及时结转销售收入的问题。

将“银行存款”“应收票据”“其他货币资金”等账户与“主营业务收入”等账户进行比对，检查其是否在发出应税消费品并办妥托收手续的当天确认销售额。

（4）采取其他结算方式。

检查中应将“库存现金”“银行存款”“其他货币资金”“应收/应付账款”“其他应

收/应付账款”账户与“主营业务收入”等账户进行比对，检查其是否在收讫销售款或者取得索取销售款凭据的当天确认销售额。

以“库存商品”等存货类账户为中心，结合提货单、出库单、发票及记账凭证，检查会计分录的对应关系，对照收入类账户，看有无产品（商品）已发出、劳务已提供而未列销售的情况。

2. 自产自用的应税消费品。检查“原材料”“自制半成品”“库存商品”“生产成本”（非应税消费品）、“固定资产”“在建工程”“管理费用”“销售费用”“营业外支出”“其他业务支出”“应付职工薪酬”等账户以及仓库实物账和相关发货（领料）凭据，看其是否在移送使用的当天确认销售额。

3. 委托加工的应税消费品。检查“委托加工物资”“原材料”“自制半成品”等账户，看其是否在提货的当天确认应代扣代缴的消费税。

4. 进口的应税消费品。检查“材料采购”“原材料”“包装物”“库存商品”等账户以及完税凭证，看其是否将进口的应税消费品在报关进口的当天确认销售额。

［例题 3－15］（单项选择题） 纳税人销售金银首饰，其消费税纳税义务发生时间为（　　）。

A. 收讫销货款的当天　　B. 移送的当天

C. 销售方发出金银首饰的当天　　D. 购买方提货的当天

［参考答案］ A

［答案解析］ 纳税人销售金银首饰，其消费税纳税义务发生时间为收讫销货款或者取得索取销货凭证的当天。

［例题 3－16］（多项选择题） 按照消费税现行政策规定，下列各项不符合消费税纳税义务发生时间的是（　　）。

A. 自产自用的应税消费品应该纳税的，为移送使用的当天

B. 委托加工的应税消费品，为支付加工费的当天

C. 采取托收承付结算方式的，为发出应税消费品的当天

D. 进口的应税消费品，为报关进口的当天

［参考答案］ BC

［答案解析］ 本题的考核点是消费税纳税义务发生时间。《消费税暂行条例实施细则》第八条规定：“消费税纳税义务发生时间，根据条例第四条的规定，分列如下：

（一）纳税人销售应税消费品的，按不同的销售结算方式分别为：

1. 采取赊销和分期收款结算方式的，为书面合同约定的收款日期的当天，书面合同没有约定收款日期或者无书面合同的，为发出应税消费品的当天；

2. 采取预收货款结算方式的，为发出应税消费品的当天；

3. 采取托收承付和委托银行收款方式的，为发出应税消费品并办妥托收手续的当天；

4. 采取其他结算方式的，为收讫销售款或者取得索取销售款凭据的当天。

（二）纳税人自产自用应税消费品的，为移送使用的当天。

（三）纳税人委托加工应税消费品的，为纳税人提货的当天。

（四）纳税人进口应税消费品的，为报关进口的当天。”

因此，选项 B、C 不符合消费税纳税义务发生时间。

第四节 消费税计税依据和应纳税额的稽查

一、生产环节应纳消费税的稽查

（一）直接对外销售时应纳税额的稽查

1. 从价定率计征方式。在从价定率计算方法下，应纳消费税额等于销售额乘以适用税率。计算公式为：

应纳税额 = 应税消费品的销售额 × 比例税率

销售额是指纳税人发生应税销售行为收取的全部价款和价外费用。

在进行纳税检查时，一定要严格核查纳税人是否将价外费用计入“其他业务收入”“营业外收入”“应收款项”“应付款项”等往来账户，或将价外费用冲减“生产成本”“制造费用”“销售费用”“管理费用”等，减少计税依据。

2. 从量定额计征方式。在从量定额计算方法下，应纳税额等于应税消费品的销售数量乘以单位税额。计算公式为：

应纳税额 = 应税消费品的销售数量 × 定额税率

检查应税消费品数量的确定是否正确，应将仓库“产品出库单”“发货单”上的数量、“库存商品”明细账和销货发票上的数量以及“主营业务收入”明细账上的数量进行核对，看彼此之间是否符合。对于以升为单位销售黄酒、啤酒换算为吨的，以吨为单位销售汽油、柴油换算为升的，应根据国家统一规定的标准，检查纳税人的换算是否正确。

3. 从价从量复合计征方式。现行消费税的征税范围中，只有卷烟、白酒采用复合计征办法。计算公式为：

应纳税额 = 应税销售数量 × 定额税率 + 应税销售额 × 比例税率

对于卷烟，由于卷烟从价定率计税办法的计税依据为调拨价格或核定价格，所以要注意检查纳税人的计税价格，还要注意纳税人实际销售价格与计税价格之间的关系。实际销售价格高于计税价格和核定价格的卷烟，按实际销售价格征收消费税；实际销售价格低于计税价格和核定价格的卷烟，按计税价格或核定价格征收消费税。如果纳税人出售的是非标准条包装卷烟，要检查其是否换算成标准条包装卷烟的数量，依其实际销售收入计算确定换算成标准条包装后的实际销售价格，看其使用的税率是否正确。

对于白酒，如果纳税人与关联企业之间存在业务关系，要检查它们之间的交易是否符合独立企业之间业务往来的作价原则。还要检查白酒生产企业向商业销售单位收取的“品牌使用费”是否作为白酒价款的一部分计算缴纳了税款。自 2009 年 8 月 1 日起，对白酒生产企业销售给销售单位的白酒，检查生产企业消费税计税价格是否低于销售单位对外销售价格（不含增值税，下同）的70%，若是，税务机关需按照规定核定消费税最低计税价格。

（二）自产自用时应纳税额的稽查

纳税人将自产自用的应税消费品，除用于连续生产应税消费品外，凡用于其他方面的，于移送使用时纳税。“用于其他方面的”是指纳税人用于生产非应税消费品、在建工程、管理部门、非生产机构、提供劳务，以及用于馈赠、赞助、集资、广告、样品、职工福利、奖励等方面。

检查时要了解纳税人的经营范围和生产工艺流程，根据“库存商品”明细账或“生产成本”明细账贷方及对应账户，核实领用用途和部门，判断是否属于连续生产，核实非连续生产应税产品领用数量及使用时间。对应当纳税的应税消费品，对照审查“应交税费——应交消费税”“应付职工薪酬”等账户的明细账，检查其是否在移送环节缴纳了税款，是否按照自己生产的同类消费品的销售价格计算纳税。没有同类消费品销售价格的，检查其是否按照组成计税价格计算纳税，及其组成计税价格的计算是否正确。

实行从价定率办法计算纳税的组成计税价格计算公式：

$$\text{组成计税价格}=(\text{成本}+\text{利润})\div(1-\text{比例税率})$$
$$=[\text{成本}\times(1+\text{成本利润率})]\div(1-\text{比例税率})$$

实行复合计税办法计算纳税的组成计税价格计算公式：

$$\text{组成计税价格}=(\text{成本}+\text{利润}+\text{自产自用数量}\times\text{定额税率})\div(1-\text{比例税率})$$
$$=[\text{成本}\times(1+\text{成本利润率})+\text{自产自用数量}\times\text{定额税率}]\div(1-\text{比例税率})$$

公式中的“成本”，是指应税消费品的产品生产成本。公式中的“利润”，是指根据应税消费品的全国平均成本利润率计算的利润。应税消费品的全国平均成本利润率由国家税务总局确定。

（三）外购应税消费品已纳税款扣除的稽查

由于某些应税消费品是用外购已缴纳消费税的应税消费品连续生产出来的，在对这些连续生产出来的应税消费品计算征税时，税法规定应按当期生产领用数量计算准予扣除外购的应税消费品已缴纳的消费税税款。

常见涉税问题包括：纳税人擅自扩大扣除范围；擅自扩大扣除税额，允许扣除的税额不包括企业购进但尚未领用的生产资料已纳消费税税款，也不包括增值税税款；虚假进货，扩大扣除项目金额。

稽查时，首先，将可当期抵扣的已税原材料与材料的“进料单”“出库单”进行核对，检查纳税人生产领用的原材料是否属于可以抵扣消费税的范围；其次，稽查“材料入库单”与“发出材料”的外购已税消费品的买价，并按照税法给定的公式，稽查纳税本期扣除的已纳税款是否正确，有无多抵扣的现象。

二、委托加工环节应纳消费税的稽查

（一）检查委托加工业务是否符合税法的规定范围

对于委托加工的应税消费品，首先应该审查其是否符合税法中规定的委托加工方式。检查时，要通过检查其加工合同，查看加工货物的原料和主要材料是不是由委托方提供，受托方只收取加工费和代垫部分辅助材料。如果不是，则要检查受托方有无按照销售自制应税消费品缴纳消费税。

（二）代收代缴情况的稽查

对于确实属于委托方提供原料和主要材料，受托方只收取加工费和代垫部分辅助材料加工的应税消费品，税法规定，由受托方在向委托方交货时代收代缴消费税，其计税依据是受托方的同类消费品的销售价格，没有同类消费品销售价格的，按照组成计税价格计算纳税。

组成计税价格的计算是否正确，直接关系到税款计算的正确性。检查有无扩大或缩小加工材料成本的情况，应将委托方拨付加工材料登记的数量或金额与其组成计税价格所使用的材料数量或金额进行核对，也可直接用“委托加工材料”“应交税费——应交消费税”等明细账对照委托加工合同等原始凭证检查。

对于受托方没有按规定代收代缴税款的，委托方必须补缴税款，对受托方则不再重复补税，但要按《税收征收管理法》的规定，处以应代收代缴税款50%以上3倍以下的罚款。对委托方补征税款的计税依据是：如果在检查时，收回的应税消费品已经直接销售的，按销售额计税；收回的应税消费品尚未销售或不能直接销售的（如果收回后用于连续生产等），按组成计税价格计税。

（三）委托加工收回的应税消费品已纳税款扣除的稽查

委托加工的应税消费品因为已由受托方代收代缴税款，因此，委托方收回货物后用于连续生产应税消费品的，其已纳税款准予按照规定从连续生产的应税消费品应纳消费税税额中抵扣。共有8类应税消费品准予从应纳消费税税额中按当期生产领用数量计算扣除委托加工收回的应税消费品已纳消费税税款，具体包括：

（1）外购已税烟丝生产的卷烟。

（2）外购已税高档化妆品生产的高档化妆品。

（3）外购已税珠宝玉石生产的贵重首饰及珠宝玉石。

（4）外购已税鞭炮焰火生产的鞭炮焰火。

（5）外购已税杆头、杆身和握把为原料生产的高尔夫球杆。

（6）外购已税木制一次性筷子为原料生产的木制一次性筷子。

（7）外购已税实木地板为原料生产的实木地板。

（8）以外购已税汽油、柴油、石脑油、燃料油、润滑油用于连续生产应税成品油（不含航空煤油、溶剂油）。

计算公式是：

当期准予扣除的委托加工应税消费品已纳税款＝期初库存的委托加工应税消费品已纳税款＋当期收回的委托加工应税消费品已纳税款－期末库存的委托加工应税消费品已纳税款

但是，纳税人用委托加工收回的已税珠宝玉石生产的改在零售环节征收消费税的金银首饰，在计税时一律不得扣除委托加工收回的珠宝玉石的已纳消费税税款。

检查时可用当期扣除的委托加工收回的应税消费品与其“出库单”等进行核对，查看纳税人生产领用的收回货物是否属于可以抵扣消费税的范围。将生产领用收回货物的期初结存数量加本期收回数量再减去期末结存数量的余额与纳税人提供的数据相对比，查看纳税人当期抵扣的消费税税额的计算是否正确。

[例题3-17]（综合题） 江南卷烟厂5月从甲卷烟厂外购应税烟丝200万元（不含增值税），5月初库存外购应税烟丝金额为40万元，月末库存外购应税烟丝金额为80万元，当月生产的卷烟未对外销售。同时从乙卷烟厂收回委托加工生产的雪茄烟，乙卷烟厂代收代缴消费税60万元，江南卷烟厂将该批雪茄烟包装后以不含增值税售价240万元在当月售出，月初没有库存。

江南卷烟厂计算当月应纳消费税为：

(240-60)×36%-(40+200-80)×30%=16.8（万元）

试分析江南卷烟厂的涉税处理是否正确。

[答案解析] 江南卷烟厂对于应税烟丝已纳消费税的抵扣是正确的。委托加工的应税消费品，委托方收回后用于连续生产应税消费品的，其已纳税款准予按照规定从连续生产的应税消费品应纳消费税税额中抵扣。计算公式是：

当期准予扣除的委托加工应税消费品已纳税款=期初库存的委托加工应税消费品已纳税款+当期收回的委托加工应税消费品已纳税款-期末库存的委托加工应税消费品已纳税款

但是，根据税法规定，委托加工的雪茄烟已缴纳的消费税是不允许扣除的。

因此，江南卷烟厂计算当月应纳消费税为：

240×36%-(40+200-80)×30%=38.4（万元）

三、进口环节应纳消费税的稽查

进口的应税消费品，由进口人或者其代理人于报关进口时缴纳消费税；纳税人进口应税消费品，按照关税征收管理的相关规定，应当自海关填发海关进口消费税专用缴款书之日起15日内缴纳税款。

纳税人进口应税消费品，按照组成计税价格和规定的税率计算应纳税额。计算方法如下：

1. 实行从价定率办法计算的应纳税额：

组成计税价格=(关税完税价格+关税)÷(1-消费税比例税率)

应纳税额=组成计税价格×消费税比例税率

2. 实行从量定额办法计算的应纳税额：

应纳税额=应税消费品数量×消费税定额税率

3. 实行复合计税办法计算的应纳税额：

组成计税价格=(关税完税价格+关税+进口数量×消费税定额税率)÷(1-消费税比例税率)

应纳税额=组成计税价格×消费税比例税率+应税消费品进口数量×消费税定额

税率

[例题 3－18]（单项选择题） 下列关于消费税适用税率特殊规定的表述，错误的是（ ）。

A. 按照现行政策，卷烟批发环节消费税税率为 11% +0.005 元/支

B. 每标准条进口卷烟确定消费税适用比例税率的价格小于 70 元的，适用比例税率为 36%

C. 计算每标准条进口卷烟确定消费税适用比例税率的价格时，消费税税率固定为 56%

D. 非标准条包装卷烟折算的实际销售价格高于计税价格的，应按照折算的实际销售价格确定适用比例税率

[参考答案] C

[答案解析] 计算每标准条进口卷烟（200 支）确定消费税适用比例税率的价格时，消费税税率固定为 36%。

[例题 3－19]（单项选择题） 在限值以内进口的跨境电子商务零售进口商品，进口环节增值税、消费税取消免征税额，征收暂按法定应纳税额的一定比例征收。该比例是（ ）。

A. 50% B. 60%

C. 70% D. 80%

[参考答案] C

[答案解析] 在限值以内进口的跨境电子商务零售进口商品，进口环节增值税、消费税取消免征税额，暂按法定应纳税额的 70% 征收。

[例题 3－20]（判断题） 2018 年 3 月 1 日起，施行外购、进口和委托加工收回的汽油、柴油、石脑油、燃料油、润滑油用于连续生产应税成品油的，应凭通过增值税发票选择确认平台确认的成品油专用发票、海关进口消费税专用缴款书，以及税收缴款书（代扣代收专用），按规定计算扣除已纳消费税税款，其他凭证不得作为消费税扣除凭证。（ ）

[参考答案] 正确

[答案解析] 2018 年 3 月 1 日起，施行外购、进口和委托加工收回的汽油、柴油、石脑油、燃料油、润滑油用于连续生产应税成品油的，应凭通过增值税发票选择确认平台确认的成品油专用发票、海关进口消费税专用缴款书，以及税收缴款书（代扣代收专用），按规定计算扣除已纳消费税税款，其他凭证不得作为消费税扣除凭证。

四、零售环节应纳消费税的稽查

目前，在零售环节征收消费税的货物主要是金银首饰和超豪华小汽车（每辆零售价格 130 万元及以上的乘用车和中轻型商用客车），其计税依据是不含增值税的销售额。

改在零售环节征收消费税的金银首饰仅限于金基、银基合金首饰以及金、银和金基、银基合金的镶嵌首饰、钻石及钻石饰品，所以，检查时要注意区分这类产品。对既

销售金银首饰，又销售非金银首饰的生产、经营单位，检查其是否将两类商品划分清楚，分别核算销售额。凡划分不清楚或不能分别核算的，若纳税人在生产环节销售，查看其是否一律从高适用税率缴纳了消费税；若在零售环节销售，看其是否一律按金银首饰纳税标准缴纳了消费税。

纳税人将金银首饰与其他产品组成成套消费品销售的，检查其是否按销售额全额计算消费税。金银首饰连同包装物销售的，无论包装物是否单独计价，也无论会计上如何核算，都要检查包装物是否并入了金银首饰的销售额计征消费税。

带料加工的金银首饰，对照纳税人当期或最近期间的同类金银首饰销售价格的有关资料检查纳税人使用的计税价格是否正确；没有同类金银首饰销售价格的，检查其组成计税价格的计算是否正确。

纳税人采用以旧换新（含翻新改制）方式销售的金银首饰，检查其是否按照实际收取的不含增值税的全部价款确定计税依据并缴纳消费税。

[例题 3-21]（判断题） 纳税人用委托加工收回的已税珠宝玉石生产的改在零售环节征收消费税的金银、钻石首饰，在计税时一律不得扣除委托加工收回的珠宝玉石已纳的消费税税款。（　）

[参考答案] 正确

[答案解析] 纳税人用委托加工收回的已税珠宝玉石生产的改在零售环节征收消费税的金银、钻石首饰，在计税时一律不得扣除委托加工收回的珠宝玉石已纳的消费税税款。

[例题 3-22]（判断题） 对超豪华小汽车，在生产（进口）环节按现行税率征收消费税基础上，在零售环节加征消费税，税率为5%。（　）

[参考答案] 错误

[答案解析] 对超豪华小汽车在零售环节加征消费税，税率为10%。

本章小结

消费税是增值税的延伸税种，两者在检查内容与方法上有许多共同之处。在对消费税税目、税率进行纳税检查时，要重点检查应税消费品与非应税消费品的兼营、成套销售行为，及烟酒产品的税目、税率适用情况。对纳税环节的检查，要熟悉纳税人的经营范围、工艺流程，并结合“库存商品”“委托加工物资”“生产成本”等账户及购销合同、银行对账单等；对纳税义务发生时间的检查，要调取相关货物出入库单据、凭证等。而对生产销售环节、自产自用环节、委托加工环节、进口环节和零售环节，消费税计税依据和应纳税额的检查是本章的重点。

第四章　企业所得税稽查

第一节　企业所得税的纳税人稽查

一、企业所得税纳税人稽查的政策依据

（一）企业所得税的纳税人

企业所得税的纳税人是指在中华人民共和国境内的企业和其他取得收入的组织。《中华人民共和国企业所得税法》（以下简称《企业所得税法》）第一条规定，除个人独资企业、合伙企业不适用企业所得税法外，凡在我国境内，企业和其他取得收入的组织（以下统称企业）为企业所得税的纳税人，依照该法的规定缴纳企业所得税。

企业所得税的纳税人分为居民企业和非居民企业。

1. 居民企业。居民企业是指依法在中国境内成立，或者依照外国（地区）法律成立但实际管理机构在中国境内的企业。这里的企业包括国有企业、集体企业、私营企业、联营企业、股份制企业、外商投资企业、外国企业以及有生产经营所得和其他所得的其他组织。其中，有生产经营所得和其他所得的其他组织是指经国家有关部门批准，依法注册、登记的事业单位、社会团体等组织。由于我国的一些社会团体组织、事业单位在完成国家事业计划的过程中，开展了多种经营和有偿服务活动，取得了除财政部门各项拨款、财政部和国家物价部门批准的各项规费收入以外的经营收入，具有了经营的特点，应当视同企业纳入征税范围。

实际管理机构是指对企业的生产经营、人员、财务、财产等实施实质性全面管理和控制的机构，需要同时符合以下三个方面的要求：

第一，对企业有实质性管理和控制的机构；

第二，对企业实行全面的管理和控制的机构；

第三，管理和控制的内容是企业的生产经营、人员、财务、财产等。

2. 非居民企业。非居民企业是指依照外国（地区）法律成立且实际管理机构不在

中国境内，在中国境内设立机构、场所的，或者在中国境内未设立机构、场所，但有来源于中国境内所得的企业。

上述所称机构、场所是指在中国境内从事生产经营活动的机构、场所，包括：

(1) 管理机构、营业机构、办事机构。

(2) 工厂、农场、开采自然资源的场所。

(3) 提供劳务的场所。

(4) 从事建筑、安装、装配、修理、勘探等工程作业的场所。

(5) 其他从事生产经营活动的机构、场所。

非居民企业委托营业代理人在中国境内从事生产经营活动的，包括委托单位或者个人经常代其签订合同，或者储存、交付货物等，该营业代理人视为非居民企业在中国境内设立的机构、场所。

（二）企业所得税的扣缴义务人

对非居民企业取得来源于中国境内的股息、红利等权益性投资收益和利息、租金、特许权使用费所得、转让财产所得以及其他所得应当缴纳的企业所得税，实行源泉扣缴，以依照有关法律规定或者合同约定对非居民企业直接负有支付相关款项义务的单位或者个人为扣缴义务人。

上述非居民企业是指依照外国（地区）法律成立且实际管理机构不在中国境内，在中国境内未设立机构、场所但有来源于中国境内所得的企业，以及虽设立机构、场所但取得的所得与其所设机构、场所没有实际联系的企业。

二、企业所得税纳税人常见涉税问题

（一）居民企业与非居民企业划分不明确

居民企业与非居民企业划分问题主要集中在对实际管理机构的认识上。需要特别注意，实际管理机构是指对企业的生产经营、人员、财务、财产等实施实质性全面管理和控制的机构，需要同时符合以下三个方面的要求：

第一，对企业有实质性管理和控制的机构；

第二，对企业实行全面的管理和控制的机构；

第三，管理和控制的内容是企业的生产经营、人员、财务、财产等。

[例题4-1]（多项选择题） 依据《企业所得税法》的规定，判定居民企业的标准有（　　）。

A. 登记注册地标准　　B. 所得来源地标准

C. 经营行为实际发生地标准　　D. 实际管理机构所在地标准

[参考答案] AD

（二）企业性质不能区分清楚

在我国企业所得税法体系下，个人独资企业、合伙企业不是企业所得税纳税人。

个人独资企业是指个人出资经营、归个人所有和控制、由个人承担经营风险和享有全部经营收益的企业。

1. 个人独资企业的设立条件：

（1）投资人为一个自然人；

（2）有合法的企业名称；

（3）有投资人申报的出资；

（4）有固定的生产经营场所和必要的生产经营条件；

（5）有必要的从业人员。

2. 合伙企业。合伙企业是指由各合伙人订立合伙协议，共同出资，共同经营，共享收益，共担风险，并对企业债务承担无限连带责任的营利性组织。也是指自然人、法人和其他组织依照《中华人民共和国合伙企业法》在中国境内设立的，由两个或两个以上的自然人通过订立合伙协议，共同出资经营、共负盈亏、共担风险的企业组织形式。

合伙企业一般无法人资格，不缴纳企业所得税，缴纳个人所得税。类型有普通合伙企业和有限合伙企业。其中普通合伙企业又包含特殊的普通合伙企业。

国有独资公司、国有企业、上市公司以及公益性事业单位、社会团体不得成为普通合伙人。

合伙企业可以由部分合伙人经营，其他合伙人仅出资并共负盈亏，也可以由所有合伙人共同经营。

合伙企业的设立条件：

（1）有两个以上合伙人，并且都是依法承担无限责任者；

（2）有书面合伙协议；

（3）有各合伙人实际缴付的出资；

（4）有合伙企业的名称；

（5）有经营场所和从事合伙经营的必要条件。

（三）企业分支机构没有实行汇总缴纳税款

为加强跨地区经营汇总纳税企业所得税的征收管理，居民企业在中国境内跨地区（指跨省、自治区、直辖市和计划单列市）设立不具有法人资格分支机构的，该居民企业为跨地区经营汇总纳税企业。

汇总纳税企业实行“统一计算、分级管理、就地预缴、汇总清算、财政调库”的企业所得税征收管理办法。

统一计算是指总机构统一计算包括汇总纳税企业所属各个不具有法人资格分支机构在内的全部应纳税所得额、应纳税额。

分级管理是指总机构、分支机构所在地的主管税务机关都有对当地机构进行企业所得税管理的责任，总机构和分支机构应分别接受机构所在地主管税务机关的管理。

就地预缴是指总机构、分支机构应按规定，分月或分季分别向所在地主管税务机关申报预缴企业所得税。

汇总清算是指在年度终了后，总机构统一计算汇总纳税企业的年度应纳税所得额、应纳所得税税额，抵减总机构、分支机构当年已就地分期预缴的企业所得税税款后，多退少补。

财政调库是指财政部定期将缴入中央国库的汇总纳税企业所得税待分配收入，按照核定的系数调整至地方国库。

总机构和具有主体生产经营职能的二级分支机构，就地分摊缴纳企业所得税。二级分支机构是指汇总纳税企业依法设立并领取非法人营业执照（登记证书），且总机构对其财务、业务、人员等直接进行统一核算和管理的分支机构。

以下二级分支机构不就地分摊缴纳企业所得税：

（1）不具有主体生产经营职能，且在当地不缴纳增值税的产品售后服务、内部研发、仓储等汇总纳税企业内部辅助性的二级分支机构，不就地分摊缴纳企业所得税。

（2）上年度认定为小型微利企业的，其二级分支机构不就地分摊缴纳企业所得税。

（3）新设立的二级分支机构，设立当年不就地分摊缴纳企业所得税。

（4）当年撤销的二级分支机构，自办理注销税务登记之日所属企业所得税预缴期间起，不就地分摊缴纳企业所得税。

（5）汇总纳税企业在中国境外设立的不具有法人资格的二级分支机构，不就地分摊缴纳企业所得税。

汇总纳税企业按照《企业所得税法》规定汇总计算的企业所得税，包括预缴税款和汇算清缴应缴应退税款，50%在各分支机构间分摊，各分支机构根据分摊税款就地办理缴库或退库；50%由总机构分摊缴纳，其中25%就地办理缴库或退库，25%就地全额缴入中央国库或退库。具体的税款缴库或退库程序按照《财政部　国家税务总局　中国人民银行关于印发〈跨省市总分机构企业所得税分配及预算管理办法〉的通知》（财预〔2012〕40号）第五条等相关规定执行。

企业所得税分月或者分季预缴，由总机构所在地主管税务机关具体核定。

汇总纳税企业应根据当期实际利润额，按照《跨地区经营汇总纳税企业所得税征收管理办法》规定的预缴分摊方法计算总机构和分支机构的企业所得税预缴额，分别由总机构和分支机构就地预缴；在规定期限内按实际利润额预缴有困难的，也可以按照上一年度应纳税所得额的1/12或1/4，按照财预〔2012〕40号文件规定的预缴分摊方法计算总机构和分支机构的企业所得税预缴额，分别由总机构和分支机构就地预缴。预缴方法一经确定，当年度不得变更。

总机构应将本期企业应纳所得税税额的50%部分，在每月或季度终了后15日内就地申报预缴。总机构应将本期企业应纳所得税税额的另外50%部分，按照各分支机构应分摊的比例，在各分支机构之间进行分摊，并及时通知到各分支机构；各分支机构应在每月或季度终了之日起15日内，就其分摊的所得税税额就地申报预缴。

总机构按以下公式计算分摊税款：

总机构分摊税款＝汇总纳税企业当期应纳所得税税额×50%

分支机构按以下公式计算分摊税款：

所有分支机构分摊税款总额＝汇总纳税企业当期应纳所得税税额×50%

某分支机构分摊税款＝所有分支机构分摊税款总额×该分支机构分摊比例

总机构应按照上年度分支机构的营业收入、职工薪酬和资产总额三个因素计算各分支机构分摊所得税税款的比例；三级及以下分支机构，其营业收入、职工薪酬和资产总额统一计入二级分支机构；三因素的权重依次为0.35、0.35、0.30。计算公式如下：

某分支机构分摊比例 =（该分支机构营业收入/各分支机构营业收入之和）×0.35
+（该分支机构职工薪酬/各分支机构职工薪酬之和）×0.35
+（该分支机构资产总额/各分支机构资产总额之和）×0.30

［例题4－2］（综合题） A企业下设三家独立核算的分支机构A1、A2、A3。A企业总部年销售收入1 500万元、职工100人、总资产2 000万元；分支机构A1销售收入450万元、职工30人、总资产800万元；分支机构A2销售收入360万元、职工20人、总资产500万元；分支机构A3销售收入130万元、职工5人、总资产200万元。

那么A企业2018年的销售收入为2 440万元（1 500＋450＋360＋130）。假定当年该企业的企业所得税应纳税所得额为1 000万元。请计算各分支机构的应纳税所得额。

［答案解析］

A1地区的应纳税所得额
＝1 000×50%×（0.35×450/2 440＋0.35×30/155＋0.3×800/3 500）
＝100.43（万元）

A2地区的应纳税所得额
＝1 000×50%×（0.35×360/2 440＋0.35×20/155＋0.3×500/3 500）
＝69.83（万元）

A3地区的应纳税所得额
＝1 000×50%×（0.35×130/2 440＋0.35×5/155＋0.3×200/3 500）
＝23.54（万元）

三、企业所得税纳税人的稽查方法

1. 居民企业和非居民企业纳税人的界定区分。居民企业就来源于中国境内、境外的所得缴纳企业所得税，而对于非居民企业，仅就来源于境内的相关联的所得缴纳企业所得税。正确判断一个企业属于居民企业还是非居民企业是进行企业所得税检查的前提。

2.《企业所得税法》规定，个人独资企业以及合伙企业不适用该法，而是适用《中华人民共和国个人所得税法》（以下简称《个人所得税法》），应注意区分企业性质。

3. 实行汇总纳税的企业，必须经过国家税务总局批准，否则，企业不得自行确定汇总纳税。所谓汇总纳税又称“汇总缴纳”，是指对企业集团和设有分支机构的企业，采取由企业集团的核心企业或总机构汇总所属成员企业集中缴纳所得税的一种税收征收办法。

第二节　应纳税所得额的稽查

应纳税所得额是企业所得税的计税依据，按照《企业所得税法》的规定，应纳税所得额为企业每一个纳税年度的收入总额，减除不征税收入、免税收入、各项扣除以及允许弥补的以前年度亏损后的余额。其计算公式为：

应纳税所得额 = 收入总额 - 不征税收入 - 免税收入 - 各项扣除 - 允许弥补的以前年度亏损

[例题 4 - 3]（多项选择题） 税务检查计算企业应纳税所得额时，下列属于纳税调整增加的项目有（　　）。

A. 违法经营的罚款和被没收财物的损失

B. 超支的福利费支出

C. 由于市场价格下跌提取的存货跌价准备金

D. 超过税法规定标准列支的业务招待费

[参考答案] ABCD

[答案解析] 在计算应纳税所得额时，下列支出不得扣除：

(1) 向投资者支付的股息、红利等权益性投资收益款项。

(2) 企业所得税税款。

(3) 税收滞纳金，是指纳税人违反税收法规被税务机关处以的滞纳金。

(4) 罚金、罚款和被没收财物的损失，是指纳税人违反国家有关法律法规规定，被有关部门处以的罚款，以及被司法机关处以的罚金和被没收财物。

(5) 超过规定标准的捐赠支出。

(6) 赞助支出，是指企业发生的与生产经营活动无关的各种非广告性质支出。

(7) 未经核定的准备金支出，是指不符合国务院财政、税务主管部门规定的各项资产减值准备、风险准备等准备金支出。

(8) 企业之间支付的管理费、企业内营业机构之间支付的租金和特许权使用费，以及非银行企业内营业机构之间支付的利息，不得扣除。

(9) 与取得收入无关的其他支出。

因此，选项 A、C 需要调增应纳税所得额。

自 2008 年 1 月 1 日起，不允许预提，按实际发生额计入有关成本费用，但每一年度准予扣除的福利费不能超过工资总额的 14%。因此，B 选项需要调增应纳税所得额。

企业发生的与生产经营活动有关的业务招待费支出，按照发生额的 60% 扣除，但最高不得超过当年销售（营业）收入的 5‰。

对从事股权投资业务的企业（包括集团公司总部、创业投资企业等），其从被投资企业所分配的股息、红利以及股权转让收入，可以按规定的比例计算业务招待费扣除限额。

企业在筹建期间发生的与筹办活动有关的业务招待费支出，可按实际发生额的 60% 计入企业筹办费，并按有关规定在税前扣除。因此，选项 D 需要调增应纳税所得额。

[例题 4 - 4]（单项选择题） 企业与其关联方共同开发、受让无形资产，或者共同提供、接受劳务发生的成本，在计算应纳税所得额时应当按照（　　）原则进行分摊。

A. 内部结算　　　　B. 互惠互利

C. 独立交易　　　　　　　　　　　　D. 关联交易

[参考答案] C

[答案解析] 企业与其关联方共同开发、受让无形资产，或者共同提供、接受劳务发生的成本，在计算应纳税所得额时应当按照独立交易原则进行分摊。

[例题 4-5]（单项选择题） 根据企业所得税相关规定，以下关联业务的税务处理正确的是（　　）。

A. 母公司以管理费形式向子公司提取费用，子公司因此支付给母公司的管理费可以在税前扣除

B. 企业从其关联方接受的债权性投资与权益性投资的比例超过规定标准而发生的利息支出，不得在计算应纳税所得额时扣除

C. 设立在实际税负明显低于 12.5% 的国家或地区的受控外国企业并非由于合理的经营需要而对利润不作分配或者减少分配的，上述利润中应归属于该居民企业的部分，不计入该居民企业的当期收入

D. 子公司申报税前扣除向母公司支付的服务费用，不能提供相关资料的，支付的服务费用可以税前扣除

[参考答案] B

[答案解析] 选项 A，母公司以管理费形式向子公司提取费用，子公司因此支付给母公司的管理费，不得在企业所得税税前扣除。选项 C，由居民企业或者由居民企业和中国居民控制的设立在实际税负明显低于 25% 的税率水平的国家（地区）的企业，并非由于合理的经营需要而对利润不作分配或者减少分配的，上述利润中应归属于该居民企业的部分，应当计入该居民企业的当期收入。选项 D，子公司申报税前扣除向母公司支付的服务费用，不能提供相关资料的，支付的服务费用不得税前扣除。

一、收入总额稽查

（一）收入总额稽查的政策依据

企业的收入总额包括以货币形式和非货币形式从各种来源取得的收入，具体包括：销售货物收入，提供劳务收入，转让财产收入，股息、红利等权益性投资收益，利息收入，租金收入，特许权使用费收入，接受捐赠收入，其他收入。

企业取得收入的货币形式，包括现金、存款、应收账款、应收票据、准备持有至到期的债券投资以及债务的豁免等；纳税人以非货币形式取得的收入，包括固定资产、生物资产、无形资产、股权投资、存货、不准备持有至到期的债券投资、劳务以及有关权益等，这些非货币资产应当按照公允价值确定收入额。公允价值是指按照市场价格确定的价值。

[例题 4-6]（多项选择题） 企业按照公允价值确定收入的收入形式包括（　　）。

A. 债务的豁免　　　　　　　　　　B. 股权投资

C. 劳务　　　　　　　　　　　　　D. 不准备持有至到期的债券投资

[参考答案] BCD

1. 一般收入的确认。

（1）销售货物收入，是指企业销售商品、产品、原材料、包装物、低值易耗品以及其他存货取得的收入。

（2）劳务收入，是指企业从事建筑安装、修理修配、交通运输、仓储租赁、金融保险、邮电通信、咨询经纪、文化体育、科学研究、技术服务、教育培训、餐饮住宿、中介代理、卫生保健、社区服务、旅游、娱乐、加工以及其他劳务服务活动取得的收入。

（3）转让财产收入，是指企业转让固定资产、生物资产、无形资产、股权、债权等财产取得的收入。

（4）股息、红利等权益性投资收益，是指企业因权益性投资从被投资方取得的收入。对于股息、红利等权益性投资收益，除国务院财政、税务主管部门另有规定外，按照被投资方做出利润分配决定的日期确认收入的实现。

被投资企业将股权（票）溢价所形成的资本公积转为股本的，不作为投资方企业的股息、红利收入，投资方企业也不得增加该项长期投资的计税基础。

对内地企业投资者通过沪港通、深港通投资香港联交所上市股票取得的股息、红利所得，计入其收入总额，依法计征企业所得税。其中，内地居民企业连续持有 H 股满 12 个月取得的股息、红利所得，依法免征企业所得税。

内地企业投资者自行申报缴纳企业所得税时，对香港联交所非 H 股上市公司已代扣代缴的股息、红利所得税，可依法申请税收抵免。

（5）利息收入，是指企业将资金提供给他人使用但不构成权益性投资，或者因他人占用本企业资金取得的收入，包括存款利息、贷款利息、债券利息、欠款利息等收入。利息收入按照合同约定的债务人应付利息的日期确认收入的实现。

（6）租金收入，是指企业提供固定资产、包装物或者其他有形资产的使用权取得的收入。租金收入应按照合同约定的承租人应付租金的日期确认收入的实现。

（7）特许权使用费收入，是指企业提供专利权、非专利技术、商标权、著作权以及其他特许权的使用权取得的收入。特许权使用费收入应按照合同约定的特许权使用人应付特许权使用费的日期确认收入的实现。

（8）接受捐赠收入，是指企业接受的来自其他企业、组织或者个人无偿给予的货币性资产、非货币性资产。接受捐赠收入应按照实际收到捐赠资产的日期确认收入的实现。

（9）其他收入，是指企业取得的除以上收入外的其他收入，包括企业资产溢余收入、逾期未退包装物押金收入、确实无法偿付的应付款项、已作坏账损失处理后又收回的应收款项、债务重组收入、补贴收入、违约金收入、汇兑收益等。

2. 特殊收入的确认。

（1）以分期收款方式销售货物的，按照合同约定的收款日期确认收入的实现。

（2）企业受托加工制造大型机械设备、船舶、飞机，以及从事建筑、安装、装配工程业务或者提供其他劳务等，持续时间超过 12 个月的，按照纳税年度内的完工进度或者完成的工作量确认收入的实现。

(3) 采取产品分成方式取得收入的，按照企业分得产品的日期确认收入的实现，其收入额按照产品的公允价值确定。

(4) 企业发生非货币性资产交换，以及将货物、财产、劳务用于捐赠、偿债、赞助、集资、广告、样品、职工福利或者利润分配等用途的，应当视同销售货物、转让财产或者提供劳务，但国务院财政、税务主管部门另有规定的除外。

3. 处置资产收入的确认。

(1) 企业发生下列情形的处置资产，除将资产转移至境外以外，由于资产所有权属在形式和实质上均不发生改变，可作为内部处置资产，不视同销售确认收入，相关资产的计税基础延续计算：

①将资产用于生产、制造、加工另一产品。

②改变资产形状、结构或性能。

③改变资产用途（如自建商品房转为自用或经营）。

④将资产在总机构及其分支机构之间转移。

⑤上述两种或两种以上情形的混合。

⑥其他不改变资产所有权属的用途。

(2) 企业将资产移送他人的下列情形，因资产所有权属已发生改变而不属于内部处置资产，应按规定视同销售确定收入：

①用于市场推广或销售。

②用于交际应酬。

③用于职工奖励或福利。

④用于股息分配。

⑤用于对外捐赠。

⑥其他改变资产所有权属的用途。

企业发生上述视同销售情形的，应按照被移送资产公允价值确定销售收入。

(二) 收入总额常见涉税问题

1. 销售货物税务处理不当。

2. 实现收入入账不及时。

3. 收入计量不准确。

4. 隐匿收入。

(三) 收入总额稽查方法

1. 销售收入的稽查方法。

(1) 稽查销售货物收入确认的原则是否正确。企业销售收入的确认，必须遵循权责发生制原则和实质重于形式原则。企业销售商品同时满足下列条件的，应确认收入的实现：第一，商品销售合同已经签订，企业已将商品所有权相关的主要风险和报酬转移给购货方；第二，企业对已售出的商品既没有保留通常与所有权相联系的继续管理权，也没有实施有效控制；第三，收入的金额能够可靠地计量；第四，已发生或将发生的销售方的成本能够可靠地核算。因此，稽查人员需要确认企业销售货物行为是否满足以上条件，若同时满足以上四个条件，才应确认为应税所得。

（2）稽查销售货物收入确认的时间是否正确。第一，销售商品采用托收承付方式的，在办妥托收手续时确认收入。第二，销售商品采取预收款方式的，在发出商品时确认收入。第三，销售商品需要安装和检验的，在购买方接受商品以及安装和检验完毕时确认收入。如果安装程序比较简单，可在发出商品时确认收入。第四，销售商品采用支付手续费方式委托代销的，在收到代销清单时确认收入。稽查人员需要向企业会计人员了解企业做账的习惯，在实际检查账目时，要求企业出具相关收入凭证和记录。在查阅明细账时，应根据记录内容和凭证号，调阅相关原始、记账凭证，根据相关发货、收货证明确定其发出日期，根据所附的回单等判断入账时间是否正确。

（3）特殊销售方式处理是否规范。对于销售折让，要重点检查企业给予对方折让的原因是不是售出商品的质量不合格等原因，是否存在故意压低价格的现象。对于不同的销售方式，应按照不同的金额确定销售货物收入金额。

2. 劳务收入的稽查方法。劳务收入的稽查是指通过纳税人提供的劳务经济合同，核实劳务的内容、形式、时间、金额，结合“主营业务收入”“其他业务收入”“预收账款”等账户贷方发生额，与企业所得税纳税申报表进行核对，核实是否存在合同中约定的各明细项目未确认收入的情况。结合“工程施工”“劳务成本”等账户，对长期挂往来科目预收性质的劳务收入逐项核实。

3. 转让财产收入的稽查方法。

（1）转让固定资产收入的稽查。固定资产有偿转让时，首先应将其原值减去累计折旧后的余额转入“固定资产清理”账户。出售固定资产所获得的价款，贷记“固定资产清理”账户。稽查的主要内容包括：固定资产的售价是否正确、合理、有无故意低估售价，经办人从中得利的行为；固定资产净值、出售固定资产的有关费用的计算是否正确。

（2）转让有价证券等收入的稽查。转让有价证券、股权以及其他财产收入时，首先重点稽查投资的真实性，查看是否存在以投资为名的资金挪用现象，其次要查看企业的转让收入或投资收益是否及时入账。在实际稽查中，应根据“交易性金融资产”或“其他权益工具投资”的期初数、发生数以及期末余额对照现金日记账、银行日记账和其他应收款项明细账确定当年发生的投资收益和转让收益。另外还应检查短期投资明细账，确定债券利率、存续期间、股利分配方案等资料，核对收益实现日期、数据是否正确。

4. 股息、红利等权益性投资收入的稽查方法。稽查时主要稽查“交易性金融资产”“债权投资”“其他权益工具投资”“长期股权投资”等账户借方发生额及上年借方余额。未体现投资收益的，应重点稽查“其他应付款”“应付账款”等往来账户，核实纳税人是否将投资收益挂往来账，必要时到对方单位调查取证。

通过“长期股权投资”账户查实纳税人在境外的投资情况，结合“投资收益”账户核实利润分配情况。发现疑点的，可通过国际税务部门的情报交换，查实企业是否存在因合理的经营需要而对利润不作分配或者减少分配的情况，对上述利润中应归属于该居民企业的部分，应当计入该居民企业的当期收入。

5. 租金收入的稽查方法。

（1）对照企业的房产、土地、机器设备等所有权属证明，通过实地查看，核查企业各种财产的实际使用情况，核实财产是否存在出租出借现象。有财产租赁行为的，通过对企业合同协议的检查，掌握企业对外租赁业务的真实情况。

（2）审查“期间费用”等账户中有关财产租赁费用支出的单据，核实企业租入资产的实际使用情况，落实有无转租的情形。

（3）对出租包装物的检查，要结合销售合同和账面记载出租包装物的流向，通过实地盘存法，核对出租包装物进、销、存情况，确认出租包装物的核算是否正确。

6. 利息收入的稽查方法。对利息收入的稽查主要是检查“银行存款”账户的发生额，核实纳税人取得的利息收入是否及时、准确入账；检查“长期借款”“短期借款”“财务费用”等账户借方红字发生额，看企业是否存在用利息收入直接冲减借款或财务费用等现象。

7. 特许权使用费收入的稽查方法。特许权使用费收入是指企业提供专利权、非专利技术、商标权、著作权以及其他特许权的使用权取得的收入。特许权使用费收入按照合同约定的特许权使用人应付特许权使用费的日期确认收入的实现。特许权使用费收入主要通过“其他业务收入”核算，检查时注重检查纳税人的特许权转让是否属实，特许权使用费收入是否及时、足额入账，是否存在将收入直接冲减费用、损失的情况。

8. 接受捐赠收入的稽查方法。接受捐赠收入是指企业接受的来自其他企业、组织或者个人无偿给予的货币性资产、非货币性资产。接受捐赠收入，按照实际收到捐赠资产的日期确认收入的实现。

（1）接受货币性捐赠收入的稽查。检查企业接受的捐赠收入是否计入“资本公积”账户核算，企业接受的捐赠可能予以隐藏，故意偷逃企业所得税；检查是否将捐赠收入按期申报纳税。

（2）接受非货币性捐赠收入的稽查。检查企业接受非货币性资产是否如实计入“资本公积”账户，有无故意隐瞒捐赠收入，偷逃企业所得税；检查接受非货币性资产捐赠的实物价值，有无错计金额，隐瞒税收。

9. 其他收入的稽查方法。稽查时，要通过审阅有关凭证、会计账目以及所签订合同，查看企业是否存在隐瞒收入的情况，其收入是否及时、足额入账。

二、不征税收入的稽查方法

不征税收入包括财政拨款、依法收取并纳入财政管理的行政事业性收费和政府性基金以及国务院规定的其他不征税收入。对于财政拨款收入，要检查企业是否存在骗取财政拨款、未按规定用途使用财政拨款的情形。对行政事业性收费、政府基金，主要查看企业的这类收费、政府基金是否纳入预算管理，有无将不属于纳入财政管理的收费项目作为不征税收入扣除，以少纳企业所得税的现象。

[例题4－7]（单项选择题） 下列收入中，属于企业所得税法规定的不征税收入的是（　　）。

A. 事业单位收到的财政拨款收入

B. 外贸企业收到的出口退税款收入

C. 不征税收入孳生的利息收入

D. 企业收到地方政府未规定专项用途的税收返还款收入

[参考答案] A

[答案解析] 收入总额中的下列收入为不征税收入：(1) 财政拨款，是指各级人民政府对纳入预算管理的事业单位、社会团体等组织拨付的财政资金；(2) 依法收取并纳入财政管理的行政事业性收费、政府性基金；(3) 国务院规定的其他不征税收入。

[例题4-8]（判断题） 符合条件的软件生产企业按规定实行增值税即征即退政策所退还的税款，由企业专款专用于软件产品的研发和扩大再生产并单独进行核算，可以作为不征税收入，在计算应纳税所得额时从收入总额中扣除。（　）

[参考答案] 正确

[答案解析]《财政部　国家税务总局关于进一步鼓励软件产业和集成电路产业发展企业所得税政策的通知》(财税〔2012〕27号) 规定："五、符合条件的软件企业按照《财政部　国家税务总局关于软件产品增值税政策的通知》(财税〔2011〕100号) 规定取得的即征即退增值税款，由企业专项用于软件产品研发和扩大再生产并单独进行核算，可以作为不征税收入，在计算应纳税所得额时从收入总额中减除。"

[例题4-9]（判断题） 企业的不征税收入用于支出所形成的费用，可以在计算企业所得税应纳税所得额时扣除。（　）

[参考答案] 错误

[答案解析]《财政部　国家税务总局关于财政性资金、行政事业性收费、政府性基金有关企业所得税政策问题的通知》(财税〔2008〕151号) 第三条规定，企业的不征税收入用于支出所形成的费用，不得在计算应纳税所得额时扣除；企业的不征税收入用于支出所形成的资产，其计算的折旧、摊销不得在计算应纳税所得额时扣除。

三、免税收入的稽查方法

免税收入包括国债利息收入，符合条件的居民企业之间的股息、红利等权益性投资收益，在中国境内设立机构、场所的非居民企业取得与该机构、场所有实际联系的股息、红利等权益性投资以及符合条件的非营利性收入。检查国债利息时，要审查企业反映国债利息收入的明细账户及相关原始凭证、记账凭证，看企业是否存在将非国债利息收入混入国债利息收入，少缴纳企业所得税的情形。

[例题4-10]（单项选择题） 下列关于企业所得税免税收入的陈述中，不正确的是（　）。

A. 国债利息收入属于免税收入

B. 符合条件居民企业之间的股息、红利等权益性投资收益属于免税收入

C. 财政拨款收入属于免税收入

D. 符合条件的非营利组织的收入属于免税收入

[参考答案] C

[答案解析] 免税收入是指属于企业的应税所得但按照税法规定免予征收企业所得税的收入。免税收入包括：(1) 国债利息收入；(2) 符合条件的居民企业之间的股息、红利等权益性投资收益；(3) 在中国境内设立机构、场所的非居民企业从居民企业取得与该机构、场所有实际联系的股息、红利等权益性投资收益；(4) 符合条件的非营利组织的收入。

[例题4－11]（单项选择题） 企业取得的下列收入中，属于企业免税收入的是（　　）。

A. 金融债券利息收入

B. 符合条件的居民企业之间的股息、红利等权益性投资收益

C. 依法收取并纳入财政管理的行政事业性收费、政府性基金

D. 非营利组织因政府购买服务而取得的收入

[参考答案] B

[答案解析] 选项A、D，需要缴纳企业所得税；选项C，属于不征税收入。

四、税前扣除项目的稽查方法

（一）税前扣除项目的政策依据

企业申报的扣除项目和金额要真实、合法。真实是指能提供证明有关支出确实已经实际发生；合法是指符合国家税法的规定，若其他法规规定与税收法规规定不一致，应以税收法规的规定为标准。除税收法规另有规定外，税前扣除一般应遵循以下原则：

1. 权责发生制原则，是指企业费用应在发生的所属期扣除，而不是在实际支付时确认扣除。

2. 配比原则，是指企业发生的费用应当与收入配比扣除。除特殊规定外，企业发生的费用不得提前或滞后申报扣除。

3. 相关性原则，企业可扣除的费用从性质和根源上必须与取得应税收入直接相关。

4. 确定性原则，即企业可扣除的费用不论何时支付，其金额必须是确定的。

5. 合理性原则，符合生产经营活动常规，应当计入当期损益或者有关资产成本的必要和正常的支出。

税前扣除的基本框架如表4－1所示。

表4－1 税前扣除的基本框架

项目	主要内容	备注
成本	销售成本、销货成本、业务支出、其他耗费	
费用	销售费用、管理费用、财务费用	
税金	除所得税和可以抵扣的增值税以外的所有税金及附加	反列举
损失	实际发生的各项损失	
其他支出项目	与生产经营活动有关的、合理的支出兜底条款	

（二）税前扣除项目的常见涉税问题

1. 费用的界限划分不明确。

2. 利用虚开发票或人工费等虚增成本。

3. 资本性支出一次性计入成本。

4. 擅自改变成本核算方法调节利润。

5. 收入和成本、费用不配比。

(三)特殊扣除项目的稽查方法

1. 工资薪金支出的稽查。

(1) 审查工资薪金的范围是否正确。《中华人民共和国企业所得税法实施条例》(以下简称《企业所得税法实施条例》)第三十四条第二款规定:“工资、薪金,是指企业每一纳税年度支付给在本企业任职或者受雇的员工的所有现金形式或者非现金形式的劳动报酬,包括基本工资、奖金、津贴、补贴、年终加薪、加班工资,以及与员工任职或者受雇有关的其他支出。”

(2) 审查职工福利费的调整是否正确。自2008年1月1日起,不允许预提,应按实际发生额计入有关成本费用,但每一年度准予扣除的福利费不能超过工资总额的14%。

(3) 审查职工教育经费的调整是否正确。企业发生的职工教育经费支出,不超过工资薪金总额8%的部分,准予扣除;超过部分,准予在以后纳税年度结转扣除。

(4) 审查工会经费的调整是否正确。企业发生的工会经费支出,不超过工资薪金总额2%的部分,准予扣除;超过部分,不允许在以后纳税年度结转扣除。工会经费强调的是“拨缴工会”,注意是拨缴,不是计提,准予扣除的工会经费必须取得《工会经费拨缴款专用收据》或者合法、有效的工会经费代收凭据。

[例题4-12](单项选择题) 在对A公司2018年度企业所得税检查时,稽查人员从明细账中发现A公司“管理费用——工会经费”明细账中列支:(1)工会组织活动开支5万元;(2)拨付工会10万元,并取得《工会经费收入专项收据》;(3)慰问困难家属5万元;(4)支付医疗费11万元。稽查人员确认税前扣除的工会经费(　　)万元(按工资总额计算可税前扣除金额为26万元)。

A. 31　　　　B. 10

C. 15　　　　D. 26

[参考答案] B

[答案解析]《关于工会经费企业所得税税前扣除凭据问题的公告》(国家税务总局公告2010年第24号)规定,自2010年7月1起,企业拨缴的职工工会经费,不超过工资薪金总额2%的部分,凭工会组织开具的《工会经费收入专用收据》在企业所得税税前扣除。

2. 审查借款费用是否正确。借款费用是指企业为经营活动借入资金而需要承担的利息性质的费用,包括长短期借款利息、债券溢折价摊销、借款辅助费用、外币借款汇率差。企业在生产经营活动中发生的合理的不需要资本化的借款费用,准予扣除。企业为购置、建造固定资产、无形资产和经过12个月以上的建造才能达到预定可销售状态的存货发生借款的,在有关资产购置、建造期间发生的合理的借款费用,应当作为资本性支出计入有关资产的成本，并依照《企业所得税法实施条例》的规定扣除。

企业在生产经营活动中发生的下列利息支出，准予扣除：

（1）非金融企业向金融企业借款的利息支出、金融企业的各项存款利息支出和同业拆借利息支出、企业经批准发行债券的利息支出。

（2）非金融企业向非金融企业借款的利息支出，不超过按照金融企业同期同类贷款利率计算的数额的部分。

（3）纳税人为对外投资而借入的资金发生的借款费用，应计入有关投资的成本，不得作为纳税人的经营性费用在税前扣除。

（4）从事房地产开发业务的纳税人为开发房地产而借入资金所发生的借款费用，在房地产完工之前发生的，应计入有关房地产的开发成本。

（5）企业投资者投资未到位而发生的利息支出。

［例题 4－13］（单项选择题） 某境内居民企业 2019 年度“财务费用”账户中利息金额，含有以年利率 8% 向银行借入的 3 个月的生产用 200 万元资金的借款利息；也包括 12 万元的向本企业职工（与本企业无关联关系）借入的与银行借款同期的生产用 100 万元资金的借款利息。假设向本企业职工的借款，双方签订了借款合同，也取得了相关合法票据。则该企业 2019 年度在计算应纳税所得额时允许扣除的利息费用是（　　）万元。

A. 28　　　　B. 21

C. 20　　　　D. 18

［参考答案］ D

［答案解析］ 可在计算应纳税所得额时扣除的银行利息费用为 12（200×8%＋12×9）万元；向本企业职工借入款项可扣除的利息费用限额为 6（100×8%÷12×9）万元，该企业支付职工的利息费用只能按同期同类银行贷款利率计算的限额扣除，超过部分不得税前扣除；该企业 2019 年度可在计算应纳税所得额时扣除的利息费用为 18（12＋6）万元。

3. 审查汇兑损失是否正确。企业在货币交易中，以及纳税年度终了时将人民币以外的货币性资产、负债按照期末即期人民币汇率中间价折算为人民币时产生的汇兑损失，除已经计入有关资产成本以及与向所有者进行利润分配相关的部分外，准予扣除。

4. 业务招待费的稽查。《企业所得税法实施条例》第四十三条规定：“企业发生的与生产经营活动有关的业务招待费支出，按照发生额的 60% 扣除，但最高不得超过当年销售（营业）收入的 5‰。”

5. 广告宣传费的稽查。按权责发生制原则属于当期负担的广告宣传费，可以在当期扣除。企业每一纳税年度发生的符合条件的广告费和业务宣传费，除国务院财政、税务主管部门另有规定外，不超过当年销售（营业）收入 15% 的部分，准予扣除；超过部分，准予在以后纳税年度结转扣除。

［例题 4－14］（单项选择题） 某医药制造企业 2018 年度销售自制药品取得不含税收入 1 500 万元，取得仓库不含税租金收入 500 万元，实际发生广告费 400 万元，业务宣传费 250 万元，则该企业 2018 年度计算企业所得税时，广告费和业务宣传费准予扣除（　　）万元。

A. 450　　B. 500

C. 600　　D. 650

[参考答案] C

[答案解析] 自2016年1月1日起至2020年12月31日，对化妆品制造与销售、医药制造和饮料制造（不含酒类制造）企业发生的广告费和业务宣传费支出，不超过当年销售（营业）收入30%的部分，准予扣除。该企业2018年度广告费和业务宣传费的扣除限额为600万元［(1 500＋500)×30%］，实际发生为650万元（400＋250）万元，准予扣除600。

6. 捐赠支出的稽查方法。

（1）区分为“公益救济性捐赠”和“非公益救济性捐赠”。

公益救济性捐赠，是指纳税人通过中国境内非营利的社会团体、国家机关向教育、民政等公益事业和遭受自然灾害地区、贫困地区的捐赠；纳税人直接向受赠人的捐赠不允许扣除。

企业发生的直接捐赠支出，不能税前扣除。如基于政府帮扶解困的定向性，企业根据政府及相关部门扶贫计划，直接向贫困村、农户、城市生活困难的居民、农村小学和特困学生等捐赠。虽然这种行为具有公益性，但不符合税法规定的公益性捐赠要件。

（2）审查扣除限额的计算是否正确。企业通过公益性社会组织或者县级（含县级）以上人民政府及其组成部门和直属机构，用于慈善活动、公益事业的捐赠支出，在年度利润总额12%以内的部分，准予在计算应纳税所得额时扣除；超过年度利润总额12%的部分，准予结转以后3年内在计算应纳税所得额时扣除。

7. 审查环境保护、生态恢复专项资金支出是否正确。企业依照法律、行政法规有关规定提取的用于环境保护、生态恢复等方面的专项资金，准予扣除。上述专项资金提取后改变用途的，不得扣除。

8. 管理费。

（1）独立法人的母子公司之间支付的管理费，不得扣除。母公司为子公司提供各种服务发生的费用，必须按独立交易原则确定服务价格，否则不得扣除。

（2）非居民企业在中国境内设立的机构、场所，就其中国境外总机构发生的与该机构、场所生产经营有关的费用，能够提供总机构出具的费用汇集范围、定额、分配依据和方法等证明文件，并合理分摊的，准予扣除。

第三节　企业资产的税务稽查

一、企业资产税务稽查的政策依据

资产的税务处理原则需要坚持以历史成本为计税基础。历史成本是指企业取得该项资产时实际发生的支出。企业持有各项资产期间产生资产增值或减值，除按国务院财政、税务主管部门规定可以确认损益外，不得调整该资产的计税基础。持有期间公允价值有变动，不确认所得。业务重组中发生的各项资产交易，在税收上确认了收益或损失的，相关资产可按重新确认的价值确定计税基础。

二、企业资产税务稽查常见涉税问题

1. 稽查资产的计税基础不正确。

2. 稽查固定资产净值计算不够准确。

3. 稽查资产的折旧年限出现错误

三、企业资产税务稽查的方法

（一）固定资产稽查时的注意事项

1. 审查固定资产的计税基础是否正确。

固定资产按照以下方法确定计税基础：

（1）外购的固定资产，以购买价款和支付的相关税费以及直接归属于使该资产达到预定用途发生的其他支出为计税基础；

（2）自行建造的固定资产，以竣工结算前发生的支出为计税基础；

（3）融资租入的固定资产，以租赁合同约定的付款总额和承租人在签订租赁合同过程中发生的相关费用为计税基础，租赁合同未约定付款总额的，以该资产的公允价值和承租人在签订租赁合同过程中发生的相关费用为计税基础；

（4）通过捐赠、投资、非货币性资产交换、债务重组等方式取得的固定资产，以该资产的公允价值和支付的相关税费为计税基础；

（5）改建的固定资产，除已足额提取折旧的固定资产的改建支出和租入固定资产的改建支出外，以改建过程中发生的改建支出增加计税基础。

2. 审查固定资产的净残值是否正确。《企业所得税法实施条例》第五十九条规定："企业应当根据固定资产的性质和使用情况，合理确定固定资产的预计净残值。固定资产的预计净残值一经确定，不得变更。"

3. 审查固定资产的折旧范围是否正确。《企业所得税法》第十一条规定：在计算应纳税所得额时，企业按照规定计算的固定资产折旧，准予扣除。

下列固定资产不得计算折旧扣除：

（1）房屋、建筑物以外未投入使用的固定资产；

（2）以经营租赁方式租入的固定资产；

（3）以融资租赁方式租出的固定资产；

（4）已足额提取折旧仍继续使用的固定资产；

（5）与经营活动无关的固定资产；

（6）单独估价作为固定资产入账的土地；

（7）其他不得计算折旧扣除的固定资产。

企业应当对所有固定资产计提折旧。但是，已提足折旧仍继续使用的固定资产和单独计价入账的土地除外。

4. 审查固定资产的折旧年限是否正确。《企业所得税法实施条例》第六十条规定：除国务院财政、税务主管部门另有规定外，固定资产计算折旧的最低年限如下：

（1）房屋、建筑物，为20年；

（2）飞机、火车、轮船、机器、机械和其他生产设备，为10年；

（3）与生产经营活动有关的器具、工具、家具等，为5年；

（4）飞机、火车、轮船以外的运输工具，为4年；

（5）电子设备，为3年。

企业应当根据固定资产的性质和使用情况，合理确定固定资产的使用寿命。

5. 审查固定资产的折旧方法是否正确。

《企业所得税法》第三十二条规定："企业的固定资产由于技术进步等原因，确需加速折旧的，可以缩短折旧年限或者采取加速折旧的方法。"

《企业所得税法实施条例》第九十八条规定：《企业所得税法》第三十二条所称可以采取缩短折旧年限或者采取加速折旧的方法的固定资产，包括：

（1）由于技术进步，产品更新换代较快的固定资产；

（2）常年处于强震动、高腐蚀状态的固定资产。

采取缩短折旧年限方法的，最低折旧年限不得低于《企业所得税法实施条例》第六十条规定折旧年限的60%；采取加速折旧方法的，可以采取双倍余额递减法或者年数总和法。

[案例4－1]（综合题） 某市一大型机器制造企业，2006年在上海证券交易所挂牌上市。该企业2018年实现销售收入5 026万元，账面利润为－26.891万元，已申报缴纳各项税金102万元。2019年4月，某税务稽查人员在对其2018年度的所得税汇缴检查时，发现该企业2015年6月报废机器设备一批，价值350万元。通过对"累计折旧"与"固定资产"明细账的审查发现，该企业2018年7—12月依旧对这批报废的设备计提折旧，共计24.485万元，另外通过对上述两个账户的审查还发现，该企业将经营性租入的固定资产计提折旧共计4.876万元。综合账务处理为：

借：管理费用　　293 610

　　贷：累计折旧　　293 610

[答案解析] 对于企业多计提的折旧，应补提企业所得税。

账务调整如下：

（1）借：累计折旧　　293 610

　　　　贷：以前年度损益调整　　293 610

（2）借：以前年度损益调整　　4 446

　　　　贷：应交税费——应交企业所得税　　4 446

（3）借：以前年度损益调整　　289 164

　　　　贷：利润分配——未分配利润　　289 164

[例题 4-15]（单项选择题） 符合加速折旧政策的企业对其购置的已使用过的固定资产，最低折旧年限不得低于规定最低折旧年限减去已使用年限后剩余年限的一定比例。下列选项中，符合这一比例的是（ ）。

A. 40%　　B. 80%

C. 50%　　D. 60%

[参考答案] D

[答案解析] 符合加速折旧政策的企业对其购置的已使用过的固定资产，最低折旧年限不得低于规定的最低折旧年限减去已使用年限后剩余年限的60%。

[例题 4-16]（单项选择题） 根据《企业所得税法》的规定，下列关于资产的税务处理表述中，不正确的是（ ）。

A. 企业的无形资产以历史成本为计税基础

B. 企业对外投资期间，投资资产的成本在计算应纳税所得额时不得扣除

C. 停止使用的固定资产，应当自停止使用月份起停止计提折旧

D. 固定资产的预计净残值一经确定，不得变更

[参考答案] C

[答案解析] 停止使用的固定资产，应当自停止使用月份的次月起停止计提折旧。

（二）无形资产的稽查方法

1. 检查有关专利权的证明文件和受让购入合同、契约。如若企业专利项目众多，应向企业索取专利权明细表，逐一加以查对，以确定其权利是否存在、有无争议。

2. 检查专利权的计量是否正确，有无将其他费用计入专利权价值中，或者虚报专利权价值。

3. 检查无形资产的贷方记录，并检查其账务处理是否正确，摊销期限和标准是否恰当，有无以无形资产的摊销来调节盈余等。

[例题 4-17]（单项选择题） 企业与其关联方共同开发、受让无形资产，或者共同提供、接受劳务发生的成本，在计算应纳税所得额时应当按照（ ）原则进行分摊。

A. 内部结算　　B. 互惠互利

C. 独立交易　　D. 关联交易

[参考答案] C

[答案解析] 企业与其关联方共同开发、受让无形资产，或者共同提供、接受劳务发生的成本，在计算应纳税所得额时应当按照独立交易原则进行分摊。

（三）生产性生物资产的稽查方法

1. 生产性生物资产的折旧稽查方法。生产性生物资产按照直线法计算的折旧，准予扣除。企业应当自生产性生物资产投入使用月份的次月起停止计算折旧。企业应当根据生产性生物资产的性质和使用情况，合理确定生产性生物资产的预计残值。一经确定，不得变更。生产性生物资产计算折旧的最低年限为：林木类生产性生物资产为10年；畜类生产性生物资产为3年。主要检查“生产性生物资产”和“生产性生物资产累计折旧”明细账，核实计提折旧的时间，查看是否存在当月新增资产计提折旧的情况。

2. 生产性生物资产处置的稽查方法。生产性生物资产出售时，应当将处置收入扣除其计税成本和相关税费后的余额计入当期应纳税所得额；生产性生物资产盘亏或死亡、毁损造成的损失，经清单申报后作为财产损失作税前扣除。检查处置的结转是否正确，相应的累计折旧是否结转，残值收入是否入账，处置收入是否转入“营业外收入——处置非流动资产利得”账户。

四、长期待摊费用的稽查方法

（一）长期待摊费用的计量

查阅租入固定资产的租赁合同以及改建工程的建筑安装合同，查阅改良支出的料、工、费的原始凭证，核实其计量是否正确。

（二）长期待摊费用摊销的检查

通过检查长期待摊费用摊销计算表，审查计算表中的摊销年限，审核对租入固定资产的改良支出是否在剩余租赁期内将改良支出平均摊销；对改建的固定资产延长使用年限的，是否延长。

第四节　材料成本的稽查

一、材料成本稽查的政策依据

成本是指纳税人销售商品（产品、材料、废料等）、提供劳务、转让固定资产和无形资产（包括技术转让）的成本。纳税人须将经营活动中发生的成本合理划分为直接成本和间接成本。外购存货的成本包括购货价格、购货费用和税金，计入存货成本的税金是指购买、自制或委托加工存货发生的消费税、关税、资源税和不能从销项税额中抵扣的增值税进项税额。纳税人自制存货的成本包括制造费用等间接费用。

纳税人的各种存货应以取得时的实际成本计价。各项存货的发出或领用的成本计价方法，可以采用个别计价法、先进先出法、加权平均法、移动平均法、计划成本法或零售价法等。实际上成本的稽查主要针对销售产品的成本，但是销售产品成本的真实、正确与否，取决于完工产品成本的正确程度；完工产品成本的正确程度又取决于生产成本的正确程度及在完工产品与在产品之间的分配；生产成本的正确程度来源于生产领用的材料成本、人工成本和其他等费用的正确核算。因此，成本的检查主要从材料成本、生产成本、完工产品成本和销售产品成本等几个环节着手。

材料成本是指生产企业为了生产某种产品而备用的原材料的价值量。原材料的取得形式是多样的，如外购原材料、自制原材料、接受捐赠的原材料等。一般情况下，原材料成本金额的大小主要取决于材料的数量和单价两个因素。但工业生产企业的原材料成本还包括外购材料的附带成本，即运输费用、装卸费用、入库前的挑选费用等。

二、材料成本的常见涉税问题

1. 外购材料购货价格以及附带成本出现虚报等错误情况。
2. 材料入库所进行的成本核算不正确。
3. 材料出库过程中出现材料数量有误。

三、材料成本稽查的方法

（一）外购材料成本稽查的方法

纳税人为了生产的需要，必须购进相当规模的存货。存货是指纳税人在生产经营过程中为销售或耗用而储备的各种资产，包括材料、在产品、自制半成品、产成品、商品、包装物和低值易耗品等。外购存货的成本有两个方面：一是购货价格；二是附带成本。

1. 购货价格的检查。凡购入的材料或商品，都应根据所取得的发票金额，确定购货价格。但是，在实际工作中，纳税人常常出现采购不合理、核算不准确的问题，从而导致购货价格并不真实。对这个问题进行检查时，要掌握相关的市场价格信息，结合企业采购渠道、时间、地点进行分析判断。

2. 材料成本核算不正确。材料成本核算不正确有三种表现：（1）将固定资产错记作存货而入账；（2）购货价格中包括价外税中的进项税额；（3）没有按照正确的标准核算购货折扣。

固定资产和存货有严格区别。现实中，纳税人只要严格认真执行财务会计制度和资产的税务处理规定，就能准确进行两者的核算。但是，纳税人有时为了早日回收固定资产的投资支出，会采取将固定资产计入存货核算的方法，如把固定资产化整为零，改换名称，作为材料、商品、低值易耗品入账，或直接领用计入生产成本。

对外购材料成本进行稽查时应注意以下几个方面：

（1）检查购货发票，如商品名称、进货周期、购货价格等。

（2）检查领料凭证，通过其领料部门和发料用途来鉴别究竟是属于存货还是属于固定资产。一般而言，修理用备件是供检修部门修理固定资产的备用件；低值易耗品是车间领用并定有定额的工具、用具和劳动保护用品等。

关于购货折扣核算不正确的问题，应注意以下几点：

购货折扣包括销售方实施的商业购货折扣和现金购货折扣。按照《增值税专用发票管理办法》的规定，纳税人以商业折扣方法购进存货时，在提货时取得增值税专用发票，并按应付货款的净额借记“材料采购”账户，按专用发票所列的增值税税额借记“应交税费——应交增值税（进项税额）”账户，按应付的货款净额和增值税税额之和贷记“银行存款”或“应付账款”等账户。

纳税人以现金折扣方法赊购货物时，在交付货款时取得增值税专用发票，并按扣除现金折扣后的应付货款借记“材料采购”账户，按专用发票所填列的增值税税额借记“应交税费——应交增值税（进项税额）”账户，按应付的货款净额和增值税税款之和贷记“银行存款”等账户。

3. 附带成本的检查。

（1）检查内容。生产企业外购的货物，其采购成本还应包括在购入这些物品过程中所需支付的一切直接或间接费用，如由购货方负担的运杂费、包装费、保险费等。这些费用构成购货成本的一部分，是货物成本的附加，即附带成本。

附带成本是否计入存货成本，一般根据会计准则、行业财务会计制度、税法规定及纳税人的具体情况而定。对于我国的商品流通企业，外购商品的附带成本不计入存货成本，而全部将其作为期间费用的范围，直接计入当期损益。其他行业存货的附带成本中的包装、运杂费直接计入存货采购成本；采购保管费在工业企业计入管理费用，而不计入存货采购成本。

实践中的问题是，有些纳税人不能正确核算存货的附带成本。如工业企业将途中不正常损耗和短缺损失、在采购过程中请客送礼所支付的费用计入材料成本，造成外购材料实际成本的不真实，从而虚增当期完工产品的单位成本。

（2）检查方法。检查原始凭证及其汇总表，检查一些原本不属于存货采购成本的支出是否会在原始凭证中表现出来。

检查“材料采购”账户明细账。在工业企业“材料采购”账户明细账的借方金额栏中有“买价”“采购费用”“其他”“合计”四个小栏。若供应单位是外地的，就一定有运杂费，应在“采购费用”栏中表现出来；如果没有表现出来，就可能将运杂费记入了“管理费用”等账户。

（二）材料入库核算的稽查方法

材料进入企业之后，往往需要经过一段时间的储备，而不是直接进入加工、销售环节，这就涉及材料入库进行核算的问题。在实际中，对入库储备的存货有多种核算方法，如工业企业，有按实际成本核算，也有按计划成本核算；商业企业，有按进价核算，也有按售价核算。

1. 按实际成本核算的检查。按照工业企业财务制度的规定，材料按照实际成本计价：购入的，按照买价加运输费，装卸费，保险费，途中合理损耗，入库前的加工、整理及挑选费用以及不能计入进项税额的税金等计价；自制的，按照制造过程中的各项实际支出计价；委托外单位加工的，按照实际耗用的原材料或者半成品加运输费、装卸费、保险费和加工费用等计价；投资者投入的，按照评估确认或者合同、协议约定的价值计价；盘盈的，按照同类存货的实际成本计价；接受捐赠的，按照发票所列金额加纳税人负担的运输费、保险费等计价；无发票账单的，按照同类存货的市价计价。

所谓材料按实际成本核算，就是指不论材料的来源渠道如何，在它们被验收入库时，均按规定的实际成本登记“原材料”“包装物”“低值易耗品”等账户。“原材料”账户所反映的是材料的实际价格。

（1）自制材料成本的稽查。自制材料是指纳税人为了满足生产需要，以某种库存的原材料改制成另一种原材料，如把生皮革制成熟皮革。对自制材料成本的稽查，主要是检查其实际成本是否正确，有无将自制材料成本计入当期完工产品成本的情况。

自制材料实际成本的组成，应包括直接材料费用、直接人工费用、制造费用。实际工作中，有的纳税人只把直接材料费用作为自制材料成本转账，不计直接人工费用和应负担的制造费用，从而造成把加工过程中发生的直接人工费用和制造费用计入当月完工的产品或销售产品成本中，影响了当月应缴纳的企业所得税应纳税额。

对自制材料成本的稽查方法主要是：从账户处理看，结转自制材料成本的对应科目应是“生产成本”，若是从“原材料”科目转账，就有可能没有包括加工过程中发生的其他成本。从燃料、动力、制造费用的分配表来看，自制材料分摊费用的工时数应与实耗工时数相等，与完工产品在统一分配标准下分配费用的分配率也应该一致。如不一致，则要检查自制材料有无少摊费用的现象。

（2）委托加工材料成本的稽查。

委托加工材料是指纳税人提供原材料及主要材料委托外单位加工改制成另一种材料。对委托加工材料成本的稽查，主要是检查其归集和结转是否正确。通常在实际中发现成本归集不实的情况有：提高拨付给加工原材料的实际成本；将加工费、运杂费直接计入生产成本。对这类问题的检查，应结合原始凭证和加工合同。检查“委托加工物资”账户的借方发生额，按加工材料成本发生的顺序逐一核对。

检查入账成本的计算是否正确，是否少计或多计材料成本。

对于收回委托加工材料时任意结转成本情况的检查：

注意结转成本的账务处理，如果出现与往来账户对应的，如借记“其他应收款”、贷记“委托加工物资”，应进一步核查其原始凭证落实问题。

直接检查“委托加工物资”明细账，如果发现收回的材料结转的单价偏高或出现红字余额，应责令纳税人及时调整账务。

2. 按计划成本核算的检查。材料品种繁多的企业，一般采用计划价格进行日常核算。材料的计划价格也称材料的计划成本，一般是根据材料的市场价格，并结合运输方式、供货地点等因素制订的。计划价格一经确定，在一个年度内一般不作改变。

材料按计划成本计价，是指对每一种材料的收、发、结存均按预先制订的计划成本计价计算记账。计划成本与实际成本之间的差异，则通过“材料成本差异”账户另行核算，最终将收、发、结存材料的计划成本调整为实际成本的一种计价方法。

在材料入库成本使用计划价格核算时，“材料成本差异”账户既有调整账户的性质，又有成本费用账户的性质。当其表现为借方余额时，借方余额与原材料等账户的借方余额相加之和为库存材料的实际成本；当其表现为贷方余额时，贷方余额与原材料等账户的借方余额相减之差即为库存材料的实际成本。作为成本费用类账户，它将发出原材料（计入生产成本）的计划成本调整为实际成本。

（三）存货出库、耗用、销售的稽查方法

企业存货出库耗用销售的过程，一方面是储备减少的过程，如库存原材料、库存产成品、库存商品等减少；另一方面是成本增加的过程，如生产成本、在建工程成本、销售成本等增加。销售成本关系到纳税人的财务成果和国家的税收，所以对存货出库的检查是所得税检查的重要环节。

1. 存货出库数量的检查。对某种存货在一定时期的出库总数量进行检查，可以使用盘存倒挤法，即根据该存货正确的期末结存量倒挤出本期出库量。计算公式为：

存货出库量 = 期初结存量 + 本期入库量 − 期末结存量

（1）对存货账面结存量的检查。

①账面余额的数量、金额都是红字。一般而言，某种存货的账面余额通常表现为蓝字或零。如果账面余额的数量和金额都为红字，多数属于对发货的计量、计价偏高，多转出库存货的成本所致。计算企业多转发货成本数额时，首先，检查是否有账外存货。所谓账外存货是指账上没有记载，而实际在仓库中仍有存放的货物。其次，采用正确的计价方法，确定账外存货所适用的单价。如果不存在账外存货，而出现账面余额的数量和金额都为红字时，纳税人虚转发货的金额，可按以下公式计算：

多转发货成本 = 库存存货实际数量 × 适用单价 + 账面结存红字金额

如果库存无存货数量，那么多转发货成本就等于账面红字金额。

②账面余额数量是蓝字，而金额是红字的，肯定属于发货计价偏高、多转成本的现象，多转发货成本的计算公式为：

多转发货成本 = 库存存货实际数量 × 适用单价 + 账面结存红字金额

③账面数量结存是红字，而金额为蓝字的，多数属于发货计价偏低、少转成本的现象，应将全部蓝字金额转入生产成本或调减当期利润。

（2）对存货盘点及其处理的检查。为了真实反映存货的实有数额，做到账实相符，财务制度规定企业要定期或不定期地进行各种存货盘点，年度终了前必须进行一次全面的盘点清查。盘点以后，要核对盘点的实存数与存货明细账账面结存数量，并且编制《存货盘点报告表》报有关部门审批。但在实际工作中，有些企业长期不盘点，或盘点以后，不按实际情况入账，不按会计规定处理。比如提高盘亏单价，压低盘盈单价，少转盘盈的金额，不按规定转账等。稽查中应注意的主要问题有：

检查《存货盘点报告表》的原始资料是否齐全，数字是否正确。可向企业索取盘点的原始记录，查对各仓库、车间盘点表的编号、页数是否齐全，核对《存货盘点报告表》有无漏计、错计的情况。

检查“待处理财产损溢——待处理流动资产损溢”明细科目。以其贷方对照《存货盘点报告表》，核对盘盈存货是否如数入账。

检查“待处理财产损溢——待处理流动资产损溢”明细账的转销情况。对于盘盈发生额，有无违反规定擅自处理的问题。对于盘亏发生额，有无违反规定擅自处理的问题，如有发生，应转回“待处理财产损溢——待处理流动资产损溢”账户。

检查盘点表计价是否正确。用《存货盘点报告表》与“原材料”等有关存货明细账核对，核实其使用的单价是否正确。检查时应注意有无在盘盈时压低单价，盘亏时提高单价，以及以盈补亏、自行削价等问题。如果存在这些问题，应根据税法规定据实调整。

对采用计划成本核算存货的企业，在盘点中发现的盈余，应按计划成本结转。借记“原材料”等科目，贷记“待处理财产损溢”“材料成本差异”科目；在盘点中发现的盘亏和毁损，先按计划成本结转，借记“待处理财产损溢”科目，贷记“原材料”等科目。

2. 存货出库计价的检查。由于材料或商品往往是以不同的单位成本购入和生产出来的，要确定出库存货的成本，就需要确定和选择合理的计价方法。存货的计价方法是指对发出物品和每次发出后存货价值的计算确定的方法。从世界范围来看，存货的计价方法主要有三类：成本法、估计法和成本与市价孰低法。从我国的会计实务来看，改革开放前主要使用成本法，包括使用先进先出法、加权平均法、移动平均法、个别计价法。商品流通企业由于其经营管理的需要，还可以使用估计法，包括使用毛利率法、综合差价分摊法和分柜组差价分摊法。在日常核算中，采用先进先出法和加权平均法计价核算的偏多。

（1）先进先出法。先进先出法是以最先进库材料或商品最先出库为假设前提，即假定物品先进先出，后进作存，并依据此种假定的成本流动次序对出库存货和期末结存存货进行计价，也即按最先进货的单位成本依次计算发出物品的成本，按最后进货的单位成本依次计算出期末存货的成本。

检查方法：

方法一：根据先进先出法计价核算发出材料成本金额的特点，以材料明细账上期末结存的数量与当期最后一次进货的数量对比，如果期末结存数量小于最后一次进货的数量时，就必然存在期末结存材料的单价一定等于最后一次进货的单价。如发现两者不相等，就证明材料成本金额结转有误，应进一步查明原因。

方法二：如果检查时账面结存材料数量大于当期最后一次进货的数量，但又小于倒数第一、第二次进货数量之和时，应用期末账面结存的材料金额减去最后一次进货的材料金额的余额，除以期末账面结存数量减去最后一次进货数量的余额，得到的材料单价应当等于倒数第二次进货的材料单价，如果两者不相等，就证明结转的材料成本仍然存在问题。

［案例4－2］（综合题）定期盘存法下，公司期末结存材料400件的成本金额如表4－2所示：

表4－2　　**材料明细账**

2018年12月

日期	收入			支出			结存		
	数量（件）	单价（元）	金额（元）	数量（件）	单价（元）	金额（元）	数量（件）	单价（元）	金额（元）
12月1日							600	18	10 800
12月6日	400	20	8 000				1 000		18 800
12月16日				700	18.3	12 810	300		5 990
12月20日	700	19	13 300				1 000		19 290
12月26日				500	19.6	9 800	200		9 490
12月28日	500	22	11 000				1 000		20 490
12月30日				600	21.8	13 080	400		
12月31日							400	18.525	7 410

根据分析，检查处理如下：

从明细账可以看出，期末结存数量400件，小于最后一次进货数量500件，但期末结存的单价又不等于最后一次进货的单价，可以证明其材料成本结转存在问题。检查计算如下：

1. 期末结存的正确金额 = 期末结存数量（400件）× 最后一次进货的单价（22元）= 8 800（元）

2. 当期公司多转材料成本 = 8 800 − 7 410 = 1 390（元）

（2）加权平均法。加权平均法是指企业的存货按实际成本进行明细分类核算时，以本期各批入库数量和期初存货数量为权数计算存货的平均单位成本的一种方法，其计算公式为：

本期存货的平均单位成本金额 =（期初结存金额 + 本期各批购进成本金额之和）÷（期初结存数量 + 本期各批购进数量之和）

期末结存存货成本金额 = 期末结存存货数量 × 平均单位成本金额

本期出库存货成本金额 = 本期出库存货数量 × 平均单位成本金额

在加权平均法计价核算下，检查时，如果发现材料明细账上本期结转材料成本的单价不等于期末结存材料成本的单价，则证明本期发出材料的成本金额不正确，可能造成多转或少转发出材料的成本金额。在此情况下，先用加权平均法核定出正确的平均单价，再用账面结存数量乘以正确的单价与账面结存金额比较，计算出多转或少转的材料成本金额。

对上例检查分析处理如下：

1. 存货平均单件成本金额 =（10 800 + 32 300）÷（600 + 1 600）≈ 19.591（元）

2. 期末存货结存金额 = 400 × 19.591 = 7 836.4（元）

3. 当期多转材料成本金额 = 7 836.4 − 7 410 = 426.4（元）

对加权平均法计价核算的评析：

采用加权平均法确定的存货成本，受每批进货数量和单价的影响，但可以较真实地反映一定期间内存货的成本金额。当物价逐渐上升时，加权平均成本会低于现价成本，反之则高于现价成本。

（3）移动平均法。移动平均法是以每批购进的材料数量和上一批结存材料的数量为权数，计算出材料的平均单位成本金额对存货进行计价的一种方法。计算公式如下：

每批存货的平均单位成本金额 =（上一批结存存货的成本金额 + 本批购进的存货成本金额）÷（上一批结存存货的数量 + 本批购进的存货数量）

检查移动平均法时，要注意企业是否每购入一批存货，就计算了一次平均单价，且计算得是否正确。还要注意每购入一批存货后，发出存货和结存存货所使用的单价是否一致，有无抬高发出存货单价、压低结存存货单价而多转发出材料成本金额的情况。

［案例4－3］（综合题） 某公司材料明细账如表4－3所示。

表 4-3

材料明细表

2018 年 12 月

日期	收入			支出			结存		
	数量（件）	单价（元）	金额（元）	数量（件）	单价（元）	金额（元）	数量（件）	单价（元）	金额（元）
12 月 1 日							600	1.80	1 080
12 月 6 日	400	2.00	800				1 000	1.88	1 880
12 月 16 日				700	1.88	1 316	300	1.88	564
12 月 20 日	700	1.90	1 330				1 000	1.894	1 894
12 月 26 日				500	1.894	947	500	1.894	947
12 月 31 日	500	2.20	1 100				1 000	2.047	2 047
合计	1 600		3 230	1 200		2 253	1 000	2.047	2 047

各批单位成本金额计算如下：

第一批购货后的平均单位成本金额 =（1 080 + 800）÷（600 + 400）= 1.88（元）

第二批购货后的平均单位成本金额 =（564 + 1 330）÷（300 + 700）= 1.894（元）

第三批购货后的平均单位成本金额 =（947 + 1 100）÷（500 + 500）= 2.047（元）

期末存货的成本 = 1 000 × 2.047 = 2 047（元）

第五节　生产成本的稽查

一、生产成本稽查的政策依据

生产成本的基本内容是多方面的，根据不同的标准可以将成本划分为不同的类型。常见的有以下几种：

1. 按照各类生产在企业内部所负担的使命，生产成本的内容包括基本生产成本和辅助生产成本。

（1）基本生产成本。基本生产成本是基本生产车间发生的成本，包括直接人工、直接材料和制造费用。

（2）辅助生产成本。辅助生产是为基本生产服务而进行的产品生产和劳务供应，如制造工具、模型，发电，供应蒸汽、煤气以及修理设备作业等。会计制度规定，属于企业辅助生产车间为产品生产提供的动力等直接费用，应在“辅助生产成本”明细科目核算后，再转入“基本生产成本”明细科目。

2. 按会计期间结束时各种产品所处的生产过程，生产成本的内容包括产成品成本和在产品成本。

3. 按生产成本的构成，生产成本的内容包括直接材料、直接工资、其他直接支出和制造费用。

二、生产成本常见涉税问题

1. 直接材料中将材料亏损等计入材料成本。
2. 直接工资存在虚构企业工资的现象。
3. 将资本性支出、无形资产支出等计入制造费用。
4. 期初在产品存在结存数量不正确等现象。

三、生产成本的稽查方法

生产成本的稽查方法，总的来说是按成本项目进行，检查构成成本项目的各项耗费的归集及其分配是否真实、合理、合法。

（一）直接材料的检查

直接材料包括企业在生产过程中实际消耗的原材料、辅助材料、备品配件、外购半成品、燃料、动力、包装物以及其他直接材料。检查时应根据领料单、退料单、材料库存报表、材料分配明细表等资料进行。要点是：

1. 检查有无非生产单位领料和生产车间的非生产用料混在其中。即行政福利部门、基建工程领料以及生产车间领用的非产品生产用料等的材料费用必须予以剔除，以保证直接材料均是构成产品实体或者有助于产品形成的各种物质消耗。

2. 检查退库材料、回收的边废料价值是否已冲减了原来的领料金额，材料盈亏和毁损的价值有无混入直接材料成本。

3. 检查直接材料的价格构成是否合理；领用材料是否按其实际成本核算；材料的实际成本是按哪种方法确定的，有无超出税法规定的四种计价方法；对采用计划成本核算的，其应负担的材料成本差异是否据实结转。

4. 对燃料动力的检查要注意有无生产用电和生活用电互相挤占的情况，如有外单位借用电力，是否已从直接费用中作了扣除，厂区内及车间的照明或取暖用电是否与生产消耗划分清楚，有无互相挤占。

5. 检查生产领用后又随同产品一起销售的包装物的价值是否混在直接材料费用中，上述包装材料费用应计入“销售费用”或“其他业务支出”，而不属于直接材料。直接材料额应符合下列公式计算的结果：

直接材料成本 = 领用金额 − 退库金额 ± 材料成本差异 − 回收的边废料价值

6. 检查直接材料的分配。直接材料应直接计入产品成本，要检查有无通过分摊的办法计入；对多种产品共用的直接材料的分配，应检查分配依据是否合理、计算是否正确。

（二）直接工资和其他直接支出的稽查

直接工资指直接从事产品生产人员的工资、奖金和津贴。其他直接支出是按上述人员工资总额的14%计提的职工福利费。

对这两项费用的检查，应通过抽查记账凭证、工资计算表、工资及福利费分配表等资料及“应付职工薪酬”账户，结合有关劳动人事记录和职工考勤表等进行检查。

（三）制造费用的检查

制造费用是各生产单位（分厂、车间）为组织和管理生产所发生的费用，即为生产产品发生的间接费用，所以要分单位按项目进行检查，检查各项费用支出的真实性、正确性、合法性。制造费用明细项目有近20项，大致分为三类：

第一类：直接支付的费用，如工资、修理费、水电费、办公费等；

第二类：按规定比例计算提取的费用，如职工福利费、固定资产折旧费；

第三类：摊提费用，如低值易耗品摊销、保险费等。

制造费用的稽查要点是：

1. 检查有无非本部门的间接费用混入。

2. 对摊提费用，要检查费用项目的必要性，检查有无用摊提费用来调剂生产成本和当年利润的现象，分摊期限和付款期限是否超过一年。

3. 检查有无将不应列入成本费用的支出计入制造费用，例如：

（1）资本性支出；

（2）无形资产受让、开发支出；

（3）违法经营的罚款和被没收财物的损失；

（4）各项税收的滞纳金、罚金和罚款；

（5）自然灾害或者意外事故损失有赔偿的部分；

（6）超过国家规定允许扣除的公益、救济性的捐赠，以及非公益、救济性的捐赠；

（7）各种赞助支出；

（8）与取得收入无关的其他各项支出。

4. 对用现金或银行存款支付的其他各项目支出，要检查报销发票的合法性及正确性，检查有无涂改发票、中饱私囊的问题。

5. 对制造费用在各种产品之间的分配，要检查分配依据的真实性、合理性；对分配结果，要检查其计算的数据是否正确。

（四）期初在产品成本的稽查

期初在产品成本对产成品成本有直接影响，检查的重点在于结存的数量。检查时要先与上期账面记载的期末在产品总成本进行比较，查看有无异常变化情况，再对变动幅度大的各种在产品进行抽查，按下列公式确定期初在产品成本：

本期期初在产品成本=抽查日实物成本+上期末至抽查日转出成本-上期末至抽查日投入成本

第六节　企业所得税税收优惠的稽查

税收优惠政策的主要目的是促进技术创新和科技进步、鼓励基础设施建设、鼓励农业发展及环境保护与节能、支持安全生产、促进公益事业和照顾弱势群体，以及对自然灾害的专项税收减免等。

一、企业所得税税收优惠稽查的政策依据

（一）关于扶持农、林、牧、渔业发展的税收优惠

企业从事下列项目的所得，免征企业所得税：

1. 蔬菜、谷物、薯类、油料、豆类、棉花、麻类、糖料、水果、坚果的种植；
2. 农作物新品种的选育；
3. 中药材的种植；
4. 林木的培育和种植；
5. 牲畜、家禽的饲养；
6. 林产品的采集；
7. 灌溉、农产品初加工、兽医、农技推广、农机作业和维修等农、林、牧、渔服务业项目；
8. 远洋捕捞。

（二）关于鼓励基础设施建设的税收优惠

企业从事《公共基础设施项目企业所得税优惠目录》项目投资经营的所得可以免征、减征企业所得税。《中华人民共和国企业所得税法实施条例》据此明确，企业从事港口码头、机场、铁路、公路、城市公共交通、电力、水利等项目投资经营所得，自项目取得第一笔生产经营收入所属纳税年度起，给予“三免三减半”的优惠。

（三）关于支持环境保护、节能节水、资源综合利用、安全生产的税收优惠

1. 符合条件的环境保护、节能节水项目的所得。企业从事公共污水处理、公共垃圾处理、沼气综合开发利用、节能减排技术改造、海水淡化等项目的所得，自项目取得第一笔生产经营收入所属纳税年度起，给予“三免三减半”的优惠。

2. 企业将《资源综合利用企业所得税优惠目录》规定的资源作为主要原材料并符合规定比例，生产国家非限制和禁止并符合国家和行业相关标准的产品取得的收入，减按90%计入收入总额。

3. 企业购置并实际使用《环境保护专用设备企业所得税优惠目录》《节能节水专用设备企业所得税优惠目录》和《安全生产专用设备企业所得税优惠目录》规定的环境保护、节能节水、安全生产等专用设备，该专用设备投资额的10%可以从企业当年的应纳税额中抵免；当年不足抵免的，可以在以后5个纳税年度结转抵免。

（四）关于促进技术创新和科技进步的税收优惠

1. 在一个纳税年度内，居民企业技术转让所得不超过500万元的部分，免征企业所得税；超过500万元的部分，减半征收企业所得税。

2. 企业在2018年1月1日至2020年12月31日新购进的设备、器具，单位价值不超过500万元的，允许一次性计入当期成本费用在计算应纳税所得额时扣除，不再分年度计算折旧；单位价值超过500万元的，仍按《企业所得税法实施条例》《财政部　国

家税务总局关于完善固定资产加速折旧企业所得税政策的通知》（财税〔2014〕75 号）《财政部　国家税务总局关于进一步完善固定资产加速折旧企业所得税政策的通知》（财税〔2015〕106 号）等相关规定执行。所称设备、器具，是指除房屋、建筑物以外的固定资产。

3. 自 2018 年 1 月 1 日起，当年具备高新技术企业或科技型中小企业资格的企业，其具备资格年度之前 5 个年度发生的尚未弥补完的亏损，准予结转以后年度弥补，最长结转年限由 5 年延长至 10 年。

4. 研发费用是指因开发新的产品或者无形资产而发生的费用，包括直接人工费、材料费、折旧费、无形资产的摊销以及其他相关费用，均可以在税前加计扣除。未形成无形资产的费用，直接计入当期损益，按照实际发生额的 50% 加计扣除；如果形成无形资产，按实际发生额的 150% 在税前加计扣除或分期摊销。科技型中小企业进行的研发活动中实际发生的、未形成无形资产计入当期损益的研发费用，在按规定据实扣除的基础上，在 2017 年 1 月 1 日至 2019 年 12 月 31 日，再按照实际发生额的 75% 在税前加计扣除；形成无形资产的，在 2017 年 1 月 1 日至 2019 年 12 月 31 日按照无形资产成本的 175% 在税前摊销。

5. 公司制创业投资企业采取股权投资方式直接投资于种子期、初创期科技型企业满 2 年（24 个月）的，可以按照投资额的 70% 在股权持有满 2 年的当年抵扣该公司制创业投资企业的应纳税所得额；当年不足抵扣的，可以在以后纳税年度结转抵扣。

（五）企业安置残疾人员的优惠

企业安置残疾人员的，在按照支付给残疾人员工资据实扣除的基础上，按照支付给残疾人员工资的 100% 加计扣除。

（六）小型微利企业优惠

小型微利企业是指从事国家非限制和禁止行业，且同时符合年度应纳税所得额不超过 300 万元、从业人数不超过 300 人、资产总额不超过 5 000 万元等三个条件的企业。

符合条件的小型微利企业，减按 20% 的税率征收企业所得税。

自 2019 年 1 月 1 日至 2021 年 12 月 31 日，对小型微利企业年应纳税所得额不超过 100 万元的部分，减按 25% 计入应纳税所得额，按 20% 的税率缴纳企业所得税；对年应纳税所得额超过 100 万元但不超过 300 万元的部分，减按 50% 计入应纳税所得额，按 20% 的税率缴纳企业所得税。

二、企业所得税税收优惠常见涉税问题

1. 不符合税收优惠条件享受税收优惠。
2. 不符合税收法定范围享受税收优惠。
3. 超期限享受税收优惠。
4. 减免金额计算不准确。

三、企业所得税税收优惠的稽查方法

1. 对享受税收优惠条件的，对照有关文件规定的条件进行检查。

2. 对享受税收优惠范围的，对照税收优惠的各项规定，核实企业享受优惠的项目是否在法定范围之内。

3. 对企业享受税收优惠期限的，查看企业相关证照、资格条件时间等。

4. 对企业享受税收减免金额的，应审查减免项目与非减免项目是否分别核算，不能分别核算的，不得享受减免。

本章小结

本章从企业所得税的基本要素构成出发，对企业所得税的一般要素、资产、收入、扣除项目、成本等方面的检查进行了详细介绍，使稽查内容更加简单易懂、便于掌握。

第五章　其他税种稽查

第一节　个人所得税的稽查

一、纳税义务人、税率的稽查

（一）纳税义务人、税率稽查的政策依据

个人所得税的纳税义务人依据住所和居住时间两个标准，可分为居民纳税义务人和非居民纳税义务人。居民纳税义务人，是指在中国境内有住所，或者无住所而在中国境内居住满183天的个人，负有无限纳税义务。非居民纳税义务人，是指不符合居民纳税义务人判定标准（条件）的纳税义务人，承担有限纳税义务，即仅就其来源于中国境内的所得，向中国缴纳个人所得税。

个人所得税征收采用超额累进税率和比例税率两种计算方法，除财产租赁所得、财产转让所得、利息股息所得和偶然所得按税率20%征收外，综合所得（包括工资薪金所得、劳务报酬所得、稿酬所得、特许权使用费所得）和经营所得按照超额累进税率征收。

（二）纳税义务人、税率常见涉税问题

1. 居民纳税人与非居民纳税人身份混淆。
2. 境外所得未及时申报。
3. 取得应税所得未扣缴税款的纳税人未自行申报。
4. 高税率项目按低税率申报。

（三）纳税义务人、税率的稽查方法

纳税义务人的检查，关键是要区分居民纳税义务人和非居民纳税义务人。对居民纳税义务人和非居民纳税义务人的检查方法主要有：

1. 对在中国境内任职的外籍人员，检查其与任职单位签署的合同、薪酬发放资料，对照个人护照记录，到进出境机关核实了解进出境时间，并根据相关税收协定的规定，

判断其属于居民纳税义务人还是非居民纳税义务人。

2. 检查居民纳税义务人的纳税义务履行情况时，尤其要重点检查其境外取得的所得是否按时缴纳了税款，检查是否存在居民纳税人按非居民纳税义务人履行纳税义务的情形。

[例题5-1] 我国某居民2019年在A国获得利息收入折合成人民币15 000元，并在A国缴纳该项收入的个人所得税1 220元。该居民仅就国内所得申报缴纳了个人所得税，解释原因是其获得的境外所得已在国外缴纳过税款。主管税务机关是否有权要求该居民补缴个人所得税？补缴金额是多少？

[参考答案] 有权要求该居民补缴，补缴税款1 780元。

[答案解析] 经过调查，由于该居民在我国境内有住所，属于我国个人所得税的居民纳税人，应就其境内、境外所得征税。

境外所得缴纳的个人所得税可抵免限额 = 15 000 × 20% = 3 000（元）

该居民在A国缴纳的税收1 220元，低于抵免限额，因此可以全额抵扣，并需在中国补缴差额部分的税款，计1 780元（3 000 - 1 220）。

根据《中华人民共和国个人所得税法》（以下简称《个人所得税法》）的规定，扣缴义务人是指，个人所得税以支付所得的单位或个人为扣缴义务人，扣缴义务人应当按照国家规定办理全员全额扣缴申报，并向纳税人提供其个人所得和已扣缴税款等信息。扣缴义务人在向个人支付应税款项时，应当按照税法规定预扣或代扣税款，按时缴纳税款。检查时，通过“应付职工薪酬”“应交税费——应交个人所得税”等明细账，审查职工薪酬发放单，核实职工的工资收入，扣缴义务人是否按规定履行了预扣预缴义务。通过检查“生产成本”“管理费用”“销售费用”等明细账，核实企业有无支付给外聘人员的费用，是否按规定预扣预缴了税款。通过检查“利润分配——应付股利”“财务费用”等账户，核实对支付给个人的股息、红利、利息是否全额计算扣缴了税款。

对适用税率的检查，要注意个人所得的项目不同，适用的税率也不同。检查时，要重点检查综合所得、生产经营所得适用的税率是否正确。

二、应税所得项目的稽查

（一）工资、薪金所得的稽查

工资、薪金所得，是指个人因任职或者受雇而取得的工资、薪金、奖金、年终加薪、劳动分红、津贴、补贴以及与任职或者受雇有关的其他所得。

对工资、薪金所得的检查，主要是检查纳税人取得的工资、薪金收入总额，扣除按规定免税项目所得和费用扣除额后的余额的计算是否正确，取得的所得是否如实申报，有无少报、瞒报情况。

1. 单位支付应税工资、薪金收入的稽查。对扣缴义务人支付个人的应税工资、薪金收入，主要是检查纳税义务人或者扣缴义务人申报纳税的工资、薪金收入总额是否真实，有无少报工资、薪金收入的情况。由于工资、薪金应税收入项目种类较多、形式多样，检查时，应特别注意检查不通过“应付职工薪酬”账户核算的工资、薪金性质的应税收入项目，比如实物性应税工资、薪金收入项目，以防止税收的流失。

2. 扣除项目的稽查。对于减除费用的检查，应注意两个方面：一是从境内两处或两处以上取得工资、薪金所得，或者纳税人在一个月内从单位多次取得工资、薪金所得，以及居民纳税人分别从境内、境外获取的所得，有无重复扣除专项扣除和专项附加扣除的问题；二是取得多项综合所得时，有无重复扣除费用的问题。

[例题 5－2]（判断题） 某员工 2018 年入职，2019 年 3 月向单位首次报送其正在上幼儿园的 3 岁女儿相关信息，该员工女儿在 2019 年 3 月刚满 3 周岁，该员工申报扣除的子女教育支出是 3 000 元。请问其申报的子女教育支出金额是否正确？

[参考答案] 错误

[答案解析] 如果该员工女儿在 2019 年 3 月刚满 3 周岁，则可以扣除的子女教育支出仅为 1 000 元（＝1 000 元/月 ×1 个月）。

[例题 5－3]（单项选择题） 根据个人股票期权所得的征税规定，员工行权时，从企业取得股票的实际购买价（施权价）低于购买日公平市场价的差额，应计算缴纳个人所得税，其适用的应税所得项目是（　　）。

A. 财产转让所得　　B. 劳务报酬所得

C. 工资、薪金所得　　D. 利息、股息、红利所得

[参考答案] C

[答案解析] 员工行权时，其从企业取得股票的实际购买价（施权价）低于购买日公平市场价（指该股票当日的收盘价）的差额，是因员工在企业的表现和业绩情况而取得的与任职、受雇有关的所得，应按"工资、薪金所得"适用的规定计算缴纳个人所得税。

[例题 5－4]（单项选择题） 关于股权激励有关个人所得税的征收方法，下列说法中错误的是（　　）。

A. 任职于上市公司的员工取得的限制性股票所得，按照"工资、薪金所得"纳税

B. 限制性股票个人所得税纳税义务发生时间为每一批限制性股票解禁的日期

C. 被激励对象为缴纳个人所得税款而出售股票，其出售价格与原计税价格不一致的，按照出售价格计算税额

D. 个人在纳税年度内取得 2 次以上股票增值权所得的，应合并纳税

[参考答案] C

[答案解析] 被激励对象为缴纳个人所得税款而出售股票，其出售价格与原计税价格不一致的，按照原计税价格计算税额。

[例题 5－5]（多项选择题） 对于上市公司采取激励机制为员工发放期权的个人所得税税务处理，下列选项正确的有（　　）。

A. 员工接受股票期权时，除另有规定外，一般不作为应税所得征税

B. 员工在行权日之前，因特殊情况转让的，以股票期权的转让净收入，作为财产转让所得缴纳个人所得税

C. 员工行权时，从企业取得股票的实际购买价低于购买日公平市场价的差额，可

按“工资、薪金所得”缴纳个人所得税

D. 员工将行权之后的股票再转让，获得的高于购买日公平市场价的差额，应按照“财产转让所得”征免个人所得税

E. 员工因拥有股权而参与企业税后利润分配的所得，应免征个人所得税

[参考答案] ACD

[答案解析] 选项B，员工在行权日之前，股票期权一般不得转让；因特殊情况转让，以股票期权的转让净收入，作为“工资、薪金所得”缴纳个人所得税；选项E，员工因拥有股权而参与企业税后利润分配的所得，应按照“利息、股息、红利”所得征税。

（二）劳务报酬所得的稽查

劳务报酬所得，是指个人独立从事各种非雇佣的劳务取得的所得。

检查时，首先要依据获取所得的个人与所得支付方存在的雇佣关系的存续时间、性质、依据、方式等方面，明确区分劳务报酬所得和工资薪金所得，有无混淆两项所得的情形。在此基础上，个人从接受服务方取得劳务报酬，一般是到税务机关代开发票，应检查企业取得的发票是否合法，是否按规定扣缴了税款；雇佣方负担税款的，应检查其扣缴义务人是否将不含税的劳务报酬收入换算成了含税收入计税。此外，还要注意检查企事业单位有无接受零星劳务支付劳务费而不要求提供劳务方出具发票，也不扣缴个人所得税的情形；企事业单位有无内部员工为本单位或关联单位提供应税销售行为获取劳务报酬，单位不扣缴，员工个人也不申报缴纳个人所得税的情形。

[例题5-6]（单项选择题） 根据个人所得税的相关规定，下列收入中，按“劳务报酬所得”纳税的是（　　）。

A. 来源于非任职公司的董事费收入

B. 退休人员再任职取得的收入

C. 担任任职公司的关联企业的监事取得的监事费收入

D. 在任职公司担任监事的监事费收入

[参考答案] A

[答案解析] 个人担任公司董事、监事，且不在公司任职、受雇的情形，取得的董事费按“劳务报酬所得”项目征税方法计算征收个人所得税；个人在公司（包括关联公司）任职、受雇，同时兼任董事、监事的，应将董事费、监事费与个人工资收入合并，统一按工资、薪金所得项目缴纳个人所得税。

[例题5-7]（判断题） 某股份制商业银行职员，其兼职为某财经杂志社的特约评论员，其在某财经杂志发表的作品取得的所得，应按“劳务报酬所得”项目征收个人所得税。（　　）

[参考答案] 错误

[答案解析] 根据《中华人民共和国个人所得税法实施条例》（以下简称《个人所得税法实施条例》）的规定，稿酬所得是指个人因其作品以图书、报刊等形式出版、发表而取得的所得。

[例题5-8]（判断题） 某大学教授（居民个人）从不具有劳动关系的甲企业取得的咨询费，甲企业应按“劳务报酬所得”项目预扣预缴个人所得税。（　　）

[参考答案] 正确

[答案解析] 根据《个人所得税法实施条例》的规定，劳务报酬所得，是指个人独立从事“非雇佣”的各种劳务所取得的收入，包括设计、医疗、法律、会计、咨询、讲学、翻译、演出、技术服务、介绍服务、代办服务等。《国家税务总局关于发布〈个人所得税扣缴申报管理办法（试行）〉的公告》规定，扣缴义务人向居民个人支付劳务报酬所得时，应当按次或按月预扣预缴税款。

（三）稿酬所得的稽查

稿酬所得，是指个人因其作品以图书、报刊形式出版、发表而取得的所得。对稿酬所得的检查，应注意以下几个问题：

1. 作者出版一部著作所得稿酬，不管是分次取得还是一次性取得，均应一次性计征个人所得税；所取得的再版稿酬应作为另一次收入，应当再次计征个人所得税。作者的作品先在刊物上连载，应就其连载同一作品的全部稿酬所得一次性计征个人所得税；其后，又单独出书所得稿酬，应当再次计征个人所得税。

2. 两个或两个以上的个人共同取得同一项目的收入，按规定需要减除费用的，可以对两个人取得的收入分别减除费用。

3. 对于任职、受雇于报纸、杂志等单位的记者、编辑等专业人员，在本单位的报纸、杂志上发表作品取得的收入，属于因任职、受雇而取得的所得，应当与当月工资收入合并，按“工资、薪金所得”项目缴纳个人所得税。除上述情况外的，应按“劳务报酬所得”项目缴纳个人所得税。

[例题5-9]（单项选择题） 中国公民叶某任职国内甲企业，2019年出版著作一部取得稿酬20 000元，当年添加印数而追加稿酬3 000元，关于稿酬应缴纳的个人所得税是（　　）元。

A. 2 548　　B. 2 576

C. 2 240　　D. 3 680

[参考答案] B

[答案解析] 根据个人所得税相关规定，个人每次以图书、报刊方式出版、发表同一作品（文字作品、书画作品、摄影作品以及其他作品），无论出版单位是预付还是分笔支付稿酬，或者加印该作品后再付稿酬，均应合并其稿酬所得一次性计征个人所得税。

应缴纳个人所得税 = (20 000 + 3 000) × (1 − 20%) × (1 − 30%) × 20% = 2 576（元）

[例题5-10]（多项选择题） 按照个人所得税法的有关规定，下列各项个人所得中，属于稿酬所得征税范围的有（　　）。

A. 文学作品发表取得的所得

B. 文学作品手稿原件公开拍卖所得

C. 文学作品出版取得的所得

D. 出版社的专业作者撰写作品以图书形式出版取得的所得

E. 记者在自己任职的报社、杂志上发表作品取得的所得

[参考答案] ACD

[答案解析] 选项B，对于作者将自己的文字作品手稿原件或复印件公开拍卖（竞价）取得的所得，应按特许权使用费所得项目征收个人所得税；选项E，应按工资薪金所得缴纳个人所得税。

（四）特许权使用费所得的稽查

特许权使用费所得，是指个人提供专利权、商标权、著作权、非专利技术以及其他特许权的使用权取得的所得。

对特许权使用费所得的检查，主要通过分析纳税人的专利拥有情况、应税收入状况，检查纳税人有无隐瞒收入的现象；应注意纳税人能否提供合法的有效凭证，看是否存在虚列费用税前扣除的现象。

[例题5－11]（判断题） 编剧从电视剧的制作单位取得的剧本使用费，不再区分剧本的使用方是否为其任职单位，统一按“特许权使用费所得”项目征收个人所得税。（　　）

[参考答案] 正确

[答案解析] 根据《国家税务总局关于剧本使用费征收个人所得税问题的通知》的规定，对于剧本作者从电影、电视剧的制作单位取得的剧本使用费，不再区分剧本的使用方是否为其任职单位，统一按特许权使用费所得项目计征个人所得税。

（五）经营所得的稽查

经营所得包括：

1. 个体工商户从事生产、经营活动取得的所得，个人独资企业投资人、合伙企业的个人合伙人来源于境内注册的个人独资企业、合伙企业生产、经营的所得；

2. 个人依法从事办学、医疗、咨询以及其他有偿服务活动取得的所得；

3. 个人对企业、事业单位承包经营、承租经营以及转包、转租取得的所得；

4. 个人从事其他生产、经营活动取得的所得。

主要检查有无将两处或以上取得的经营所得分开计算纳税，降低适用税率，减少应纳税额的情况；检查有无通过隐匿收入、夸大损失等不正当手段减少应纳税所得额的情况。

[例题5－12]（单项选择题） 下列各项中，应按“经营所得”项目征税的是（　　）。

A. 个人因从事彩票代销业务而取得的所得

B. 个人因专利权被侵害获得的经济赔偿所得

C. 法人企业的个人投资者以企业资金为本人购买的汽车

D. 出租汽车经营单位对出租车驾驶员采取单车承包或承租方式运营，出租车驾驶员从事客货营运取得的所得

[参考答案] A

[答案解析] 选项B，个人因专利权被侵害获得的经济赔偿所得，按“特许权使用费所得”征收个人所得税；选项C，除个人独资企业、合伙企业以外的其他企业的个人

投资者以企业资金为本人购买的汽车，按“利息、股息、红利所得”征收个人所得税；选项D，出租汽车经营单位对出租车驾驶员采取单车承包或承租方式运营，出租车驾驶员从事客货营运取得的所得，按“工资、薪金所得”征税。

[例题5-13]（单项选择题） 某个人独资企业投资人赵某从该企业借钱5万元自用于消费，到年底仍未归还。该款项应按（　　）计征个人所得税。

A. 综合所得　　B. 偶然所得

C. 经营所得　　D. 利息、股息、红利所得

[参考答案] C

[答案解析] 个人独资企业的个人投资者以企业资金为本人、家庭成员及其相关人员支付与企业生产经营无关的消费性支出及购买汽车、住房等财产性支出，视为企业对个人投资者的利润分配，并入投资者个人的生产经营所得，依照“个体工商户的生产经营所得”项目计征个人所得税。

（六）利息、股息、红利所得的稽查

利息、股息、红利所得，是指个人拥有债权、股权而取得的利息、股息、红利所得。

利息，是指个人拥有债权而取得的利息，包括存款利息、贷款利息和各种债券的利息。股息、红利，是指个人拥有股权取得的股息、红利。按照一定的比率对每股发给的息金叫股息；公司、企业应分配的利润，按股份分配的叫红利。

对利息、股息、红利所得的检查，主要检查纳税人有无故意隐瞒所得不报的情况，是否按规定缴纳了个人所得税。可以从企业向个人支付利息情况着手，检查时，应根据“应付股利”“应付利息”“财务费用”等账户，审查企业有无把支付的利息、股息、红利所得按照工资、薪金所得，少代扣代缴个人所得税的情况。

[例题5-14]（单项选择题） 下列事项应按照“利息、股息、红利所得”缴纳个人所得税的是（　　）。

A. 出租汽车经营单位将出租车所有权转移给驾驶员的，出租车驾驶员从事客货运营取得的收入

B. 员工因拥有股权而参与企业税后利润分配取得的所得

C. 单位为职工支付的超过规定标准的基本养老保险

D. 非本单位报纸、杂志的专业人员在本单位的报纸、杂志上发表作品取得的所得

[参考答案] B

[答案解析] 选项A，出租汽车经营单位将出租车所有权转移给驾驶员的，出租车驾驶员从事客货运营取得的收入，比照“经营所得”项目征税；选项C，单位为职工支付的超过规定标准的基本养老保险，按“工资、薪金所得”缴纳个人所得税；选项D，非本单位报纸、杂志的专业人员在本单位的报纸、杂志上发表作品取得的所得，按“稿酬所得”项目征收个人所得税。

（七）财产租赁所得的稽查

财产租赁所得，是指个人出租建筑物、土地使用权、机器设备、车船以及其他财产

取得的所得。

对财产租赁所得的检查，主要检查纳税人有无隐瞒其财产租赁收入，少缴个人所得税的情形。检查时，还要注意一点，税法规定，准予扣除的项目除了规定费用和有关税费外，还准予扣除能够提供有效、准确凭证，证明由纳税人负担的该出租财产实际开支的修缮费用，但允许扣除的修缮费用，以每次800元为限，一次扣除不完的，准予在下一次继续扣除，直到扣完为止。

[例题5-15]（单项选择题） 下列关于个人所得税财产租赁所得的说法中，正确的是（　　）。

A. 由纳税人负担的出租财产实际开支的修缮费用，不得从收入中扣除

B. 对租金收入计征的附加税费，允许从税前收入中扣除

C. 在确认财产租赁所得的纳税义务人时，应以产权凭证为依据，对无产权凭证的，以领取租金的个人为纳税义务人

D. 在确定财产租赁所得的纳税义务人时，产权所有人死亡，在未办理产权继承手续期间，该财产出租而有租金收入的，由主管税务机关根据实际情况确定

[参考答案] B

[答案解析] 选项A，由纳税人负担的出租财产实际开支的修缮费用，准予从收入中扣除；选项C，无产权凭证的，由主管税务机关根据实际情况确定；选项D，是以领取租金的个人为纳税义务人。

（八）财产转让所得的稽查

财产转让所得，是指个人转让有价证券、股权、建筑物、土地使用权、机器设备、车船以及其他财产取得的所得。

1. 财产转让应税收入的稽查。通过了解、掌握个人财产的转让情况，检查有无隐瞒不报或者少报财产转让收入的情况，纳税人是否依法进行申报。

2. 扣除项目的稽查。财产转让所得应纳税额的计算是从收入总额中减去财产原值和合理税费之后的余额乘以税率，因此在检查时，根据核实纳税人或相关人员提供的财产凭证或其他有关凭证确认，检查有无扩大财产原值的情况，有无扩大缴纳的税金及有关合理费用的情况。

3. 个人住房转让所得的稽查。随着房地产市场的活跃，个人转让房地产的行为也逐步升温，因此对个人住房转让所得的检查是纳税检查中所不可忽视的工作内容。

个人住房转让以实际成交价格为转让收入，纳税人申报的住房成交价格明显低于市场价格又无正当理由的，征收机关有权核定其转让收入。纳税人可凭有效凭证，经税务机关审核，从转让收入中扣除房屋原值、转让过程中缴纳的税金及有关合理费用。根据房屋性质的不同，个人住房可分为商品房、自建住房、经济适用房、已购公有住房、城镇拆迁安置住房等，需要针对其转让房屋的性质，确定其房屋原值。转让过程中缴纳的税金是指增值税、城市维护建设税、教育费附加、土地增值税、印花税等。合理费用，是指纳税人按照规定实际支付的住房装修费用、住房贷款利息、手续费、公证费等。检查时，要注意有无扩大税金和有关合理费用的情况。

（九）偶然所得的稽查

偶然所得，是指个人得奖、中奖、中彩以及其他偶然性质的所得。

检查时，应注意取得的偶然所得是否为实物所得，如果是实物所得，应检查其折合的人民币是否正确，有无故意压低价格的情况。税法规定，偶然所得应缴纳的个人所得税税款，一律由发奖单位或机构代扣代缴，所以要检查代扣代缴单位是否正确履行了代扣代缴义务。

[例题5-16]（判断题） 2019年，李某因购买体育彩票中奖获得奖金200万元，其中将80万元通过当地民政部门捐赠给贫困山区用于道路建设，李某的个人所得税申报如下：

应纳税额 =（200-80）×20% =24（万元）

请问李某的个人所得税计算是否正确？

[参考答案] 错误

[答案解析] 个人将其所得通过中国境内的社会团体、国家机关向教育和其他社会公益事业以及遭受自然灾害地区、贫困地区捐赠，捐赠额未超过纳税义务人申报的应纳税所得额30%的部分，可以从其应纳税所得额中扣除。

李某允许扣除的公益性捐赠额 =200×30% =60（万元）

小于80万元。

因此，李某多扣除了20万元，应补缴个人所得税4万元（20×20%）。

三、税额抵免的检查

税法规定，纳税义务人从中国境外取得的所得，准予其在应纳税额中扣除已在境外缴纳的个人所得税税额。

检查时，应审查纳税人是否提供了境外税务机关填发的完税凭证原件、在境外缴纳的个人所得额是否真实。另外，税法要求，在中国境内有住所，或者无住所而在境内居住满183天的个人，从中国境内和境外取得的所得，应当分别计算应纳税额。

[例题5-17]（综合题） HZ市税务局稽查局经群众举报，某互联网公司技术员张某于2019年6月获得一笔来源于境外的所得，没有申报缴纳个人所得税款。经调查，张某2018年在国外某公司进行了一笔投资，本年5月取得该国净股息所得5 000美元，折合成人民币为33 300元，已被扣缴个人所得税875美元，折合人民币为5 827.5元，并收到了该国的合法完税凭证。张某没有再向国内居住地税务机关申报缴纳个人所得税额。请问张某的做法是否正确？

[答案解析] 根据我国《个人所得税法》规定，张某在我国境内有住所，是我国税法规定的居民纳税人，应就其来源于境内、境外的所得向我国申报缴纳个人所得税。为避免重复征税，其在国外缴纳的个人所得税可在抵免限额内予以抵免。

来自该国所得的抵免限额 =(33 300+5 827.5)×20% =7 825.5（元）

张某在该国已经缴纳的所得税额5 827.5元小于抵免限额7 825.5元，因此可以全部抵免。但张某还需要向我国补缴个人所得税。

张某应补缴个人所得税额 =7 825.5-5 827.5 =1 998（元）

四、税收优惠的检查

下列各项个人所得，免征个人所得税：

1. 省级人民政府、国务院部委和中国人民解放军军以上单位，以及外国组织、国际组织颁发的科学、教育、技术、文化、卫生、体育、环境保护等方面的奖金。

2. 国债和国家发行的金融债券利息。国债利息，是指个人持有中华人民共和国财政部发行的债券而取得的利息；国家发行的金融债券利息，是指个人持有经国务院批准发行的金融债券而取得的利息。

3. 按照国家统一规定发给的补贴、津贴。按照国家统一规定发给的补贴、津贴是指按照国务院规定发给的政府特殊津贴、院士津贴，以及国务院规定免予缴纳个人所得税的其他补贴、津贴。

4. 福利费、抚恤金、救济金。福利费，是指根据国家有关规定，从企业、事业单位、国家机关、社会组织提留的福利费或者工会经费中支付给个人的生活补助费；所称救济金，是指各级人民政府民政部门支付给个人的生活困难补助费。

5. 保险赔款。

6. 军人的转业费、复员费、退役金。

7. 按照国家统一规定发给干部、职工的安家费、退职费、基本养老金或者退休费、离休费、离休生活补助费。

8. 依照有关法律规定应予免税的各国驻华使馆、领事馆的外交代表、领事官员和其他人员的所得。

依照有关法律规定应予免税的各国驻华使馆、领事馆的外交代表、领事官员和其他人员的所得，是指依照《中华人民共和国外交特权与豁免条例》和《中华人民共和国领事特权与豁免条例》规定免税的所得。

9. 中国政府参加的国际公约、签订的协议中规定免税的所得。

10. 国务院规定的其他免税所得。

对于税收优惠的检查，主要检查个人享受的税收优惠是否符合税法规定的享受优惠的具体条件，有无骗取税收优惠的情形。对于企业以“生活补助”名义发放的项目，要逐项检查原始资料，核对受助人员是否符合补助条件，有无名为补助、实为变相福利的情况。

第二节　资源税的稽查

一、纳税义务人、扣缴义务人和征税范围的稽查

（一）纳税义务人、扣缴义务人和征税范围稽查的政策依据

资源税是对在中华人民共和国领域及管辖海域从事应税矿产品开采和生产盐的单位

及个人课征的一种税。现行资源税的征税范围只限于矿产和盐资源。资源税的纳税人是在中华人民共和国领域及管辖海域开采应税资源的矿产品或者生产海盐的单位和个人。

另外，根据《财政部　国家税务总局关于全面推进资源税改革的通知》（财税〔2016〕53号）的有关规定，从2016年7月1日开始，在河北省开展水资源税改革试点工作，将地表水和地下水纳入资源税的征税范围。纳税人为利用取水工程或者设施直接从江河、湖泊（含水库）和地下取用地表水、地下水的单位和个人。

（二）资源税纳税义务人、扣缴义务人和征税范围常见涉税问题

1. 临时开采资源的纳税人未按规定进行申报。

2. 伴生矿产品未按规定进行申报。

（三）稽查方法

1. 临时开采资源的纳税人未按规定进行申报的检查。

对临时开采、不定期作业、零散隐蔽的纳税人进行检查时应注意以下几个方面：

（1）到矿产资源管理部门调查，摸清辖区内开采矿产品或生产盐的企业经营者名单，掌握其采矿许可证的颁发情况。

（2）实地检查经营者的具体经营内容，核实是否属于资源税的应税范围，以此确认经营者是否为资源税的纳税义务人。

（3）检查经常性发生收购未税矿产品业务的单位时，从检查“原材料”“应付账款”“其他应付款”“银行存款”“应交税费”等账户入手，并结合实地查看，确定购进耗用的原材料是否为资源税应税产品，以发现是否存在收购未税矿产品行为，同时也便于及时从中发现不定期开采、临时开采或零散开采的资源税纳税人。

2. 伴生矿产品未按规定进行申报的检查。

对纳税人开采矿产品或生产过程中伴生、伴采矿未按规定申报纳税进行检查时，应深入车间、仓库，通过实地观察生产场所，了解生产经营流程、耗材和产品，查询与纳税人有经营往来关系的单位及个人，检查纳税人的“原材料”“应付账款”“其他应付款”“银行存款”“应交税费”等账户，核对入库单、货物运输发票等原始资料，查核纳税人是否有在开采、生产、购进等环节隐匿属于某一特定应税资源范围的行为。

［例题5－18］（多项选择题）纳税人2019年开采以下资源，资源税减征幅度为30%的有（　　）。

A. 从深水油气田开采的原油、天然气

B. 衰竭期矿山开采的矿产品

C. 稠油、高凝油

D. 页岩气

E. 低丰度油气田开采的原油、天然气

［参考答案］ABD

［答案解析］选项C，稠油、高凝油减征40%资源税；选项E，低丰度油气田开采的原油、天然气，减征20%资源税。

［例题5－19］（多项选择题）根据《中华人民共和国资源税法》规定，下列说法正

确的是（ ）。

A. 纳税人跨省开采应税产品，应在销售地缴纳资源税

B. 纳税人自用应税产品的，纳税义务发生时间为移送应税产品的当日

C. 纳税人按月或者按季申报缴纳的，应当自月度或者季度终了之日起 10 日内，向税务机关办理纳税申报并缴纳税款

D. 纳税人开采应税产品，应向开采地缴纳资源税

E. 盐场应当向盐的生产地缴纳资源税

[参考答案] BDE

[答案解析] 选项 A，纳税人应当向应税产品开采地或者生产地的税务机关申报缴纳资源税；选项 C，纳税人按月或者按季申报缴纳的，应当自月度或者季度终了之日起 15 日内，向税务机关办理纳税申报并缴纳税款。

二、资源税计税依据的稽查

（一）资源税计税依据稽查的政策依据

资源税的应纳税额，按照应税产品的课税数量和规定的单位税额计算。对《资源税税目税率幅度表》中列举名称的 21 种资源品目和未列举名称的其他金属矿实行从价计征，计税依据由原矿销售量调整为原矿、精矿（或原矿加工品）、氯化钠初级产品或金锭的销售额。列举名称的 21 种资源品目包括：铁矿、金矿、铜矿、铝土矿、铅锌矿、镍矿、锡矿、石墨、硅藻土、高岭土、萤石、石灰石、硫铁矿、磷矿、氯化钾、硫酸钾、井矿盐、湖盐、提取地下卤水晒制的盐、煤层（成）气、海盐。

对经营分散、多为现金交易且难以控管的黏土、砂石，按照便利征管原则，仍实行从量定额计征。

对《资源税税目税率幅度表》中未列举名称的其他非金属矿产品，按照从价计征为主、从量计征为辅的原则，由省级人民政府确定计征方式。

（二）资源税计税依据常见涉税问题

（1）自产、自用应税产品数量不准确。

（2）煤矿以自产原煤连续加工洗煤、选煤或用于炼焦、发电用煤的数量不准确。

（3）未正确按选矿比将精矿折算为原矿。

（4）应税产品产量不正确。

（5）扣缴义务人收购未缴税矿产品的数量不准确。

（三）资源税计税依据的稽查方法

（1）自产、自用应税产品数量的检查。企业在生产、生活过程中消耗自用产品，数量操控性不强，难以核准。如煤炭企业的食堂、浴室耗用的生活用煤，下属商店、服务公司等耗用的取暖用煤等，检查时可直接检查“库存商品”明细账的贷方发生额和“生产成本”的借方发生额，对照产品实物账及“产品出库单”或“领料单”，核实企业是否按应税产品的实际消耗数量作为资源税的纳税数量。如果当期有产品损耗，还应认真检查“待处理财产损溢”明细账及“账存实存对比表”和“盘存单”，以便核实损耗的

具体原因及真实数量，报经有关部门审批后，再从计税数量中予以剔除。将核实数量与企业纳税申报表上的申报数量核对，如不符，应按核实的数量计算应纳税款，确定应补税数额。还应检查“生产成本”总账及明细账，特别是涉及“生产成本”贷方发生额的，要根据记账凭证上的科目对应关系逐笔查对，核实纳税人是否有将生产的应税产品自用后直接冲减“生产成本”，不作库存商品增加和减少的账务处理，进而少申报缴纳税款。

（2）煤矿以自产原煤用于炼焦、发电用煤的检查。检查时需从“库存商品”明细账入手，核实自产自有的煤炭产品的数量。

（3）应税产品产量的检查。检查时可先检查“生产成本”账户的贷方结转数量，并与产品成本计算表上的“完工产品数量”“库存商品”账户借方当期增加数量相核对，核实当期增加数量，确定当期实际产量，再与纳税申报表上的申报数量进行核对，从中发现企业是否有申报课税数量小于实际生产数量，或“库存商品”账面数量小于实际生产数量的问题。

（4）扣缴义务人收购未缴税矿产品数量的检查。扣缴义务人属于商品流通企业的，应检查“库存商品”明细账的借方发生额，并结合检查“商品入库单”和购货发票等原始凭证，核实购进未缴税矿产品的数量。扣缴义务人属工矿企业的，应检查其“原材料”账户，结合“材料入库单”“发票”“货物运输发票”等资料的审核，查实购进未缴税矿产品的数量，再与企业申报纳税的课税数量相核对，若申报数量小于核实的数量，说明扣缴义务人少扣缴了税款。

［例题5－20］（单项选择题） 某钨矿开采企业为增值税一般纳税人，2019年6月生产经营情况如下：采用分期收款方式销售自采钨矿2 000吨，不含增值税单价0.08万元/吨，合同约定本月收回货款的60%，其余货款下月10日收回。销售钨矿原矿加工的钨精矿40吨，取得不含税销售额160万元，该企业选矿比为25:1，按市场法计算资源税。钨精矿资源税税率为5%，该企业当月应纳资源税（　　）万元。

A. 12.80　　　　B. 17.60

C. 8.00　　　　D. 24.00

［参考答案］ B

［答案解析］ 市场法公式：

精矿销售额＝原矿销售额×换算比

换算比＝同类精矿单位价格÷(原矿单位价格×选矿比)＝(160÷40)÷(0.08×25)＝2

采取分期收款方式销售的，纳税义务发生时间为合同规定的收款日期的当天。

精矿销售额＝160＋2 000×0.08×60%×2＝352（万元）

该企业当月应纳资源税＝352×5%＝17.60（万元）

［例题5－21］（单项选择题） 根据《中华人民共和国资源税法》（以下简称《资源税法》）规定，关于资源税税收优惠，下列说法正确的是（　　）。

A. 对深水油气田减征20%资源税

B. 开采原油过程中用于加热的原油免征资源税

C. 煤炭开采企业抽采的煤成（层）气免征资源税

D. 对低丰度油气田暂减征30%资源税

[参考答案] B

[答案解析] 选项A，对深水油气田资源税减征30%；选项C，煤炭开采企业因安全生产需要抽采的煤成（层）气免征资源税；选项D，对低丰度油气田资源税减征20%。

[例题5－22]（单项选择题） 矿企业为增值税一般纳税人，2019年6月开采原煤500万吨，销售原煤60万吨，取得含税销售额13 560万元。将自产原煤400万吨移送生产洗选煤150万吨，本月销售洗选煤120万吨，取得不含税销售额36 000万元。该企业2019年6月应缴纳资源税（　　）万元（洗选煤折算率80%，原煤资源税税率10%）。

A. 4 080.00　　B. 4 080.50

C. 4 800.00　　D. 4 800.50

[参考答案] A

[答案解析] 原煤加工洗选煤后销售的，以洗选煤销售额乘以折算率为计税依据计税。当月应纳资源税＝13 560÷（1＋13%）×10%＋36 000×80%×10%＝4 080（万元）

第三节　印花税的稽查

一、印花税纳税义务人和征税范围的稽查

（一）印花税纳税义务人和征税范围稽查的政策依据

在中华人民共和国境内书立、领受《印花税税目税率表》中所列举的凭证和财税部门确定的其他凭证的单位和个人，都是印花税的纳税义务人。

免纳印花税的凭证包括：已缴纳印花税的凭证的副本或者抄本；财产所有人将财产赠给政府、社会福利单位、学校所立的书据；经财政部批准免税的其他凭证；国家指定的收购部门与村民委员会、农民个人书立的农副产品收购合同；无息、贴息贷款合同；外国政府或者国际金融组织向我国政府及国家金融机构提供优惠贷款所书立的合同；与高校学生签订的高校学生公寓租赁合同。

（二）印花税纳税义务人和征税范围常见涉税问题

1. 应税合同方面。

（1）经济主体所订立的契约或意向书不具有合同的性质，不能起到合同的作用；

（2）纳税人故意混淆合同性质；

（3）应税合同未贴或少贴印花税。

2. 应税书据方面。

（1）书据签订方未正确贴花；

（2）纳税人混淆了应税书据与免税书据。

3. 应税账簿。应税账簿未按规定贴花。

4. 领受人方面。由政府部门颁发的权利、许可证照未按规定计税贴花。

5. 使用人方面。合同使用人（尤其是企业）借口合同在国外已纳税而在国内不贴花。

（三）印花税纳税义务人和征税范围的稽查方法

1. 应税合同的检查。

（1）检查过程中，应当以经济主体所订立的契约或意向书是否具有合同的性质，能否起到合同的作用为标准，而不是以其订立的契约或意向书的名称为标准，判断其是否属于具有法律效力的合同或具有合同性质的凭证，进而判断其是否应该贴花。

（2）检查时要注意纳税人有无故意混淆合同性质的行为，如将有息贷款合同作为无息贷款合同、将农村手工业品购销合同作为农副产品收购合同。对存在上述情况的，应深入企业单位内部供销、储运、业务等各有关部门，根据实质重于形式的原则，对企业单位所订立的各种合同、单据进行分类，区分哪些是应税合同、哪些是非应税合同以及免税合同。

（3）将应税合同的纳税贴花金额进行汇总，并与“税金及附加”账户中的印花税支出数额进行核对，核实是否有应税未贴或少贴印花税的情况。

2. 应税书据的检查。

（1）应分清书据的订立方式，如果书据是以合同方式签订的，则持有书据的各方都应按全额纳税贴花；如果书据是由单方订立的，则应由立据人贴花，接受书据人不必再次贴花。但应注意的是，如果立书据人未贴或少贴印花，书据的持有人已接受了这张书据，应当由持有人负责对其补贴印花税票。

（2）核实免税书据的具体内容，应注意纳税人是否混淆了应税书据与免税书据，有无将应税书据当作免税或不征税书据处理的现象，从而核实应税书据是否已按规定计税贴花。

3. 领受人的检查。

（1）分清政府部门颁发的权利、许可证照与其他企业、单位、社会中介机构出具的单据和证明的界限，注意其获得的由政府部门颁发的权利、许可证照是否已按规定计税贴花。

（2）了解权利、许可证照的来源、种类与名称，在检查应税的权利、许可证照的同时，核实其贴花情况。

4. 使用人的检查。

（1）通过审核合同内容确认合同签订的地点，对于在国内签订合同的，应以立合同人为纳税人，并且签订合同的各方都应各自就其所签订的合同金额计税贴花。对于合同在国外签订、在国内使用的，不论其使用人与立合同人是否一致，均应以使用人为纳税人，使用人应就其所使用的合同计税贴花。应注意合同使用人（尤其是企业）有无借口合同在国外已纳税而在国内不贴花。

(2) 应把对使用人的检查和对立合同人的检查联系起来，首先了解企业在生产经营过程中与外界所签的协议、订立的合同以及所实际履行的约定，并对其进行分类，区分应税合同与非应税合同以及免税合同，并在应税合同中找出哪些合同是在国外订立，由该企业在国内使用的。然后再检查企业应税合同的纳税情况，核实其有无少贴或不贴花的行为。

[例题5-23]（单项选择题） 下列凭证中，需要缴纳印花税的是（　　）。

A. 企业与税务师事务所签订的税务咨询合同

B. 双方签订的未约定租赁期限的财产租赁合同

C. 无息贷款合同

D. 军事货物运输的货运凭证

[参考答案] B

[答案解析] 选项A，一般的法律、会计、审计等方面的咨询不属于技术咨询，其所立合同不贴印花；选项B，对于在签订时无法确定计税金额的合同，可在签订合同时先按定额5元贴花，以后结算时再按实际金额计税，补贴印花；选项C，无息、贴息贷款合同免征印花税；选项D，军事货物运输的货运凭证免纳印花税。

[例题5-24]（单项选择题） 甲为乙提供仓储服务，未签订仓储合同，只有仓单，下列说法中正确的是（　　）。

A. 未签订合同不贴印花税票

B. 应按仓单上的金额贴印花税票

C. 暂不贴印花税票

D. 按件贴5元印花税票

[参考答案] B

[答案解析] 仓储保管合同包括仓储、保管合同，以及作为合同使用的仓单、栈单。

[例题5-25]（单项选择题） 下列合同中，应当征收印花税的是（　　）。

A. 专利申请转让合同

B. 会计咨询合同

C. 法律咨询合同

D. 审计咨询合同

[参考答案] A

[答案解析] 专利申请权转让、非专利技术转让所书立的合同，适用“技术合同”税目征税；专利权转让、专利实施许可所书立的合同、书据，适用“产权转移书据”税目征税。一般的法律、会计、审计等方面的咨询不属于技术咨询，其所立的合同不贴印花。

二、印花税计税依据的稽查

纳税人根据应税凭证的性质，分别按比例税率或者按件定额计算应纳税额。印花税的计税依据有两种：一是对合同、产权转移书据及记载资金的账簿，按凭证所载金额作为计税依据，实行从价定率计税贴花；二是权利、许可证照，按件作为计税依据，计税贴花。

[例题5-26]（多项选择题） 下列项目中，符合印花税相关规定的有（　　）。

A. 建筑安装工程承包合同的计税依据为扣除分包、转包后的金额

B. 仓储保管合同的计税依据为仓储保管的费用

C. 对发电方与电网之间、电网与电网之间签订的销售电合同，按购销合同征收印花税

D. 货物运输合同的计税依据包括运输货物的金额

E. 记载资金的营业账薄的计税依据为实收资本和资本公积的两项合计金额

[参考答案] BCE

[答案解析] 建筑安装工程承包合同的计税依据为承包金额，不得剔除任何费用。如果施工单位将自己承包的建设项目再分包或转包给其他施工单位，其所签订的分包或转包合同，仍应按所载金额另行贴花。货物运输合同的计税依据为取得的运输费用金额（即运费收入），不包括所运货物的金额、装卸费和保险费等。

[例题5－27]（综合题） 乙企业于2019年1月与某科研单位签订一份技术开发合同，合同金额为200万元，合同规定：研究开发费用为160万元，报酬40万元。当月还与A企业签订非专利技术转让合同，价款200万元；与B企业签订专利权转让合同，价款300万元。

4月1日，该企业与某租赁公司签订一份租赁合同。合同规定：机器设备租赁总额为800万元，租期为8年，每年支付租金100万元。

6月，与某建筑公司以电子形式签订一份建筑承包合同，金额1 000万元。

8月，与保险公司签订一份财产保险合同，保险标的物价值为5 000万元，按8%的比例支付保险费40万元；当月为本企业1 000名员工签订人寿保险合同，支付保费50万元。税务稽查局对该企业进行税务审查时发现该企业未缴纳印花税。

[答案解析]

（1）技术合同的计税依据为合同所载的价款、报酬或使用费。但对技术开发合同，只就合同所载的报酬金额计税，研究开发经费不作为计税依据。

该技术开发合同应纳印花税额＝400 000×0.3‰＝120（元）

技术转让合同包括专利申请转让、非专利技术转让所立合同，不包括专利权转让、专利实施许可所立合同。因此，与A企业签订的非专利技术合同应按“技术合同”计税，与B企业签订的专利权转让合同应按“产权转移书据”合同计税。

转让非专利技术应纳印花税额＝2 000 000×0.3‰＝600（元）

转让专利技术应纳印花税额＝3 000 000×0.5‰＝1 500（元）

（2）与银行及其他金融组织就融资租赁业务签订的融资租赁合同，应按合同所载租金总额，按借款合同计税。

融资租赁应纳印花税额＝8 000 000×0.05‰＝400（元）

（3）以电子形式签订的各类应税凭证应缴纳印花税。建设工程合同适用印花税税率为0.3‰，所以，

应纳印花税额＝10 000 000×0.3‰＝3 000（元）

（4）人寿保险合同不属于印花税税目表中列举征税的合同，因此不征税；财产保险合同按保险费金额的1‰计算缴纳印花税。

财产保险合同应纳印花税额＝400 000×1‰＝400（元）

[**例题 5－28**]（**单项选择题**）某公司 2019 年 8 月开业，领受工商营业执照、房产证、专利权证书、商标注册证书及土地使用权证书各一份，公司实收资本 600 万元，资本公积 200 万元，除资金账簿外，启用了 10 本营业账薄，开业后与一家公司签订了一份易货合同，合同约定，以价值 420 万元的产品换取 380 万元的原材料；当年该公司可转让的非专利技术合同上注明 100 万元。2019 年该公司应缴纳印花税（　　）元（注：合同所载金额为不含增值税金额）。

A. 4 725　　　　B. 4 755

C. 4 950　　　　D. 4 955

[**参考答案**] A

[**答案解析**] 工商营业执照、房产证、专利权证书、商标注册证书及土地使用权证书按件贴花，每件 5 元。记载资金的营业账簿，以实收资本和资本公积的两项合计金额为计税依据，按照 0.5‰税率贴花，财税〔2018〕50 号文件规定：自 2018 年 5 月 1 日起，对按 0.5‰税率贴花的资金账簿减半征收印花税，对按件贴花 5 元的其他账簿免征印花税。以货易货进行商品交易的合同，应按照合同所载的购、销金额合计数计税贴花；技术转让合同按照 0.3‰税率贴花。

应缴纳印花税 $=5\times5+(600+200)\times0.5‰\times50\%\times10\ 000+(420+380)\times0.3‰\times10\ 000+100\times0.3‰\times10\ 000=4\ 725$ 元。

第四节　土地增值税的稽查

一、土地增值税纳税义务人的稽查

（一）土地增值税纳税义务人稽查的政策依据

转让国有土地使用权、地上建筑物及其附着物并取得收入的单位和个人，为土地增值税的纳税义务人，应当依照《中华人民共和国土地增值税暂行条例》缴纳土地增值税。

（二）土地增值税纳税义务人稽查过程常见涉税问题

1. 隐瞒国有土地使用权、地上建筑物及其附着物发生增减变化的情况。

2. 未办理土地使用证而转让土地使用权。

（三）土地增值税纳税义务人稽查的方法

1. 检查“固定资产”和“无形资产”明细账，了解其拥有的国有土地使用权、地上建筑物及其附着物发生增减变化的情况，发生减少的，要通过土地、房产等管理部门核实被查单位拥有的国有土地使用权、地上建筑物及其附着物的变化，进一步确定是否转让了其拥有的房地产和土地并取得收入，转让并取得收入的单位或个人为土地增值税纳税义务人。

2. 对不设置账簿或账簿记录不完整的单位和个人，应当深入实地进行调查，通过走访、询问土地、房产、受让方等部门和单位了解被查单位是否发生了有偿转让国有土地使用权、地上建筑物及其附着物的行为，发生转让行为并取得收入的单位或个人为土地增值税纳税义务人。

3. 对未办理土地使用权证而转让土地的单位和个人，结合“营业外收入”“其他业务收入”“资本公积”和“银行存款”等账户，确定是否有未办理土地使用证而转让土地使用权的情况。

二、土地增值税征税范围的稽查

（一）土地增值税征税范围稽查的政策依据

土地增值税的征税范围为转让国有土地使用权、地上的建筑物及其附着物。征税范围的具体划分见表5-1至表5-3。

表5-1　土地增值税征税范围

经济行为	征税范围
1. 转让国有土地使用权、地上的建筑物及其附着物	1. 转让国有土地使用权的 2. 取得国有土地使用权进行房屋开发、建造并出售的 3. 出售存量房地产的
2. 以房地产进行投资、联营	以土地（房地产）作价入股进行投资或联营的，凡所投资、联营的企业从事房地产开发的，或者房地产开发企业以其建造的商品房进行投资和联营的，或是投资、联营企业将上述房地产再转让
3. 开发的房地产用于职工福利、奖励、对外投资、分配给股东或投资人、抵偿债务、换取其他单位和个人的非货币性资产	房地产开发企业将开发产品用于职工福利、奖励、对外投资、分配给股东或投资人、抵偿债务、换取其他单位和个人的非货币性资产等，发生所有权转移时应视同销售房地产
4. 合作建房	一方出地，一方出资金，双方合作建房，建成后转让的

表5-2　土地增值税不征税范围

经济行为	不征税范围
1. 以继承、赠予方式转让房地产	1. 房地产的继承 2. 房地产的赠予
2. 房地产的出租	1. 房地产出租，产权不变更 2. 房地产开发企业将开发的部分房地产转为企业自用或用于出租等商业用途时，产权未发生转移的
3. 房地产的抵押	抵押期间的房地产
4. 房地产的交换	对个人之间互换自有居住用房地产的，经当地税务机关核定的
5. 房地产的代建房行为	虽有收入取得，但没有发生房地产权属的转移的
6. 房地产的重新评估	不发生房地产权属的转移，房产产权、土地使用人也未取得收入的

表 5-3　土地增值税免征范围

经济行为	免征范围
1. 以房地产进行投资、联营	从事非房地产开发的单位以房地产进行投资、联营。即投资、联营的一方以土地（房地产）作价入股进行投资，或作为联营条件将房地产转让到所投资、联营的企业中。这种行为具有投资的性质，与房地产的出售不同，没有取得转让房地产的收入，按有关规定暂免征收土地增值税
2. 合作建房	一方出地，一方出资金，双方合作建房，建成后按比例分配自用的，暂免征收土地增值税
3. 国家收回国有土地使用权、征用地上的建筑物及其附着物	因国家收回国有土地使用权、征用地上的建筑物及其附着物而使房地产权属发生转让的
4. 企业兼并转让房地产	对企业在兼并行为中发生的转让房地产行为暂免征收土地增值税

[例题 5-29]（单项选择题） 下列行为属于土地增值税征税范围的是（　　）。

A. 政府向国有企业划转土地使用权　　B. 事业单位出租闲置房产

C. 村委会自行转让土地　　D. 企业以房地产抵债

[参考答案] D

[答案解析] 企业以房地产抵债，发生房地产产权转让，属于土地增值税的征税范围。选项 A，政府向国有企业划转土地使用权，不属于土地增值税征税范围；选项 B，出租房产，没有发生房地产产权的转让，不属于土地增值税的征税范围；选项 C，自行转让集体土地是一种违法行为，应由有关部门依照相关法律来处理，而不应纳入土地增值税的征税范围。

[例题 5-30]（多项选择题） 下列事项中，属于土地增值税征税范围的有（　　）。

A. 美国人凯文将中国境内一处房产赠送给好友

B. 企业为办理银行贷款将厂房进行抵押且尚在抵押期间

C. 房地产开发公司受托对某企业闲置厂房进行改造

D. 居民个人之间交换非居住房产

[参考答案] AD

[答案解析] 选项 B，抵押期内的房地产，权属未发生转移，不征收土地增值税。选项 C，对闲置厂房进行改造，权属未发生转移，不征收土地增值税。

[例题 5-31]（多项选择题） 下列行为中，应缴纳土地增值税的有（　　）。

A. 将使用过的旧房卖给某单位做办公室

B. 将使用过的旧房赠与子女

C. 将使用过的旧房出租

D. 将使用过的旧房换取债券

[参考答案] AD

[答案解析] 选项 B，属于符合规定的赠与，虽然发生了房地产权属的转移，但未

取得收入，不属于土地增值税的征税范围；选项C未发生房地产权属的转移，不属于土地增值税的征税范围。

（二）土地增值税征税范围常见涉税问题

1. 转让国有土地使用权，未缴纳土地增值税。

2. 混淆土地使用权转让与出让。

（三）土地增值税征税范围的稽查方法

1. 征税范围确认的检查。检查“固定资产”“无形资产”“银行存款”等账户，核查单位有无转让国有土地使用权、地上建筑物等行为的发生。如果发生土地使用权的转移，还应进一步确定转让土地的权属是否为国家所拥有。转让国有土地使用权取得收入的行为应征收土地增值税；转让农村集体所有的土地使用权所取得的收入，不征收土地增值税。

2. 土地使用权转让与出让区分的检查。土地使用权属转移包括两种方式：转让与出让。国有土地使用权的转让是指土地使用者通过出让等形式取得土地使用权后，将土地使用权再转让的行为，包括出售、交换和赠予，属于土地增值税的征税范围。国有土地使用权的出让是指国家以土地所有者的身份将土地使用权在一定年限内让与土地使用者，并由土地使用者向国家支付土地使用权出让金的行为，不属于土地增值税的征税范围。

3. 房地产开发企业与非房地产开发企业投资和联营的检查。对于房地产开发企业，检查企业“长期股权投资”等账户，发现企业有对外投资和联营行为，应进一步检查“开发产品”和“投资性房地产”账户，确定企业对外投资和联营的形式，对于以其建造的商品房对外投资或联营的，属于土地增值税的征税范围。

对于非房地产开发企业，检查企业“长期股权投资”“固定资产”“无形资产”等明细账，如果发现以土地（房产）作价入股进行投资或联营的，凡所投资、联营的企业从事房地产开发的，应属于土地增值税的征税范围；凡所投资、联营的企业从事非房地产开发的，则不属于土地增值税的征税范围。

4. 被兼并企业转让国有土地使用权、地上建筑物及其附着物的检查。通过合同、协议、批文等资料和“固定资产”“无形资产”等账户，重点查实国有土地使用权、地上建筑物及其附着物等转让行为发生的时间、形式，如果属于被兼并企业将国有土地使用权、地上建筑物及其附着物转让到兼并企业的，暂免征收土地增值税，其他行为应属于土地增值税的征税范围。

5. 搬迁企业土地、房产的检查。对于有搬迁行为的企业，要询问企业负责人、财务人员，掌握具体的搬迁情况，查看当地的城市规划，查实是否因城市实施规划、国家建设需要而搬迁，对于符合免税条件的免征土地增值税。达不到以上条件的，属于土地增值税的征税范围。

三、土地增值税扣除项目的稽查

（一）土地增值税扣除项目稽查的政策依据

土地增值额的扣除项目包括：取得土地使用权所支付的金额；开发土地的成本、费用；新建房及配套设施的成本、费用，或者旧房及建筑物的评估价格；与转让房地产有关的税金；财政部规定的其他扣除项目。

（二）常见涉税问题

1. 取得土地使用权支付金额方面。

（1）土地成本归依项目不真实、不完整；

（2）已销房产土地成本的分摊金额不正确。

2. 开发土地和新建房及配套设施成本方面。

（1）虚假拆迁、虚报拆迁价格和面积；

（2）虚报建筑成本；

（3）将不属于开发产品的基础设施费、公共配套设施费和开发间接费用计入了开发费用；

（4）加大加计扣除基数；扣除了超过按商业银行同类同期贷款利率计算的利息和罚息；成本费用分割方法不正确；

（5）房产评估价格未经税务部门确认。

3. 将非转让房地产环节的印花税计入开发成本重复扣除。

4. 非房地产开发企业进行了加计扣除。

（三）土地增值税扣除项目的稽查方法

1. 取得土地使用权支付金额的检查。

（1）重点检查“开发成本”账户，查阅和土地交易有关的证明文件及原始凭证，核实土地坐落位置和开发项目是否相符，到财政、土地部门了解国家有关收费政策，正确计算开发项目的缴费金额，核实土地成本归依项目是否真实、完整。如有返还土地出让金政策的，应检查企业“银行存款”“开发成本”等明细账户，确定是否存在不入账加大扣除金额的情况。

（2）对分期开发的房地产项目，要结合总体开发规划实地查看，准确计算总体开发面积。通过检查“库存商品”“开发成本——土地成本”“银行存款”“主营业务收入”“主营业务成本”等账户，核查已销房产土地成本的分摊金额是否正确。

2. 开发土地和新建房及配套设施成本的检查。

（1）结合拆迁协议书到拆迁户实地确定拆迁政策和面积，检查“银行存款”“开发成本”明细账户，查实有无虚假拆迁、虚报拆迁价格和面积的情况。

（2）去统计部门了解开发项目所在地的建筑成本单位价格，与开发单位建筑成本进行对比，成本差异较大的，要检查建筑合同，查清承建形式、面积、付款方式和时间，查实有无虚报建筑成本的情况。

（3）检查房地产转让合同，确认公共配套设施的使用方式，如果建成后有偿转让的，应查看收入账户，通过计算收入核实准予扣除的成本、费用。

检查“开发成本”明细账，并与有关会计凭证核对，核实有无将不属于开发产品的基础设施费、公共配套设施费和开发间接费用计入了开发费用的问题，已发生开发费用的分配与结转是否合理、准确。

（4）开发土地和新建房及配套设施费用的检查。检查“开发成本”明细账和“管理费用”“销售费用”账户，核实有无加大加计扣除基数的问题。

对财务费用中的利息支出检查，要查阅所提供金融机构证明的可靠性，利息是否超过按商业银行同类同期贷款利率计算的金额，超过部分和罚息不能扣除。

对属于多个房地产项目共同的成本费用，应核实成本费用分割方法是否正确，已售出房产项目的费用扣除是否准确。

（5）旧房及建筑物评估价格的检查。重点审核评估文书是否由政府批准设立的房地产评估机构出具，审核房产评估价格是否经税务部门确认。

对旧房重置成本价和成新度的确认，重点是核实评估报告是否包含了土地的评估价值，对包括在内的应予以剔除，以取得土地使用权的实际支付价款（即历史成本）计算土地的价值。

对纳税人转让旧房扣除额的检查，应确定其土地的受让价格。审核向土地管理部门补缴土地出让金金额或取得土地使用权的支付金额，对不能提供已支付地价款凭据的，不允许扣除取得土地使用权所支付的金额。

3. 与转让房地产有关税金的检查。结合售房合同，检查企业“开发成本”和“管理费用”账户，检查有无将非转让房地产环节的印花税计入开发成本重复允许扣除的情况。

4. 财政部规定的其他扣除项目的检查。

检查营业执照，确定企业是否为房地产开发企业，非房地产开发企业不能享受加计扣除。

检查“应交税费”明细账和土地增值税纳税申报表，检查在加计20%扣除时是否将代收费用从计算的基数中剔除。

[例题5-32]（单项选择题） 某市商业企业为一般纳税人，2019年8月销售其当年新建宿舍楼一栋，取得不含增值税销售收入7 000万元，已知该企业取得土地使用权所支付的金额为1 000万元，开发成本为1 500万元，该企业能够按房地产项目计算分摊银行借款利息100万元，并取得合法凭证。已知房地产开发费用扣除比例为4%，不考虑地方教育附加。该企业销售宿舍楼应缴纳的土地增值税为（　　）万元。

A. 1 173.45　　　　B. 1 701.78

C. 1 492.48　　　　D. 1 411.75

[参考答案] B

[答案解析] 扣除项目金额=取得土地使用权所支付的金额及开发成本+房地产开发费用+税费=1 000+1 500+100+（1 000+1 500）×4%+7 000×9%×（7%+3%）+7 000×0.05%=2 766.50（万元）

增值额=7 000-2 766.50=4 233.50（万元）

增值率=4 233.50÷2 766.50×100%=153.03%，适用50%税率，速算扣除系数15%。

土地增值税税额=4 233.50×50%-2 766.50×15%=1 701.78（万元）

[例题 5－33]（单项选择题） 下列各项中，不能计入为取得土地使用权所支付金额中扣除的是（　　）。

A. 耕地占用税

B. 为取得土地使用权缴纳的契税

C. 按国家统一规定缴纳的过户手续费

D. 为取得土地使用权支付的地价款

[参考答案] A

[答案解析] 耕地占用税计入房地产开发成本中扣除。取得土地使用权所支付的金额，是指纳税人为取得土地使用权所支付的地价款和按国家统一规定交纳的有关费用。

[例题 5－34]（单项选择题） 在土地增值税清算时未转让的房地产，清算后销售或有偿转让的，纳税人应按规定进行土地增值税的纳税申报，扣除项目金额按（　　）的单位建筑面积成本费用乘以销售或转让面积计算。

A. 销售时　　B. 清算时

C. 开发时　　D. 主管税务机关核定

[参考答案] B

[答案解析] 在土地增值税清算时未转让的房地产，清算后销售或有偿转让的，纳税人应按规定进行土地增值税的纳税申报，扣除项目金额按清算时的单位建筑面积成本费用乘以销售或转让面积计算。单位建筑面积成本费用＝清算时的扣除项目总金额÷清算的总建筑面积

[例题 5－35]（单项选择题） 根据土地增值税的有关规定，对于房地产开发公司，可以作为加计 20% 的扣除的基数是（　　）。

A. 房地产开发企业转让房地产时缴纳的教育费附加

B. 与房地产开发相关的管理费用

C. 管理开发项目发生的职工福利费

D. 与房地产开发相关的利息支出

[参考答案] C

[答案解析] 根据《中华人民共和国土地增值税暂行条例实施细则》第七条第（六）根据条例第六条（五）项规定，对从事房地产开发的纳税人可按本条（一）、（二）项规定计算的金额之和，加计 20% 的扣除。"（一）取得土地使用权所支付的金额""（二）开发土地和新建房及配套设施的成本"。选项 C 是开发土地和新建房及配套设施的成本中的开发间接费用。

[例题 5－36]（多项选择题） 土地增值税清算时，房地产开发企业开发建造的与清算项目配套的会所等公共设施，其成本费用可以扣除的情形有（　　）。

A. 建成后开发企业转为自用的　　B. 建成后开发企业用于出租的

C. 建成后有偿转让的　　D. 建成后产权属于全体业主所有的

[参考答案] CD

[答案解析] 本题考核土地增值税清算时扣除项目的规定。

[例题5-37]（多项选择题） 下列各项中，属于土地增值税扣除项目中房地产开发成本项目的有（　　）。

A. 取得土地使用权支付的金额　　B. 土地征用费

C. 耕地占用税　　D. 前期工程费

[参考答案] BCD

[答案解析] 注意取得土地使用权支付的金额与土地征用费不是一个概念

[例题5-38]（多项选择题） 在计算转让旧房的土地增值税时，以下可作为扣除项目金额的有（　　）。

A. 房屋及建筑物的评估价格

B. 取得土地使用权支付的地价款和按国家规定缴纳的有关费用

C. 房地产开发成本

D. 房地产开发费用

[参考答案] AB

[答案解析] 转让旧房的，可作为土地增值税扣除项目金额的有房屋及建筑物的评估价格、取得土地使用权支付的地价款和按国家规定缴纳的有关费用、转让环节缴纳的增值税以外的税金。

[例题5-39]（多项选择题） 下列项目中，计征土地增值税时需要用评估价格来确定转让房地产收入或扣除项目金额的有（　　）。

A. 出售旧房及建筑物的

B. 虚报房地产成交价格的

C. 以新建房地产进行投资联营的

D. 转让房地产的成交价格低于评估价格又无正当理由的

[参考答案] ABD

[答案解析] 出售旧房及建筑物、虚报房地产成交价格，以及转让房地产的成交价格低于评估价格又无正当理由的，需要对房地产进行评估，并以房地产评估价格来确定转让房地产收入或扣除项目的金额。

[例题5-40]（综合题） 某国家机关转让一幢旧房，转让价格为1 000万元（不含税价格）。该房建于20世纪70年代，当时造价为70万元，如果按转让时的建材价格及工人费用计算，盖同样的房子需400万元。由于旧房占地原来是行政划拨的，因此转让旧房时，该国家机关补交了国有土地转让金200万元。已知该旧房有六成新，转让过程中发生的城市维护建设税、教育费附加及印花税共计6.5万元。某税务稽查局对该企业的纳税情况进行审查时发现该企业在该年度未缴纳土地增值税。计算该企业应补缴的土地增值税。

[答案解析]

该企业应补缴土地增值税，计算土地增值税的过程如下：

(1) 计算取得土地使用权所支付的金额。按照有关规定，该国家机关补交的划拨国有土地出让金200万元，即为取得土地使用权所支付的金额。

(2) 计算房屋建筑物的评估价格。

400×60% =240 (万元)

(3) 计算扣除项的总金额。

200 +240 +6.5 =446.5 (万元)

(4) 计算增值额和增值率。

增值额 =1 000 -446.5 =553.5 (万元)

增值率 =553.5 ÷446.5 =123.96%

(5) 计算应纳土地增值税额。

553.5 ×40% -446.5 ×15% =154.425 (万元)

因此，该企业应补缴土地增值税 154.425 万元。

[知识要点] 根据我国税法的有关规定，转让旧房时，应以房屋及建筑的评估价格、取得土地使用权所支付的地价款和按国家统一规定缴纳的有关费用和在转让环节缴纳的有关费用，以及在转让环节缴纳的税金作为扣除项目金额计征土地增值税。评估价格须经当地税务机关确认。

第五节 房产税的稽查

一、房产税纳税义务人和征税范围的稽查

(一) 房产税纳税义务人和征税范围稽查的政策依据

1. 纳税义务人。房产税的纳税义务人是征税范围内的房屋的产权所有人，包括国家所有和集体、个人所有房屋的产权所有人、承典人、代管人或使用人。具体规定如下：

(1) 产权属国家所有的，由经营管理单位纳税；产权属集体和个人所有的，由集体单位和个人纳税。

(2) 产权出典的，由承典人纳税。所谓产权出典，是指产权所有人将房屋、生产资料等的产权在一定期限内典当给他人使用而取得资金的一种融资业务。

(3) 产权所有人、承典人不在房屋所在地的，或者产权未确定及租典纠纷未解决的，由房产代管人或者使用人纳税。

(4) 产权未确定及租典纠纷未解决的，亦由房产代管人或者使用人纳税。

(5) 无租使用其他房产的问题。纳税单位和个人无租使用房产管理部门、免税单位及纳税单位的房产，应由使用人代为缴纳房产税。

(6) 自 2009 年 1 月 1 日起，外商投资企业、外国企业和组织以及外籍个人，依照《房产税暂行条例》缴纳房产税。

2. 征税范围。房产税的征税范围限于城镇的经营性房屋。对建在城市、县城、建制镇和工矿区的经营性房屋征税；对建在农村的房屋不管是否用于经营，都不征税。

（二）房产税纳税义务人和征税范围常见涉税问题

1. 无法确定纳税人；

2. 混淆应税房产与免税房产。

（三）房产税纳税义务人和征税范围的稽查方法

1. 纳税人的检查。

（1）通过检查房产权属证明等书面资料，确定产权所有人；

（2）对于产权出典的，检查相关协议、承典合同等资料，确定承典人；

（3）对于产权所有人、承典人不在房产所在地的，或者产权未确定及租典纠纷未解决的，通过实地调查、核查相关资料，确定实际的房产代管人或者使用人；

（4）检查纳税人的“固定资产”“在建工程”等账户，或通过实地勘察是否有已建成投入使用但未入账的房产。

2. 征税范围的检查。

房产税的征税范围限于城市、县城、建制镇和工矿区。在检查时，首先要查看纳税人的房产是否属于确定的房产税征税区域，同时注意区分征税范围内应税房产和免税房产的界限；最后检查纳税人“固定资产”“在建工程”等账户，或通过实地勘察是否有已建成投入使用但未入账的房产。

[例题 5－41]（单项选择题） 以下不属于房产税的纳税人的有（　　）

A. 房产的代管人　　　　B. 房产的经营管理单位

C. 房产的出典人　　　　D. 房产的承典人

[参考答案] C

[答案解析] 房产税由产权所有人缴纳。产权属于全民所有的，由经营管理的单位缴纳。产权出典的，由承典人缴纳。产权所有人、承典人不在房产所在地的，或者产权未确定及租典纠纷未解决的，由房产代管人或者使用人缴纳。

[例题 5－42]（多项选择题） 下列房产，可以免征房产税的有（　　）。

A. 停止使用半年以上的危险房产　　　　B. 出租的名胜古迹空余房产

C. 企业办的各类学校自用的房产　　　　D. 中国人民保险公司自用的房产

E. 国有企业自办的幼儿园自用的房产

[参考答案] ACE

[答案解析]（1）经有关部门鉴定，对损毁不堪居住的房屋和危险房屋，在停止使用后，可免征房产税；（2）宗教寺庙、公园、名胜古迹自用的房产免征房产税，附设的营业单位，如影剧院、饮食部等所使用的房产及出租的房产，应征收房产税；（3）企业办的各类学校、医院、托儿所、幼儿园自用的房产，免征房产税；（4）对行使国家行政管理职能的中国人民银行总行（含国家外汇管理局）所属分支机构自用的房产，免征房产税，对其他专业银行等金融机构（包括信托投资公司、城乡信用合作社，以及经中国人民银行批准设立的其他金融组织）和保险公司的房产，均应按规定征收房产税。

二、房产税计税依据和适用税率的稽查

（一）房产税计税依据和适用税率稽查的政策依据

房产税计税依据是房产的计税价值或房产的租金收入。按照房产计税价值征税的，称为从价计征；按照房产租金收入计征的，称为从租计征。

1. 从价计征。房产税依照房产原值一次减除 10%—30% 后的余值计算缴纳。具体减除幅度由省、自治区、直辖市人民政府规定。没有房产原值作为依据的，由房产所在地税务机关参考同类房产核定。凡以房屋为载体，不可随意移动的附属设备和配套设施，如给排水、采暖、消防、中央空调、电气及智能化楼宇设备等，无论在会计核算中是否单独记账与核算，都应计算房产原值，计征房产税。

2. 从租计征。房产出租的，以房产租金收入为房产税的计税依据。

房产税的税率，依照房产余值计算缴纳的，税率为 1.2%；依照房产租金收入计算缴纳的，税率为 12%。自 2001 年 11 月 1 日起，对个人按市场价格出租的居民住房，其应缴纳的房产税暂减按 4% 的税率征收。从 2008 年 3 月 1 日起，对个人出租住房，不区分用途，按 4% 税率征收房产税。对企事业单位、社会团体以及其他组织按照市场价格向个人出租用于居住的住房，减按 4% 税率征收房产税。

（二）房产税计税依据和适用税率常见涉税问题

1. 房产租金收入未及时入账或入账金额不正确；

2. 房产价款不正确。

（三）房产税计税依据和适用税率的稽查方法

1. 在核实房产用途的基础上，检查“其他业务收入”账户的贷方发生额，核实有无房产租金收入。有租金收入的，应查阅房屋租赁合同或协议，核实租金收入是否及时入账；核对纳税申报表，核实是否如实申报房产税，是否应按照房租计征但错按房产计税余值计征。同时，结合检查“其他业务支出”等费用账户或往来账户，有无以收抵支或转移租金收入的情况。

2. 检查“固定资产——房屋”明细账的借方发生额或固定资产卡片，一是将其与房产税纳税申报表进行核对，核实申报数是否与账表相符；二是与有关房产原始价值资料进行核对，核实房产价值是否全部入账；三是承建房产应与承建合同、“在建工程”账户核对，核实房产价款；四是购入房产应与购货合同及发票核对，核实是否为实际购价；五是自建房产应与“在建工程”账户核对，核实是否为实际造价。

[例题 5－43] **（单项选择题）** 某企业 2018 年有一处地下建筑物，为商业用途房产（房产原值 80 万元），10 月底将其出售。当地政府规定房产税减除比例为 30%，商业用途地下建筑房产以原价的 70% 作为应税房产原值。2018 年该企业应缴纳房产税（　　）元。

A. 3 920　　　　B. 4 312

C. 4 704　　　　D. 4 820

[参考答案] A

[答案解析] 该企业应缴纳房产税 = 80 × 70% × (1 - 30%) × 1.2% × 10 000 × 10 ÷ 12 = 3 920 (元)。

[例题 5 - 44] (单项选择题) 某企业 2018 年自建一栋办公楼，6 月底建成，成本支出 100 万元，转入“固定资产”，当地计税余值的扣除比例为 30%，则该企业的这栋办公楼 2018 年应纳房产税为（　　）元。

A. 4 200　　B. 4 900

C. 4 800　　D. 6 000

[参考答案] A

[答案解析] 自建的房屋用于生产经营的，自建成之日的次月起，计征房产税。本题中，6 月底建成，自 7 月起计征房产税。该企业的这栋办公楼 2018 年应纳房产税 = 100 × (1 - 30%) × 1.2% × 6 ÷ 12 = 0.42 (万元)。

[例题 5 - 45] (多项选择题) 下列行为中，正确的做法有（　　）。

A. 某企业 4 月开业将原有房产用于生产经营，房产税应从 5 月开始计算缴纳

B. 某企业 4 月开业将原有房产用于生产经营，房产税应从 4 月开始计算缴纳

C. 某企业自建房屋用于经营，7 月建成，应从 8 月开始计算缴纳房产税

D. 某企业自建房屋用于经营，7 月建成，应从 7 月开始计算缴纳房产税

[参考答案] BC

[答案解析] 将原有房产用于生产经营的，从生产经营之月起，计征房产税；将自建的房屋用于生产经营的，从建成之日的次月起，计征房产税。

第六节　城镇土地使用税的稽查

一、城镇土地使用税纳税义务人和征税范围的稽查

（一）城镇土地使用税纳税义务人和征税范围稽查的政策依据

1. 在城市、县城、建制镇和工矿区范围内使用土地的单位和个人，为城镇土地使用税的纳税人，应当依照规定缴纳城镇土地使用税。所称单位，包括国有企业、集体企业、私营企业、股份制企业、外商投资企业、外国企业以及其他企业和事业单位、社会团体、国家机关、军队以及其他单位；所称个人，包括个体工商户以及其他个人。

2. 下列土地免缴城镇土地使用税：

（1）国家机关、人民团体、军队自用的土地；

（2）由国家财政部门拨付事业经费的单位自用的土地；

（3）宗教寺庙、公园、名胜古迹自用的土地；

（4）市政街道、广场、绿化地带等公共用地；

（5）直接用于农、林、牧、渔业的生产用地；

（6）经批准开山填海整治的土地和改造的废弃土地，从使用的月份起免缴土地使用税5—10年；

（7）由财政部另行规定免税的能源、交通、水利设施用地和其他用地。

3. 对免税单位无偿使用纳税单位的土地（如公安、海关等单位使用铁路、民航等单位的土地），免征土地使用税；对纳税单位无偿使用免税单位的土地，纳税单位应照章缴纳土地使用税。纳税单位与免税单位共同使用、共有使用权土地上的多层建筑物，对纳税单位可按其占用的建筑面积占建筑总面积的比例计征城镇土地使用税。

4. 城镇土地使用税由拥有土地使用权的单位和个人缴纳。拥有土地使用权的纳税人不在土地所在地的，由代管人或实际使用人纳税；土地使用权未确定或权属纠纷未解决的，由实际使用人缴纳；土地使用权共有的，由共有各方分别纳税。

5. 在城镇土地使用税征税范围内实际使用应税集体所有建设用地，但未办理土地使用权流转手续的，由实际使用集体土地的单位和个人按规定缴纳城镇土地使用税。

6. 自2017年1月1日起至2019年12月31日止，对物流企业自有的（包括自用和出租）大宗商品仓储设施用地，减按所属土地等级适用税额标准的50%计征城镇土地使用税。

[例题5－46]（多项选择题） 根据城镇土地使用税法规定，下列表述不正确的有（　　）。

A. 城市郊区的土地不缴纳土地使用税

B. 土地使用权未确定或权属纠纷未解决的，暂不缴纳土地使用税

C. 土地使用权共有的，由共有各方分别纳税

D. 建立在城市、县城、建制镇和工矿区以外的工矿企业不需要缴纳城镇土地使用税

E. 危险品仓库的防火、防爆等安全防范用地免征城镇土地使用税

[参考答案] AB

[答案解析] 选项A，城市的土地包括市区和郊区的土地，需要缴纳土地使用税；选项B，土地使用权未确定或权属纠纷未解决的，其实际使用人为纳税人。

[例题5－47]（多项选择题） 下列关于城镇土地使用税的表述正确的有（　　）。

A. 对于专门经营农产品的农产品批发市场、农贸市场使用的土地免征城镇土地使用税

B. 中国人民银行总行所属分支机构自用的土地，免征城镇土地使用税

C. 纳税单位无偿使用免税单位的土地，纳税单位免征城镇土地使用税

D. 对石油天然气生产建设中用于地质勘探、钻井、井下作业、油气田地面工程等施工临时用地暂免征收城镇土地使用税

E. 学校的教学楼占用地应缴纳城镇土地使用税

[参考答案] ABD

[答案解析] 选项C，纳税单位无偿使用免税单位的土地，纳税单位应当照章缴纳城镇土地使用税。选项E，学校的教学楼占用地免征城镇土地使用税。

（二）城镇土地使用税纳税义务人和征税范围常见涉税问题

1. 纳税人使用免税单位土地，但未纳税；

2. 纳税人的实际经营场所用地在征税区域内，但未纳税。

（三）城镇土地使用税纳税义务人和征税范围的稽查方法

1. 纳税义务人的检查。通过实地检查土地的具体使用情况及用途，根据纳税义务人确认的规定，审核确定纳税人。检查拥有土地使用权的单位和个人不在土地所在地的，或者土地使用权未确定的以及权属纠纷未解决的纳税人，实际使用人或代管人是否按规定申报纳税。同时，注意检查纳税人有无使用免税单位的土地，是否按照规定履行纳税义务。

2. 征税区域的检查。城镇土地使用税的征税范围限于城市、县城、建制镇和工矿区。在检查时，要查看纳税人的实际经营场所用地是否属于确定的城镇土地使用税征税区域。如在征税区域之内则征城镇土地使用税，否则不征城镇土地使用税。同时，注意检查土地是否用于农业种植、养殖等，如果核实为农业生产等用地，免征土地使用税。

二、城镇土地使用税计税依据和适用税额的稽查

（一）城镇土地使用税计税依据和适用税额稽查的政策依据

1. 城镇土地使用税以纳税人实际占用的土地面积为计税依据，依照规定税额计算征收。

2. 纳税人实际占用的土地面积，是指由省、自治区、直辖市人民政府确定的单位组织测定的土地面积，尚未组织测量，但纳税人持有政府部门核发的土地使用证书，以证书确认的土地面积为准；尚未核发土地使用证书的，应由纳税人据实申报土地面积。

3. 城镇土地使用税每平方米年税额如下：

大城市，1.5—30 元；

中等城市，1.2—24 元；

小城市，0.9—18 元；

县城、建制镇和工矿区，0.6—12 元。

（二）城镇土地使用税计税依据和适用税额常见涉税问题

1. 纳税人少报、漏报土地面积；

2. 纳税人适用单位税额不正确。

（三）城镇土地使用税计税依据和适用税额的稽查方法

1. 检查时，可将纳税人纳税申报表中的土地面积与土地使用证所记载面积相对照，调阅原征地凭证、土地管理机关的批文等文件进行核对，必要时也可实际丈量，核实纳税人申报的土地面积是否真实，有无少报、漏报现象。

2. 检查适用单位税额时，根据纳税人所处的地理位置，对照人民政府对本地区土地的等级划分界限及规定的单位税额，核实纳税人适用单位税额是否正确。

[例题 5－48]（单项选择题） 某公司 2016 年实际占用土地面积共 30 000 平方米，其中 5 000 平方米为厂区内的绿化区，企业的医院共占地 500 平方米，1 500 平方米土地借给武警部队作为训练场地；另外在该地区分设的 A 机构占地 3 000 平方米，其中包括无偿使用公安机关的一块场地 100 平方米。假设该公司所在地城镇土地使用税单位税额

每平方米 5 元。该公司 2016 年应缴纳城镇土地使用税为（　　）元。

A. 150 000　　B. 157 500

C. 156 500　　D. 155 000

［参考答案］D

［答案解析］免税单位无偿使用纳税单位的土地，免征土地使用税；纳税单位无偿使用免税单位的土地，纳税单位应照章缴纳城镇土地使用税。

应纳城镇土地使用税 = (30 000 − 500 − 1 500) × 5 + 3 000 × 5 = 155 000（元）

第七节　城市维护建设税的稽查

一、城市维护建设税纳税义务人的稽查

（一）城市维护建设税纳税义务人稽查的政策依据

城市维护建设税的纳税义务人，是指负有缴纳增值税、消费税义务的单位和个人，包括国有企业、集体企业、私营企业、股份制企业、其他企业和行政单位、事业单位、军事单位、社会团体、其他单位，以及个体工商户及其他个人。

自 2010 年 12 月 1 日起，对外商投资企业、外国企业及外籍个人（以下简称外资企业）征收城市维护建设税。对外资企业 2010 年 12 月 1 日（含）之后发生纳税义务的增值税、消费税，征收城市维护建设税。

（二）城市维护建设税纳税义务人常见涉税问题

缴纳增值税、消费税却不缴纳城市维护建设税。

（三）城市维护建设税纳税义务人的稽查方法

凡是在我国境内缴纳增值税、消费税的单位和个人，均为城市维护建设税的纳税义务人。

对城市维护建设税纳税义务人的检查，可结合增值税、消费税的检查，确定城市维护建设税的纳税义务人。

二、城市维护建设税计税依据的稽查

（一）城市维护建设税计税依据稽查的政策依据

城市维护建设税的计税依据为纳税人实际缴纳的增值税、消费税税额，以及出口货物、劳务或者跨境销售服务、无形资产增值税免抵税额。

纳税人违反增值税、消费税有关税法而加收的滞纳金和罚款，是税务机关对纳税人违法行为的经济制裁，不作为城市维护建设税的计税依据，但纳税人在被查补增值税、消费税和被处以罚款时，应同时对其偷漏的城市维护建设税进行补税、征收滞纳金和罚款。

对出口产品退还增值税、消费税的，不退还已缴纳的城市维护建设税。

当期抵免的增值税税额应纳入城市维护建设税和教育费附加的计征范围，分别按规定的税率征收城市维护建设税和教育费附加。

（二）城市维护建设税计税依据常见涉税问题

（1）纳税人缴纳增值税、消费税后，未据以缴纳城市维护建设税；

（2）税务机关查补增值税、消费税，未同时调增城市维护建设税计税依据；

（3）出口货物按规定退还增值税、消费税以及增值税实行先征后退方式免税的，其退、免税额调减城市维护建设税计税依据。

（三）城市维护建设税计税依据的稽查方法

城市维护建设税以纳税人实际缴纳的增值税、消费税为计税依据，纳税义务人只要缴纳了增值税、消费税中的一种税，就产生了城市维护建设税的纳税义务。检查时应当注意：一是纳税人缴纳增值税、消费税后，是否据以缴纳了城市维护建设税。二是税务机关查补增值税、消费税，是否同时调增了城市维护建设税计税依据。三是出口货物按规定退还增值税、消费税以及增值税实行先征后退方式免税的，其退、免税额有无发生调减城市维护建设税计税依据的错误。

对城市维护建设税计税依据的检查，可结合增值税、消费税的检查一并进行或直接依据增值税、消费税检查的结果确定。

三、城市维护建设税应纳税额的稽查

（一）城市维护建设税应纳税额稽查的政策依据

城市维护建设税纳税人的应纳税额是由纳税人实际缴纳的增值税、消费税税额规定的，其计算公式为：

应纳税额 = 纳税人实际缴纳的增值税、消费税税额 × 适用税率

（二）城市维护建设税应纳税额常见涉税问题

以各种理由不缴纳城市维护建设税。

（三）城市维护建设税应纳税额的稽查方法

城市维护建设税实行地区差别税率，可按纳税人所在地行政区域的不同确定适用的税率。应纳税额的计算、缴纳情况，可通过“应交税金——应交城市维护建设税”及其对应账户、会计凭证作出判断。

[例题 5 - 49]（综合题） 位于某县城 A 镇的一家铸钢厂，2019 年实际缴纳增值税 100 万元（年初增值税无欠税）。该企业以资金紧张为由 2019 年未缴纳城市维护建设税及教育费附加。请审核企业的做法是否正确？

[答案解析] 该企业以资金紧张为由，不申报缴纳城市维护建设税及教育费附加，违反了税法规定。根据《中华人民共和国城市维护建设税暂行条例》的规定，城市维护建设税及教育费附加，以纳税人实际缴纳的消费税、增值税税额为计税依据，分别与消费税、增值税同时缴纳，因此，该企业应以实际缴纳的增值税 100 万元作为计算城市维护建设税及教育费附加的依据。

应补城市维护建设税 = 100 × 5% = 5（万元）

应补教育费附加 = 100 × 5% = 5（万元）

[例题 5 - 50]（综合题） 某税务稽查局审查某市工商银行的纳税事宜，有关城市维护建设税的资料如下：

该市工商银行下设 10 个营业所，2 个营业所在市区、8 个营业所在县城。该银行的核算地在市区。2019 年 5 月份取得利息收入 900 万元，其中 750 万元来自各县城的营业所，150 万元来自市区营业所。（注：以上收入均为不含税收入。）

该银行实际缴纳城市维护建设税 = 150 × 6% × 7% + 750 × 6% × 5% = 2.88（万元）

该税务稽查局审查出该银行的城市维护建设税税款不正确，请分析并计算出正确的税款。

[答案解析] 纳税人直接缴纳增值税、消费税的，在缴纳增值税、消费税地缴纳城市维护建设税；代征、代扣、代缴增值税、消费税的企业，同时也要代征、代扣、代缴城市维护建设税。

该银行应纳城市维护建设税 = 900 × 6% × 7% = 3.78（万元）

第八节　契税的稽查

一、契税纳税义务人和征税对象的稽查

（一）契税纳税义务人稽查的政策依据

契税的纳税人是境内转移土地、房屋权属的承受的单位和个人。境内是指中华人民共和国实际税收行政管辖范围内。土地、房屋权属是指土地使用权和房屋所有权。单位是指企业、事业单位、国家机关、军事单位和社会团体以及其他组织。个人是指个体经营者及其他个人，包括中国公民和外籍公民。

[例题 5 - 51]（单项选择题） 下列选项中，属于契税纳税人的是（　　）。

A. 出让土地使用权的某市国土资源管理局

B. 销售别墅的东方天和房地产有限公司

C. 对外捐赠房屋的某工业企业

D. 购买花园别墅的富豪老王

[参考答案] D

[答案解析] 契税的纳税义务人是承受土地、房屋权属的单位和个人。所以，购买花园别墅的富豪老王属于契税纳税人。

（二）契税征税对象稽查的政策依据

契税的征税对象是境内转移的土地、房屋权属，具体包括以下六项内容：

1. 国有土地使用权出让。国有土地使用权出让是指土地使用者向国家交纳土地使用

权出让费用，国家将国有土地使用权在一定年限内让予土地使用者的行为。

对承受国有土地使用权所应支付的土地出让金，要计征契税，不得因减免土地出让金而减免契税。

2. 土地使用权的转让。土地使用权的转让是指土地使用者以出售、赠予、交换或者其他方式将土地使用权转移给其他单位和个人的行为。土地使用权的转让不包括农村集体土地承包经营权的转移。

3. 房屋买卖。对已缴纳契税的购房单位和个人，在未办理房屋权属变更登记前退房的，退还已纳契税；在办理房屋权属变更登记后退房的，不予退还已纳契税。

买房拆料或翻建新房，应照章征收契税。例如，甲某购买乙某的房产，不论其目的是取得该房产的建筑材料或是翻建新房，实际已构成房屋买卖。甲某应先办理房屋产权变更手续，并按买价缴纳契税。

4. 房屋赠予。房屋赠予是指房屋产权所有人将房屋无偿转让给他人所有。其中，将自己的房屋转交给他人的法人和自然人，称作房屋赠予人；接受他人房屋的法人和自然人，称为受赠人。房屋的受赠人要按规定缴纳契税。

5. 房屋交换。房屋交换是指房屋所有者之间交换房屋的行为。

6. 以土地、房屋权属作价投资（入股）、偿还债务，以划转、奖励等方式转移土地、房屋权属的，视同转移土地、房屋权属行为，依照规定征收契税。

(1) 以土地、房屋权属作价投资（入股）。这种交易业务属于土地、房屋产权转移，应根据国家房地产管理的有关规定，办理土地、房屋产权交易和产权变更登记手续，视同土地、房屋权属转移，由产权承受方按契税税率计算缴纳契税。

例如，甲某以自有房产投资于乙企业，其房屋产权变为乙企业所有，即该房产的产权所有人发生变化。因此，乙企业在办理产权登记手续后，按甲某入股房产现值缴纳契税。若丙某以股份方式购买乙企业的房屋产权，则丙某在办理产权登记后，按取得房产的买价缴纳契税。

以自有房产投入本人独资经营的企业，免纳契税。因为以自有的房地产投入本人独资经营的企业，产权所有人和使用权使用人未发生变化，无须办理房产变更手续，也不用办理契税手续。

(2) 以土地、房屋权属偿还债务。经当地政府和有关部门批准，以土地、房屋权属偿还债务，均视同转移土地、房屋权属行为，应由产权承受人按房屋现值缴纳契税。

例如，甲某因无力偿还欠乙某的债务，而以自有的房产折价抵偿债务。经双方同意、有关部门批准，乙某取得甲某的房屋产权，在办理产权过户手续时，按房产折价款缴纳契税。若以实物交换房屋，应视同以货币购买房屋。

(3) 以划转、奖励等方式转移土地、房屋权属。

二、契税计税依据的稽查

（一）契税计税依据稽查的政策依据

契税的计税依据为不动产的价格。由于土地、房屋权属的转移方式不同，定价方法不同，因而具体计税依据视不同情况决定。

1. 国有土地使用权出让、土地使用权出售、房屋买卖，以成交价格为计税依据。成交价格是指土地、房屋权属转移合同确定的价格，包括承受者应交付的货币、实物、无形资产或者其他经济利益。

2. 土地使用权交换、房屋交换，为所交换的土地使用权、房屋的价格差额。也就是说，交换价格相等时，免征契税；交换价格不等时，由多交付货币、实物、无形资产或者其他经济利益的一方缴纳契税。

3. 土地使用权赠予、房屋赠予，由征收机关参照土地使用权出售、房屋买卖的市场价格核定。

4. 以划拨方式取得土地使用权，经批准转让房地产时，由房地产转让者补交契税。计税依据为补交的土地使用权出让费用或者土地收益。

为了避免偷、逃税款，税法规定，成交价格明显低于市场价格且无正当理由的，或者所交换土地使用权、房屋的价格差额明显不合理且无正当理由的，征收机关可以参照市场价格核定计税依据。

5. 房屋附属设施征收契税的依据。

（1）采取分期付款方式购买房屋附属设施土地使用权、房屋所有权的，应按合同规定的总价款计征契税。

（2）承受的房屋附属设施权属如为单独计价的，按照当地确定的适用税率征收契税；如与房屋统一计价的，适用与房屋相同的契税税率。

6. 个人无偿赠予不动产行为（法定继承人除外），应对受赠人全额征收契税。

（二）契税计税依据常见涉税问题

房屋附属设施单独计价，单独适用契税税率。

[例题 5－52]（单项选择题） 承受的房屋附属设施权属单独计价的，应按照（　　）计征契税。

A. 与房屋相同的契税税率　　B. 当地确定的适用税率

C. 固定的3%的税率　　D. 固定的5%的税率

[参考答案] B

[答案解析] 承受的房屋附属设施权属单独计价的，按照当地确定的适用税率征收契税；与房屋统一计价的，适用与房屋相同的契税税率。

三、契税税收优惠的稽查

（一）免征契税的情形

有下列情形之一的，免征契税：

1. 国家机关、事业单位、社会组织、军事单位承受土地、房屋权属用于办公、教学、医疗、科研、军事设施。

2. 非营利性的学校、医疗机构、社会福利机构承受土地、房屋权属用于办公、教学、医疗、科研、养老、救助。

3. 承受荒山、荒地、荒滩土地使用权用于农、林、牧、渔业生产。

4. 依照法律规定应当予以免税的外国驻华使馆、领事馆和国际组织驻华代表机构承受土地、房屋权属。

根据国民经济和社会发展的需要，国务院可以规定免征或者减征契税的其他情形，报全国人民代表大会常务委员会备案。

（二）减（免）征契税的其他情形

省、自治区、直辖市人民政府可以决定对下列情形免征或者减征契税，报同级人民代表大会常务委员会备案：

1. 因土地、房屋被县级以上人民政府征收、征用，重新承受土地、房屋权属。

2. 因不可抗力灭失住房，重新承受住房权属。

纳税人改变有关土地、房屋的用途，或者有其他不再属于规定的免征、减征契税情形的，应当缴纳已经免征、减征的税款。

（三）契税优惠的特殊规定

1. 城镇职工按规定第一次购买公有住房，免征契税。对个人购买普通住房，且该住房属于家庭（成员范围包括购房人、配偶以及未成年子女，下同）唯一住房的，减半征收契税。对个人购买90平方米及以下普通住房，且该住房属于家庭唯一住房的，减按1%的税率征收契税。

2. 对公租房经营管理单位购买住房作为公租房，免征契税。

3. 个人首次购买90平方米以下改造安置住房，按1%的税率计征契税；购买超过90平方米，但符合普通住房标准的改造安置住房，按法定税率减半计征契税。对个人购买家庭第二套改善性住房，面积为90平方米及以下的，减按1%的税率征收契税；面积为90平方米以上的，减按2%的税率征收契税。

4. 企业按照《中华人民共和国公司法》有关规定整体改制，包括非公司制企业改制为有限责任公司或股份有限公司，有限责任公司变更为股份有限公司，股份有限公司变更为有限责任公司，原企业投资主体存续并在改制（变更）后的公司中所持股权（股份）比例超过75%，且改制（变更）后公司承继原企业权利、义务的，对改制（变更）后公司承受原企业土地、房屋权属，免征契税。

非公司制国有独资企业或国有独资有限责任公司，以其部分资产与他人组建新公司，且该国有独资企业（公司）在新设公司中所占股份超过50%的，对新设公司承受该国有独资企业（公司）的土地、房屋权属，免征契税。

国有控股公司以部分资产投资组建新公司，且该国有控股公司占新公司的股份超过85%的，对新公司承受该国有控股公司土地、房屋权属，免征契税。国有控股公司是指国家出资额占有限责任公司资本总额超过50%，或国有股份占股份有限公司股本总额超过50%的公司。

5. 公司股权重组。在股权（股份）转让中，单位、个人承受企业股权（股份），企业土地、房屋权属不发生转移，不征收契税。

6. 公司合并。两个或两个以上的公司，依据法律规定、合同约定，合并改建为一个公司，对其合并后的公司承受原合并各方的土地、房屋权属，免征契税。

7. 公司分立。公司依照法律规定、合同约定，分设为两个或两个以上投资主体相同的企业，对分立后公司承受原公司土地、房屋权属，不征收契税。

8. 企业出售。国有企业、集体企业出售，被出售企业法人予以注销，并且买受人按照《中华人民共和国劳动法》（以下简称《劳动法》）等国家有关法律、法规、政策妥善安置原企业全部职工，其中与原企业30%以上职工签订服务年限不少于3年的劳动用工合同的，对其承受所购企业的土地、房屋权属，减半征收契税；与原企业全部职工签订服务年限不少于3年的劳动用工合同的，免征契税。

9. 企业注销、破产。企业依照有关法律、法规的规定实施注销、破产后，债权人（包括注销、破产企业职工）承受注销、破产企业土地、房屋权属以抵偿债务的，免征契税；对非债权人承受注销、破产企业土地、房屋权属，凡按照《劳动法》等国家有关法律、法规、政策妥善安置原企业全部职工，其中与原企业30%以上职工签订服务年限不少于3年的劳动用工合同的，对其承受所购企业的土地、房屋权属，减半征收契税；与原企业全部职工签订服务年限不少于3年的劳动用工合同的，免征契税。

10. 房屋的附属设施。对于承受与房屋相关的附属设施（包括停车位、汽车库、自行车库、顶层阁楼以及储藏室，下同）所有权或土地使用权的行为，按照契税法律、法规的规定征收契税；对于不涉及土地使用权和房屋所有权转移变动的，不征收契税。

11. 继承土地、房屋权属。对于《中华人民共和国继承法》规定的法定继承人（包括配偶、子女、父母、兄弟姐妹、祖父母、外祖父母）继承土地、房屋权属，不征契税。

按照《中华人民共和国继承法》的规定，非法定继承人根据遗嘱承受死者生前的土地、房屋权属，属于赠予行为，应征收契税。

12. 事业单位按照国家有关规定改制为企业的过程中，投资主体没有发生变化的，对改制后的企业承受原事业单位土地、房屋权属，免征契税。投资主体发生变化的，改制后的企业按照《劳动法》等有关法律、法规妥善安置原事业单位全部职工，其中与原事业单位全部职工签订服务年限不少于3年的劳动用工合同的，对其承受原事业单位的土地、房屋权属，免征契税；与原事业单位30%以上职工签订服务年限不少于3年的劳动用工合同的，对其承受原事业单位的土地、房屋权属，减半征收契税。

13. 事业单位改制过程中，改制后的企业以出让或国家作价出资（入股）方式取得原国有划拨土地使用权的，不属于本通知规定的契税减免税范围，应按规定缴纳契税。

14. 事业单位按照国家有关规定改制为企业，原投资主体存续并在改制后企业中出资（股权、股份）比例超过50%的，对改制后企业承受原事业单位土地、房屋权属，免征契税。

15. 对承受县级以上人民政府或国有资产管理部门按规定进行行政性调整、划转国有土地、房屋权属的单位，免征契税。同一投资主体内部所属企业之间土地、房屋权属的划转，包括母公司与其全资子公司之间，同一公司所属全资子公司之间，同一自然人与其设立的个人独资企业、一人有限公司之间土地、房屋权属的划转，免征契税。母公司以土地、房屋权属向其全资子公司增资，视同划转，免征契税。

16. 经国务院批准实施债权转股权的企业，对债权转股权后新设立的公司承受原企业的土地、房屋权属，免征契税。

17. 以出让方式或国家作价出资（入股）方式承受原改制重组企业、事业单位划拨用地的，不属于上述规定的免税范围，对承受方应按规定征收契税。

18. 在婚姻关系存续期间，房屋、土地权属原归夫妻一方所有，变更为夫妻双方共有或另一方所有的，或者房屋、土地权属原归夫妻双方共有，变更为其中一方所有的，或者房屋、土地权属原归夫妻双方共有，双方约定、变更共有份额的，免征契税。

[例题5-53]（单项选择题） 张某、李某、王某三人欲成立一合伙企业。张某出资100万元，李某出资80万元，王某用其住房作为投资，此住房评估价格为100万元，该合伙企业应缴纳的契税为（　　）万元（当地规定契税税率3%）。

A. 0　　　　B. 3

C. 4.5　　　　D. 6

[参考答案] A

[答案解析] 合伙企业的合伙人将其名下的房屋、土地权属转移至合伙企业名下，或合伙企业将其名下的房屋、土地权属转回原合伙人名下的，免征契税。

[例题5-54]（单项选择题） 下列关于契税减免税优惠政策的说法，正确的是（　　）。

A. 金融租赁公司通过售后回租承受承租人房屋土地权属的，免征契税

B. 因不可抗力丧失住房而重新购房的，免征契税

C. 单位承受荒滩用于仓储设施开发的，免征契税

D. 婚姻关系存续期间，房屋原属夫妻一方所有，变更为夫妻双方共有的，免征契税

[参考答案] D

[答案解析] 选项A，对金融租赁公司开展售后回租业务，承受承租人房屋、土地权属的，照章征税；对售后回租合同期满，承租人回购原房屋、土地权属的，免征契税；选项B，因不可抗力丧失住房而重新购买住房的，酌情准予减征或者免征契税；选项C，承受荒山、荒沟、荒丘、荒滩土地使用权，并用于农、林、牧、渔业生产的，免征契税。

本章小结

本章的主要内容包括资源税的纳税义务人、征税范围、计税依据和应纳税额的检查；印花税的纳税义务人、征税范围、计税依据和应纳税额的检查；土地增值税的纳税义务人、征税范围、扣除项目和应纳税额的检查；房产税的纳税义务人、计税依据和应纳税额的检查；城镇土地使用税的纳税义务人、计税依据和应纳税额的检查；城市维护建设税及教育费附加的纳税义务人、计税依据和应纳税额的检查；契税的纳税义务人、计税依据和税收优惠的检查。

第六章 税收经济分析、税收信息化与税务稽查

第一节 税收经济分析与税务稽查

一、税收经济分析的意义

税收经济分析就是利用相关的税收经济数据指标，进行统计和对比分析，从而揭示税收与经济发展的协调程度，查找税收管理中存在的问题，有针对性地采取加强管理的措施。开展税收经济分析，最直接、最主要的工作是分析税收负担和税收弹性。

税收经济分析是准确判断税收收入形式，正确指导组织收入工作，推进税收科学化、精细化管理的一项基础性工作，是监控税源变化、加强税收征管、客观评价税收工作的重要手段。做好税收经济分析，对于提高税收征管质量和效率、发挥税收调节经济和调节分配的作用具有重要的意义。一是可以进一步揭示税收与经济的关系，真实反映经济税收运行情况，把握组织税收收入的主动权。二是通过由经济分析延伸到对征管措施成效的分析以及对征管力度的量化分析，可以客观地反映一个地区税收征管的深度和力度，把握其税收征管状况和各项征管措施的成效，查找税收征管存在的薄弱环节，有针对性地采取强化税源管理的措施。三是利用税收经济分析的成果，可以进一步分析某项税收政策或制度及其调整对经济运行和税收收入增减的政策效应，为进一步完善税收政策、税收制度提供依据。四是通过剖析国家宏观调控政策变动对经济运行和税收收入的作用机理，围绕经济发展大局，积极主动地针对不同时期宏观经济运行态势和宏观调控整体目标，适时调整相关税收政策，充分发挥税收对经济的调节作用，更好地为国家宏观调控服务。

二、税务稽查领域常用的税收经济分析

经济决定税收，税收增长要以经济增长为基础。税收增长与经济增长是否协调，是检验税收征管质量和效率的重要标准。税收经济分析是税收征管工作的“眼睛”，可以

及时发现和查找征管工作中存在的问题。要以税负分析和税收弹性分析为重点，进一步加强和改进税收经济分析工作。

（一）税负分析

加强税收经济分析，首先要从税收经济分析的静态指标分析入手，准确把握税收负担水平。税收负担是税收与税源的一种比例关系，税负的高低取决于经济结构、税收政策影响和征管水平等综合因素。从国家的角度看，税负反映的是国家课税的强度，也就是服从于一定的经济发展状况要征多少税；从纳税人的角度看，税负反映的是纳税人缴纳税收的负担水平，即承担了多少税款。衡量税负水平的指标很多，主要有宏观税负、地区税负、行业税负、税种税负等。税负分析就是要通过对这些具体指标的对比分析，进一步了解税负的基本状况、税负变动的特征及其成因。

1. 宏观税负分析。宏观税负通常是指一个国家在一定期间内税收收入占当期国内生产总值（GDP）的比重（也称为小口径宏观税负），是反映一个国家税收的总体负担水平的重要指标。从税收与 GDP 的关系看，税收主要来源于 GDP 中的第二、第三产业增加值。通过对一个国家在不同时期宏观税负水平的横向比较，可以分析税收制度的完善与国家经济发展的协调状况；通过对不同国家之间宏观税负水平的横向比较，可以分析一国税收制度与其他国家或国际通行税制的差异。

2. 地区税负分析。地区税负是指一个地区的宏观税负水平，反映一定时期某地区经济总量所承担的税收额度，用某个地区一定时期征收的税收总额作分子、同期地区生产总值（地区 GDP）作分母进行比较。地区税负分析要重点把握税收政策调整、经济结构变化、企业生产经营变化、税收优惠政策执行等因素对本地税负的影响，合理剔除一些特殊因素，从多个角度加强分析比较，从而科学判断本地区税负水平。在进行地区税负分析时，要注意对不同地区同行业税负的比较。

3. 行业税负分析。行业税负是指某个地区某个行业在一定时期缴纳的税收占其增加值的比重。行业按照由大到小的层次，可以分为第一、第二、第三次产业，其下分别为行业门类，再下分别为大、中、小类行业。与行业分类相一致，行业税收负担具体包括产业税负、行业税负和产品税负。在同一行业税负内部还可按产品计算税负，产品税负是全国（地区）某产品所承担的税收与该产品增加值的比值。由于行业所处的市场环境不同、适用税收政策不同，行业间的税负差异可能会很大，分析不同行业的税负状况，可以为调整税收政策、有效发挥税收的调节作用提供参考依据。

4. 税种税负分析。税种税负是把各税种与其对应的生产销售额或增加值以及对应税基进行对比的结果，反映该税种的征税强度，用来分析主要税种的税负水平和变动趋势以及税负形成的原因等。

（二）税源分析

税源是经济发展成果在税收上的体现，是税收的来源。开展税源分析的目的，就是要了解在经济社会发展基础上的真实税源状况，判断现实征收率，并据以查漏补缺，应收尽收。长期以来，税收分析和加强征管的注意力主要集中在申报、征收入库这一过程上，忽视了对真实税源状况的分析监控，对纳税申报的审核往往是就表评表，很难发现问题。有些地方申报率、入库率几乎月月100%，但宏观税负和行业税负明显偏低，反映实际税源并未都转化为税收。可以说，不研究税源，不研究经济社会发展带来的税源变化，税收征管工作就深入不了、拓展不开，提高征管质量和效率也就成了空谈。

加强税源分析，要注意宏观税源和微观税源分析相结合，既要分析已经登记的纳税人及其纳税申报表上的应税额，还要分析反映真实税源的应征数以及应纳入管理的新的税源状况。为此，在进行前述的宏观税负、行业税负分析的同时，要对当地经济社会发展进行分析，及时发现新的税源或新的增长点，及时查找漏征漏管户，还要利用现有数据，查询第三方信息资料，对企业生产经营情况、财务资产状况等进行分析，评估其应纳税数量。在分析时，要注意引进工商、银行、统计以及行业主管部门等外部（第三方）信息，实现各外部独立数据与纳税人申报数据的比对分析，解决税务机关与纳税人信息不对称的问题，更为准确地判断企业税源情况，提高税收征收率。

（三）税收关联分析

税收关联分析主要是对有相关关系的各类税收数据进行对比分析，其目的是发现企业财务核算、纳税申报中的异常情况以及税款征收中的问题。如发票销售额与申报表应税销售额、申报应征税款与入库税款和欠税、增值税与企业所得税、房产税与契税、城镇土地使用税与企业占用土地、宏观经济和企业财务与税收税源等数据之间存在着广泛的关联性。通过不同数据的相关分析验证，可以发现纳税异常和税收管理上的问题。关联分析已经在实际工作中发挥了较大作用，如通过增值税交叉稽核系统对企业进、销项税额的对比分析，以及对海关完税凭证、农副产品发票等的对比分析，直接提高了增值税的征管水平。

税负分析、税收弹性分析、税源分析和税收关联分析是税收经济分析的四种主要形式和方法。在实际工作中，要视不同情况综合运用、有机结合，以更加全面地反映税源状况和征收情况；通过分析，及时准确地提出加强税收管理的意见。

在税收管理实际工作中，要综合运用各种方法加强税收经济分析，既要关注税收收入总量增减的变化，更要重点分析税收收入相对于经济的变化，以及各税种收入与相关经济指标之间的关系，分析影响税收收入变化的经济、政策和征管等方面因素，科学判断税收收入增减的原因；既要分析税收收入计划完成进度，更要加强宏观税负和税收弹性分析，对不同地区、产业、行业和重点税源企业的税负水平进行横向和纵向比较，分析各主要税种收入增长与相关经济指标之间的弹性；既要作一般性分析，要注意收入增长中一些特殊因素的影响，还要有税源的具体分析，要善于将一个地区税收增减的总体状况分解剖析到具体税种、具体行业和企业等微观方面，及时发现税收政策执行和税收征管中存在的问题，并有针对性地采取措施及时解决。

要建立健全各级税收经济分析制度，明确各级税收经济分析的重点。县税务局具体负责统计基础数据的采集，确保数据质量，并认真开展重点税源企业的税收分析；省、市税务局具体负责分析和监控地区、行业税源税收情况，提高数据质量和分析质量，指导基层做好分析工作；国家税务总局开展全国宏观税负、税收增长弹性以及税种与对应经济指标关系的分析。国家税务总局负责组织进行全国纳税能力估算，开展税收征收率的测算和分析工作；负责组织开展税收政策变动及重大税收措施对税收收入影响的跟踪分析，进行全国税收预测；负责建立税收分析工作规范，定期发布税收质量监控指标，为基础税收机关提供税收分析方法上的指导，推动税收分析工作的深入开展。税收分析要充分掌握各种社会信息数据，对比分析企业纳税情况与相关信息的差异。要利用“一户式”储存的纳税人申报信息、税务机关采集的信息和相关社会信息，加强各独立数据源之间的对比分析，发现异常情况，及时进行税务检查，堵塞征管漏洞。

（四）税收预测分析

预测就是根据过去和现在的实际资料，运用科学的理论和方法推测未来可能出现的情况。将预测应用于税收领域，便形成了税收预测。税收预测，也称税收收入预测，是指在一定经济理论的指导下，根据经济和税收收入历年统计资料，在定性分析的基础上，运用定量的方法，对未来税收收入总量和结构等发展趋势所作出的分析、判断和预测。要进行税收预测，就要充分掌握影响税收收入变动的因素和历史资料，运用统计方法、数学方法，经过推理和计算，对未来税收收入的前景作出比较肯定的判断。

税收预测是税收计划的基础。在税收计划的各个阶段，特别是在编制税收计划的准备阶段，税收预测起着十分重要的作用。税收预测为编制税收计划和检验税收计划提供了依据，并可用于推测税收计划的执行结果。

税收预测研究的是税收发展前景在数量方面规律性的体现，是一种特殊的经济预测，具有经济预测的一些特征。一是运用过去、现在的数据资料推测说明未来。二是运用统计学和计量学方法，系统地处理大量信息资料，具有显著的数量性。三是许多预测方法都是假定税收过去的趋势性规律在今后依然存在，并据以推断今后税收的发展和变动趋势。也就是说，税收预测模型是靠趋势预测未来的。如果在一段时期内，影响税收收入的主要经济因素和税制因素都是稳定的，那么，这种预测就较为准确；反之，在经济波动、税制频繁变动的时期，税收预测模型的准确度则会大大降低。

第二节　税务信息化管理与税务稽查

随着现代化科学的飞速发展，全球快速进入网络信息化时代。信息化逐步深入经济、社会和科技等方面。信息技术日益成为当今世界上最先进的生产要素，成为提高管理效率、实现管理创新的有效手段。

作为国民经济信息化的一个重要组成部分，国家税务总局已把税务信息化建设作为“税务系统的第三次革命”，从20世纪80年代就开始了以构建现代税收征管体系为目标的税务信息化建设工作。随着税收征管改革的不断深入，税收征管信息化已成为税收征管改革的必经之路。当代税务稽查工作，基本上以税收信息化为基础，实施的税务事后稽查。

所谓税务信息化就是在税收征收管理中应用现代信息技术，实现税收信息的收集、检索、分类、储存和传输的系统化、网络化。“信息化”形式上是电脑、通信、信息内容的有机结合，机制上是数字、网络和信息体的整体运作。税务信息化的实质就是运用现代信息手段和机制指导信息与信息、信息与人、信息与过程的有机结合，实现税收征管的目的。

一、税务信息化的含义

税务信息化是指以计算机为核心的数字化、网络化、智能化和可视化的全部过程。信息化是指在人类社会活动中，通过普遍地采用信息技术，更加充分有效地开发利用信息资源，推动经济发展和社会进步的过程。

具体含义可以总结为：

1. 税务信息化是税务管理改革与信息技术运用相互结合和相互促进的过程，以技术创新为驱动，在税务管理中广泛地采用现代信息技术手段。

2. 税务信息化是一个技术创新的过程，同时也是一个管理创新的过程，将引发管理变革，推动建立与之相适应的人文观念、组织模式、管理方式和业务流程。

3. 税务信息化的核心在于有效利用信息资源，只有广泛采集和积累信息，迅速流通和加工信息，有效利用和繁衍信息，才能通过信息资源开发提高管理、监控和服务效能。

4. 税务信息化是以实现税务管理现代化为目标，它既是实现管理现代化的强大推动力，又是管理现代化的有机组成部分，因而税收信息化不仅包括税收征管业务的信息化，还应包括税务行政管理的信息化。

二、税务信息化的内容

（一）税务管理信息化建设的主要内容

税务管理信息化建设的主要内容，概括起来，就是“一个平台，两级处理，三个覆盖，四个系统”。

1. “一个平台”。是指建立一个包含网络硬件和基础软件的统一的技术基础平台。主要任务是逐步建立覆盖总局、地方税务局各级机关与相关政府部门信息共享的网络体系，统一网络硬件和基础软件技术平台建设，建立安全管理和运行维护体系，以保证税收工作在统一、安全、稳定的网络化平台支撑下平衡运行。其中：

统一的标准是实现各信息系统互联互通、兼容运行，并顺利实现系统升级换代的基础。税务管理信息化建设的标准体系包括总体标准、基础设施标准、技术支撑标准、应用标准、数据标准、管理标准、安全标准等。

安全保障体系，就是按照现代信息安全理论，遵循国家标准，采用目前国内外先进的信息安全技术，通过建设税务 CA、加强密钥管理和权限管理以及采取防火墙过滤、入侵检测、系统加固、安全性分析等防护措施，建设涵盖税务系统网络、应用和管理等各个方面的统一、稳定、高效的信息安全保障体系。

运行维护体系，就是通过建立以总局为核心、省级为基础，集中管理的运行维护体系，加强监控管理，及时解决运行中发生的各类问题，为用户提供方便、快捷的技术和业务支持。

2.“两级处理”。是指依托统一的技术基础平台，逐步实现税务系统的数据信息在总局和省税务局集中处理。主要任务是在“一个平台”的支撑下，结合各地实际情况，逐步建立总局、省税务局两级数据处理中心和两级数据处理机制，实现涉税电子数据在总局、省税务局两级的集中存储、集中处理和集中管理，使业务流程更加简化、机构趋于扁平化、管理和监控更加严密、纳税服务更加简便、系统维护更加便捷、系统运行更加安全，并使得数据的宏观分析与微观分析相结合、全局分析与局部透视相结合，全面提升数据利用的价值。

3.“三个覆盖”。是指应用内容逐步覆盖所有税种、税收工作的重要环节、各级地方税务局并与有关部门联网。主要任务是通过税务管理信息化建设，促进信息技术和管理方法在全国税务系统得到广泛应用，逐步实现税务管理信息系统对税务局管理的所有税种以及税收工作运行的重要环节进行全面、有效的电子化监控，并实现与有关部门的联网，以保证税收工作便捷、规范、高效进行。

4.“四个系统”。是指通过业务的重组、优化和规范，逐步形成一个包括征收管理、纳税服务、管理决策和行政管理系统在内的四个信息管理应用系统。主要任务是建立以税收征管业务为主要处理对象的税收征管系统，以为纳税人服务为主要处理对象的纳税服务系统，面向各级税务机关税收经济分析、监控和预测的管理决策系统和以税务系统内部行政管理事务为处理对象的行政管理系统，以满足税务工作多层面、全方位的应用需求。

税收征管系统包括征收、管理、稽查、处罚、执行、救济等子系统，是税务管理信息化的核心应用系统。采用全国数据大集中的模式，通过一体化的规划设计，统一征管数据的标准和口径，实现全国征管软件的统一集中，支持全国统一执法，实现征管数据实时监控。

纳税服务系统包括网上税务局、纳税人关系管理和纳税服务渠道整合软件，通过大厅系统、呼叫中心、短信、网上税务局以及自助终端等渠道，提供公众信息服务、纳税人交互服务和涉税办理服务。

管理决策系统包括查询统计、征管状况分析、报表管理、政策评估、纳税遵从风险管理、知识管理、绩效管理七个子系统，通过对大量业务数据的整合、加工和处理，利用数据管理及商务智能等技术，实现对管理决策的有效服务。

行政管理系统包括综合办公、财务管理、人事管理和纪检监察四个子系统，运用面向服务架构技术整合现有行政管理系统，实现行政管理工作流程电子化，实现部门之间、部门与上级机关之间信息互联互通。

完成上述建设任务后，税务部门将建成拥有 1 个全国性行业网络，2 个国家级税务处理中心，71 个省（自治区、直辖市、计划单列市）级税务处理中心，超过 60 万个内部工作站，年事务处理量超过 100 亿笔，总数据量超过 700TB，内部用户超过 80 万人、外部用户上亿人（户）的全国性税务信息系统。

（二）配套实施的改革创新措施

税收信息化建设需要借鉴国内外先进税收管理理念、经验，对现行税收管理政策、制度、业务流程等实施相应的变革。

1. 推行税收业务重组。以简捷高效为目标，明确受理即办事项，精简处理环节，实现税务事项的多业务处理模式；以流程管理为导向，实现“工作找人”；将执法结果监督转变为过程控制，规范统一执法；以“减轻纳税人不必要的办税负担、减轻基层税务机关额外的工作负担”为原则，简并涉税事项、流程和表单，变事前审批为备案。

2. 实施纳税遵从风险管理。引入风险管理理念，将提高纳税遵从度作为税收管理的战略目标；建立税源专业化管理模式和机制，对纳税人实行分类、分级管理；立足于风险防范，着眼预警提醒，聚焦高风险领域和对象；推进风险识别、排序、应对的结合。

3. 建立网络发票管理系统。实现从管理发票的物理形态向管理发票信息的转变。纳税人通过网络开具发票，实时传送电子信息给税务部门，实现纳税人的开票和受票信息网上闭环管理，并通过发票开具，取得信息与纳税申报数据的对比分析，强化税源监控。

4. 丰富纳税服务方式。以纳税人为视角，以服务方式创新为切入点，丰富纳税人办理各项涉税事宜的渠道、手段，突出个性化服务，统一、简化涉税事项，为纳税人提供便捷、优质、低成本的服务。

5. 加强外部涉税信息交互。以外部涉税信息交互为基础，充分利用现代信息技术手段，构建全国统一的外部信息管理系统和信息交换通道，形成以涉税信息的采集、整理、应用为主线的管理体系，为强化税源管理提供外部信息保障。

6. 建立自然人数据库。基于现行税制和对个人税收管理的实践探索，实现对自然人的建档管理和信息共享，增加财产登记与投资管理、纳税信用等级管理、“一户式”档案查询等自然人税收管理的内容，建设自然人数据库，为个人所得税、财产税管理提供支撑手段。

7. 优化税收会计核算流程。把会计核算业务从前台征管事务处理系统中分离出来，并以税务系统信息网络和数据应用大集中为依托，制定出一套适应现代信息化条件的税收会计核算工作制度、流程，提高税收会计核算、统计分析的质量和效率。

8. 强化管理决策服务。管理决策创新内容包括绩效管理、知识管理和政策评估。绩效管理以基于信息系统工作流程的全环节考核为基础，整合现有绩效考核和税收执法考核等，形成全面覆盖税务系统各方面工作的绩效管理体系。知识管理将所有纳入税收管理的知识进行归类和整理，通过搭建整套知识管理体系并全面应用，服务于税务干部和纳税人。政策评估为税收政策效应评估工作提供信息系统支撑，实现对税收政策实施效应的及时跟踪和评估，为完善政策提供有益信息。

三、“金税工程”

“金税工程”是以国家税务总局为主，联合财政部、国家信息产业部和国家发展改革委员会（原国家计委）等部门于1994年开始启动建设的政府上网工程（包括“金关”“金农”“金卡”“金桥”“金信”等工程）的一项重要工程。

（一）“金税工程”总体设计思路

1. 基于国家电子政务的要求。“金税工程”是站在国家电子政务建设的高度，力求遵循国家电子政务建设的总体框架进行设计，对外与其他工程紧密协作，提高政府依法行政能力；对内满足规范流程、强化执法的需求，提高税收征管能力；对公众寓执法于服务，进一步提高服务水平。

2. 服务于税收管理的职能和目标。国家税务总局是国务院主管税收工作的直属机构。我国税收工作的主要职能是：组织财政收入、调节收入分配和实施宏观调控，促进国民经济健康发展。

3. 遵循一体化的建设原则。把“金税工程”作为一个整体统筹规划，全面贯彻“统筹规划、统一标准，突出重点、分步实施，整合资源、讲究实效，加强管理、保证安全”的原则，建立统一的应用架构、统一的数据架构、统一的网络平台、统一的硬件设施平台、统一的安全体系、统一的运行维护体系等基础架构平台。

4. 坚持以业务流程为主线。“金税工程”总体技术设计以税务业务流为主线，而不是以部门或地区作为规划电子税务发展的基础。在建设中必须以业务需求为导向，充分利用信息技术对税务业务进行流程改造和重组，进一步提高税收管理质量和水平，满足为国家宏观决策服务、强化税收管理、为纳税人服务的需求。

5. 以整合资源为起点。“金税工程”建设必须立足税务系统信息化应用的现状，充分利用和保护现有资源，在统筹规划、统一标准的基础上，逐步整合应用系统和数据，逐步建立统一的平台，实现“金税工程”建设目标，进一步解决税收信息化应用中存在的系统林立、重复建设、功能交叉、标准不统一等问题。

6. 以数据集中为核心。“金税工程”（三期）总体建设方案提出了“以省局为主、总局为辅的两级数据处理机制”，即在全国设立总局、省局两级数据处理中心，数十上百万的税务工作人员以终端方式连接相应的数据处理中心进行日常业务工作。省局数据处理中心将负责承载绝大多数的日常征管业务，总局数据中心将负责承载出口退税、增值税专用发票交叉稽核等关键业务。

通过数据集中处理，将有效地促进业务流程更加简化、机构趋于扁平化、管理和监控更加严密、纳税服务更加简便、系统维护更加便捷、系统运行更加安全。

（二）“金税工程”建设的目标

根据税收管理的目标，即“提高税收征收率、提高税收执法和行政效率、提高纳税服务水平、降低税收成本和加强队伍建设”的要求，“金税工程”系统，即中国电子税务的建设目标是：按照一体化原则，用10年时间，建立基于统一规范的应用系统平台，依托计算机网络，总局和省局高度集中处理信息，覆盖所有税种、所有工作环节、国地税局并与有关部门联网，包括征管业务、行政管理、外部信息、决策支持等四大系统的功能齐全、协调高效、信息共享、监控严密、安全稳定、保障有力的税收管理信息系统。以强化税收征收管理，为纳税人提供全面、优质的服务，并为国家宏观经济决策提供可靠的依据。

（三）“金税一期”

1994 年，我国实施了以增值税为主要内容的新一轮工商税制改革，建立了以增值税为主体税种的税制体系，并实施以增值税专用发票为主要扣税凭证的增值税征管制度。随着税制改革的推进，新税制与旧的征管手段之间的矛盾日益突出，国务院决定引入现代化技术手段加强对增值税的监控管理，定名为“金税工程”，并将其列入了国家信息化建设重点工程。根据国务院领导的指示，在各方面的积极配合下，全国税务系统于 1994 年 3 月起，组织实施了以建设 50 个城市为试点的增值税计算机交叉稽核系统，即“金税工程”（一期）（以下简称“金税一期”）。

但是由于手工采集数据导致的错误率高、覆盖面狭窄等原因，“金税一期”很快就于 1996 年年底停止了运行。但是，这次“金税工程”的启动为以后的工作进展积累了大量的经验和教训，为之后“金税二期”乃至“金税三期”的开启铺平了道路。

（四）“金税二期”

2000 年 8 月 31 日，由国家税务总局向国务院汇报“金税二期”的建设方案并得到批准。2001 年 7 月 1 日，增值税防伪税控发票开票、认证、交叉稽核、协查四个子系统在全国全面开通，从而对加强增值税专用发票管理，打击偷、骗税犯罪行为，增加税收收入等方面起到积极有效的作用。

首先，“金税工程”建成了全国增值税发票监控网，对全国百万元、十万元和部分万元版专用发票进行监管，这些增值税发票占全部增值税发票数量的 46%。通过网络，税务机关可以有效监控企业和税务机关内部增值税发票的使用和管理，企业已不能够利用假票骗抵税款，不能够隐瞒销售收入（指开具增值税发票部分），基本杜绝了假票和“大头小尾”票等骗取抵扣问题，确保了增值税链条的完整。同时，也促使企业如实申报销售额。全国范围内专用发票的交叉稽核和协查，提高了稽查质量，极大地打击和震慑了利用专用发票偷逃骗税的不法行为。

其次，认证子系统已部分发挥作用。全国区县级国税局已配备认证子系统，对百万元和十万元版专用发票全部进行认证。据统计，目前各地通过该系统发现的假票或不能通过认证的专用发票税款为两亿多元。虚开增值税专用发票的犯罪案件数量和涉案金额近期已呈现明显下降趋势。犯罪分子已很难用一张专用发票骗取 1.7 万元以上的税款。可以说，系统的运用初见成效。

最后，国税系统的网络建设已经覆盖了全国区县（含）以上国税机关，形成了总局、省局、地市局、区县局的四级广域网，成为国税系统的网络通信支撑平台。在进行网络建设的同时，税务系统在各种硬件配备上也有了一定规模。另外，在税务系统信息化建设过程中形成了 3 万人左右的信息技术队伍，成为整个税务系统信息化建设的中坚力量。

（五）“金税三期”

至 2003 年 7 月底，“金税二期”的既定目标基本完成，在防范和打击利用增值税专用发票进行违法犯罪方面发挥了重要作用，一般纳税人从 2001 年的 40 万户扩大到 2002

年的56万户，专用发票从2001年初的300多万份发展到2002年底的1 480万份。尽管如此，“金税工程”的网络覆盖面还有进一步拓展的空间，因此需要在“金税二期”的基础上启动“金税三期”。

“金税三期”建设主要分三个阶段：第一阶段为2009—2014年的试点阶段；2009年国家税务总局启动“金税三期”应用软件开发测试等基础设施建设，2013年“金税三期”主要征管应用系统、核心征管系统、个人税收管理系统等应用在重庆、山西、山东税务机关单轨上线运行，2014年10月至2014年年底，优化版的“金税三期”主要应用系统在广东、河南、内蒙古税务机关上线运行；第二阶段为2015—2017年年底的全面推广阶段，截至2015年年底完成宁夏、河北、贵州、广西、云南、湖南、青海、海南、西藏、甘肃、安徽、新疆、四川、吉林14个省、自治区的推广，截至2016年10月完成江西、福建、辽宁、黑龙江、天津、湖北、上海、北京、陕西、浙江、江苏11个省、直辖市的上线运行，实现了“金税三期”的“全覆盖”和“大合龙”；第三个阶段为完善与验收阶段。

“金税三期”是一个系统的建设工程，需要比较长的时间去建设和完善。

1. “金税三期”建设的目标。根据“金税工程”建设的总体目标，在“金税三期”全面建成并发挥效益后，将实现如下目标：

（1）逐步提高税收征收率。

（2）逐步拓展税收监管面。已办理税务登记的纳税人将全部纳入“金税三期”管理，其网络化覆盖面将达到100%，并将全面覆盖申报征收、税款入库、发票管理、税务稽查、纳税评估等主要工作环节；将覆盖增值税、消费税、企业所得税、个人所得税等主要税种。

（3）进一步扩大税收服务面。将通过信息网络为全国所有纳税人提供全天候全方位的纳税服务，包括税收宣传、纳税咨询、纳税申报、涉税申请、涉税查询等。并为政府有关部门提供纳税人纳税信用等级信息。

（4）进一步降低税收成本。

2. “金税三期”建设的主要任务。“金税三期”建设的主要任务首先是解决税务系统信息化建设中的问题和不足，目前税收信息化建设还存在以下主要问题：

一是和相关部门（财政、工商、民政等部门）缺乏必要的信息共享和业务联动，与电子政务发展的要求不相适应。

二是信息技术在税收管理各领域的应用有待进一步拓展、完善和深化。如在普通发票管理、纳税评估和异地经营等管理环节中，还没有利用信息技术手段建立完善、深入的管理体系。

三是改进服务的目标还远没有实现。对纳税人的服务方式还停留在税法宣传、公告等单向发布，和纳税人无法双向交流，不利于提高纳税服务水平。针对以上差距，“金税三期”的主要任务是通过业务重组和流程再造，实现政务工作的网络化运行，以强化税收管理，为纳税人提供优质、便捷、全方位的服务，并为政府宏观经济决策提供科学依据。具体包括三个方面：

（1）建立起部门之间数据交换、信息共享、业务联动的运行机制，为政府宏观经济决策提供依据。一是逐步建立与相关部门间的信息交换机制，制定信息交换所需的标准、规范；二是逐步实现与相关部门之间的信息共享，在国家法律、法规规定的范围内，对外提供税务部门管理职能内的共享信息，获取其他部门管理职能内的共享信息；三是在国家电子政务网络平台和部门间专网平台的基础上，逐步实现与业务相关部门间基于网络的业务联动，提高管理效率。

（2）利用信息技术手段，重组和改造税务管理流程，实现税务管理现代化，以提高税务管理的质量和水平。具体包括：建立严密、高效、科学、完整的纳税人基本信息的监控机制、发票管理监控机制、税款征收运行机制、纳税评估机制、税务检查机制、税务审理机制、税务执行机制、税收会计核算机制、税务管理决策支持体系、涉税文书运行机制、税务人员执法行为监控机制和税收成本控制机制，形成部门之间、环节之间、地区之间、税种之间的监控体系，以提高税收管理质量和水平，提高税收征收率和降低纳税成本。

（3）拓展服务渠道，丰富服务内容，逐步为纳税人提供优质、便捷、全方位的服务。具体包括：为纳税人提供税收政策咨询、纳税信息查询、纳税事宜申请、数据电文报税、意见反馈（举报、监督、批评、建议）、税务公告、宣传培训等更全面的服务；为纳税人提供面对面服务、邮寄申报、电话办税、网络办税、各种媒体宣传等多种便捷的办税渠道和办税方式。

3. “金税三期”的创新点。

（1）运用先进的税收管理理念和信息技术做好总体规划。运用流程管理理念规划征管系统，直接使用工作流工具，增强征管系统的适应性，有效支持业务由职能导向转变为流程导向，由结果监督转变为过程监督。

运用税收风险管理理念规划管理决策系统，并与征收管理、行政管理系统进行有效衔接，提高信息应用水平。

运用面向服务的理念、技术整合行政管理系统，把已开发的应用软件以松耦合方式整合到行政管理系统中，实现信息共享。

（2）统一全国征管数据标准、口径。通过对税收元数据的属性定义，保证数据项标准、口径的唯一性；通过规范数据采集方式和标准，实现涉税信息的“一次采集，系统共享”，并为涉税信息的拓展应用奠定基础。

（3）实现全国征管数据应用大集中。逐步建立以总局为主、省级为辅的全国征管数据应用大集中模式，在总局进行征管数据的集中处理和存储，并建立第三方信息共享机制，实时、完整、准确地掌握纳税人涉税信息和税务机构、人员情况。

（4）统一国地税征管应用系统版本。实现全国国地税征管应用系统的版本统一。应用系统将在统一技术基础平台的基础上，增强开放性、灵活性和可动态配置，充分适应国地税的业务管理和技术发展需要。

（5）统一规范纳税服务系统。通过统一规范总局、省局的纳税服务渠道、功能，建设全国的纳税服务系统，为纳税人和社会公众提供统一、规范的信息服务、办税服务、征纳互动服务。

（6）建立统一的网络发票系统。通过建立统一的网络发票管理、查询等系统，制定网络发票开具标准和赋码规则等相关制度，及时获取纳税人开具的发票信息，与申报信息分析比对，促进税源管理；为纳税人提供发票信息辨伪查询；并逐步实现发票无纸化，最大限度地压缩假发票的制售空间。

第七章　查补税款与税务行政处罚

第一节　查补税款的主要措施

一、核定税额征收

为了保证税款足额征收，《税收征收管理法》赋予税务机关税款核定权，即在某些情形下，税务机关有权按照规定的方法核定纳税人的应纳税额，并按核定数额征收。

1. 核定税额的适用范围。根据《税收征收管理法》，纳税人有下列情形之一的，税务机关有权核定其应纳税额：

（1）依照法律、行政法规的规定可以不设置账簿的；

（2）依照法律、行政法规的规定应当设置但未设置账簿的；

（3）擅自销毁账簿或者拒不提供纳税资料的；

（4）虽设置账簿，但账目混乱或者成本资料、收入凭证、费用凭证残缺不全，难以查账的；

（5）发生纳税义务，未按照规定的期限办理纳税申报，经税务机关责令限期申报，逾期仍不申报的；

（6）纳税人申报的计税依据明显偏低，又无正当理由的。

[实务题7-1] 税务稽查部门能否使用核定征收权？

从行政权力划分的角度看，既然核定征收权是征税权的一部分，则应当由税收征管部门专享，而稽查部门应当专司稽查业务管理、税务检查和税收违法案件查处。从这一角度看，广州税稽一局行使《税收征收管理法》第三十五条规定的应纳税额核定权确有超越职权之嫌。但是，依据《税收征收管理法实施细则》第九条第二款规定“国家税务总局应当明确划分税务局和稽查局的职责，避免职责交叉”。而国家税务总局在明确稽查局和其他税务机构的职责之前，各级稽查局现行职责不变。按照现行各级稽查局的职责范围和税收征管实践，稽查局除了稽查业务管理、税务检查和税收违法案件查处之外，配合征管部门强化日常征管也是稽查局的工作职责。因此，税稽部门行使核定征收权符合现行税收征管及税务稽查体制，这一点在第一起由最高人民法院审结的税务行政案件“德发案”中得到了最高人民法院的确认。

2. 核定税额的方法及要求。根据《税收征收管理法》的规定，税务机关有权采用下列任何一种方法核定纳税人的应纳税额：

（1）参照当地同类行业或者类似行业中经营规模和收入水平相近的纳税人的税负水平核定；

（2）按照营业收入或者成本加合理的费用和利润的方法核定；

（3）按照耗用的原材料、燃料、动力等推算或者测算核定；

（4）按照其他合理方法核定。

采用前款所列一种方法不足以正确核定应纳税额时，可以同时采用两种以上的方法核定。

对纳税人实行核定征收方法的，应由纳税人所在地的直接征收机关负责上报，由县级及以上税务机关审核批准执行。要坚决杜绝不分纳税人的具体情况，一律统一划线，按营业收入的一定额度实行定额定率附征的做法。税务机关必须依法征收，严格控制。

核定征收权是税收行政管理权的一种，行使核定征收权意味着税收法律关系的产生或变更。从税收征管与税务稽查的差异来看，核定征收权应当由税收征管部门专享。允许税务稽查部门行使核定征收权，将降低税务稽查部门调查案件真相、取得确凿证据的激励，进而降低税务稽查案件处理质量。因此，在稽查实务中，特别是涉及扫黑除恶案件，应当慎用核定征收的方式代替对案件违法事实的调查。

二、纳税担保制度

纳税担保是指经税务机关同意或确认，纳税人或其他自然人、法人、经济组织以保证、抵押、质押的方式，为纳税人应当缴纳的税款及滞纳金提供担保的行为。

纳税担保范围包括税款、滞纳金和相关费用。相关费用包括抵押、质押登记费用，质押保管费用以及保管、拍卖、变卖担保财产等相关费用支出。

（一）纳税担保的适用条件

纳税人有下列情况之一的，适用纳税担保：

1. 税务机关有根据认为从事生产、经营的纳税人有逃避纳税义务行为，在规定的纳税期之前经责令其限期缴纳应纳税款，在限期内发现纳税人有明显的转移、隐匿其应纳税的商品、货物以及其他财产或者应纳税收入的迹象，责成纳税人提供的；

2. 欠缴税款、滞纳金的纳税人或者其法定代表人需要出境的；

3. 纳税人同税务机关在纳税上发生争议而未缴清税款，需要申请行政复议的；

4. 税收法律、行政法规规定可以提供纳税担保的其他情形。

（二）纳税担保的形式

依据所采用的形式不同，纳税担保分为人的担保和物的担保。人的担保指纳税人提供的并经主管国家税务机关认可的纳税担保人作纳税担保，纳税担保人必须是经主管国家机关认可的，在中国境内具有纳税担保能力的公民、法人或者其他经济组织。国家机关不能作为纳税担保人。物的担保即纳税人以其所拥有的未设置抵押权的财产作纳税担保。

[案例 7－1]（综合题） 某税务人员发现一家企业连续两个月未申报纳税，到企业调查时得知，企业两个股东之一甲已撤资、退出企业，企业有可能在不久后解散。此情况引起了税务人员的警觉，经请示领导，决定依法发出《限期改正通知书》和《限期纳税通知书》。限期内，税务人员再次深入该企业，发现企业办公场所的电脑、复印机等已不见踪影。于是，税务机关找到企业另一股东乙，要求其提供纳税担保，乙十分配合，立即找来某小学校长丙为其担保，丙出具了一份以小学为保证人，盖有该校公章的保证书。乙还以自己的一部小轿车作为抵押物。税务机关认为有了这两份担保就不必再担心税款流失了，于是未再采取任何其他措施。限缴期满，该企业仍然未到税务机关申报纳税。税务机关找到丙，要求学校承担保证责任，丙表示学校经费紧张，无法承担担保责任。税务机关又找到乙，要求将其小轿车拍卖抵缴税款，不料乙说小轿车已转让给了丁。此时，税务机关是否可以要求学校和乙承担连带责任？

[答案解析] 本案中，虽然学校和乙都为该企业作了纳税担保，但税务机关并不能要求其承担连带责任，不能对其追缴税款。根据《中华人民共和国担保法》（以下简称《担保法》）有关规定，学校不能担当保证人。同时，抵押不得对抗第三人。因此，税务机关不能对丁受让的小轿车采取强制措施。此外，在对抵押物的登记问题上，《担保法》第四十一、第四十二条规定，下列抵押物应依照法律规定到有关部门进行抵押登记：(1) 土地使用权，到核发土地使用权证的土地管理部门进行抵押登记；(2) 城市房地产或乡镇、村企业的厂房等建筑物，到市场监督管理部门或房地产管理部门或土地管理部门（依各地规定）进行抵押登记；(3) 林木，到县级以上林木主管部门进行抵押登记；(4) 航空器、船舶、车辆，到运输工具的登记部门（公安部门）进行抵押登记，对未到运输部门办理牌照、证件的，应到市场监督管理部门登记；(5) 企业的设备和其他动产，到财产所在地的市场监督管理部门进行抵押登记。应登记而未登记的，抵押合同不发生效力，且不得对抗第三人。因此，税务机关不能对丁受让的小轿车采取强制措施。

根据《中华人民共和国民法典》（以下简称《民法典》）有关规定，下列组织不能作为保证人：国家机关、企业法人的分支机构、职能部门、公益事业单位、社会团体（如以公益为目的的学校、幼儿园、医院等），以上述组织作为保证人的保证合同属无效合同。

[例题 7－1]（多项选择题） 2018 年 12 月，甲公司对所在地县税务局确定的企业所得税应纳税所得额、应纳税额及在 12 月 31 日前缴清税款的要求极为不满，决定撤离该县且不缴纳税款。县税务局得知后，责令该公司在 12 月 15 日前纳税。当该公司有转移生产设备和商品的明显迹象时，县税务局责成该公司提供纳税担保。就该公司与税务局的纳税争议，下列说法正确的是（　　）。

A. 如该公司不提供纳税担保，经批准，税务局有权书面通知纳税人开户银行，从其存款中扣除相当于应纳税款的存款

B. 如该公司不提供纳税担保，经批准，税务局有权扣押、查封该公司的价值相当于应纳税款的商品、货物

C. 如该公司找到符合规定的第三方提供担保，担保书经纳税担保人签字盖章，并经税务机关同意即为有效

D. 如该公司对应纳税额有争议，可以直接向法院提起诉讼

E. 如该公司对税务局的税收保全措施不服，可以申请行政复议，也可以直接向法院起诉

[参考答案] BE

[答案解析]《税收征收管理法》第三十八条规定，税务机关有根据认为从事生产、经营的纳税人有逃避纳税义务行为的，可以在规定的纳税期之前，责令限期缴纳应纳税款；在限期内发现纳税人有明显的转移、隐匿其应纳税的商品、货物以及其他财产或者应纳税的收入的迹象的，税务机关可以责成纳税人提供纳税担保。如果纳税人不能提供纳税担保，经县以上税务局（分局）局长批准，税务机关可以采取下列税收保全措施：(1) 书面通知纳税人开户银行或者其他金融机构冻结纳税人的金额相当于应纳税款的存款；(2) 扣押、查封纳税人的价值相当于应纳税款的商品、货物或者其他财产。选项 A 是强制执行不是税收保全；选项 B 正确。

《税收征收管理法实施细则》第六十二条规定，纳税担保人同意为纳税人提供纳税担保的，应当填写纳税担保书，写明担保对象、担保范围、担保期限和担保责任以及其他有关事项。担保书须经纳税人、纳税担保人签字盖章并经税务机关同意，方为有效。选项 C 错误。

《税收征收管理法》第八十八条规定，纳税人、扣缴义务人、纳税担保人同税务机关在纳税上发生争议时，必须先依照税务机关的纳税决定缴纳或者解缴税款及滞纳金或者提供相应的担保，然后可以依法申请行政复议；对行政复议决定不服的，可以依法向人民法院起诉。当事人对税务机关的处罚决定、强制执行措施或者税收保全措施不服的，可以依法申请行政复议，也可以依法向人民法院起诉。选项 D 为复议前置情况，选项 E 正确。

[例题 7-2]（单项选择题） 稽查局在一定时限内有权要求纳税保证人承担保证责任，缴纳税款、滞纳金，这一时限称作纳税保证期间，纳税保证期间具体是指（　　）。

A. 自纳税人应缴纳税款的期限届满之日 10 日内

B. 自纳税人应缴纳税款的期限届满之日 15 日内

C. 自纳税人应缴纳税款的期限届满之日 30 日内

D. 自纳税人应缴纳税款的期限届满之日 60 日内

[参考答案] D

[答案解析]《全国税务稽查规范（1.1 版）》纳税保证期间为纳税人应缴纳税款期限届满之日起 60 日，即稽查局自纳税人应缴纳税款的期限届满之日起 60 日内有权要求

纳税保证人承担保证责任，缴纳税款、滞纳金。

[例题7－3]（多项选择题） 税务行政处罚听证过程中，下列不需要在“金税三期”模块操作的有（　　）。

A. 税务法制——税务行政处罚听证

B. 税务法制——听证延期处理

C. 税收法制——申请税务人员回避处理

D. 税收稽查——案件变更事项处理

E. 税收法制——纳税担保申请确认

[参考答案] ABCD

[答案解析] 税务行政处罚听证，是税务局稽查局对符合条件的被查对象或者其他涉税当事人提出的行政处罚听证申请，依法对行政处罚听证申请进行审查和受理，并组织听证的业务处理过程。根据最新税务稽查规范，“金税三期”操作模块还包括综合——文书送达，选项E属于《税务稽查规范（1.0版）》操作要求，因此错误。

[例题7－4]（多项选择题） 根据《税务行政复议实施条例》的规定，下列说法中正确的有（　　）。

A. 经国家税务总局行政复议后仍对该行政复议决定不服，申请人可以向国务院申请最终裁决

B. 对税务机关不依法确认纳税担保行为不服可以申请税务行政复议

C. 对税务机关通知出入境管理机关阻止出境行为不服可以申请税务行政复议

D. 对税务机关发票管理行为不服可以申请税务行政复议

E. 对税务机关不依法履行颁发税务登记的行为不服不能申请税务行政复议

[参考答案] ABCD

[答案解析] 对税务机关不依法履行下列职责的行为可以申请税务行政复议：颁发税务登记；开具、出具完税凭证；行政赔偿；行政奖励；其他不依法履行职责的行为。人的担保必须经过主管国家税务机关认可才能成立，税务机关的确认行为属于具体行政行为，税务机关不依法确认，属于行政不作为，因此，选项B也属于行政复议的范畴。

[例题7－5]（多项选择题） 2019年2月，D市（设区的市）税务局Y稽查局在经D市税务局重大税务案件审理委员会审理后，对长岛公司作出处理决定和处罚决定。长岛公司不服，向人民法院提起行政诉讼，下列说法正确的有（　　）。

A. 长岛公司对处罚决定不服，因该案经过D市税务局重大税务案件审理委员审理，所以应当向D市税务局所在地的基层法院提起行政诉讼

B. 长岛公司对处罚决定不服，必须先依照税务机关的决定缴纳罚款或者提供相应的担保，然后才可以向人民法院起诉

C. 长岛公司对处理决定不服，应当先经过D市税务局的上级税务机关或D市人民政府行政复议后，才可以提起行政诉讼

D. 若Y稽查局对一审裁定不服，应当在10日内向上一级法院提起上诉

E. 若本案的审理须以其他案件的审理结果为依据，而相关案件尚未审结的，人民

法院可以中止诉讼

[参考答案] DE

[答案解析]《行政诉讼法》第十八条规定："行政案件由最初作出行政行为的行政机关所在地人民法院管辖。"虽然该案经过D市税务局重大税务案件审理委员审理，但处罚决定由Y稽查局做出，所以应当向Y稽查局所在地的基层法院提起行政诉讼。因此，选项A错误根据《行政诉讼法》相关规定，行政相对人对处罚决定不服，可以直接向人民法院起诉，不必先缴纳罚款或者提供相应的担保。因此，选项B错误。2018年6月15日后，对各级税务局的具体行政行为不服的，可向其上一级税务局申请行政复议。因此，选项C错误。

三、税收保全措施

税收保全是指为确保国家税款不受侵犯而由税务机关采取的行政保护手段。税收保全措施通常是在法定的缴款期限之前税务机关所作出的行政行为。实际上就是税款征收的保全，以保护国家税款及时足额入库。

（一）未按规定办理税务登记，应按照如下规定执行：

《税收征收管理法》第三十七条规定，对未按照规定办理税务登记的从事生产、经营的纳税人以及临时从事经营的纳税人（包括到外县市从事生产经营未开具《外出经营活动税收管理证明》或者持有《外出经营活动税收管理证明》而未向当地税务机关报验的纳税人），由税务机关核定其应纳税额，责令缴纳；不缴纳的，税务机关可以扣押其价值相当于应纳税款的商品、货物，纳税人应当自扣押商品、货物之日起15日内缴纳税款。扣押后缴纳税款的，税务机关必须立即解除扣押，并归还所扣押的商品、货物；扣押后逾期仍不缴纳的，经县以上税务局（分局）局长批准，依法拍卖或者变卖所扣押的商品、货物，以拍卖所得或者变卖所得抵缴税款。对扣押的鲜活、易腐烂变质或易失效的商品、货物，税务机关可以在其保质期内先行变卖，以变卖所得抵缴税款。这里所讲的变卖是指税务机关在当地当日以同类商品、货物的市场最低价格出售。

此外，对未办理税务登记跨县（市）从事生产经营和从事工程承包或者提供劳务的单位和个人，税务机关可以责令其提交纳税保证金。有关单位和个人应当在规定的期限内到税务机关进行纳税清算；逾期未清算的，以保证金抵缴税款。

适用本条规定应注意：

（1）适用的对象是未办理税务登记从事生产经营的纳税人及临时从事生产经营的纳税人；

（2）采取的措施是扣押而不包括查封；

（3）扣押的对象只限于商品、货物而不包括其他财产；

（4）扣押时不需要经过县以上税务局（分局）局长批准，在变价处理时必须经县以上税务局（分局）局长批准；

实施本款的前提条件是责令缴纳，不缴纳时方能采取本措施。

[例题7－6]（综合题） 某税务机关在进行税务稽查时，发现某私营企业从未办理

税务登记，于是税务机关核定其应纳税额为15万元。但该企业以资金不足为由拒绝缴纳，于是税务机关查封了该企业的商品、货物和其他财产。请分析税务机关的做法是否正确？

[答案解析] 税务机关在发现该企业未办理税务登记后，责令缴纳，但是该企业拒绝缴纳。此时，税务机关有权实行税收保全措施。但是税务机关可以采取的措施是扣押而不包括查封，并且扣押的对象只限于商品、货物而不包括其他财产。所以，税务机关的做法不合法。

（二）办理税务登记的纳税人，按如下规定执行

《税收征收管理法》第三十八条规定：税务机关有根据认为从事生产、经营的纳税人有逃避纳税义务行为的，可以在规定的纳税期限之前，责令限期缴纳应纳税款；在限期内发现纳税人有明显的转移、隐匿其应纳税的商品、货物以及其他财产或者应纳税的收入的迹象的，税务机关可以责成纳税人提供纳税担保。如果纳税人不能提供纳税担保，经县以上税务局（分局）局长批准，税务机关可以采取税收保全措施。

对纳税人采取税收保全措施，必须符合下列条件：

1. 纳税人有逃避纳税义务的行为。纳税人有逃避纳税义务的行为是税务机关采取税收保全措施的基本前提。所谓逃避纳税义务的行为，是指纳税人采用转移、隐匿商品、货物或者其他财产或收入等方式，隐瞒其税款支付能力，这种行为将会影响税款的及时缴纳。因此，当税务机关有根据认为纳税人有上述行为，即依据一定线索判定纳税人有纳税义务的行为，应首先采取限期缴纳措施，即责令纳税人限期缴纳税款。该程序一般应在规定的纳税期之前实施。这里所说的纳税期之前主要是指报缴期之前，主要有三种情形：一是行政法规规定的期限；二是税务机关依照行政法规的规定确定的期限；三是经税务机关批准，延期缴纳税款的期限。正因为如此，当税务机关责令纳税人提前结清税款时，一般要发出《提前缴纳税款通知书》，这与逾期未缴税款由税务机关发出的《限期缴纳税款通知书》是不同的。

税务机关在责令纳税人提前结清税款时，在下达《提前缴纳税款通知书》的同时，可以责令纳税人提供纳税申报或计税依据，对纳税人不能提供的，税务机关可以根据实际情况对其应纳税额予以核定。

若在限期内发现纳税人有明显的转移、隐匿应纳税的商品、货物或者其他财产或收入迹象的，再采取纳税担保措施，即责成纳税人提供纳税担保。限期缴纳和纳税担保是税收保全的前提措施，也是采取税收保全措施的必经前置程序。

该程序一般应在税务机关已发出提前缴税通知后，在责令纳税人缴税的期限内发现纳税人有明显的转移、隐匿其应纳税的商品、货物以及其他财产或者应纳税收入的迹象时实施。税务机关要求纳税人提供纳税担保一般应具备下列条件：第一，纳税人在限期内仍未缴税；第二，纳税人在限期内有转移、隐匿的行为事实，并且比较明显；第三，纳税人的行为在一定程度上有故意逃避税务机关核查的。税务机关在实施该程序时，应向纳税人下达《纳税担保通知书》，并责成纳税人提供纳税担保。

2. 纳税人在限期内不能提供纳税担保。纳税人在税务机关责令其限期缴纳税款的期限能否提供纳税担保，是税务机关是否采取税收措施的先决条件。纳税人在限期内有明显的逃避纳税义务的行为，税务机关先责令其提供纳税担保，而不直接采取税收保全措施。当纳税人不能提供纳税担保时，经县以上税务局（分局）局长批准，可以采取税收保全措施。从税收保全措施的适用程序上看，必须是：责令限期缴纳在先，纳税担保居中，税收保全措施断后。

（三）税收保全措施的形式及要求

税收保全措施的形式有两种，其内容及要求如下：

1. 书面通知纳税人开户银行或其他金融机构暂停支付纳税人的金额相当于应纳税款的存款。这项措施在纳税人有存款的情况下采用，暂停支付的数额以相当于纳税人应纳税款的数额为限，而不是全部存款。具体实施时，须经县以上税务局（分局）局长批准，并以该县以上税务局（分局）的名义向纳税人开户银行或其他金融机构发出《暂停支付存款通知书》，被通知的银行或其他金融机构依法协助执行。

2. 扣押、查封纳税人的价值相当于应纳税款的商品、货物或其他财产。这项措施在纳税人没有存款或税务机关无法掌握其存款的情况下采用。扣押、查封商品、货物或其他财产时，应参照同类商品的市场价、出厂价或者评估价估算，以相当于应纳税款和有关费用的数额为限。实施扣押、查封措施时，须经县以上税务局（分局）局长批准，由两名以上税务人员执行，并通知被执行人。被执行人是自然人的，应当通知被执行人本人或其成年家属到场；被执行人是法人或其他组织的，应当通知其法定代表人或主要负责人到场。被执行人拒不到场的，不影响执行。税务机关扣押商品、货物或者其他财产时，必须开付收据；查封商品、货物或者其他财产时，必须开付清单。

纳税人若有部分存款，但不足以缴纳应纳税款的，税务机关可以两项措施并用，或单独采取扣押、查封措施。两项措施并用时，其相加价值之和应以纳税人的应纳税额和有关费用为限。该程序必须是在税务机关已发出《纳税担保通知书》后纳税人仍不提供纳税担保时实施。税务机关在实施以上保全措施前，必须填报《税收保全、强制执行呈报表》报县以上税务局（分局）局长审核，批准后才能进行。适用本条规定应注意：

第一，本规定只适用于从事生产、经营的纳税人，不包括扣缴义务人、纳税担保人以及非生产、经营的纳税人。

第二，本条款是针对“在规定的纳税期之前”的逃避纳税义务的行为，它所要保全的是“当期”受到逃避纳税义务行为威胁的税款。

第三，本条款适用于税款征收的过程中。

第四，本条款的适用规定了严格的前置条件，一是责令限期缴纳；二是责令提供纳税担保，只有在纳税人不按前两项规定办理的情况下，方能采取税收保全措施。

第五，本条款规定扣押、查封的对象包括商品、货物或其他财产。其他财产包括现金、有价证券、房地产、动产或不动产、机动车辆、金银饰品、古玩字画、豪华住宅以及一处以外的住房。

第六，纳税人个人及所抚养家属维持生活所必需的住房和用品及单价在 5 000 元以下的其他生活用品不在税收保全的范围之内。

第七，适用本条款必须经县以上税务局（分局）局长批准。

第八，在计算扣押、查封财物的价值时可以按照出厂价、市场价或者评估价计算，其扣押、查封的价值包括税款，滞纳金，扣押、查封、保管、拍卖、变卖所发生的费用。

[例题7-7]（单项选择题） 下列属于《税收征收管理法》中规定的税收保全措施的有（　　）。

A. 书面通知纳税人开户银行或者其他金融机构从其存款中扣缴税款

B. 变卖纳税人的价值相当于应纳税款的商品、货物或者其他财产，以该项所得抵缴税款

C. 书面通知纳税人开户银行或者其他金融机构冻结纳税人的金额相当于应纳税款的存款

D. 拍卖纳税人的价值相当于应纳税款的商品、货物或者其他财产，以该项所得抵缴税款

[参考答案] C

[答案解析]《税收征收管理法》第三十八条规定，税务机关可以采取下列税收保全措施：(1) 书面通知纳税人开户银行或者其他金融机构冻结纳税人的金额相当于应纳税款的存款；(2) 扣押、查封纳税人的价值相当于应纳税款的商品、货物或者其他财产。选项A、B、D属于强制执行措施。

[例题7-8]（单项选择题） 当需要采取税收保全措施时，下列被执行人的财产不能纳入税收保全措施范围的是（　　）。

A. 唯一的一辆机动车

B. 新购入的价值4 000元的家具

C. 一套别墅

D. 金银首饰

[参考答案] B

[答案解析]《中华人民共和国税收征收管理法实施细则》第五十九条规定，对保全措施的财产进行详细说明，即包括纳税人的房地产、现金、有价证券等不动产和动产。机动车辆、金银饰品、古玩字画、豪华住宅或者一处以外的住房不属于税收征收管理法第三十八条、第四十条、第四十二条所称个人及其所扶养家属维持生活必需的住房和用品。税务机关对单价5 000元以下的其他生活用品，不采取税收保全措施和强制执行措施。

（四）税收保全措施的程序

1. 税务机关有根据认为从事生产经营的纳税人有逃避纳税义务的行为；

2. 责令纳税人在规定的纳税期之前限期缴纳；

3. 限期内发现纳税人有明显的转移、隐匿其应纳税的商品、货物以及其他财产或者应纳税收入的迹象；

4. 税务机关责成纳税人提供纳税担保；

5. 不能提供纳税担保的，采取税收保全；

6. 采取税收保全措施需经县以上税务局（分局）局长批准；

7. 采取税收保全措施应当由两名以上税务人员执行，并通知被执行人；

8. 纳税人在规定的限期内缴纳税款的，税务机关必须立即解除税收保全措施，限期期满仍未缴纳税款的，转入强制执行程序；

9. 税务机关扣押商品、货物或者其他财产时，必须开付收据；查封商品、货物或者其他财产时，必须开付清单。

［案例7-2］（综合题） 某民营企业集团在外省某市投资设立了销售公司。因为家电产品在该市市场已基本饱和，销售潜力不大，根据集团安排，某公司准备撤出该市到邻市发展。

2018年12月1日，公司开始停业，准备搬迁。12月5日，该市某区税务分局的税务管理员在巡查时发现该公司停业后，立即向分局领导作了汇报。分局遂以该公司转移财产有逃避纳税义务的嫌疑为由，以正式文书通知银行冻结了该公司账上的全部存款计11万元。

分析该税务分局采取的税收保全措施有哪些错误之处？

［答案解析］ 该税务分局采取的冻结银行存款的税收保全措施有以下不符合法定程序的错误之处：

第一，没有责令纳税人限期（提前）缴纳税款；第二，没有发现纳税人有明显的转移、隐匿其应纳税的商品、货物以及其他财产或者应纳税的收入的迹象；第三，没有责成纳税人提供纳税担保。

《税收征收管理法》第五十五条规定："税务机关对从事生产、经营的纳税人以前纳税期的纳税情况依法进行税务检查时，发现纳税人有逃避纳税义务行为，并有明显的转移、隐匿其应纳税的商品、货物以及其他财产或者应纳税的收入的迹象的，可以按照本法规定的批准权限采取税收保全措施或者强制执行措施。"适用本条款应注意：

①本条款适用于税收检查的过程中，只有启动了税收检查程序方能适用本条款；

②本条款针对的是"以前纳税期……逃避纳税义务行为"，它所要保全的是"以前纳税期"受到逃避纳税义务行为威胁的税款；

③本条规定的前置条件相比《税收征收管理法》第三十八条要少得多，只要是在税收检查的过程中发现纳税人有逃避纳税义务的行为，并有明显的转移应纳税的商品、货物或其他财产和应纳税的收入的迹象时，经批准就可以采取税收保全措施。

［例题7-9］（多项选择题） 2018年12月，甲公司对所在地县税务局确定的企业所得税应纳税所得额、应纳税额及在12月31日前缴清税款的要求极为不满，决定撤离该县且不缴纳税款。县税务局得知后，责令该公司在12月15日前纳税。当该公司有转移生产设备和商品的明显迹象时，县税务局责成该公司提供纳税担保。就该公司与税务局的纳税争议，下列说法正确的是（　　）。

A. 如该公司不提供纳税担保，经批准，税务局有权书面通知纳税人开户银行，从其存款中扣除相当于应纳税款的存款

B. 如该公司不提供纳税担保，经批准，税务局有权扣押、查封该公司的价值相当于应纳税款的商品、货物

C. 如该公司找到符合规定的第三方提供担保，担保书经纳税担保人签字盖章，并经税务机关同意即为有效

D. 如该公司对应纳税额有争议，可以直接向法院提起诉讼

E. 如该公司对税务局的税收保全措施不服，可以申请行政复议，也可以直接向法院起诉

[参考答案] BE

[答案解析]《税收征收管理法》第三十八条规定，税务机关有根据认为从事生产、经营的纳税人有逃避纳税义务行为的，可以在规定的纳税期之前，责令限期缴纳应纳税款；在限期内发现纳税人有明显的转移、隐匿其应纳税的商品、货物以及其他财产或者应纳税的收入的迹象的，税务机关可以责成纳税人提供纳税担保。如果纳税人不能提供纳税担保，经县以上税务局（分局）局长批准，税务机关可以采取下列税收保全措施：(1) 书面通知纳税人开户银行或者其他金融机构冻结纳税人的金额相当于应纳税款的存款；(2) 扣押、查封纳税人的价值相当于应纳税款的商品、货物或者其他财产。选项A是强制执行不是税收保全；选项B正确。

《税收征收管理法实施细则》第六十二条规定，纳税担保人同意为纳税人提供纳税担保的，应当填写纳税担保书，写明担保对象、担保范围、担保期限和担保责任以及其他有关事项。担保书须经纳税人、纳税担保人签字盖章并经税务机关同意，方为有效。选项C错误。

《税收征收管理法》第八十八条规定，纳税人、扣缴义务人、纳税担保人同税务机关在纳税上发生争议时，必须先依照税务机关的纳税决定缴纳或者解缴税款及滞纳金或者提供相应的担保，然后可以依法申请行政复议；对行政复议决定不服的，可以依法向人民法院起诉。当事人对税务机关的处罚决定、强制执行措施或者税收保全措施不服的，可以依法申请行政复议，也可以依法向人民法院起诉。选项D为复议前置情况；选项E均正确。

[例题7-10]（判断题） 税务机关采取税收保全措施的期限一般不得超过6个月；重大案件需要延长的，应当报省、自治区、直辖市税务局批准。（　　）

[参考答案] 错误

[答案解析]《税收征收管理法实施细则》第八十八条规定，依照税收征管法第五十五条规定，税务机关采取税收保全措施的期限一般不得超过6个月；重大案件需要延长的，应当报国家税务总局批准。

[例题7-11]（单项选择题） 采取冻结纳税人在开户银行或者其他金融机构的存款措施时，应当向纳税人开户银行或者其他金融机构送达的文书是（　　）。

A.《税务协助执行通知书》　　B.《冻结存款通知书》

C.《税收保全措施决定书》　　D.《扣缴税收款项通知书》

[参考答案] B

[答案解析]《税务稽查工作规程》第三十五条规定，采取冻结纳税人在开户银行或者其他金融机构的存款措施时，应当向纳税人开户银行或者其他金融机构送达《冻结存

款通知书》，冻结其相当于应纳税款的存款。

[例题7-12]（单项选择题） 稽查局采取税收保全措施时，应当向纳税人送达的文书是（　　）。

A.《冻结存款通知书》　　B.《税务协助执行通知书》

C.《税收保全措施决定书》　　D.《查封商品、货物或者其他财产清单》

[参考答案] C

[答案解析]《税务稽查工作规程》第三十五条规定，稽查局采取税收保全措施时，应当向纳税人送达《税收保全措施决定书》，告知其采取税收保全措施的内容、理由及依据，并依法告知其申请行政复议和提起行政诉讼的权利。

（五）税收保全措施的解除及责任

纳税人在规定的期限内缴纳了税款，税务机关应立即解除税收保全措施，即税务机关在收到税款或银行转回的税票后24小时内填写解除通知书，解除保全措施。纳税人在限期期满后仍未缴纳税款的，经县以上税务局（分局）局长批准，税务机关可以书面通知纳税人开户银行或其他金融机构从其暂停支付的存款中扣缴税款，或者交由有关机构拍卖所扣押、查封的商品、货物或者其他财产，以拍卖所得抵缴税款。此时，税收保全措施解除。

实施解除程序，纳税人开户银行或其他金融机构必须按时依法定程序进行，如果措施不当，或者纳税人在期限内已缴纳税款，税务机关未立即解除税收保全措施，使纳税人的合法利益遭受损失（即实际经济损失）的，税务机关应当承担赔偿责任。

[例题7-13]（多项选择题） 稽查局应当依法及时解除税收保全措施的情形有（　　）。

A. 纳税人死亡的

B. 纳税人已按履行期限缴纳税款的

C. 税收保全措施被复议机关决定撤销的

D. 税收保全措施被人民法院裁决撤销的

E. 冻结、查封、扣押期限已经届满的

[参考答案] BCDE

[答案解析]《全国税务稽查规范（1.1版）》税收保全措施的解除，被执行人有下列情形之一的，稽查局应当及时作出解除查封、扣押决定：(1) 被执行人已按履行期限缴纳税款的；(2) 税收保全措施被复议机关决定撤销的；(3) 税收保全措施被人民法院裁决撤销的；(4) 冻结、查封、扣押期限已经届满；(5) 其他法定应解除税收保全措施的。

[例题7-14]（单项选择题） 解除税收保全措施，应当向纳税人送达《解除税收保全措施通知书》，采取查封商品、货物或者其他财产措施的，应当解除查封并收回的文书是（　　）。

A.《查封商品、货物或者其他财产专用收据》

B.《查封商品、货物或者其他财产清单》

C.《查封商品、货物或者其他财产通知书》

D.《查封商品、货物或者其他财产事项告知书》

[参考答案] B

[答案解析]《税务稽查工作规程》第三十七条规定，采取查封商品、货物或者其他财产措施的，应当解除查封并收回《查封商品、货物或者其他财产清单》。

[例题7-15]（单项选择题） 税收保全措施涉及协助执行单位解除税收保全措施相关事项，应当向协助执行单位送达的文书是（　　）。

A.《税务事项通知书》　B.《税务协助执行通知书》

C.《解除税收保全措施通知书》　D.《解除税收保全措施决定书》

[参考答案] B

[答案解析]《税务稽查工作规程》第三十七条规定，税收保全措施涉及协助执行单位的，应当向协助执行单位送达《税务协助执行通知书》，通知解除税收保全措施相关事项。

[例题7-16]（单项选择题） 纳税人在税务机关采取税收保全措施后，按照税务机关规定的期限缴纳税款的，税务机关应当解除税收保全措施的期限是（　　）。

A. 自收到税款或者银行转回的完税凭证之日起1日内

B. 自收到税款或者银行转回的完税凭证之日起3日内

C. 自收到税款或者银行转回的完税凭证之日起24小时内

D. 自收到税款或者银行转回的完税凭证之日起5日内

[参考答案] A

[答案解析]《税收征收管理法实施细则》第六十八条规定，纳税人在税务机关采取税收保全措施后，按照税务机关规定的期限缴纳税款的，税务机关应当自收到税款或者银行转回的完税凭证之日起1日内解除税收保全。

[案例7-3]（综合题） 2019年8月某税务机关在一次专项检查中发现并查实，一家私营企业作为一般纳税人，从2018年7月成立之初就利用不开或少开发票、发票外收入不入账等手段进行偷税，累计偷税额达8万元。8月12日该税务机关依法定程序作出补税并罚款的决定，并下达了《税务处理决定书》等税务文书，限定该企业在8月27日前缴清税款及罚款。其间，该企业并没有履行决定书中的处理规定。8月20日，税务机关接到群众举报，反映该企业有转移财产的迹象。税务机关在调查核实后，于8月21日责成该企业8月22日前缴纳税款或提供纳税担保，8月23日该企业一直未履行税务机关的决定，税务机关遂于8月23日上午8时依法采取税收保全措施，扣押了其相当于应纳税款的商品及货物。该企业于8月24日缴清了税款，税务机关于8月26日下午4时才解除税收保全措施。8月28日，该企业向当地法院起诉，认为税务机关的税收保全措施给其合法利益造成了损害，要求税务机关赔偿其经济损失，法院依法判处税务机关承担赔偿责任。

[答案解析] 本案例中，税务机关为保全国家税收收入，依法行使了税收保全措施，依据税收保全措施的实施规定，纳税人在税务机关实施税收保全措施后按规定期限缴纳

了税款的，税务机关应在收到税款或银行转回的税票后的24小时内解除税收保全措施。上述案例中，纳税人于8月24日缴清了税款，而税务机关直到26日下午4时才解除税收保全措施，显然超过了法律规定的24小时时限，影响了纳税人的正常经营，给纳税人造成了一定的经营损失。所以依据国家赔偿法的规定，法院依法判处税务机关承指赔偿责任。

（六）欠税纳税人

欠缴税款的纳税人或者其法定代表人需要出境，税务机关可令其在出境前结清税款、滞纳金或提供纳税担保；对未结清税款、滞纳金，又不提供纳税担保的，税务机关可以通知出境管理机关阻止其出境。

［例题7－17］（判断题）稽查局阻止欠税人出境的期限一般为3个月。（　　）

［参考答案］错误

［答案解析］《全国税务稽查规范（1.1版）》阻止欠税人出境的适用程序：稽查局阻止欠税人出境的期限一般为6个月。

［例题7－18］（多项选择题）欠缴税款的纳税人或者它的法定代表人需要出境的，应当在出境前向税务机关办结的事务有（　　）。

A. 结清罚款　　B. 缴销发票

C. 结清纳税担保款　　D. 结清税款

E. 结清滞纳金

［参考答案］DE

［答案解析］根据《税收征收管理法实施细则》第七十四条规定，欠缴税款的纳税人或者其法定代表人在出境前未按照规定结清应纳税款、滞纳金或者提供纳税担保的，税务机关可以通知出入境管理机关阻止其出境。阻止出境的具体办法，由国家税务总局会同公安部制定。

［例题7－19］（多项选择题）执行人员在填写《阻止欠税人出境布控申请表》时，下列说法正确的是（　　）。

A. 本文书的适用范围为欠税人所在地县级以上（含县级）税务机关申请阻止欠税人出境，连同有关书面材料报省、自治区、直辖市税务机关审批时

B. 申请单位必须按照要求认真填写申请表中所列项目，其中姓名、国籍、性别、出生日期、证件种类、号码等基本项目必须填写清楚、完整

C. “阻止出境理由（欠税额）”栏填写阻止欠税人出境的理由、事实依据及具体欠税额

D. “出境口岸”栏填写需部署边控的口岸名称。控制期限一般不超过3个月

E. “联系人”及“电话”栏需填写24小时可联系到的人员及电话

［参考答案］ABCE

［答案解析］根据《全国统一税收执法文书式样》（国税发〔2005〕179号）的规定，《阻止欠税人出境布控申请表》适用范围为：欠税人所在地县级以上（含县级）税务机关申请阻止欠税人出境，连同有关书面材料报省、自治区、直辖市税务机关审批时

使用。申请单位必须按照要求认真填写申请表中所列项目，其中姓名、国籍、性别、出生日期、证件种类、号码等基本项目必须填写清楚、完整。“出境口岸”栏填写需部署边控的口岸名称。控制期限一般不超过一个月。“阻止出境理由（欠税额）”栏填写阻止欠税人出境的理由、事实依据及具体欠税额。“联系人”及“电话”栏需填写24小时可联系到的人员及电话。

四、税收强制执行措施

税收强制执行措施是税务机关对未按规定限期履行税款缴纳等法定义务的税收管理相对人依法采取的强制性收缴措施。其目的是确保国家利益，保证国家财政资金的正常安排使用

（一）税收强制执行措施的适用范围及条件

税收强制执行措施的适用范围：

1. 税收保全措施失败。即当税务机关对纳税人采取了税收保全措施后，纳税人依然不履行纳税义务时，税务机关可以经县以上税务局（分局）局长批准，对该纳税人采取强制执行措施。

2. 纳税人、扣缴义务人未按照规定的期限缴纳或者解缴税款。纳税担保人未按照规定的期限缴纳所担保的税款，由税务机关发出催缴税款通知书，责令限期缴纳，但最长期限为15日。如逾期仍未缴纳的，经县以上税务局（分局）局长批准，税务机关可以采取强制执行措施。

3. 纳税人、扣缴义务人和其他当事人因偷税抗税未缴或少缴的税款或者骗取的出口退税款，税务机关除可以无限期追征税款外，还可以采取税收强制执行措施，在采取措施之前，税务机关无须向当事人发出限期缴纳税款通知书。

根据《税收征收管理法》第四十条的规定，从事生产、经营的纳税人、扣缴义务人未按照规定的期限缴纳或者解缴税款，纳税担保人未按照规定的期限缴纳所担保的税款，由税务机关责令限期缴纳，逾期仍未缴纳的，经县以上税务局（分局）局长批准，税务机关可以采取强制执行措施。

从适用对象上看，税收强制执行措施不仅适用于从事生产、经营的纳税人，也适用于扣缴义务人和纳税担保人。

从适用条件和程序上看，必须是告诫在先、执行在后（不包括偷税纳税人）。当纳税人、扣缴义务人未按照规定的期限缴纳或者解缴税款，纳税担保人未按照规定的期限缴纳所担保的税款时，税务机关应先采取责令限期缴纳措施，即由税务机关发出催缴税款通知书，责令限期缴纳或者解缴税款，但是最长期限为15日。在此期间，不得采取强制执行措施。如果纳税人、扣缴义务人、纳税担保人逾期仍未缴纳的，则可采取税收强制执行措施。个人及其所抚养家属维持生活所必需的住房和用品，不在税收强制执行措施的范围之内，另外，对已依法采取税收强制执行措施的纳税人，若在期限内不履行纳税义务，税务机关可直接采取税收强制执行措施。

[例题7-20]（判断题）依据《中华人民共和国行政强制法》，在催告期间，对有

证据证明有转移或者隐匿财物迹象的，稽查局可以立即决定强制执行。（　　）

［参考答案］ 正确

［答案解析］《中华人民共和国行政强制法》第二十六条规定，经催告，当事人逾期仍不履行行政决定，且无正当理由的，行政机关可以作出强制执行决定。强制执行决定应当以书面形式作出，并载明下列事项：（1）当事人的姓名或者名称、地址；（2）强制执行的理由和依据；（3）强制执行的方式和时间；（4）申请行政复议或者提起行政诉讼的途径和期限；（5）行政机关的名称、印章和日期。在催告期间，对有证据证明有转移或者隐匿财物迹象的，行政机关可以作出立即强制执行决定。

［例题7－21］（单项选择题） 下列对税收强制执行措施表述错误的是（　　）。

A. 强制执行措施适用于从事生产、经营的纳税人和扣缴义务人，不包括纳税担保人

B. 应当先行告诫，责令限期缴纳，逾期仍未缴纳的，再采取税收强制执行措施

C. 对纳税人未缴纳的滞纳金必须同时强制执行

D. 拍卖或者变卖所得抵缴税款、滞纳金、罚款以及扣押、查封、保管、拍卖、变卖等费用后，剩余部分应当在3日内退还被执行人

［参考答案］ A

［答案解析］ 根据《税收征收管理法》第四十条的规定，从事生产、经营的纳税人、扣缴义务人未按照规定的期限缴纳或者解缴税款，纳税担保人未按照规定的期限缴纳所担保的税款，由税务机关责令限期缴纳，逾期仍未缴纳的，经县以上税务局（分局）局长批准，税务机关可以采取强制执行措施。因此，税收强制执行措施不仅适用于从事生产、经营的纳税人，而且也适用于扣缴义务人和纳税担保人。

（二）税收强制执行措施的形式及要求

税收强制执行措施的形式有两种，其内容及要求如下：

1. 书面通知纳税人开户银行或其他金融机构从其存款中扣缴税款。这项措施具体实施时，税务机关要填制《扣缴税款通知书》和《税款缴款书》，通知其开户银行或其他金融机构从其存款中扣缴税款及滞纳金。开户银行应按有关规定依法执行。

2. 扣押、查封、依法拍卖或者变卖其价值相当于应纳税款的商品、货物或者其他财产，以拍卖或者变卖所得抵缴税款。税务机关扣押或查封商品、货物或其他财产时，要填制《查封（扣押）通知书》，并开具收据或清单，其执行程序、要求与税收保全措施的有关规定相同。将扣押、查封的商品、货物或者其他财产抵缴税款时，应当交由依法成立的拍卖机构或者交由商业企业按市场价格收购。对于国家禁止自由买卖的物品，应当交由有关单位按照国家规定的价格收购，税务机关采取强制执行措施时，对上述纳税人、扣缴义务人、纳税担保人未缴纳的滞纳金同时强制执行。

对拍卖或者变卖所得超出应抵缴税款、滞纳金和罚款以及扣押、查封和保管、拍卖、变卖等费用的部分，税务机关应在3日内退还被执行人；不足部分，税务机关应依法追征。

另外，根据《税收征收管理法实施细则》的规定，对未取得营业执照从事经营活动

的单位或者个人，除由市场监督管理部门依法处理外，由税务机关核定其应纳税额，责令限期缴纳；不缴纳的，税务机关可以扣押其价值相当于应纳税款的商品、货物。当事人应当自扣押之日起15日内缴纳税款，扣押后缴纳应纳税款的，税务机关必须立即解除扣押，并归还所扣押的商品、货物。扣押后仍不缴纳应纳税款的，经县以上税务局（分局）局长批准，拍卖所扣押的商品、货物，以拍卖所得抵缴税款。对扣押的鲜活、易腐烂变质或者易过期的商品、货物，税务机关可以在其保质期内先行拍卖，以拍卖所得抵缴税款。

[例题7-22]（多项选择题） 税收强制执行措施的实施方式包括（　　）。

A. 扣缴税款　　B. 拍卖或变卖商品、货物、其他财产

C. 冻结存款　　D. 阻止欠税人出境

E. 查封纳税人开户银行账户

[参考答案] AB

[答案解析] 《税收征收管理法》第四十条规定，从事生产、经营的纳税人、扣缴义务人未按照规定的期限缴纳或者解缴税款，纳税担保人未按照规定的期限缴纳所担保的税款，由税务机关责令限期缴纳，逾期仍未缴纳的，经县以上税务局（分局）局长批准，税务机关可以采取下列强制执行措施：(1) 书面通知其开户银行或者其他金融机构从其存款中扣缴税款；(2) 扣押、查封、依法拍卖或者变卖其价值相当于应纳税款的商品、货物或者其他财产，以拍卖或者变卖所得抵缴税款。

[例题7-23]（单项选择题） 对价值超过应纳税额且不可分割的商品、货物或者其他财产，依法采取税收强制执行的，以拍卖或者变卖所得抵缴税款、滞纳金、罚款以及拍卖、变卖等费用后，尚有剩余的，应在规定期限内退还被执行人，这个期限是不得超过（　　）日。

A. 5　　B. 2

C. 3　　D. 1

[参考答案] C

[答案解析] 依据《税收征收管理法实施细则》第六十九条规定，税务机关将扣押、查封的商品、货物或者其他财产变价抵缴税款时，应当交由依法成立的拍卖机构拍卖；无法委托拍卖或者不适于拍卖的，可以交由当地商业企业代为销售，也可以责令纳税人限期处理；无法委托商业企业销售，纳税人也无法处理的，可以由税务机关变价处理，具体办法由国家税务总局规定。国家禁止自由买卖的商品，应当交由有关单位按照国家规定的价格收购。

拍卖或者变卖所得抵缴税款、滞纳金、罚款以及拍卖、变卖等费用后，剩余部分应当在3日内退还被执行人。

[例题7-24]（单项选择题） 税务机关书面通知纳税人开户银行或者其他金融机构冻结纳税人的金额相当于应纳税款的存款，或扣押、查封纳税人的价值相当于应纳税款的商品、货物或者其他财产的行政行为是（　　）。

A. 纳税担保　　B. 税收强制执行

C. 税收保全措施　　　　D. 税收处罚

[参考答案] C

[答案解析]《税务稽查工作规程》第三十五条规定，采取冻结纳税人在开户银行或者其他金融机构的存款措施时，应当向纳税人开户银行或者其他金融机构送达《冻结存款通知书》，冻结其相当于应纳税款的存款。

[例题 7-25]（多项选择题） 采取税收强制执行措施拍卖或者变卖实现后，应当在结算并收取价款后3个工作日内，办理税款、滞纳金、罚款的入库手续，制作相关文书资料，送达被执行人。这一过程需要拟制的文书资料有（　　）。

A.《拍卖/变卖抵税财物决定书》

B.《拍卖/变卖结果通知书》

C.《拍卖/变卖扣押、查封的商品、货物或者其他财产清单》

D.《返还商品、货物或者其他财产通知书》

E.《返还商品、货物或者其他财产清单》

[参考答案] BC

[答案解析]《税务稽查工作规程》第六十七条规定，拍卖或者变卖实现后，应当在结算并收取价款后3个工作日内，办理税款、滞纳金、罚款的入库手续，并拟制《拍卖/变卖结果通知书》，附《拍卖/变卖扣押、查封的商品、货物或者其他财产清单》，经稽查局局长审核后，送达被执行人。选项A是稽查局在拍卖、变卖被执行人商品、货物或者其他财产前需拟制的文书，选项D和选项E是以拍卖或者变卖所得抵缴税款、滞纳金、罚款和拍卖、变卖费用后，尚有剩余的财产或者无法进行拍卖、变卖的财产的，应当制作并送达给被执行人的文书资料，同时相关财产应自办理税款、滞纳金、罚款入库手续之日起3个工作日内退还被执行人。

[案例 7-4]（综合题） 某市纺织品公司2018年11月应纳增值税21.56万元，当地主管税务机关税务人员多次电话催缴，至2018年12月20日仍未缴纳。12月21日，税务人员依法查询了该公司的银行存款账户，发现其账户刚收到货款30余万元。于是税务人员回分局后填制了《扣缴税款通知书》，经局长签字批准后，通知银行从该公司账上扣缴所欠的21.56万元税款和1 078元滞纳金。公司经理得知此事后，非常生气，认为税务局不打招呼就扣了钱，还扣了滞纳金，有损企业形象。经咨询，他们认为，税务局在扣缴前未先行告诫企业，违反了《税收征收管理法》的有关规定。于是，该公司以违法扣缴企业存款为由，将税务局告上了法庭，请求法院撤销税务局的强制执行行为。经审理，法庭支持了该公司的请求。判决税务局强制扣缴纺织品公司税款和滞纳金的行为违反了《税收征收管理法》第四十条的规定，予以撤销。

[答案解析]《税收征收管理法实施细则》第七十五条规定，从事生产、经营的纳税人、扣缴义务人未按照规定的期限缴纳或者解缴税款的，纳税担保人未按照规定的期限缴纳所担保的税款的，由税务机关发出限期缴纳税款通知书，责令缴纳或者解缴税款的最长期限不得超过15日。对于逾期仍不缴纳的，再采取强制执行措施。

《税收征收管理法》第四十条规定，从事生产、经营的纳税人、扣缴义务人未按照规定的期限缴纳或者解缴税款，纳税担保人未按照规定的期限缴纳所担保的税款，由税务机关责令限期缴纳；逾期仍未缴纳的，经县以上税务局（分局）局长批准，税务机关可以采取下列强制执行措施：

（1）书面通知其开户银行或者其他金融机构从其存款中扣缴税款；

（2）扣押、查封、依法拍卖或者变卖其价值相当于应纳税款的商品、货物或者其他财产，以拍卖或者变卖所得抵缴税款。

税务机关采取强制执行措施时，对前款所列纳税人、扣缴义务人、纳税担保人未缴纳的滞纳金同时强制执行。

五、代位权和撤销权

针对某些纳税人长期拖欠税款又不积极行使债权，逃避纳税义务的情况，《税收征收管理法》赋予税务机关行使代位权和撤销权的权利。代位权是指在债务人怠于行使其债权，危及债权实现时，债权人应代债务人行使其权利，即代替债务人对其债务人即第三人提起诉讼，请求第三人给付的权利。撤销权是指在债务人作出无偿处分或以明显低价处分财产给第三人而有害于债权人的行为时，债权人有请求人民法院予以撤销的权利。

[例题 7－26]（判断题） 如果税务机关需要对纳税人行使代位权，可以直接向纳税人的债务人行使代位权。（　）

[参考答案] 错误

[答案解析]《中华人民共和国税收征收管理法》第五十条第一款规定，欠缴税款的纳税人因怠于行使到期债权，或者放弃到期债权，或者无偿转让财产，或者以明显不合理的低价转让财产而受让人知道该情形，对国家税收造成损害的，税务机关可以依照合同法第七十三条、第七十四条的规定行使代位权、撤销权。（由于《中华人民共和国民法典》已生效，因此，适用条款改为《中华人民共和国民法典》合同保全之第五百三十五条至第五百四十二条规定的代位权、撤销权相关内容）。《中华人民共和国民法典》第五百三十五条因债务人怠于行使其债权或者与该债权有关的从权利，影响债权人的到期债权实现的，债权人可以向人民法院请求以自己的名义代位行使债务人对相对人的权利，但是该权利专属于债务人自身的除外。

代位权的行使范围以债权人的到期债权为限。债权人行使代位权的必要费用，由债务人负担。

因此，如果税务机关需要对纳税人行使代位权，应当依法向人民法院提出申请，不能直接向纳税人的债务人行使。

[例题 7－27]（判断题） 稽查局按照规定行使代位权、撤销权的，应当以被执行人欠缴的税款金额以及被执行人对其债务人所享有的债权数额为限，被执行人尚未履行的纳税义务和应当承担的法律责任不再追究。（　）

[参考答案] 错误

[答案解析]《中华人民共和国税收征收管理法》第五十条规定，欠缴税款的纳税

人因怠于行使到期债权，或者放弃到期债权，或者无偿转让财产，或者以明显不合理的低价转让财产而受让人知道该情形，对国家税收造成损害的，税务机关可以依照合同法第七十三条、第七十四条的规定行使代位权、撤销权。(由于《中华人民共和国民法典》已生效，因此，适用条款改为《中华人民共和国民法典》合同保全之第五百三十五条至第五百四十二条规定的代位权、撤销权相关内容)。税务机关依照前款规定行使代位权、撤销权的，不免除欠缴税款的纳税人尚未履行的纳税义务和应承担的法律责任。

[例题 7-28]（单项选择题） 当欠缴税款的纳税人放弃到期债权，对国家税收造成损害致使税务机关无法追缴税款，税务机关可以请求人民法院行使（　　）。

A. 抵押权　　　　B. 留置权

C. 代位权　　　　D. 撤销权

[参考答案] D

[答案解析] 根据《税收征收管理法》和《中华人民共和国民法典》的规定，因债务人放弃其到期债权，对债权人造成损害的，债权人可以请求人民法院撤销债务人的行为。

第五百三十八条规定，债务人以放弃其债权、放弃债权担保、无偿转让财产等方式无偿处分财产权益，或者恶意延长其到期债权的履行期限，影响债权人的债权实现的，债权人可以请求人民法院撤销债务人的行为。

第五百三十九条规定，债务人以明显不合理的低价转让财产、以明显不合理的高价受让他人财产或者为他人的债务提供担保，影响债权人的债权实现，债务人的相对人知道或者应当知道该情形的，债权人可以请求人民法院撤销债务人的行为。

第五百四十条规定，撤销权的行使范围以债权人的债权为限。债权人行使撤销权的必要费用，由债务人负担。

第五百四十一条规定，撤销权自债权人知道或者应当知道撤销事由之日起一年内行使。自债务人的行为发生之日起5年内没有行使撤销权的，该撤销权消灭。

第五百四十二条规定，债务人影响债权人的债权实现的行为被撤销的，自始没有法律约束力。

[例题 7-29]（单项选择题） 当欠缴税款的纳税人怠于行使其债权或者与该债权有关的从权利，对国家税收造成损害致使税务机关无法追缴税款，税务机关可以请求人民法院行使（　　）权利。

A. 抵押权　　　　B. 留置权

C. 代位权　　　　D. 撤销权

[参考答案] C

[答案解析] 根据《税收征收管理法》和《中华人民共和国民法典》的规定，因债务人怠于行使其债权或者与该债权有关的从权利，对债权人造成损害的，债权人可以请求人民法院撤销债务人的行为。

《中华人民共和国民法典》第五百三十五条规定，因债务人怠于行使其债权或者与该债权有关的从权利，影响债权人的到期债权实现的，债权人可以向人民法院请求以自己的名义代位行使债务人对相对人的权利，但是该权利专属于债务人自身的除外。

代位权的行使范围以债权人的到期债权为限。债权人行使代位权的必要费用，由债务人负担。

相对人对债务人的抗辩，可以向债权人主张。

第五百三十六条规定，债权人的债权到期前，债务人的债权或者与该债权有关的从权利存在诉讼时效期间即将届满或者未及时申报破产债权等情形，影响债权人的债权实现的，债权人可以代位向债务人的相对人请求其向债务人履行、向破产管理人申报或者作出其他必要的行为。

第五百三十七条规定，人民法院认定代位权成立的，由债务人的相对人向债权人履行义务，债权人接受履行后，债权人与债务人、债务人与相对人之间相应的权利义务终止。债务人对相对人的债权或者与该债权有关的从权利被采取保全、执行措施，或者债务人破产的，依照相关法律的规定处理。

[例题 7－30]（单项选择题） 当欠缴税款的纳税人纳税义务已经届满，税务机关下达催缴通知书后，以明显低价转让其财产，对国家税收造成损害致使税务机关无法追缴税款，税务机关可以请求人民法院以自己的名义代位行使债务人对相对人的权利，该权利是（　　）。

A. 抵押权　　B. 留置权

C. 代位权　　D. 撤销权

[参考答案] D

[答案解析] 根据《中华人民共和国税收征收管理法》第五十条规定，欠缴税款的纳税人因怠于行使到期债权，或者放弃到期债权，或者无偿转让财产，或者以明显不合理的低价转让财产而受让人知道该情形，对国家税收造成损害的，税务机关可以依照合同法第七十三条、第七十四条的规定行使代位权、撤销权（由于《中华人民共和国民法典》已生效，因此，适用条款改为《中华人民共和国民法典》合同保全之第五百三十五条至第五百四十二条规定的代位权、撤销权相关内容）。

《中华人民共和国民法典》第五百三十九条规定，债务人以明显不合理的低价转让财产、以明显不合理的高价受让他人财产或者为他人的债务提供担保，影响债权人的债权实现，债务人的相对人知道或者应当知道该情形的，债权人可以请求人民法院撤销债务人的行为。

本题中欠缴税款的纳税人纳税义务已经届满，税务机关已经下达催缴通知书，确认形成了税收债权，但是，纳税人以明显低价转让其财产，对国家税收造成损害致使税务机关无法追缴税款，客观影响了税务机关的税收债权实现，因此，应当适用《中华人民共和国民法典》第五百三十九条，行使撤销权。故本题选 D。

[例题 7－31]（多项选择题） 下列属于执行环节的主要风险点的有（　　）。

A. 未依法采取税收保全、强制执行

B. 未依法行使或者为按法定权限和程序行使代位权、撤销权、税收优先权

C. 未按规定移送涉嫌犯罪案件

D. 作出的处理、处罚决定事实不清、证据不足、定性不准确、适用法律依据错误

E. 未按规定实施“双随机、一公开”

[参考答案] AB

[答案解析] 根据《国家税务总局关于印发〈税务稽查风险内部控制制度（试行）〉的通知》第十三条规定，执行环节的主要风险点：（1）稽查案件执行不及时、不彻底；（2）未依法采取税收保全、强制执行；（3）未依法行使或者未按法定权限和程序行使代位权、撤销权、税收优先权；（4）违规中止或终结执行。

[例题7-32]（多项选择题） 税务局稽查局与法院的协作包括（　　）。

A. 建立信息共享机制

B. 申请强制执行

C. 申请参与分配

D. 行使代位权、撤销权

E. 联合惩戒

[参考答案] ABCDE

[答案解析] 依据《全国税务稽查规范》9部门协作9.5.2司法协作操作规范：与法院的协作包括建立信息共享机制、申请强制执行、申请参与分配、行事代位权、行使撤销权、联合惩戒。

六、税收优先权

税收优先权是指当税款与其他债权并存时，税款有优先受偿权。税收优先是国家征税的权利与其他债权同时存在时，税款的征收原则上应优先于其他债权，也称为税收的一般优先权，这是保障国家税收的一项重要原则。当纳税人财产不足以同时缴纳税款和偿付其他债权，应依据法律的规定优先缴纳税款。

（一）税收优先权的主要内容

税收优先权的主要内容包括以下三个方面：

1. 税收优先于无担保债权。按照《民法典》的规定，债是按照合同约定或者按照法律规定，在当事人之间产生的权利义务关系。享有权利的人是债权人，负有义务的人是债务人。债权就是债权人所享有的要求偿还债务的权利。所谓无担保债权，是指在债权上未设定担保物权的普通债权。税收优先于无担保债权，是对纳税人未设定担保物权的债权，实行税收优先。所谓未设定担保物权的债权是指纳税人没有为其设定抵押、质押或没有被留置的债权。但法律另有规定的除外。比如破产法规定，职工工资优先于税收。

2. 税收优先于发生在其后的抵押权、质权、留置权。税收优先于发生在其后的抵押权、质权、留置权，即纳税人欠缴的税款发生在纳税人以其财产设定抵押、质押或者纳税人的财产被留置之前的，税收应当先于抵押权、质权、留置权执行。

3. 税收优先于罚款、没收违法所得。纳税人欠缴税款，同时又被行政机关处以罚款、没收违法所得的，税收优先于罚款、没收违法所得。这是因为税收是国家财政的基本的、最主要的来源，是维护国家正常运转必不可少的。行政机关进行的罚款、没收违法所得是国家运用行政权力对纳税人的惩罚，不以取得财政收入为目标，是非税收入。

两者相较，税收比较重要，应予以优先对待。

（二）税收优先权成立的一般时点：欠税发生时

“欠缴的税款”发生时间成为判断税收是否具有优先权的关键。将“欠缴的税款”予以分解，则会产生“税款”的发生时间（简称税款发生时）和“税款欠缴”的发生时间（简称欠税发生时）两个解释选项。按有关税收债务关系成立的课税处分时说，税收债务自课税要素满足时自行成立，税务机关的核定行为仅具确认性，系将抽象的税收债务予以具体化而已，并未创设税收债务。而欠税发生时，则是指依法成立的纳税义务至法定或者税务机关核定的纳税期限届满之日仍未履行，从而自次日陷入滞纳状态之时。显然，税款发生时和欠税发生时在时间上先后有别。一般而言，税款发生时虽表明纳税义务（对税务机关而言即为税收债权）成立且通常有效，但未届清偿期则尚未生效，难以取得该债权的优先受偿权，因此，应以欠税发生时为税收优先权的一般时点。

其例外情形为，税收债务虽未届清偿期，但如欠税人已进入破产程序，则其清偿期提前届至并作为破产债权申报。[①]

司法实践中发生税收优先权成立时间争议，主要集中在私法债权人主张应当以既确定欠税金额，又有发布时点可查的欠税公告作为税收优先权的发生条件，其根据即债权公示原则。因此，为了提升税收行政效率、降低司法成本，稽查案件是否行使税收优先权，应当以是否有欠税公告为宜，如果已经发布欠税公告，则查补税款时可以直接行使税收优先权，如果没有欠税公告，行使税收优先权则可能引发与其他私法债权人的权利争议。

七、加收滞纳金制度

我国的税收滞纳金制度是由《税收征收管理法》第三十二条规定，纳税人未按照规定期限缴纳税款的，扣缴义务人未按照规定期限解缴税款的，税务机关除责令限期缴纳外，从滞纳税款之日起，按日加收滞纳税款万分之五的滞纳金。

八、税款的退还与追征

（一）税款的退还

依《税收征收管理法》第五十一条的规定，纳税人不论何种原因超过应纳税额多缴纳的税款，税务机关发现后应当立即退还；纳税人自结算缴纳税款之日起 3 年内发现的，可以向税务机关要求退还多缴的税款并加算银行同期存款利息，税务机关及时查实后应立即退还；涉及从国库中退库的，依照法律、行政法规有关国库管理的规定退还。如果纳税人在结清缴纳税款之日起 3 年后才向税务机关提出退还多缴税款要求的，税务机关将不予受理。

（二）税款的追征

《税收征收管理法》第五十二条规定，税务机关对超过纳税期限未缴或少缴税款的

---

① 李刚、郑晶晶：“有关税收优先权的司法案例实证分析——兼评《税收征管法修订草案（征求意见稿）》相关条文”，《税务研究》，2020 年第七期，第 64—70 页。

纳税人可以在规定的期限内予以追征。根据该条规定，税款的追征具体有以下三种情形：

1. 因税务机关的责任，致使纳税人、扣缴义务人未缴或者少缴款的，税务机关在3年内可以要求纳税人、扣缴义务人补缴税款，但是不得加收滞纳金。

2. 因纳税人、扣缴义务人计算错误等失误，未缴或者少缴款的，税务机关在3年内可以追征税款，并加收滞纳金；有特殊情况的，追征期可以延长到5年。《税收征收管理法》第五十二条所称特殊情况，是指纳税人或者扣缴义务人因计算错误等失误，未缴或者少缴、未扣或者少扣、未收或者少收税款，累计数额在10万元以上的。

3. 对因纳税人、扣缴义务人和其他当事人偷税、抗税、骗税等原因造成未缴或者少缴的税款，或骗取的退税款，税务机关可以无限期追征。

[例题7－33]（单项选择题）甲企业因计算错误少缴2019年5月份税款12万元，税务机关可以对其追征税款和滞纳金的期限为（　　）。

A. 1年以内　　B. 3年以内

C. 5年以内　　D. 10年以内

[参考答案] C

[答案解析]《税收征收管理法》第五十二条规定，因纳税人、扣缴义务人计算错误等失误，未缴或者少缴税款的，税务机关在3年内可以追征税款、滞纳金；有特殊情况的，追征期可以延长到5年。

《税收征收管理法实施细则》第八十二条规定，《税收征收管理法》第五十二条所称特殊情况，是指纳税人或者扣缴义务人因计算错误等失误，未缴或者少缴、未扣或者少扣、未收或者少收税款，累计数额在10万元以上的。

[例题7－34]（多项选择题）下列关于审理部门对税款追征期限的审查，表述正确的有（　　）。

A. 补缴和追征税款、滞纳金的期限，自纳税人、扣缴义务人应缴未缴或者少缴税款之日起计算

B. 对偷税、抗税、骗税的，税务机关追征其未缴或者少缴的税款、滞纳金或者所骗取的税款，不受追征期限的限制

C. 纳税人不进行纳税申报造成不缴或者少缴应纳税款的，税务机关3年内具有追缴权，特殊情况追缴期限可以延长至5年

D. 因纳税人、扣缴义务人计算错误等失误，未缴或者少缴税款的，税务机关在5年内可以追征税款、滞纳金

E. 延长追征期限的特殊情况是指纳税人或者扣缴义务人因计算错误等失误，未缴或者少缴、未扣或者少扣、未收或者少收税款，单笔数额在10万元以上的

[参考答案] ABC

[答案解析]《税收征收管理法》第五十二条规定，因纳税人、扣缴义务人计算错误等失误，未缴或者少缴税款的，税务机关在三年内可以追征税款、滞纳金；有特殊情况的，追征期可以延长到五年。对偷税、抗税、骗税的，税务机关追征其未缴或者少缴

的税款、滞纳金或者所骗取的税款，不受前款规定期限的限制。《税收征收管理法实施细则》第八十二条规定："税收征收管理法第五十二条所称特殊情况，是指纳税人或者扣缴义务人因计算错误等失误，未缴或者少缴、未扣或者少扣、未收或者少收税款，累计数额在10万元以上的。"《税收征收管理法实施细则》第八十三条规定："税收征收管理法第五十二条规定的补缴和追征税款、滞纳金的期限，自纳税人、扣缴义务人应缴未缴或者少缴税款之日起计算。"《关于未申报税款追缴期限问题的批复》（国税函〔2009〕326号）纳税人未申报纳税造成不缴或少缴的税款，不属于偷税、抗税、骗税行为，税务机关3年内具有追缴权，特殊情况追缴期限可以延长至5年。

第二节　税务行政处罚概述

一、税务行政处罚的概念

税务行政处罚是指自然人、法人或其他组织有违反税收征收管理秩序的违法行为，尚未构成犯罪，依法应当承担行政法律责任，由税务机关给予的行政处罚。

税务行政处罚是行政处罚的重要组成部分，其基本法律依据为《中华人民共和国行政处罚法》（以下简称《行政处罚法》）和《税收征收管理法》。

与行政处罚的其他部分相比，税务行政处罚具有以下基本特点：

（一）税务行政处罚的主体是依据法定权限所确定的税务机关

《行政处罚法》规定，行政处罚由具有行政处罚权的行政机关在法定职权范围内实施。而税务行政处罚的主体是具有法定处罚权的税务行政机关，即税务行政处罚只能由税务机关作出，不能由其他行政机关作出。

（二）税务行政处罚的对象是违反了税收法律规范但尚未构成犯罪的当事人

税务行政处罚是对违反税收法律规范但尚未构成犯罪行为的制裁，对有违反税收法律规范且构成犯罪的，应移交司法机关，予以刑事制裁，税务机关不再予以税务行政处罚。

（三）税务行政处罚的实施具有惩戒性

税务行政处罚是一种行政制裁，其目的在于对税务违法者进行惩戒（限制、剥夺其权利或对其设定新的义务），避免或制止违反税收法律、法规行为的再次发生，维护税收秩序，营造良好的纳税环境。

二、税务行政处罚的原则

税务行政处罚的原则，是指对税务行政处罚一系列活动的有关法规的准则。根据《行政处罚法》和《税收征收管理法》的规定，税务行政处罚包括以下具有普遍规律性、指导性的原则。税务行政处罚应当遵循以下原则：

（一）合法原则

在法律、法规、规章规定的种类和幅度内，依照法定权限，遵守法定程序，保障当事人合法权益。

（二）合理原则

符合立法目的，考虑相关事实因素和法律因素，作出的行政处罚决定与违法行为的事实、性质、情节、社会危害程度相当，与本地的经济社会发展水平相适应。

（三）公平公正原则

对事实、性质、情节及社会危害程度等因素基本相同的税收违法行为，所适用的行政处罚种类和幅度应当基本相同。

（四）公开原则

按规定公开行政处罚依据和行政处罚信息。

[**例题 7-35**] 对违法行为给予行政处罚的规定必须公开，未经公开的，不得作为税务行政处罚的依据，这属于行政处罚原则中的（　　）。

[**参考答案**] 公开原则

[**答案解析**] 由上述定义可知，这属于税务行政处罚原则中的公开原则。

（五）程序正当原则

依法保障当事人的知情权、参与权和救济权等各项法定权利。

（六）信赖保护原则

非因法定事由并经法定程序，不得随意改变已经生效的行政行为。

（七）处罚与教育相结合原则

预防和纠正涉税违法行为，引导当事人自觉守法。

三、税务行政处罚的主体与管辖

（一）税务行政处罚的主体

《行政处罚法》规定，行政处罚由具有行政处罚权的行政机关在法定职权范围内实施。国务院或者经国务院授权的省、自治区、直辖市人民政府可以决定一个行政机关行使有关行政机关的行政处罚权。

税务行政处罚的实施机关是县以上税务机关。包括国家税务总局，省、自治区、直辖市税务局，地（市、州、盟）税务局，县（市、旗）税务局四级。各级税务机关的内设机构、派出机构不具有税务行政处罚机关资格，不能以自己的名义实施税务行政处罚。但是，根据《税收征收管理法》，税务所可以实施罚款在 2 000 元以下的税务行政处罚。

税务机关依照法律、法规或者规章的规定，可以在其法定权限内委托符合法律规定条件的组织实施行政处罚。委托税务机关对受委托的组织实施行政处罚的行为应当负责监督，并对该行为的后果承担法律责任。

受委托组织在委托范围内，以委托税务机关名义实施行政处罚；不得再委托其他任何组织或者个人实施行政处罚。

受委托组织必须符合以下条件：（1）依法成立的管理公共事务的事业组织；（2）具有熟悉有关法律、法规、规章和业务的工作人员；（3）对违法行为需要进行技术检查或者技术鉴定的，应当有条件组织进行相应的技术检查或者技术鉴定。

［例题7-36］（单项选择题） 税务所可以实施罚款额在（　　）元以下的税务行政处罚。

A. 200　　B. 2 000

C. 500　　D. 1 000

［参考答案］ B

［答案解析］ 税务行政处罚的主体是县以上税务机关。各级税务机关的内设机构、派出机构不具有处罚主体资格，不能以自己的名义实施税务行政处罚。但是税务所可以实施罚款额在2 000元以下的税务行政处罚。这是《税收征收管理法》对税务所的特别授权。

［例题7-37］（综合题） 2019年6月15日A县基层税务所接到群众举报，辖区内某服装厂开业两个月没有纳税。6月16日，税务所对该服装厂依法进行了税务检查。经查，该服装厂2019年6月8日办理了营业执照，6月10日正式投产，没有办理税务登记，共生产销售服装200套，销售额50 000元，没有申报纳税。根据检查情况，税务所于6月18日拟作出如下处理建议：

（1）责令服装厂6月25日前办理税务登记，并处以500元罚款；

（2）按规定补缴税款，加收滞纳金，并对未缴税款在《税收征收管理法》规定的处罚范围内，处以10 000元罚款。

试分析A县基层税务所的行为是否正确。

［答案解析］ 根据《税收征收管理法》规定：罚款额在2 000元以下的，可以由税务所决定。税务所对服装厂因偷税罚款的金额达2 000元以上，超越了执法权限。

（二）税务行政处罚的管辖

税务行政处罚的管辖，是指税务机关之间在处罚公民、法人或其他组织违反税收征收管理秩序的行为时，所作的分工和权限划分。

根据《行政处罚法》和《税收征收管理法》的规定，税务行政处罚应当由具有税务行政处罚权的税务机关在法定职权范围内实施。

我国税务行政处罚管辖的种类主要有职能管辖、级别管辖、地域管辖、指定管辖、移送管辖。

1. 职能管辖。职能管辖是指不同的税务机关依据各自不同的职权对实施行政处罚所作的分工，是税务机关根据其管理职能确定对税务行政处罚的管辖权。根据职能管辖的原理，首先要求实施税务行政处罚的税务机关必须具有行政处罚权；其次要求拥有行政处罚权的税务机关必须在自己的职权范围内实施行政处罚。

2. 级别管辖。级别管辖是指各级税务机关之间在处罚税务违法行为上的分工和权限。《行政处罚法》第十六条规定："国务院或者经国务院授权的省、自治区、直辖市人民政府可以决定一个行政机关行使有关行政机关的行政处罚权，但限制人身自由的行政处罚权只能由公安机关行使。”第十七条规定：“法律、法规授权的具有管理公共事务职能的组织可以在法定授权范围内实施行政处罚。”

根据《税收征收管理法》第七十四条的规定，税务行政处罚，罚款额在2 000元以下的可以由税务所决定。税务所实施的税务行政处罚属于法律特别授权。

县以上税务机关处理税务违法案件的具体范围，需要根据各自的职责权限来划分，通常由上级税务机关确定。

3. 地域管辖。税务行政处罚的地域管辖，是指不同地区的同级税务机关之间处理税务违法行为的职权划分。

《行政处罚法》第二十条规定：“行政处罚由违法行为发生地的县级以上地方人民政府具有行政处罚权的行政机关管辖。法律、行政法规另有规定的除外。”地域管辖具体可分为两种情况：

（1）一般管辖。税务违法行为的处理，原则上由被处理对象所在地的税务机关负责；如果被查处对象的所在地与办理税务登记的所在地不一致，由办理税务登记的所在地税务机关管辖。

（2）特别管辖。对税法特别规定或遇有特殊情况的税务违法行为的处理，可由税务违法行为发生地的税务机关处理。涉及其他地区的税务违法行为，有关地区应给予协助。行为人在哪个地方实施了税务违法行为，就应该由那个地方的税务机关依职权实施处罚。几个地方的税务机关依法都有管辖权的，一般应由最先发现违法行为的税务机关管辖。

4. 指定管辖。在税务违法案件究竟该由哪一个税务机关管辖并实施处罚不清楚或没有明确规定，或两个以上税务机关对管辖有争议的情况下，上级税务机关可以协调裁定其中一个税务机关管辖。上级税务机关指定管辖后，有关税务机关必须执行。

管辖权发生争议的情况有两种：一是两个以上的税务机关对同一税务违法行为都认为自己有管辖权；二是两个以上的税务机关对同一税务违法行为都认为自己没有管辖权。不论哪一种情况都应当按照指定管辖的程序办理。

5. 移送管辖。移送管辖，是指已受理税务违法行为的税务机关发现该行为不属于自己管辖或已构成犯罪时，应当移送有管辖权的机关管辖。移送管辖可区分为两种情况：

（1）税务机关在办理案件过程中，如有证据认定行为人的行为不仅仅是违法行为，而且已经构成了犯罪，必须将案件移送给有管辖权的司法机关，依法追究行为人的刑事责任，这是“刑事优先原则”在《行政处罚法》中的具体运用，也体现了我国一贯主张的不得以行政处罚代替刑罚的政策。

（2）税务机关在受理税务违法案件后，发现该案件不属于自己管辖，应当将案件材料移送有管辖权的税务机关，受移送的税务机关应接受。若接受税务机关审查后认为自己也无权管辖，应当报请共同的上级税务机关按指定管辖的规定来确定管辖。

第三节 税务行政处罚的主要内容

一、纳税人的税务违法行为及其行政处罚标准

（一）欠税及其法律责任

1. 欠税。欠税是指纳税人、扣缴义务人等纳税主体在法定的纳税期限内由于主客观原因而未缴或者少缴应纳或应解缴税款的行为。欠税根据成因不同可以分为一般欠税和逃避追缴欠税两种。

（1）一般欠税。一般欠税是指纳税人、扣缴义务人等纳税主体在法定的纳税期限内由于客观原因面未缴或者少缴应解缴税款的行为。所谓客观原因，是指外在的因素而非主观原因，如经营环境恶化、管理不善、社会负担过重等导致利润下降，无力缴税。

一般欠税的行为特征：第一，欠税的实质是纳税主体在一定时期内占用国家税款；第二，欠税者主观上不存在直接故意，形成欠税往往有一定的客观原因；第三，欠税者没有采用涂改账簿等非法手段；第四，欠税的社会危害性只与欠缴税款数量大小直接有关。一般欠税的法律责任：从滞纳之日起，按日加收万分之五的滞纳金；责令限期缴纳或解缴税款，但最长期限为 15 日；责令限期缴纳，逾期仍未缴纳的。经县以上税务局（分局）局长批准。税务机关可以采取强制执行措施；欠缴税款的纳税人在出境前未按规定结清应纳税款，或提供纳税担保的，税务机关可以通知出入境管理机关阻止其出境。

（2）逃避追缴欠税。逃避追缴欠税，是指纳税人欠缴应纳税款，采取转移或者隐匿财产的手段，妨碍税务机关追缴所欠税款的行为。这种欠税是由纳税人的主观原因造成的。纳税人有能力缴纳税款而故意不缴纳。

逃避追缴欠税的行为特征：逃避追缴欠税除了具备一般欠税的特征之外，其最明显的一个特征是：纳税人采取转移或者隐匿财产、收入的手段。致使税务机关不能正常依法追缴其欠缴的税款。一般欠税无论数额多大都不会构成刑事犯罪，而逃避追缴欠税达到一定数额以后就构成逃避追效欠税罪。

逃避追缴欠税的法律责任：纳税人欠缴应纳税款，或者采取转移、隐匿财产的手段，妨碍税务机关追缴欠缴的税款的。由税务机关追缴欠缴的税款、滞纳金。并处欠缴税款 50% 以上 5 倍以下的罚款；纳税人欠缴应纳税款，采取转移或者隐匿财产的手段，致使税务机关无法追缴欠缴的税款，数额在 1 万元以不足 10 万元的，处 3 年以下有期徒刑或者拘役，并处或者单处欠缴税款 1 倍以上 5 倍以下罚金；数额在 10 万元以上的。处 3 年以上 7 年以下有期徒刑，并处欠缴税款 1 倍以上 5 倍以下罚金。

2. 偷税及其法律责任。偷税是指纳税人伪造、变造、隐匿、擅自销毁账簿和记账凭证，或者在账簿上多列支出或者不列、少列收入，或者经税务机关通知申报而拒不申报

或进行虚假的纳税申报，不缴或少缴应纳税款的行为。

（1）偷税的行为特征。第一，偷税的违法或犯罪主体是纳税人或扣缴义务人。第二，采用了《税收征收管理法》第六十三条列举的手段之一。第三，违法或犯罪主体存在主观故意，偷税是一种有预谋的违法行为。第四，达到了不缴或少缴税款的目的。

纳税人采取了与偷税类似或者相同的手段，但未导致不缴或少缴税款的，就不是偷税，不能按偷税进行处理。

（2）偷税的法律责任。对纳税人偷税的，由税务机关追缴其不缴或者少缴的税款、滞纳金，并处不缴或者少缴的税款50%以上5倍以下的罚款；构成犯罪的，依法追究刑事责任。

扣缴义务人采取上述所列手段，不缴或者少缴已扣、已收税款，由税务机关追缴其不缴或者少缴的税款、滞纳金，并处不缴或者少缴的税款50%以上5倍以下的罚款；构成犯罪的，依法追究刑事责任。

纳税人采取欺骗、隐瞒手段进行虚假纳税申报或者不申报，逃避缴纳税款数额较大并且占应纳税额10%以上的，处3年以下有期徒刑或者拘役，并处罚金；数额巨大并且占应纳税额30%以上的，处3年以上7年以下有期徒刑，并处罚金。

扣缴义务人采取上述所列手段，不缴或者少缴已扣、已收税款，数额较大的，依照上述规定处罚。

对多次实施偷税行为，未经处理的，按照累计数额计算。

有上述行为，经税务机关依法下达追缴通知后，补缴应纳税款，缴纳滞纳金，已受行政处罚的，不予追究刑事责任。但是，5年内因逃避缴纳税款受过刑事处罚或者被税务机关给予两次以上行政处罚的除外。

二、扣缴义务人、税务代理人和金融机构的税收违法行为及其行政处罚标准

（一）扣缴义务人的税务违法行为及其法律责任扣缴义务人应扣未扣、应收未收税款的，由税务机关向纳税人追缴税款，对扣缴义务人处应扣未扣、应收未收税款50%以上3倍以下的罚款。

（二）开户银行的税务违法行为及其法律责任

纳税人、扣缴义务人的开户银行或者其他金融机构拒绝接受税务机关依法检查纳税人、扣缴义务人存款账户，或者拒绝执行税务机关作出的冻结存款或者扣缴税款的决定，或者在接到税务机关的书面通知后帮助纳税人、扣缴义务人转移存款，造成税款流失的，由税务机关处以10万元以上50万元以下的罚款，对直接负责的主管人员和其他直接责任人员处1 000元以上1万元以下的罚款。

银行和其他金融机构未依照《税收征收管理法》的规定在从事生产、经营的纳税人的账户中登录税务登记证件号码，或者未按规定在税务登记证件中登录从事生产、经营的纳税人的账户账号的，由税务机关责令其限期改正，处2 000元以上2万元以下的罚款；情节严重的，处2万元以上5万元以下的罚款。

（三）税务代理人的税务违法行为及其法律责任税务代理人违反税收法律、行政法

规，造成纳税人未缴或者少缴税款的，除由纳税人缴纳或者补缴应纳税款、滞纳金外，对税务代理人处纳税人未缴或者少缴税款50%以上3倍以下的罚款。

第四节 税务行政处罚的种类与设定

一、税务行政处罚的种类

（一）《行政处罚法》规定的处罚种类

《行政处罚法》中列举的警告、罚款、没收非法财物和违法所得、责令停产停业、暂扣或者吊销许可证和执照、行政拘留为我国行政处罚的基本种类。

1. 警告，是行政主体对违法行为人的告诫和谴责，它应以书面形式作出，并向本人宣布和传达。

2. 罚款，是行政主体对违法相对人处以承担金钱给付义务，并令其在一定期限内交纳的处罚形式。

3. 没收非法财物，是行政主体对违法相对人剥夺其与违法行为有关的财物，如实施违法行为的工具、违禁物品以及其他与违法行为有关的财物等。

4. 没收违法所得，是行政主体对违法相对人剥夺其因违法行为而获得的非法经济收入，如违法经营所获得的非法利润。

5. 责令停产停业，是行政主体对违法从事生产经营活动的相对人，在一定期限和范围内限制或取消其生产经营活动资格的处罚。

6. 暂扣许可证和执照，是行政主体对持有许可证和执照可以从事特定活动的相对人，因其有违法行为而在一定期限内暂行扣押其执照和许可证，使之暂时失去从事该类活动资格的处罚。

7. 吊销许可证和执照，是行政主体对持有许可证和执照能从事该类活动的相对人，永久地取消其许可证和执照，使其不再具有从事该类活动资格的处罚。

8. 拘留，也称行政拘留，指只能由公安机关行使的，对违反治安管理规定的相对人在短期内限制其人身自由的处罚。拘留有严格的期限限制，即1日以上、15日以下。

除上述行政处罚种类之外，《行政处罚法》还确认，凡法律、行政法规规定的其他行政处罚都属于合法有效的处罚种类。

[例题7－38]（多项选择题） 根据我国《行政处罚法》的规定，下列不属于行政处罚的有（　　）。

A. 扣押纳税人财产　　B. 暂扣许可证和执照

C. 没收走私运输工具　　D. 不予抵扣税款

E. 限期治理

[参考答案] ADE

［答案解析］行政处罚的种类包括警告、罚款、没收非法财物和违法所得、责令停产停业、暂扣或者吊销许可证和执照、行政拘留。扣押纳税人财产不是行政处罚而是税收保全措施；限期整改、限期治理等措施不属于行政处罚，只是一种行政命令；不予抵扣税款属于税务机关作出的不予依法办理或者答复的行为，也不是税务行政处罚。故答案为选项A、D、E。

（二）税务行政处罚的种类

1. 罚款；

2. 没收违法所得、没收非法财物；

3. 停止出口退税权；

4. 法律、法规和规章规定的其他行政处罚。

二、税务行政处罚的设定

行政处罚的设定，是指特定的国家机关依照职权和实际需要，在有关法律、法规或者规章中，创造或设立行政处罚的权力。行政处罚关系到公民、法人或者其他组织的权利和利益，对其设定必须加以必要的限制。

（一）《行政处罚法》有关行政处罚的设定

1. 法律设定的行政处罚种类。法律是由国家最高权力机关即全国人大及其常委会制定的，可以设定任何种类和形式的行政处罚。限制人身自由的行政处罚，只能由法律设定，其他法规、规章都无权予以设定。

2. 行政法规设定的行政处罚种类。行政法规是根据最高行政机关制定的，除了限制人身自由的行政处罚之外，它可以设定其他各种行政处罚。如果法律对违法行为已作了行政处罚规定，需要行政法规作出具体规定的，行政法规必须在法律规定的给予处罚的行为、处罚种类和幅度范围内作出具体规定，不能超出法律已规定的限度。

3. 地方性法规设定的行政处罚种类。地方性法规是省、自治区、直辖市的权力机关制定或批准的，可以设定除限制人身自由、吊销企业营业执照之外的其他各种行政处罚。如果法律、行政法规对违法行为已作了处罚规定，需要地方性法规结合本地实际情况再作具体规定的，地方性法规必须在法律、行政法规规定的受处罚行为、处罚种类和幅度范围内作出具体规定，不能超出法律、行政法规已规定的限度。

4. 规章设定的行政处罚种类。规章包括部委规章和地方规章，部委规章是国务院部委制定的，地方规章是地方省级人民政府、省政府所在地的市以及国务院批准的较大市的人民政府制定的。规章的种类多、数量大，法律效力的层级也相对较低。为了防范规章对行政处罚的设定过多、过滥，《行政处罚法》规定，在法律、法规已作行政处罚规定的情况下，规章只应在法律、法规规定的给予行政处罚的行为、种类、幅度的范围内作出具体规定；尚未制定法律、法规的，行政规章可以对违反行政管理秩序的行为设定警告和一定数量的罚款这两类行政处罚。此外，国务院具有行政处罚权的直属机构虽无规章制定权，但为了行政管理的需要，在国务院授权的情况下，也可以设定警告和一定数量的罚款这两类行政处罚。

对于规章规定的罚款数额有两种情况：

（1）部委规章设定的限额。国务院对此的规定是：国务院各部门制定的规章对非经营活动中的违法行为设定罚款不得超过1 000元。对经营活动中的违法行为，有违法所得的，设定罚款不得超过违法所得的3倍，但是最高不得超过3万元；没有违法所得，设定罚款不得超过1万元；超过上述限额的，应当报国务院批准。

（2）地方规章设定的罚款限额，由省一级人大常委会规定，可以不受上述规定的限制。

除上述法律、限制法规、地方性法规、规章可设定行政处罚以外，其他任何规范性文件都不得设定行政处罚。

[例题7-39]（多项选择题） 有权设定没收违法所得处罚的规范性文件是（　　）。

A. 法律　　B. 行政法规

C. 地方性法规　　D. 规章

[参考答案] ABC

[答案解析] 《行政处罚法》规定，在法律、法规已作行政处罚规定的情况下，规章只应在法律、法规规定的给予行政处罚的行为、种类、幅度的范围内作出具体规定；尚未制定法律、法规的，行政规章可以对违反行政管理秩序的行为设定警告和一定数量的罚款这两类行政处罚。因此，答案为选项A、B、C。

（二）税务行政处罚的设定

税务行政处罚的设定是指由特定的国家机关通过一定形式首次独立规定公民、法人或者其他组织的行为规范，并规定违反该行为规范的行政制裁措施。我国现行税收法制的原则是税权集中、税法统一，税收的立法权只能集中在中央。

1. 全国人民代表大会及其常务委员会可以通过法律的形式设定各种税务行政处罚。

2. 国务院可以通过行政法规的形式设定除限制人身自由以外的税务行政处罚。

3. 国家税务总局可以通过规章的形式设定警告和罚款。税务行政规章对非经营活动中的违法行为设定罚款不得超过1 000元；对经营活动中的违法行为，有违法所得的，设定罚款不得超过违法所得的3倍，且最高不得超过3万元；没有违法所得的，设定罚款不得超过1万元；超过限额的，应当报国务院批准。

省、自治区、直辖市和计划单列市税务局及其以下各级税务机关制定的规范性文件，在税收法律、法规、规章规定给予行政处罚的行为、种类和幅度的范围内作出具体规定，是一种执行税收法律、法规、规章的行为，不是对税务行政处罚的设定。因此，这类规范性文件与行政处罚法规定的处罚设定原则并不矛盾，是有效的、可以执行的。

（三）不予行政处罚的情形

当事人有下列情形之一的，不予行政处罚：

1. 违法行为轻微并及时纠正，没有造成危害后果的；
2. 不满14周岁的人有违法行为的；
3. 精神病人在不能辨认或者不能控制自己行为时有违法行为的；
4. 其他法律规定不予行政处罚的。

(四) 应当依法从轻或者减轻行政处罚的情形

当事人有下列情形之一的，应当依法从轻或者减轻行政处罚：

1. 主动消除或者减轻违法行为危害后果的；
2. 受他人胁迫有违法行为的；
3. 配合税务机关查处违法行为有立功表现的；
4. 其他依法应当从轻或者减轻行政处罚的。

三、税务行政处罚的时效

时效，是指依照《行政处罚法》的规定对行政违法实施者进行行政处罚的有效期限。超过了法律所规定的期限，就不能再对当事人实施行政处罚。

时效期限的计算，依照《行政处罚法》的规定，应从税务违法行为发生之日起计算；税务违法行为有连续或继续状态的，从行为终了之日起计算。

根据《行政处罚法》的规定，行政违法行为的处罚时效为两年。违法行为在两年内未被发现的，不再给予行政处罚。法律另有规定的除外。

根据《税收征收管理法》第八十六条规定，违反税收法律、行政法规应当给予行政处罚的行为，在五年内未被发现的，不再给予行政处罚。据此，税务行政处罚的时效为五年。

[例题 7-40]（单项选择题） 违反税收法律、行政法规应当给予行政处罚的行为，在规定时间内未被发现的，不再给予行政处罚。这里规定时间指（　　）。

A. 2 年内　　B. 3 年内

C. 5 年内　　D. 10 年内

[参考答案] C

[答案解析] 根据《行政处罚法》的规定，行政违法行为在两年内未被发现，不再给予行政处罚。法律另有规定的除外。

《中华人民共和国税收征收管理法》第八十六条规定，违反税收法律、行政法规应当给予行政处罚的行为，在 5 年内未被发现的，不再给予行政处罚。

[例题 7-41]（综合题） 2018 年 6 月，某市税务稽查局接到举报，该市辖区内某房地产开发企业 A 存在偷税行为。经查，举报属实。A 企业在 2015—2016 年采取在账簿上多列支出或少列、不列收入的方式偷逃税款 100 万元。因此，某市税务稽查局决定对 A 企业追征其 2015—2016 年所偷逃的税款和滞纳金，并向 A 企业送达了《税务行政处罚通知书》，拟对 A 企业的偷税行为处以其所偷逃税款 1 倍的罚款。A 企业收到《税务行政处罚通知书》后，在限期内提出了听证申请。在听证过程中，A 企业提出：根据《行政处罚法》第二十九条规定，“违法行为在两年内未被发现的，不再给予行政处罚”，市税务稽查局可以追征其 2015 年少缴的税款和加收滞纳金，但不应进行行政处罚。而税务稽查局则认为：根据《税收征收管理法》，税务行政处罚的时效为五年，税务机关有权对 A 企业 2015 年的偷税行为给予行政处罚。

那么，税务机关是否有权对 A 企业 2015 年的偷税行为给予行政处罚？

[答案解析]《行政处罚法》和《税收征收管理法》同属于法律，但《税收征收管理法》相对于《行政处罚法》属于特别法，特别法优于普通法，故《税收征收管理法》适用《行政处罚法》第二十九条第一款另有规定除外的原则，对税务行政处罚规定了较长的追究时效。

因此，税务机关有权对A企业2015年的偷税行为给予行政处罚。

第五节 税务行政处罚的程序

一、税务行政处罚简易程序

（一）简易处罚程序概述

简易程序是当场作出税务行政处罚决定，实施处罚的一种简便程序。简易程序的适用条件有两个：一是违法事实清楚、证据确凿、情节简单、轻微、社会危害性不大的税务违法行为，且有法定依据应当给予处罚的；二是给予的处罚轻微。

简易程序只适用于两种罚则：警告和一定数额范围内的罚款。违法事实确凿并有法定依据，对公民处以50元以下、对法人或者其他组织处以1 000元以下罚款或者警告的行政处罚的，可以适用简易程序，当场作出行政处罚决定。

[例题7-42]（多项选择题） 下列（　　）情形符合适用行政处罚简易程序的条件。

A. 对公民（包括个体工商户）处以50元以下罚款

B. 对法人或者其他组织处以1 000元以下罚款

C. 对相对人处以警告的行政处罚

D. 违法情节轻微，但执法人员与行政处罚相对人对违法的事实存在争议

[参考答案] ABC

[答案解析] 简易程序的适用情形必须是违法事实清楚、证据确凿，选项D中执法人员与行政处罚相对人对违法的事实存在争议，不适用税务行政处罚的简易程序。

（二）简易处罚的具体程序

1. 出示证件，说明处罚理由。税务人员当场作出行政处罚时，应当向当事人出示税务检查证，同时，税务执法人员在作出当场处罚决定前，还须向被处罚者指出其违反行政义务行为的事实和给予处罚的法律、法规依据。

2. 告知税务管理相对人有陈述和申辩的权利，并认真听取税务管理相对人的陈述和申辩。税务管理相对人陈述和申辩可以采取口头形式，税务执法人员要认真仔细地听取，并要答辩。整个过程应当扼要地制作笔录备查。

3. 出具处罚证明。税务人员当场作出行政处罚时，应当填写具有预定格式、编有号码的《税务行政处罚决定书》（见表7-1）并当场交付当事人。

4. 执法人员当场作出的《税务行政处罚决定书》，必须及时报所属税务机关备案。

表 7-1　　　　税务行政处罚决定书（简易）

税务局（稽查局）

税务行政处罚决定书（简易）

税简罚〔　〕号

被处罚人名称			
被处罚人证件名称		证件号码	
处罚地点		处罚时间	
违法事实及处罚依据			
缴纳方式	□1. 当日缴纳； □2. 限 15 日内到________缴纳。		
缴纳金额	（大写）________		
告知事项	1. 当事人应终止违法行为并予以纠正； 2. 如对本决定不服，可以自收到本决定书之日起 60 日内依法向______申请行政复议，或者自收到本决定书之日起 6 个月内依法向人民法院起诉； 3. 到期不缴纳罚款的，税务机关可自缴款期限届满次日起每日按罚款数额的 3% 加处罚款，加处罚款的数额不超过罚款本数； 4. 对处罚决定逾期不申请行政复议也不向人民法院起诉、又不履行的，税务机关将依法采取强制执行措施或者申请人民法院强制执行		
执法人员已告知我享有陈述、申辩权利，我陈述、申辩如下： 经办人： 年　月　日			
执法人员： 税务机关（盖章）： 年　月　日		签收情况： 经办人： 年　月　日	

注：本表一式三份，当事人一份，作出处罚的税务机关一份，征收部门一份。

[使用说明]

1. 本决定书依据《中华人民共和国税收征收管理法》《中华人民共和国行政处罚法》第三十三条设置。

2. 适用范围：在对公民处以 50 元（含 50 元）以下、对法人或者其他组织处以 1 000 元（含 1 000 元）以下罚款，当场作出税务行政处罚时使用。

3. 填写说明：

（1）稽查局使用此文书时，应在字规中增加“稽”字，即使用“税稽简罚〔　〕号”，以区别于本级税务局。

（2）被处罚人名称：单位被处罚的，填写单位全称；个人被处罚的，填写个人姓名。

（3）被处罚人证件名称：单位填写税务登记证件（含加载统一社会信用代码的营业执照），未办理税务登记的，填写其他合法有效证件；个人被处罚的，填写个人有效身份证件名称。

（4）证件号码：单位填写纳税人识别号（含统一社会信用代码），未办理税务登记的，填写其他合法有效证件号码；个人填写有效身份证件号码。

（5）缴纳方式：如果是当场缴纳，在“□1”内打“√”；如果是指定缴纳，在“□2”处打“√”，在“”填写缴纳地点。

（6）经办人：填写具体经办被处罚事项，能代表被处罚人陈述申辩及签收文书的人员，被处罚人是单位的，要同时加盖单位公章。

4. 本表为 A4 型竖式，一式三份，当事人一份，作出处罚决定的税务机关一份，征收部门一份。

委托有关机关调查。税务机关除自己派员调查外，还可以根据情况需要，委托其他行政机关、单位、组织调查或者请求有关机关进行协助。

二、税务行政处罚一般程序

除了适用简易程序的税务违法案件外，对于其他违法案件，税务机关在作出税务行政处罚决定之前，都要经过立案、调查与取证（有的案件还需要进行听证）、审查、决定、执行程序。适用一般程序的案件是情节比较复杂、处罚比较重的案件。

（一）发现与立案

1. 税务行政违法行为的发现。发现税务行政违法行为，是税务行政处罚中必经的第一个程序。只有当税务机关知道其违法行为的发生和存在，才有可能对其进行处罚。如果未发现违法行为，也就不可能对其进行行政处罚。

2. 立案。发现违反税务行政法定义务的案件后，应根据情况进行审查处理。

（二）调查与取证

1. 调查。调查的方法包括税务机关派员调查和委托有关机关调查。

税务机关派员调查。一般包括询问有关知情人（如在场人、同单位人、邻居、家人）及当事人，让其陈述事实和意见；查阅有关账册、档案；勘察违法行为发生现场。税务行政机关在调查或者进行检查时，执法人员不得少于两人，并应当向当事人或者有关人员出示证件。当事人或者有关人员应根据事实回答咨询，并协助调查或者检查，不得阻挠。询问或者检查应当制作笔录。

2. 取证。

（1）税务行政处罚证据的种类。

书证。即与税务违法行为有关的文字、图表、图画材料。书证一般要求提取原件，如果提取原件有困难，应进行复制并提取复制品。

物证。指与税务行政违法行为相关的一切物品。

证人证言。是指了解税务违法行为事件有关情况，并能正确表达意思的人向税务机关所作的陈述。证人证言既可表现为以口头形式向税务机关及调查人员的陈述，也可提供书面证言。对口头陈述的证言，调查人员应做好笔录。

视听材料。是指与税务行政违法行为有关的反映为图像、音响的录像带、录音磁带或以电子计算机存储的资料等。

电子数据。是指在税务行政处罚调查中以数字化信息编码的形式出现的，能准确储存有关案件的情况，是对案件具有较强证明力的独立证据。

当事人的陈述。在税务行政处罚调查中，税务机关为了全面了解违法行为，查明违法事实真相，通常都要询问当事人，让其陈述并发表意见。

勘验笔录、现场笔录。是指税务机关执法人员对税务违法行为发生现场或物品进行勘察、检查所做的记录（包括记载、测量、绘图、拍照、摄像等）。

鉴定意见。是指税务机关对违反税务法定义务事件中的有关物品、材料，请求其他部门运用专门知识对其鉴别真假，形成结论。

[例题 7－43]（多项选择题）税务稽查证据收集必须符合法定程序，下列做法符合规定的有（　　）。

A. 必须出示《税务检查证》

B. 税务稽查证据收集必须要求两人以上

C. 必须出示《税务检查通知书》并取得送达回证

D. 税务检查人员做询问笔录时，被询问人应该有其单位的两人同时在场

E. 调取账簿等资料时必须经过税务局局长的批准签字，并办理相关手续

[参考答案] ABCE

[答案解析] 检查应当由两名以上检查人员共同实施，并向被查对象出示税务检查证和《税务检查通知书》；调取账簿、记账凭证、报表和其他有关资料时，应当向被查对象出具《调取账簿资料通知书》，并填写《调取账簿资料清单》交其核对后签章确认。应当经所属税务局局长批准。

[例题7-44]（单项选择题） 下列关于税务行政处罚证据的说法错误的是（　　）。

A. 提取书证原件有困难，应进行复制并提取复制品

B. 物证指与税务行政违法行为相关的一切物品

C. 证人证言既可表现为以口头形式向税务机关及调查人员的陈述，也可提供书面证言

D. 当事人在陈述中若故意说假话，则无益于帮助税务机关分析违法事件

[参考答案] D

[答案解析] 当事人对违法事件的发生、经过最清楚，无论其是诚心交代税务违法事实还是故意说假话，歪曲隐晦违法事实，都可以帮助税务机关从不同角度对违法事件进行全面的分析。故答案为选项D。

（2）行政处罚证据的搜集。搜集证据，是对违反税务法定义务行为的事实认定，寻找真实有力的事实依据，以证明其认定是否正确。因此，只能搜集那些与违法行为有关并能对事实真相起证明作用的材料。搜集证据的方法较多，一般是运用调查、复印、复制、摘抄、鉴定有关材料、勘验现场、提取物品等方法收取。在调查笔录中，应让证明人在笔录上签名，或由单位或组织盖章；摘抄材料应由提供材料的单位或个人对所抄材料核对后，注明摘抄出处及加盖印章；现场勘验笔录的制作人，应认真仔细，全面记录，有关勘验人员及证人应在勘验笔录上签名或盖章。搜集证据时不得损害他人合法权益。行政机关在搜集证据时，可以采取抽样取证的方法；在证据可能灭失或者以后难以取得的情况下，经行政机关负责人批准，可以先行登记保存，并在7日内及时作出处理决定，在此期间，当事人或者有关人员不得销毁或者转移证据。

[例题7-45]（单项选择题） 在虚开案件查处过程中，如果被查企业的账簿、记账凭证及有关资料被其他国家机关依法调取且尚未归还的，下列处理正确的是（　　）。

A. 税务检查部门可以填制《税收违法案件中止检查审批表》附相关证据材料，经稽查局局长批准后中止检查

B. 税务检查部门可以填制《税收违法案件终止检查审批表》附相关证据材料，经稽查局局长批准后终止检查

C. 税务检查部门可先行向有关部门调取账簿、记账凭证及有关资料进行检查

D. 责令被查对象向有关部门索回，税务部门先行检查

［参考答案］ A

［答案解析］《税务稽查工作规程》第四十四条规定，有下列情形之一，致使检查暂时无法进行的，检查部门可以填制《税收违法案件中止检查审批表》，附相关证据材料，经稽查局局长批准后，中止检查：（1）当事人被有关机关依法限制人身自由的；（2）账簿、记账凭证及有关资料被其他国家机关依法调取且尚未归还的；（3）法律、行政法规或者国家税务总局规定的其他可以中止检查的。所以选项A正确。

（3）税务行政处罚证据的认定与运用。证据搜集后，税务机关执法人员应对所搜集的证据进行全面分析。如果各方面证据都反映某一事实，则可作为该事实的认定依据。如果所收证据材料就某一事实的反映相互矛盾，则应认真分析、审查、鉴别、判断，找出反映事实真相的证据。如现有证据难以判断，则应设法搜集新的证据。在认定事实作出处罚决定时，不得同时使用互相矛盾的证据。对书证、证人证言、勘验笔录、鉴定结论等证据应装入案件卷宗，对视听资料需要保存的应妥善保存。

［例题7－46］（单项选择题） 在查处虚开发票案件时，不属于调查货物流真实性的证据是（　　）。

A. 上游或下游企业没有相应货物出、入库记录的资料

B. 利用银行承兑汇票虚假结算的资料

C. 上、下游企业货物名称、数量、收货人、发货人等要素不一致的销货清单、出入库记录等资料

D. 涉案人员证实无货或者票货不一致的言词证据

［参考答案］ B

［答案解析］ 选项B应属于调查交易资金的证据，故不正确。依据《虚开发票案件查处工作指引》。

［例题7－47］（单项选择题） 收付虚开发票手续费是证明虚开发票案件是否具有主观故意、是否非法获利的关键证据之一，是指受票方按虚开发票票面金额的一定比例向开票方或中间人支付的款项。在虚开发票案件的检查中，下列不属于收付虚开发票手续费的证据的是（　　）。

A. 支付虚开发票手续费的银行转账记录

B. 通过现金、承兑汇票支付虚开发票手续费的证据

C. 大宗交易未付款或虚假现金支付的证据

D. 涉案人员证实收付虚开发票手续费的证据

［参考答案］ C

［答案解析］ 选项C属于调查交易资金的证据，所以选项C不属于收付虚开发票手续费的证据。

3. 调查报告的制作。对各类税务案件的调查取证由税务机关的有关调查机构负责。税务机关的调查机构对税务案件进行调查取证后，对依法应当给予行政处罚的，应及时提出处罚建议，制作《税务稽查报告》（见表7－2）。调查终结，调查机构应当制作调查报告，并及时将调查报告连同所有案卷材料移交审查机构。

表 7-2　　税务稽查报告

案件编号		纳税人识别号			
纳税人		经济类型		法定代表人	
检查期间		检查人			
检查类型		检查实施时间			

（1）审查。对案件调查结果的审查由税务机关负责人指定的比较超脱的机构（以下简称“审查机构”）负责。审查机构收到调查机构移交的案卷后，应对案卷材料进行登记，填写《税务案件审查登记簿》（见表 7-3）。

表 7-3　　税务案件审查登记簿

01	调查案件来源资料：（名称、份件数）
02	事实证据材料：
03	告知材料：
04	陈述申辩材料：
05	调查报告：
06	其他有关资料：
07	
08	
09	
10	

审查机构应自收到调查机构移交案卷之日起 10 日内审查终止，对案卷材料不全的，可以通知调查机构增补，待调查机构增补完毕后重新计算审查期限。在审查期限内，审查机构应及时制作审查报告，并连同案卷材料报送本级税务机关负责人审批。

审查报告主要包括下列内容：基本案情；调查机构调查认定的事实、证据和处理意见；陈述、申辩情况；听证情况；审查机构认定的事实、证据、处理建议；其他。

审查过程中，审查机构应对案件下列事项进行审查：

①稽查报告认定的违法事实是否清楚、证据是否确凿、处罚是否恰当、依据是否正确；

②调查取证是否符合法定程序；

③当事人陈述、申辩事实、证据是否成立。

（2）制作《税务行政处罚事项告知书》。审查机构审查完结后，认为当事人确实存在涉税违法行为，应予以税务行政处罚的，制作《税务行政处罚事项告知书》（见表 7-4）交由执行机构送达当事人，告知当事人已经查明的违法事实、证据，拟作出处罚的依据、种类及幅度范围，以及依法享有的陈述、申辩或要求听证权利。审查机构应当充分听取当事人的陈述，并对陈述、申辩情况进行记录或制作《陈述申辩记录》。

表 7－4 税务行政处罚事项告知书

国税（ ）罚告〔 〕号

____

对你（单位）的税收违法行为拟于________年____月____日之前作出行政处罚决定，根据《中华人民共和国税收征收管理法》第八条、《中华人民共和国行政处罚法》第三十一条规定，现将有关事项告知如下：

一、税务行政处罚的事实依据、法律依据及拟作出的处罚决定：________________

二、你（单位）有陈述、申辩的权利。请在我局（所）作出税务行政处罚决定之前，到我局（所）进行陈述、申辩或自行提供陈述、申辩材料；逾期不进行陈述、申辩的，视同放弃权利。

三、若拟对你罚款 2 000 元（含 2 000 元）以上，拟对你单位罚款 10 000 元（含 10 000 元）以上，你（单位）有要求听证的权利。可自收到本告知书之日起 3 日内向本局书面提出听证申请；逾期不提出，视为放弃听证权利。

税务机关（盖章）

年 月 日

如进行听证的，听证期间，不计算在审查期限内。经听证的，审查机构需对当事人听证申辩的事实、证据是否成立进行审查，并根据审查情况作出相应的处罚或者不予处罚的决定。

（三）税务行政处罚决定

税务机关根据不同情况，分别作出如下决定：

1. 确有应受税务行政处罚的违法行为，根据情节轻重及具体情况，作出处罚决定；
2. 违法行为轻微，依法可以不予行政处罚的，不予处罚；
3. 违法事实不能成立的，不得给予处罚；
4. 违法行为已构成犯罪的，移送司法机关。

依照上述规定给予税务行政处罚，应制作《税务行政处罚决定书》（见表 7－5）。

表 7－5 税务行政处罚决定书

国税（ ）罚字〔 〕第 号

<table>
<tr><td>被处罚人：</td><td rowspan="2"></td><td rowspan="2">法定代表人
（负责人）：</td><td rowspan="2"></td></tr>
<tr><td>税务登记证号：</td></tr>
<tr><td>住址：</td><td></td><td>缴款书号或罚款收据号：</td><td></td></tr>
<tr><td>违法事实
（见右侧□内打√处）</td><td colspan="3">经查，你（单位）有下列违法行为：
1. 未按照规定期限申报办理税务登记□、变更□或者注销□登记（逾期 天）；
2. 未按照规定的期限办理纳税申报□和报送纳税资料□，或者代扣代缴、代收代缴税款报告表和有关资料□（逾期 天）；
3. 未按照规定领购□、开具□、取得□、保管□发票；
4. 未按照规定办理税务登记证件验证□、换证□手续；
5. 有其他税收违法行为（须用文字具体说明）。
责令你（单位）于 7 日内改正上述违法行为，严格依照税法有关规定履行纳税义务。</td></tr>
</table>

续表

处罚决定及依据	根据《中华人民共和国税收征收管理法》(《中华人民共和国税收征收管理法实施细则》)第　　条第　　款之规定，对你（单位）处以罚款（大写）　　元　　角　　分。 根据《中华人民共和国发票管理办法》(《中华人民共和国发票管理办法实施细则》)第　　条第　　款之规定，对你（单位）处以罚款（大写）　　元　　角　　分。 税务机关（盖章） 年　月　日
告知事项	1. 限你（单位）于接到本决定后15日内到开户银行缴纳罚款，逾期不缴，按日加处3%罚款。 2. 对本处罚决定不服的，可以自收到本决定书之日起60日内向上一级税务机关申请复议，也可以在收到本决定书之日起3个月内直接向人民法院起诉。

《税务行政处罚决定书》应当在宣告后当场交付当事人；当事人不在场的，行政机关应当在7日内依照《民事诉讼法》的有关规定，送达当事人。

税务机关及其执法人员在作出行政处罚决定之前，不向当事人告知给予行政处罚的事实、理由或者拒绝听取当事人陈述、申辩的，税务行政处罚决定不能成立，当事人放弃陈述或者申辩权利的除外。

[例题7-48]（单项选择题） 在税务稽查案件查办的过程中，《税务行政处罚事项告知书》适用的情形为税务稽查部门拟对被查对象或者其他涉税当事人作出（　　）。

A. 税务处理决定之前　　B. 税收保全措施决定之前

C. 税务行政处罚决定之前　　D. 税收强制执行决定之前

[参考答案] C

[答案解析] 根据《全国统一税收执法文书式样》（国税发〔2005〕179号）的规定，《税务行政处罚事项告知书》适用于税务机关对税收违法行为调查取证后，依法应给予行政处罚前使用，依法当场给予行政处罚决定的除外。

因此，该稽查局对单一的纳税人送达税务文书时，在没有采取其他送达方式的情况下，就直接采用公告送达的方式，是不合法的。企业可以拒绝执行稽查局的处理决定。

三、税务行政处罚听证程序

（一）税务听证程序的适用条件

税务机关对公民作出2 000元以上（含本数）罚款或者对法人或其他组织作出1万元以上（含本数）罚款的行政处罚之前，应当向当事人送达《税务行政处罚事项告知书》，告知当事人已经查明的违法事实、依据、行政处罚的法律依据和拟将给予的行政处罚，并告知有要求举行听证的权利。

（二）税务听证程序实施办法的具体内容

1. 当事人提出听证的期限。要求听证的当事人，应当在《税务行政处罚事项告知书》送达后3日内向税务机关书面提出听证；逾期不提出的，视为放弃听证权利。

[例题7-49]（多项选择题） 下列属于审理环节的主要风险点的有（　　）。

A. 作出行政处罚决定之前未按规定履行法定告知义务、听取陈述申辩理由、受理和组织听证

B. 行政处罚不符合行政处罚裁量基准

C. 未按规定提请审理重大税收违法案件

D. 证据不符合合法性、真实性、关联性要求

E. 决定性文书不规范

[参考答案] ABCE

[答案解析] 根据《国家税务总局关于印发〈税务稽查风险内部控制制度（试行）〉的通知》第十二条规定，审理环节的主要风险点：(1) 未按规定提请审理重大税收违法案件；(2) 作出行政处罚决定之前未按规定履行法定告知义务、听取陈述申辩理由、受理和组织听证；(3) 未按规定移送涉嫌犯罪案件；(4) 作出的处理、处罚决定事实不清、证据不足、定性不准确、适用法律依据错误；(5) 行政处罚不符合行政处罚裁量基准；(6) 决定性文书不规范。

[例题7-50] 某税务局稽查局查实张某有开具假发票的行为，于是向张某送达《税务行政处罚事项告知书》，拟对其处以罚款15 000元。张某当场表示接受处罚，并在《税务文书送达回证》上注明："接受处罚，没有陈述申辩意见，不申请回避，不申请听证。"税务局遂于第二天将《税务行政处罚决定书》送达给张某。张某按时缴纳了罚款。对于税务机关作出《税务行政处罚决定书》的程序，下列说法正确的是（　　）。

A. 张某已经履行，税务机关作出决定书的程序合法有效

B. 张某不享受听证申请权，税务机关作出决定书的程序合法有效

C. 张某已经签字不申请听证，税务机关作出决定书的程序并不违法

D. 损害了张某的听证申请权，税务机关作出决定书的程序不合法

[参考答案] D

[答案解析] 根据《税务行政处罚听证程序实施办法（试行）》规定：要求听证的当事人，应当在《税务行政处罚事项告知书》送达后3日内向税务机关书面提出听证；逾期不提出的、视为放弃听证权利。税务机关在提起听证期限内即下达《税务行政处罚决定书》，明显违反程序。故选项D正确。

[例题7-51]（多项选择题） 税务行政处罚听证过程中，下列不需要在"金三模块"操作的有（　　）。

A. 税务法制——税务行政处罚听证

B. 税务法制——听证延期处理

C. 税收法制——申请税务人员回避处理

D. 税收稽查——案件变更事项处理

E. 税收法制——纳税担保申请确认

[参考答案] ABCD

[答案解析] 税务行政处罚听证，是税务局稽查局对符合条件的被查对象或者其他涉税当事人提出的行政处罚听证申请，依法对行政处罚听证申请进行审查和受理，并组织听证的业务处理过程。根据最新税务稽查规范，“金税三期”操作模块还包括综合——文书送达，选项E属于《税务稽查规范（1.0版）》操作要求，因此错误。

[例题7-52]（单项选择题） 根据行政处罚法规定，行政机关作出责行政处罚决定之前，应当告知当事人有要求举行听证的权利；当事人要求听证的，行政机关应当组织听证，但不包括的行政处罚类型是（　　）。

A. 停产停业　　B. 吊销许可证或者执照

C. 较大数额罚款　　D. 行政拘留

[参考答案] D

[答案解析] 依据《行政处罚法》第四十二条规定，行政机关作出责令停产停业、吊销许可证或者执照、较大数额罚款等行政处罚决定之前，应当告知当事人有要求举行听证的权利；当事人要求听证的，行政机关应当组织听证。

2. 听证的组织。

（1）税务机关组织听证。当事人要求听证的，税务机关应当组织听证。税务机关应当在收到当事人听证要求后15日内举行听证，并在举行听证的7日前将《税务行政处罚听证通知书》送达当事人，通知当事人举行听证的时间、地点、听证主持人的姓名及有关事项。

当事人由于不可抗力或者其他特殊情况而耽误提出听证期限的，在障碍消除后5日以内，可以申请延长期限。申请是否准许，由组织听证的税务机关决定。

（2）税务行政处罚听证应当公开进行，但是涉及国家秘密、商业秘密或者个人隐私的除外。对公开听证的案件，应当先期公告当事人和本案调查人员的姓名、案由和听证的时间、地点。公开进行的听证，应当允许群众旁听。经听证主持人许可，旁听群众可以发表意见。对不公开听证的案件，应当宣布不公开听证的理由。

（3）税务行政处罚的听证，由税务机关负责人指定的非本案调查机构的人员主持，当事人、本案调查人员及其他有关人员参加。听证主持人应当依法行使职权，不受任何组织和个人的干涉。

（4）听证的参加。当事人可以亲自参加听证，也可以委托一至两人代理，当事人委托代理人参加听证，应当向其代理人出具代理委托书。代理委托书应当注明有关事项，并经税务机关或者听证主持人审核确认。当事人或者其代理人应当按照税务机关的通知参加听证，无正当理由不参加的，视为放弃听证权利。听证应当予以终止。

（5）听证的回避。当事人认为听证主持人与本案有直接利害关系的，有权申请回避。回避申请，应当在举行听证的3日前向税务机关提出，并说明理由。听证主持人是本案当事人的近亲属，或者认为自己与本案有直接利害关系或其他关系可能影响公正听证的，应当自行提出回避。听证主持人的回避，由组织听证的税务机关负责人决定。对驳回申请回避的决定，当事人可以申请复核一次。

（6）听证的申辩和质证。举行听证时，由调查人员提出当事人违法的事实、证据和行政处罚建议，当事人进行申辩和质证。

听证开始时，听证主持人应当首先声明并出示税务机关负责人授权主持听证的决定，然后查明当事人或者其代理人、本案调查人员、证人及其他有关人员是否到场，宣布案由；宣布听证会的组成人员名单；告知当事人有关的权利义务。记录员宣读听证会场纪律。

听证过程中，由本案调查人员就当事人的违法行为予以指控，并出示事实证据材料，提出行政处罚建议。当事人或者其代理人可以就所指控的事实及相关问题进行申辩和质证。

听证主持人认为证据有疑问无法听证辨明，可能影响税务行政处罚的准确公正的，可以宣布中止听证，由本案调查人员对证据进行调查核实后再行听证。当事人或者其代理人可以申请对有关证据进行重新核实，或者提出延期听证；是否准许，由听证主持人或者税务机关作出决定。

听证过程中，当事人或者其代理人放弃申辩和质证权利，声明退出听证会，或者不经听证主持人许可擅自退出听证会的，听证主持人可以宣布听证终止。

听证过程中，当事人或者其代理人、本案调查人员、证人及其他人员违反听证秩序，听证主持人应当警告制止；对不听制止的，可以责令其退出听证会场。当事人或者其代理人有前款规定的严重行为致使听证无法进行的，听证主持人或者税务机关可以终止听证。

（7）听证的记录。听证的全部活动，应当由记录员写成笔录，经听证主持人审阅并由听证主持人和记录员签名后，封卷上交税务机关负责人审阅。听证笔录应交当事人或者其代理人、本案调查人员、证人及其他有关人员阅读或者向他们宣读，他们认为有遗漏或者有差错的，可以请求补充或者改正。他们在承认没有错误后，应当签字或者盖章。拒绝签字或者盖章的，记明情况附卷。

［例题 7－53］（多项选择题）（　　）属于听证程序中的法定事项。

A. 听证告知

B. 相对人收到听证告知后 3 日内提出申请

C. 举行听证会 7 日前通知当事人参加听证

D. 制作听证笔录

［参考答案］ ABCD

［答案解析］ 上述选项均为听证程序中的法定事项，答案为选项 A、B、C、D。

［例题 7－54］（单项选择题） 行政机关应当在听证的（　　）前，通知当事人举行听证的时间、地点。

A. 3 日　　　　B. 5 日

C. 7 日　　　　D. 10 日

［参考答案］ C

［答案解析］ 依据《行政处罚法》第四十二条规定：“（二）行政机关应当在听证的

七日前，通知当事人举行听证的时间、地点。”

“（8）听证结束。听证结束后，听证主持人应当将听证情况和处理意见报告税务机关负责人。

对应当进行听证的案件，税务机关不组织听证，行政处罚决定不能成立；当事人放弃听证权利或者被正当取消听证权利的除外。

（9）听证费用的支付。听证费用由组织听证的税务机关支付，不得由要求听证的当事人承担或者变相承担。”

[例题7－55]（判断题） 除涉及国家秘密、商业秘密或者个人隐私外，行政处罚听证应当公开举行。（　　）

[参考答案] 正确

[答案解析] 依据《行政处罚法》第四十二条规定，行政机关作出责令停产停业、吊销许可证或者执照、较大数额罚款等行政处罚决定之前，应当告知当事人有要求举行听证的权利；当事人要求听证的，行政机关应当组织听证。当事人不承担行政机关组织听证的费用。听证依照以下程序组织：（1）当事人要求听证的，应当在行政机关告知后3日内提出。（2）行政机关应当在听证的七日前，通知当事人举行听证的时间、地点。（3）除涉及国家秘密、商业秘密或者个人隐私外，听证公开举行。（4）听证由行政机关指定的非本案调查人员主持；当事人认为主持人与本案有直接利害关系的，有权申请回避。（5）当事人可以亲自参加听证，也可以委托1—2人代理。（6）举行听证时，调查人员提出当事人违法的事实、证据和行政处罚建议；当事人进行申辩和质证。（7）听证应当制作笔录；笔录应当交当事人审核无误后签字或者盖章。当事人对限制人身自由的行政处罚有异议的，依照治安管理处罚法有关规定执行。

[例题7－56]（判断题） 听证由行政机关指定的本案检查人员所在部门负责同志主持。（　　）

[参考答案] 错误

[答案解析] 依据《行政处罚法》第四十二条规定，行政机关作出责令停产停业、吊销许可证或者执照、较大数额罚款等行政处罚决定之前，应当告知当事人有要求举行听证的权利；当事人要求听证的，行政机关应当组织听证。当事人不承担行政机关组织听证的费用。听证依照以下程序组织：（1）当事人要求听证的，应当在行政机关告知后3日内提出。（2）行政机关应当在听证的七日前，通知当事人举行听证的时间、地点。（3）除涉及国家秘密、商业秘密或者个人隐私外，听证公开举行。（4）听证由行政机关指定的非本案调查人员主持；当事人认为主持人与本案有直接利害关系的，有权申请回避。（5）当事人可以亲自参加听证，也可以委托1—2人代理。（6）举行听证时，调查人员提出当事人违法的事实、证据和行政处罚建议；当事人进行申辩和质证。（7）听证应当制作笔录；笔录应当交当事人审核无误后签字或者盖章。当事人对限制人身自由的行政处罚有异议的，依照治安管理处罚法有关规定执行。

[例题7－57]（综合题） D县某餐饮部属承包经营，该县征管分局接到群众反映，该餐饮部利用收入不入账的方法偷逃税款。3月24日，分局派两名税务干部（李某和赵

某）对其实施检查，税务人员在出示税务检查证后，对相关人员进行了询问，但没有线索，于是对餐饮部经理宿舍进行了搜查，发现了流水账，经与实际申报纳税情况核对，查出该餐饮部利用收入不入账的方法，偷逃税款50 000元的事实。3月25日，该分局依法下达了《税务行政处罚事项告知书》，拟作出追缴税款、加收滞纳金并处30 000元罚款的决定。3月26日，下达了《税务行政处罚决定书》。3月30日，该餐饮部提出税务行政处罚听证要求。4月5日，由李某、赵某两人和其他一名干部共同主持了听证会，经听取意见后，当场作出税务行政处罚决定，要求听证所花费用由餐饮部承担，并将决定书当场交给餐饮部代表。在履行了纳税义务的情况下，该餐饮部于5月5日就30 000元罚款一事向县税务局提出了行政复议申请。

要求：指出该分局在此案处理过程中的违法行为，并说明理由。

[答案解析]（1）检查时未履行法定程序。《税收征收管理法》规定，税务机关派出的人员进行税务检查时，应当出示税务检查证和税务检查通知书。该案中税务分局既未下达稽查通知书，也未出示税务检查通知书。

（2）税务人员超越权限行使检查权。《税收征收管理法》规定，税务机关可对纳税人的生产经营场所及货物存放地进行检查，但没有赋予税务人员对纳税人住宅的检查权。

（3）3月26日下达行政处罚决定书不合法。《行政处罚法》规定，当事人可在接到行政处罚告知书后3日内提出听证申请。税务机关不能在法定申请听证的期限内下达处罚决定书。

（4）对纳税人处30 000元罚款超越职权。《税收征收管理法》只赋予税务所（征管分局）2 000元以下的行政处罚权。

（5）李某、赵某两人不能主持听证会。听证会应由税务机关负责人指定的非本案调查机构的人员主持。

（6）听证结束当场作出税务行政处罚决定属行政越权行为。听证结束后，听证主持人应当将听证情况和处理意见报告税务机关负责人，然后才可作出决定。

（7）要求餐饮部负担听证所需费用不合法。听证费用由组织听证的税务机关支付，不得由要求听证的当事人承担或者变相承担。

第六节　税务行政处罚的执行

税务行政处罚的执行是指履行税务机关依法作出的行政处罚决定的活动，它是税务行政处罚的实现阶段，税务机关的行政处罚决定一经作出，即产生法律效力，如果被处罚人不主动履行，税务机关可以通过执行措施强制其履行。税务行政处罚的执行程序，是税务行政处罚决定的落实，是税务行政管理职权实现的重要体现。

税务行政处罚的执行必须遵循以下要求。

一、自觉履行

（一）行政处罚决定依法作出后，当事人必须予以履行。当事人应当自收到《税务行政处罚决定书》之日起 15 日内，到指定的银行缴纳罚款。银行收到罚款后，将罚款直接上缴国库。当时收缴罚款的，当事人应当将款项交予税务人员，由税务人员开具当场处罚罚款收据。

（二）当事人对税务行政处罚不服的，根据《行政诉讼法》和《中华人民共和国行政复议法》（以下简称《行政复议法》）的有关规定，可以申请税务行政复议或者提起行政诉讼。当事人对行政处罚决定不服，申请行政复议或者提起行政诉讼的，行政处罚不停止执行，法律另有规定的除外。

（三）当事人确有经济困难，需要延期或者分期缴纳罚款的，经当事人申请和税务机关批准，可以暂缓或者分期缴纳。

二、罚收分离制度

作出罚款决定与收缴罚款相分离，即由不同的行政主体来实施，有利于减少“乱罚款”现象，制约截留、挪用、私分罚款收入等违反财经纪律的行为，有效地实施罚款制度。

具体做法是：作出罚款决定的税务机关与收缴罚款的机构分离，即税务机关不能自罚自收，要由当事人自收到《税务行政处罚决定书》之日起 15 日内到指定的银行缴纳罚款。银行应当收受罚款，并及时划缴国库，不得以任何理由返还给任何机关或个人。

罚收分离也是一种原则规定，在下列情况下，税务执法人员在作出税务行政处罚决定后，可以当场收缴罚款：

（1）对当场作出税务罚款决定的，有依法给予罚款额在 20 元以下的罚款和不当场收缴事后难以执行两种情况之一者，税务执法人员可当场收缴罚款。

（2）对于边远、水上、交通不便地区，税务机关及其执法人员依法作出罚款决定后，当事人向指定的银行缴纳罚款有困难，并经当事人提出，税务机关及其执法人员也可以当场收缴罚款。

（3）税务机关执法人员实施税务行政处罚，当场收缴罚款，必须给被处罚人出具法定的统一罚款票据。所收缴的罚款，应当自收缴罚款之日起 2 日内交至所属税务机关；在水上当场收缴的罚款，应当自抵岸之日起 2 日内将罚款缴付指定的银行，由银行划入国库。

三、申请人民法院强制执行

税务行政处罚的强制执行，是指当事人逾期不履行税务行政处罚决定，有关执行机关依法采取强制措施，迫使其履行税务处罚决定的活动。

税务行政处罚决定作出后，当事人应当自觉履行，这是执行的前提和基础，强制执行则是约束和保障。如果当事人及时、全面地履行处罚决定，该处罚即告结束；如果当事人在法定期限内不履行税务行政处罚决定，该处罚即进入强制执行阶段。具体可以采取以下强制执行措施：

（1）到期不缴纳罚款的，每日按罚款数额的3%加以罚款。

（2）对作出本税务处罚决定之前存在的、超过标的价值所扣押、查封的商品、货物或者其他财产，税务机关可以拍卖，以拍卖所得抵缴标的价值额的同时，抵缴罚款。

（3）申请人民法院强制执行。

［例题7-58］（单项选择题） 税务机关既可以直接强制执行也可以申请法院强制执行的是（　　）。

A. 从事生产经营的纳税人欠缴的税款

B. 从事生产经营的纳税人欠缴的滞纳金

C. 从事生产经营的纳税人欠缴的罚款

D. 非从事生产经营的纳税人的欠缴的税款、滞纳金和罚款

［参考答案］ C

［答案解析］ 依据《税收征收管理法》第八十八条规定，当事人对税务机关的处罚决定、强制执行措施或者税收保全措施不服的，可以依法申请行政复议，也可以依法向人民法院起诉。

当事人对税务机关的处罚决定逾期不申请行政复议也不向人民法院起诉、又不履行的，作出处罚决定的税务机关可以采取本法第四十条规定的强制执行措施，或者申请人民法院强制执行。

税务机关能否就税款向人民法院申请强制执行存在争议。

《税收征收管理法》第二十九条规定："除税务机关、税务人员以及经税务机关依照法律、行政法规委托的单位和人员外，任何单位和个人不得进行税款征收活动。"第四十一条规定："本法第三十七条、第三十八条、第四十条规定的采取税收保全措施、强制执行措施的权力，不得由法定的税务机关以外的单位和个人行使。"因此，征收税款以及采取税收保全和强制执行措施，是法律赋予税务机关的法定权力，这种权力非经法定程序和授权，不得自由转让，包括转让给法院。

税务机关对某些拒不缴纳税款的纳税主体下达行政处罚决定书，对这种违法行为进行处罚，并以此同时向法院申请强制执行，要求法院执行未缴纳的税款、滞纳金和罚款。申请执行人把未缴纳的税款与罚款混在一起申请法院强制执行，法院能否受理，也就是税款能否由法院强制执行，实务中各个基层法院的做法不一，有的地方受理并和罚款一起执行，有的地方不受理强制税款的申请，对于税款能否由法院强制执行目前有两种不同的意见：

一种意见认为税款和滞纳金只能由税务机关执行，不能由法院强制执行。根据《税收征收管理法》第二十九条规定："除税务机关、税务人员以及经税务机关依照法律、行政法规委托的单位和人员外，任何单位和个人不得进行税款征收活动。"第四十条规定，"从事生产、经营的纳税人、义务扣缴人未按照规定的期限缴纳或者解缴税款，纳税担保人未按照规定的期限缴纳所担保的税款，由税务机关责令限期缴纳，逾期仍未缴

纳的，经县级以上税务局（分局）局长批准，税务机关可以采取下列强制执行措施：（一）书面通知开户银行或其他金融机构从其存款中扣缴税款；（二）扣押、查封、依法拍卖或者变卖其价值相当于应纳税款的商品、货物或者其他财产，以拍卖或者变卖所得抵缴税款。税务机关采取强制执行措施时，对前款所列纳税人、扣缴义务人、纳税担保人未缴纳的滞纳金同时强制执行”。对于税款和滞纳金，是法律明确赋予了税务机关强制执行的权力，没有必要再由法院强制执行，另外一方面也不能由法院强制执行，除非有法律的例外规定，税务机关征收税款的法定权力，非经法定程序和授权，不能自由转让。

另一种意见认为税款和滞纳金可以由税务机关强制执行，也可以申请法院强制执行。根据依据《行政诉讼法》第六十六条的规定，公民、法人或者其他组织对具体行政行为在法定期限内不提起诉讼又不履行的，行政机关可以申请人民法院强制执行，或者依法强制执行。因此，对于税款、滞纳金及罚款的执行，税务机关可以选择自己执行，也可以选择向人民法院申请强制执行。法律赋予税务机关强制执行权力并没有排除法院司法强制执行权，因此当税务机关在通过自身强制执行措施之后仍无法执行到税款，可以申请法院强制执行。从我国现行的司法和行政体制设立来理解《行政诉讼法》第六十六条的规定，“公民、法人或者其他组织对具体行政行为在法定期限内不提起诉讼又不履行的，行政机关可以申请人民法院强制执行，或者依法强制执行”。与《税收征收管理法》第二十九条、第四十条规定并不冲突。税务机关征收税款的行为作为一种行政征收行为，与其他具体行政行为并没有本质区别，当税务机关通过自身强制执行仍无法征得税款可以依据《行政诉讼法》第六十六条之规定向人民法院申请强制执行，以保证国家税款及时入库，法律得到贯彻执行，维护法律的尊严。

[例题7-59]（多项选择题） 当事人逾期不履行行政处罚决定的，作出行政处罚决定的行政机关可以采取下列措施（　　）。

A. 每日按罚款数额的1%加以罚款

B. 每日按罚款数额的3%加以罚款

C. 根据法律规定，将查封、扣押的财物拍卖或者将冻结的存款划拨抵缴罚款

D. 申请人民法院强制执行

[参考答案] BCD

[例题7-60]（综合题） 某县税务稽查局2018年10月15日收到举报，大发贸易公司作为增值税纳税人存在偷逃国家税款的行为。10月18日，稽查局委派王浩、李云两名稽查员对该公司2017年1月至2018年9月的纳税情况进行检查。

王浩、李云进驻企业后，因为他们与该公司的法人代表王山较熟，在口头说明来历后便开展检查工作。该公司提出，王浩是该公司一营销部经理的远房亲戚，应该回避。王浩、李云认为远方亲戚不属于回避范畴，当场口头拒绝了这个无理要求，立即开展税务检查工作。

为了提高工作效率，经协商决定采取调账检查方式，便口头通知大发公司将2017年1月到2018年9月的全部账册于10月20日前送至县稽查局。大发公司10月20日将

账册送来。经查，该公司自2017年以来，利用设置两套账隐瞒真实销售收入并进行虚假纳税申报等手段，少缴增值税80万元，共占应纳税额的25%。

10月25日，为了防止纳税人转移财产，经过稽查局局长批准，税务机关通知企业开户行冻结其银行账户全部金额，共计100万元。但银行认为税务稽查工作尚未结束，冻结存款是不妥的，拒绝执行。

10月27日，当稽查人员再次检查企业银行账户时，发现企业的存款已经全部转移。为避免税款流失，防止纳税人再次转移财产，稽查组当机立断，于10月27日下午直接下达《税务处理决定书》和《税务行政处罚决定书》，责令该企业于10月29日前补缴税款80万元，在免除滞纳金后，处所偷税款25%的罚款。10月29日，大发贸易公司为了防止税务机关强制执行，企图将一辆轿车（30万元）和一辆六成新金龙大客车（原价70万元）转移给自己的关联企业藏匿。被王浩、李云当场发现，经请示检查组组长张海批准，将两辆汽车一并扣押。

11月5日深夜，稽查局车库被盗，两辆汽车失窃。

11月8日，稽查局检查组组长张海向大发贸易公司说明情况表示对汽车失窃负责，商量免除该公司80万元税款和20万元罚款，抵小轿车和大客车的损失，并达成秘密书面协议。大发贸易公司为了感谢张海的关照赠送其“欧洲一月游”的旅行金卡，市场销售价为6万元。

王浩、李云发现扣押的汽车被盗，也知道责任重大。虽然不知道张海用何种手段将事情了结，也不见纳税人前来追究责任，自知理亏，就另外出具内容相反的稽查报告，称原来的检查工作确实有失误，偷税的证据并不充分，草草结案。

12月15日，大发贸易公司年度审计中，经审查机关查实，该公司偷逃增值税80万元，证据确凿，于是研究决定，如果该公司补税80万元，可以不追究刑事责任；如果不补税，将移交公安机关查处，追究刑事责任。大发贸易公司迫于压力，决定补税80万元。

王山考虑到税款已经补缴，于是向人民法院起诉，要求税务机关赔偿汽车失窃的全部直接损失和因为汽车损失给企业带来不便所导致的间接损失。

根据上述情况，回答下列问题：

1. 大发贸易公司及其法人在本案中有何违法行为？为什么？应该受到何种处理？

2. 税务机关及其执法人员在本案中有无不妥之处？为什么？

3. 政府其他相关部门的做法是否正确？为什么？

[答案解析]

1. 纳税人的违法行为及法律责任。

（1）王浩作为公司员工的远房亲戚，不属于应该回避的范畴，要求回避的申请是无理要求。

（2）公司利用设置两套账隐瞒真实销售收入并进行虚假纳税申报等手段，造成少缴增值税80万元，按照《税收征收管理法》第六十三条规定，应当处以所偷税款50%以上5倍以下的罚款。

（3）依照《中华人民共和国刑法》第二百零一条的规定："纳税人采取欺骗、隐瞒手段进行虚假纳税申报或者不申报，逃避缴纳税款数额较大并且占应纳税额百分之十以上的，处三年以下有期徒刑或者拘役，并处罚金。"该公司逃避缴纳税款数额占应纳税额的25%，因此，其法人代表王山和其他责任人应当承担刑事责任，并缴纳罚金。

（4）与税务人员达成秘密书面协议，赠送旅行金卡，构成贿赂行为。

2. 税务机关与公务员的不妥之处。

（1）两名检查员没有出示税务检查证和税务检查通知书，法律程序不对。

（2）两名检查员是否回避必须由县以上税务局长批准，检查员自行解释是不对的。

（3）违反法定手续调取账册。调取当年账册应经设区的市局局长批准，并在30日内归还。

（4）检查组属于稽查局内部职能部门，无权下达税务处理文书，应该由稽查局下达。

（5）下达处罚决定书之前，应当先履行听证、审理程序，否则，处罚是无效的。

（6）不计算加收滞纳金的做法是错误的。

（7）采取税收保全措施应当得到县以上税务机关批准。稽查局人员口头通知行为是无效的。

（8）保全财产（汽车）保管不当失窃，应当承担赔偿责任。

（9）张海作为税务人员，利用职务上的便利，收受纳税人财物，已经构成犯罪，应当依法追究刑事责任。

（10）检查员王浩、李云徇私舞弊或者玩忽职守，不征或者少征应征税款，致使国家税收遭受重大损失，应当依法给予行政处分，如果构成犯罪，应当追究刑事责任。

3. 其他相关部门的不妥之处。银行认为税务稽查工作尚未结束，冻结存款是不妥的，拒绝执行是不对的。《税收征收管理法》规定，在税务检查中可以采取保全措施。另外，纳税人的开户银行拒绝接受税务机关依法检查存款账户，或者拒绝执行税务机关作出的冻结存款或者扣缴税款的决定，或者在接到税务机关的书面通知后帮助纳税人、扣缴义务人转移存款，造成税款流失的，由税务机关处10万元以上50万元以下的罚款，对直接负责的主管人员和其他直接负责人员处1 000元以上10 000元以下的罚款。

本章小结

税务稽查案件的税款查补与行政处罚应遵循处罚法定，公开、公正，过罚相当，处罚与教育相结合，监督制约，保障当事人的合法权益，"一事不再罚"的原则。根据税务行政违法案件的具体情形，应分别适用税务行政处罚的简易程序、一般程序或听证程序。税务机关依法作出行政处罚决定后，被处罚人应主动履行，否则税务机关可以采取强制执行措施。税务机关如果违法实施行政处罚，也应承担相应的法律责任。

第八章 纳税人权利救济

第一节 税务行政复议

一、税务行政复议的概念

税务行政复议是我国行政复议制度的一个重要组成部分。税务行政复议是指当事人（纳税人、扣缴义务人、纳税担保人及其他税务当事人）不服税务机关及其工作人员作出的税务具体行政行为，依法向上级行政复议机关提出复查该税务机关及其工作人员行政行为的申请，由复议机关对原税务机关及其工作人员具体行政行为的合法性和适当性进行核查并依法作出维持、变更、撤销等裁决的活动。

我国税务行政复议具有以下特点：

1. 税务行政复议以当事人不服税务机关及其工作人员作出的税务具体行政行为为前提。这是由行政复议对当事人进行行政救济的目的所决定的。如果当事人认为税务机关的处理合法、适当，或税务机关还没有作出处理，当事人的合法权益没有受到侵害，就不存在税务行政复议。

2. 税务行政复议因当事人的申请而产生。当事人提出申请是引起税务行政复议的重要条件之一。当事人不申请，就不可能通过行政复议这种形式获得救济。

3. 税务行政复议案件的审理一般由原处理税务机关的上一级税务机关进行。

4. 以征纳双方的税务争议为调整对象。税务争议是税务机关与税务行政管理相对人在税务行政执法上发生的分歧。税务行政复议是解决税务争议的重要途径，税务争议是税务行政复议存在的前提。

5. 税务机关的具体行政行为实质上是一种行政执法行为，税法的强制性和严肃性决定了相对人必须首先执行税务机关的具体行政行为，才有提请税务行政复议的权利。

6. 实行一级复议制。行政复议案件经过一个行政复议机关审理行政复议程序即告终结，不再向更上一级税务机关提出复议申请。

7. 税务行政复议与行政诉讼相衔接。根据《税收征收管理法》第八十八条的规定，纳税人、扣缴义务人、纳税担保人同税务机关在纳税上发生争议时，必须先依照税务机关的纳税决定缴纳或者解缴税款及滞纳金或者提供相应的担保，然后可以依法申请行政复议；对行政复议决定不服的，可以依法向人民法院起诉。当事人对税务机关的处罚决定、税收保全措施及强制执行措施不服的，当事人可以依法申请行政复议，也可以依法向人民法院起诉。

二、税务行政复议机关

行政复议机关一般为主管税务机关的上级机关，也可以向所在地的人民政府申请。税务行政复议机关主要履行以下职责：

1. 受理行政复议申请。

2. 向有关组织和人员调查取证，查阅文件和资料。

3. 审查申请行政复议的具体行政行为是否合法和适当，起草行政复议决定。

4. 处理或者转送对《税务行政复议规则（试行）》（以下简称本规则）第十五条所列有关规定的审查申请。

5. 对被申请人违反《行政复议法》及其实施条例和本规则规定的行为，依照规定的权限和程序向相关部门提出处理建议。

6. 研究行政复议工作中发现的问题，及时向有关机关或者部门提出改进建议，重大问题及时向行政复议机关报告。

7. 指导和监督下级税务机关的行政复议工作。

8. 办理或者组织办理行政诉讼案件应诉事项。

9. 办理行政复议案件的赔偿事项。

10. 办理行政复议、诉讼、赔偿等案件的统计、报告、归档工作和重大行政复议决定备案事项。

11. 其他与行政复议工作有关的事项。

[例题8－1]（单项选择题） 下列关于行政复议机关的说法中，正确的是（　　）。

A. 行政复议机构是行政主体

B. 对海关部门作出的具体行政行为不服的，可以向其同级政府申请行政复议，也可以向上一级主管部门申请行政复议

C. 对国务院部门或者省、自治区、直辖市人民政府的具体行政行为不服的，向国务院申请行政复议

D. 有权作出复议决定的是行政复议机关

[参考答案] D

[答案解析] 本题考核行政复议机关的概念和范围、行政复议管辖。行政复议机构不是行政主体，它不能以自己的名义对外行使职权。所以选项A错误。对海关、金融、外汇管理等实行垂直领导的行政机关和国家安全机关的具体行政行为不服的，向上一级主管部门申请行政复议。所以选项B错误。对国务院部门或者省、自治区、直辖市人民

政府的具体行政行为不服的，向作出该具体行政行为的国务院部门或者省、自治区、直辖市人民政府申请行政复议。所以选项C错误。行政复议机构没有作出行政复议决定的职权，有权作出复议决定的是行政复议机关。所以选项D正确。

三、税务行政复议的受案范围

税务行政复议的受案范围是税务机关及其工作人员所作出的具体税务行政行为，包括：

1. 征税行为，包括确认纳税主体、征税对象、征税范围、减税、免税、退税、抵扣税款、适用税率、计税依据、纳税环节、纳税期限、纳税地点和税款征收方式等具体行政行为，征收税款、加收滞纳金，扣缴义务人、受税务机关委托的单位和个人作出的代扣代缴、代收代缴、代征行为等。

2. 行政许可、行政审批行为。

3. 发票管理行为，包括发售、收缴、代开发票等。

4. 税收保全措施、强制执行措施。

5. 行政处罚行为，包括：

（1）罚款；

（2）没收财物和违法所得；

（3）停止出口退税权。

6. 不依法履行下列职责的行为，包括：

（1）开具、出具完税凭证；

（2）行政赔偿；

（3）行政奖励；

（4）其他不依法履行职责的行为。

7. 资格认定行为。

8. 不依法确认纳税担保行为。

9. 政府信息公开工作中的具体行政行为。

10. 纳税信用等级评定行为。

11. 通知出入境管理机关阻止出境行为。

12. 其他具体行政行为。

如果申请人认为税务机关的上述具体行政行为所依据的下列规定不合法，对具体行政行为申请行政复议时，可以一并向行政复议机关提出对有关规定的审查申请；申请人对具体行政行为提出行政复议申请时不知道该具体行政行为所依据的规定的，可以在行政复议机关作出行政复议决定以前提出对该规定的审查申请，这些规定包括：

（1）国家税务总局和国务院其他部门的规定；

（2）其他各级税务机关的规定；

（3）地方各级人民政府的规定；

（4）地方人民政府工作部门的规定。

[例题8－2]（多项选择题） 以下属于税务行政复议机关所应接受的案件的有（　　）。

A. 税收保全　　B. 税收滞纳金

B. 税收罚款　　D. 吊销企业营业执照

[参考答案] ABC

[答案解析] 选项D吊销企业营业执照是市场监管部门的行政权力，税务机关无权作出不属于自己行政职权的具体行政行为，因此，选项D不选。

[例题8－3]（多项选择题） 根据《税务行政复议实施条例》的规定，下列说法中正确的有（　　）。

A. 经国家税务总局行政复议后仍对该行政复议决定不服，申请人可以向国务院申请最终裁决

B. 对税务机关不依法确认纳税担保行为不服可以申请税务行政复议

C. 对税务机关通知出入境管理机关阻止出境行为不服可以申请税务行政复议

D. 对税务机关发票管理行为不服可以申请税务行政复议

E. 对税务机关不依法履行颁发税务登记的行为不服不能申请税务行政复议

[参考答案] ABCD

[答案解析] 本题考核税务行政复议范围。对税务机关不依法履行下列职责的行为可以申请税务行政复议：颁发税务登记；开具、出具完税凭证；行政赔偿；行政奖励；其他不依法履行职责的行为。

四、税务行政复议管辖

税务行政复议管辖是指税务行政复议机关受理税务行政复议的分工和权限。我国实行一级复议制，即税务机关的行政行为由其上一级税务机关管辖。具体的税务行政复议管辖权为：

1. 如果对各级税务局的具体行政行为不服的，可以选择向其上一级税务局或者该税务局的本级人民政府申请行政复议。

2. 对国家税务总局的行政行为不服的，申请人可以向国家税务总局申请行政复议；对行政复议决定不服的，可以向人民法院提起行政诉讼，也可以向国务院申请裁决，国务院的裁决为最终裁决。

3. 对下列税务机关的具体行政行为不服的，按照下列规定申请行政复议：

（1）对税务所（分局）、各级税务局的稽查局的具体行政行为不服的，向其所属税务局申请行政复议。

（2）对两个以上税务机关共同作出的具体行政行为不服的，向共同上一级税务机关申请行政复议；对税务机关与其他行政机关共同作出的具体行政行为不服的，向其共同上一级行政机关申请行政复议。

（3）对被撤销的税务机关在撤销以前所作出的具体行政行为不服的，向继续行使其职权的税务机关的上一级税务机关申请行政复议。

（4）对税务机关作出逾期不缴纳罚款加处罚款的决定不服的，向作出行政处罚决定的税务机关申请行政复议。但是对已处罚款和加处罚款都不服的，一并向作出行政处罚决定的税务机关的上一级税务机关申请行政复议。

有前款所列情形之一的，申请人也可以向具体行政行为发生地的县级地方人民政府提交行政复议申请，由接受申请的县级地方人民政府依法转送。

［例题8－4］（多项选择题） 北京市西城区税务局对所管辖的A企业因拖延税款而处以其2万元罚金，A企业不服，决定向（　　）提起行政复议。

A. 西城区人民政府　　B. 北京市人民政府

C. 北京市税务局　　D. 国家税务总局

［参考答案］ C

［答案解析］ 根据国家税务总局《关于税务机构改革有关事项的公告》（国家税务总局公告2018年第32号）。税务行政复议机关仅为上级税务机关，因此，本题答案为选项C。

五、税务行政复议的参加人

税务行政复议参加人是指提出行政复议申请、被申请行政复议以及与争议的具体行政行为具有利害关系，在整个或部分行政复议过程中参加行政复议活动的人。

（一）税务行政复议参加人

税务行政复议参加人是指在整个或部分行政复议过程中参加行政复议，对行政复议程序能够产生重大影响的人，包括当事人及其代理人。其中的“人”包括公民、法人、其他组织以及行政主体。

1. 税务行政复议当事人。税务行政复议当事人是指与具体行政行为有利害关系，因税务具体行政行为发生争议，以自己的名义参加复议，并受行政复议机关的裁定拘束的主体。狭义的复议当事人特指申请人与被申请人，这也是最主要的复议参加人；广义的复议当事人还包括申请人、被申请人以及第三人。当事人的特点在于：第一，与具体行政行为有利害关系，具体行政行为影响其权利、义务或者其本身就是作出具体行政行为的主体；第二，对具体行政行为发生争议，针对具体行政行为是否合法、适当等发生争议；第三，能够以自己的名义参加行政复议，并受到行政复议决定的拘束；第四，能够引起行政复议程序发生、变更或消灭。

2. 税务行政复议代理人。复议代理人是指在当事人授权范围内，以该当事人的名义代理该当事人进行行政复议行为，维护该当事人合法利益的人。《行政复议法》第十条第五款规定，申请人、第三人可以委托代理人代为参加行政复议。

此外，与行政复议参加人相关联的还有行政复议参与人的概念：行政复议参与人是指参与行政复议活动的人，范围比行政复议参加人更为广泛，除了行政复议参加人之外，还包括证人、鉴定人、翻译人、勘验人等，这些人的特点是在法律上与行政复议案件本身没有利害关系。

（二）税务行政复议申请人

1. 税务行政复议申请人的概念。税务行政复议申请人是指认为行政机关违法行使职权侵犯自己的合法权益，而依法向税务行政复议机关提出税务行政复议申请的公民、法人或者其他组织。可见，税务行政复议申请人应当具备以下条件：第一，税务行政复议申请人是与行政机关相对的相对人，是行政机关作出的具体行政行为的针对对象，具体包括公民、法人或者其他组织；第二，税务行政复议申请人认为行政机关的行为违法或不当，并侵犯了自己的合法权益，当然，此处仅仅要求税务行政复议申请人“认为”即可；第三，税务行政复议申请人以自己的名义向税务行政复议机关提出税务行政复议申请。

2. 税务行政复议申请人的资格。依照《行政复议法》申请税务行政复议的公民、法人或者其他组织就是申请人，但在特定情况下，申请人的资格可能发生转移。

（1）公民的税务行政复议申请人资格。通常情况下，税务行政复议申请人就是有权申请税务行政复议的公民本人。公民作为申请人，要求具有权利能力、能够亲自参加税务行政复议活动的行为能力。因此，具备权利能力与行为能力的有权申请税务行政复议的公民就是税务行政复议申请人。但是，有权申请税务行政复议的公民死亡的，其近亲属可以申请税务行政复议，此时，该近亲属具有税务行政复议申请的资格，即税务行政复议申请人的资格发生了转移。此外，有权申请税务行政复议的公民为无民事行为能力人或者限制民事行为能力人的，其法定代理人可以代为申请税务行政复议。此时，法定代理人仅仅是“代为”申请税务行政复议，而税务行政复议申请人仍然是无民事行为能力或者限制民事行为能力的公民，即申请人资格没有发生转移。

（2）法人或其他组织的税务行政复议申请人资格。通常情况下，有权申请税务行政复议的法人或其他组织是税务行政复议申请人。根据《行政复议法实施条例》第六条、第七条的规定，对法人或其他组织的税务行政复议申请人资格的具体认定包括以下规则：第一，合伙企业申请税务行政复议的，应当以核准登记的企业为申请人，由执行合伙事务的合伙人代表该企业参加税务行政复议；其他合伙组织申请税务行政复议的，由合伙人共同申请税务行政复议。第二，合伙组织以外的不具备法人资格的其他组织申请税务行政复议的，由该组织的主要负责人代表该组织参加税务行政复议；没有主要负责人的，由共同推选的其他成员代表该组织参加税务行政复议。第三，股份制企业的股东大会、股东代表大会、董事会认为税务机关作出的具体行政行为侵犯企业合法权益的，可以以企业的名义申请税务行政复议。

此外，法人或其他组织的税务行政复议申请人资格也有可能发生转移，但有权申请税务行政复议的法人或者其他组织终止时，承受其权利的法人或者其他组织可以申请税务行政复议。

（三）税务行政复议被申请人

1. 税务行政复议被申请人的概念。税务行政复议被申请人是指由申请人在税务行政复议申请中指控其具体行政行为违法侵犯申请人的合法权益，并经税务行政复议机关确认，通知其参加税务行政复议的税务机关或法律、法规授权的组织。税务行政复议被申请人具有以下特点：第一，被申请人是行使职权作出行政行为的税务机关；第二，被申请人认为，其违法行为侵犯了申请人的合法权益；第三，被申请人处于被动地位，只有在申请人提出税务行政复议申请，经税务行政复议机关确认并通知其参加税务行政复议时，才能成为被申请人；第四，被申请人以自己的名义参加税务行政复议。

2. 税务行政复议被申请人的资格。《行政复议法》第十条、第十五条以及《行政复议法实施条例》第十二条至第十四条规定了确定税务行政复议被申请人资格的以下规则：

（1）原则性规定。公民、法人或者其他组织对税务机关的具体行政行为不服，申请税务行政复议的，作出具体行政行为的税务机关是被申请人。原则上，以“作出具体行政行为的税务机关”作为税务行政复议被申请人。

（2）派出机构的被申请人资格。对税务所（分局）、各级税务局的稽查局的具体行政行为不服的，向其所属税务局申请行政复议。

［例题8－5］（单项选择题） 甲市乙县税务局丙镇税务所在执法时给予本镇纳税人赵某1 500元罚款的行政处罚，赵某不服，向行政复议机关申请行政复议，则被申请人是（　　）。

A. 甲市税务局　　B. 乙县税务局

C. 丙镇税务所　　D. 乙县人民政府

［参考答案］ B

［答案解析］ 对税务所（分局）、各级税务局的稽查局的具体行政行为不服的，向其所属税务局申请行政复议。

（3）作出具体行政行为的税务机关被撤销后的被申请人。作出具体行政行为的税务机关被撤销后，该是行政行为的法律后果由继续行使其职权的税务机关承担，因此，对该行为不服，提出税务行政复议时，应当以继续行使其职权的税务机关作为被申请人。

（4）经批准的行政行为之被申请人。下级税务机关依照法律、法规、规章的规定，经上级税务机关批准而作出的具体行政行为，实际上是以批准机关的名义作出的行政行为，对该行为不服而提出税务行政复议时，应当以批准机关作为被申请人。

（四）税务行政复议第三人

1. 税务行政复议第三人的概念。税务行政复议第三人是指申请人之外，与被申请税务行政复议的具体行政行为有利害关系，为维护自己的合法权益并经税务行政复议机关同意参加税务行政复议的公民、法人或者其他组织。该定义包括以下含义：第一，税务行政复议第三人与被申请税务行政复议的具体行政行为之间具有利害关系，包括直接利害关系与间接利害关系；第二，税务行政复议第三人参加税务行政复议的时间必须是在复议申请已经被受理至复议活动尚未终结期间；第三，税务行政复议第三人参加复议必须得到复议机关的同意；第四，税务行政复议第三人以独立的身份参加复议，并不依附于申请人或被申请人，税务行政复议第三人参加复议就是为了维护自己的合法权益；第五，税务行政复议第三人在参加复议过程中享有与申请人基本相同的权利，但不具有撤回税务行政复议申请的权利。

2. 税务行政复议第三人的类型。在现实中，第三人参加税务行政复议活动主要包括以下情形：第一，在行政处罚案件中，被侵害人与被处罚的侵害人互为第三人，即对行政处罚行为不服时，双方中的任何一方都可以提出税务行政复议，而另一方就可以以税务行政复议第三人的身份参加复议；第二，行政处罚案件中共同的被处罚人之间互为第三人；第三，两个或两个以上税务机关对同一行政案件作出相互矛盾的具体行政行为，相对人以其中一个税务机关为被申请人而提出税务行政复议申请时，其他税务机关可以作为第三人参加复议；第四，其他与被申请的具体行政行为有利害关系的相对人。

3. 税务行政复议第三人参加复议的方式。根据《行政复议法实施条例》第九条的规定，税务行政复议第三人参加复议的方式包括“通知”参加与“申请”参加两种方式。

（1）通知参加。税务行政复议期间，税务行政复议机关认为申请人以外的公民、法人或者其他组织与被审查的具体行政行为有利害关系的，可以通知其作为第三人参加税务行政复议。被通知作为第三人参加复议的公民、法人或其他组织可以自由决定是否参加复议。第三人不参加税务行政复议，不影响税务行政复议案件的审理。

（2）“申请”参加。税务行政复议期间，申请人以外的公民、法人或者其他组织认为自己与被审查的具体行政行为有利害关系的，可以向税务行政复议机关申请作为第三人参加税务行政复议。该申请经税务行政复议机关审查批准后，公民、法人或者其他组织才可参加复议。可见，“申请”未必就意味着“参加”。

（五）税务行政复议代理人

1. 税务行政复议代理人的概念。税务行政复议代理人是指在法律规定、法院指定或者该当事人授权范围内，以该当事人的名义代理该当事人进行复议行为，并维护该当事人合法利益的人。该定义包括以下含义：第一，税务行政复议代理人必须具有进行复议的行为能力，无行为能力者不能成为税务行政复议代理人；第二，税务行政复议代理人必须由法律规定、法院指定或者该当事人委托才可参加复议活动；第三，税务行政复议代理人以被代理人的名义进行复议活动，其目的是维护被代理人的合法权益；第四，税务行政复议代理人的代理权限来自法律规定、法院指定或者该当事人委托，必须在该权限范围内进行复议活动，否则，不能产生法律效果；第五，税务行政复议代理人在代理权限范围内进行复议活动的法律后果由被代理人承担。

2. 税务行政复议代理人的类型。根据税务行政复议代理人获得代理权限的依据的不同，可以将税务行政复议代理人分为以下三种类型。

（1）法定代理人。法定代理人是指依据法律的规定获得税务行政复议代理权，代理无民事行为能力或者限制民事行为能力的公民进行税务行政复议的人，例如，《行政复议法》第十条第二款规定：“有权申请税务行政复议的公民为无民事行为能力人或者限制民事行为能力人的，其法定代理人可以代为申请行政复议。”其目的是保护那些无民事行为能力和限制民事行为能力的人的合法权益。

（2）委托代理人。委托代理人是指受当事人的委托而获得税务行政复议代理权，代理当事人参加税务行政复议的人。

①委托代理人的适用范围。《行政复议法》第十条第五款规定："申请人、第三人可以委托代理人代为参加行政复议。"可见，税务行政复议代理人的委托仅适用于申请人与第三人，而被申请人不可以委托代理人。这是因为被申请人是作出具体行政行为的行政主体，如果委托代理人，代理人并不熟悉作出具体行政行为时的具体情况，而被申请人亲自参加税务行政复议有利于税务行政复议机关对行政行为的审查。

②税务行政复议代理人的委托程序。《行政复议法实施条例》第十条规定：申请人、第三人可以委托1—2名代理人参加税务行政复议。申请人、第三人委托代理人的，应当向税务行政复议机关提交授权委托书。授权委托书应当载明委托事项、权限和期限。公民在特殊情况下无法书面委托的，可以口头委托。口头委托的，税务行政复议机关应当核实并记录在卷。申请人、第三人解除或者变更委托的，应当书面报告税务行政复议机关。

六、税务行政复议申请

1. 申请人可以在知道税务机关作出具体行政行为之日起60日内提出行政复议申请。因不可抗力或者被申请人设置障碍等原因耽误法定申请期限的，申请期限从障碍消除之日起继续计算。

2. 申请人对"征税行为"不服的，应当先向行政复议机关申请行政复议；对行政复议决定不服的，可以向人民法院提起行政诉讼。

申请人按照规定申请行政复议的，必须依照税务机关根据法律、法规确定的税额、期限，先行缴纳或者解缴税款和滞纳金，或者提供相应的担保，才可以在缴清税款和滞纳金以后或者所提供的担保得到作出具体行政行为的税务机关确认之日起60日内提出行政复议申请。

申请人提供担保的方式包括保证、抵押和质押。作出具体行政行为的税务机关应当对保证人的资格、资信进行审查，对不具备法律规定资格或者没有能力保证的，有权拒绝。作出具体行政行为的税务机关应当对抵押人、出质人提供的抵押担保、质押担保进行审查，对不符合法律规定的抵押担保、质押担保，不予确认。

3. 申请人对"征税行为"以外的其他具体行政行为不服，可以申请行政复议，也可以直接向人民法院提起行政诉讼。

申请人对税务机关作出逾期不缴纳罚款加处罚款的决定不服的，应当先缴纳罚款和加处罚款，再申请行政复议。

4. 申请人可以在知道税务机关做出具体行政行为之日起60日内提出行政复议申请。申请期限的计算，依照下列规定办理：

当场作出具体行政行为的，自具体行政行为作出之日起计算。

载明具体行政行为的法律文书直接送达的，自受送达人签收之日起计算。

载明具体行政行为的法律文书邮寄送达的，自受送达人在邮件签收单上签收之日起计算；没有邮件签收单的，自受送达人在送达回执上签名之日起计算。

具体行政行为依法通过公告形式告知受送达人的，自公告规定的期限届满之日起计算。

税务机关作出具体行政行为时未告知申请人，事后补充告知的，自该申请人收到税务机关补充告知的通知之日起计算。

被申请人能够证明申请人知道具体行政行为的，自证据材料证明其知道具体行政行为之日起计算。

税务机关作出具体行政行为，依法应当向申请人送达法律文书而未送达的，视为该申请人不知道该具体行政行为。

5. 申请人依照《行政复议法》第六条第（八）项、第（九）项、第（十）项的规定申请税务机关履行法定职责，税务机关未履行的，行政复议申请期限依照下列规定计算：

（1）有履行期限规定的，自履行期限届满之日起计算；

（2）没有履行期限规定的，自税务机关收到申请满60日起计算。

6. 税务机关作出的具体行政行为对申请人的权利、义务可能产生不利影响的，应当告知其申请行政复议的权利、行政复议机关和行政复议申请期限。

7. 申请人书面申请行政复议的，可以采取当面递交、邮寄或者传真等方式提出行政复议申请。

有条件的行政复议机关可以接受以电子邮件形式提出的行政复议申请。

对以传真、电子邮件形式提出行政复议申请的，行政复议机关应当审核确认申请人的身份、复议事项。

8. 申请人书面申请行政复议的，应当在《行政复议申请书》（见表8－1）中载明相关事项。

表8－1　　　　申请复议登记表

<table>
<tr><td rowspan="5">申请人</td><td>姓名</td><td></td><td>电话</td><td></td></tr>
<tr><td>住址</td><td></td><td>邮编</td><td></td></tr>
<tr><td>单位</td><td></td><td>法定代表人</td><td></td></tr>
<tr><td>地址</td><td></td><td>邮编</td><td></td></tr>
<tr><td>电话</td><td></td><td>委托代理人</td><td></td></tr>
<tr><td rowspan="3">被申请人</td><td>机关名称</td><td></td><td>负责人</td><td></td></tr>
<tr><td>地址</td><td colspan="3"></td></tr>
<tr><td>邮编</td><td></td><td>电话号码</td><td></td></tr>
<tr><td>具体行政行为</td><td colspan="4"></td></tr>
<tr><td>复议请求与
事实理由</td><td colspan="4">复议请求：
事实理由：</td></tr>
<tr><td>备注</td><td colspan="4"></td></tr>
<tr><td>申请人
签名或盖章</td><td colspan="4"></td></tr>
</table>

9. 申请人口头申请行政复议的，行政复议机关应当依照本规则第三十九条规定的事项，当场制作行政复议申请笔录，交申请人核对或者向申请人宣读，并由申请人确认。

10. 有下列情形之一的，申请人应当提供证明材料：

（1）认为被申请人不履行法定职责的，提供要求被申请人履行法定职责而被申请人未履行的证明材料；

（2）申请行政复议时一并提出行政赔偿请求的，提供受具体行政行为侵害而造成损害的证明材料；

（3）法律、法规规定需要申请人提供证明材料的其他情形。

11. 申请人提出行政复议申请时错列被申请人的，行政复议机关应当告知申请人变更被申请人。申请人不变更被申请人的，行政复议机关不予受理，或者驳回行政复议申请。

12. 申请人向行政复议机关申请行政复议，行政复议机关已经受理的，在法定行政复议期限内申请人不得向人民法院提起行政诉讼；申请人向人民法院提起行政诉讼，人民法院已经依法受理的，不得申请行政复议。

13. 税务行政复议的申请条件。

（1）纳税人、扣缴义务人及纳税担保人和其他当事人同税务机关在纳税（包括税务机关不予审批减免税或者出口退税、不予抵扣税款、不予退还税款）问题上发生争议时，必须先依照税务机关的纳税决定缴纳或者解缴税款及滞纳金或者提供相应的担保，所提供的担保得到作出具体行政行为的税务机关确认，在知道税务机关作出具体行政行为之日起60日内提出行政复议申请；

（2）纳税人、扣缴义务人及纳税担保人和其他当事人对税务机关作出的行政许可、行政审批行为、发票管理行为、税收保全措施、强制执行措施、行政处罚行为、不依法履行职责的行为、资格认定行为、不依法确认纳税担保行为、政府信息公开工作中的具体行政行为、纳税信用等级评定行为、通知出入境管理机关组织出境行为以及其他具体行政行为不服的，在知道税务机关作出上述具体行政行为之日起60日内提出行政复议申请。

[例题8-6]（单项选择题） A公司其主管税务机关对其处以的5万元罚款不服，在没有其他行动的情况下，于处罚决定的第二天即向上级机关申请了行政复议，上级税务机关应（　　）。

A. 交回主管税务机关重审　　B. 主动接受行政复议申请

C. 交由当地人民政府复议　　D. 驳回申请

[参考答案] D

[答案解析]《税务行政复议规则》第三十四条第二款规定："申请人对税务机关作出逾期不缴纳罚款加处罚款的决定不服的，应当先缴纳罚款和加处罚款，再申请行政复议。"此题中A公司并未首先缴纳罚款，因此上级税务机关应对此项税务行政复议申请不予受理。即正确答案为选项D。

[例题8-7]（多项选择题） 下列具体行政行为可以向复议机关申请行政复议，也

可以直接向人民法院提起行政诉讼：(　　)。

A. 通知出入境管理机关阻止出境行为

B. 发票管理行为

C. 不依法确认纳税担保行为

D. 征税行为

E. 确认纳税主体

[参考答案] ABC

[答案解析] 根据《税务行政复议规则》第三十四条规定，申请人对本规则第十四条第（一）项规定以外的其他具体行政行为不服，可以申请行政复议，也可以直接向人民法院提起行政诉讼；第十四条第一项主要列举了包括确认纳税主体、征税对象、征税范围、减税、免税、退税、抵扣税款、适用税率等征税行为。

七、税务行政复议受理

1. 行政复议申请符合下列规定的，行政复议机关必须受理：

（1）属于《行政复议法》和《行政复议法实施条例》规定的行政复议范围；

（2）在法定申请期限内提出的复议申请；

（3）有明确的申请人和符合规定的被申请人；

（4）申请人与具体行政行为有利害关系；

（5）有具体的行政复议请求和理由；

（6）属于收到行政复议申请的行政复议机关的职责范围；

（7）其他行政复议机关尚未受理同一行政复议申请，人民法院尚未受理同一主体就同一事实提起的行政诉讼。

2. 行政复议机关收到行政复议申请以后，应当在5日内审查，决定是否受理。对不符合规定的行政复议申请，决定不予受理，并书面告知申请人。

对不属于本机关受理的行政复议申请，应当告知申请人向有关行政复议机关提出。

行政复议机关收到行政复议申请以后未按照前款规定期限审查并作出不予受理决定的，视为受理。

3. 对符合规定的行政复议申请，自行政复议机关收到之日起即为受理；受理行政复议申请，应当书面告知申请人。

4. 行政复议申请材料不齐全、表述不清楚的，行政复议机关可以自收到该行政复议申请之日起5日内书面通知申请人补正。补正通知应当载明需要补正的事项和合理的补正期限。无正当理由逾期不补正的，视为申请人放弃行政复议申请。

补正申请材料所用时间不计入行政复议审理期限。

5. 上级税务机关认为行政复议机关不予受理行政复议申请的理由不成立的，可以督促其受理；经督促仍然不受理的，责令其限期受理。

上级税务机关认为行政复议申请不符合法定受理条件的，应当告知申请人。

6. 上级税务机关认为有必要的，可以直接受理或者提审由下级税务机关管辖的行政复议案件。

7. 对应当先向行政复议机关申请行政复议，对行政复议决定不服再向人民法院提起行政诉讼的具体行政行为，行政复议机关决定不予受理或者受理以后超过行政复议期限不作答复的，申请人可以自收到不予受理决定书之日起或者行政复议期满之日起15日内，依法向人民法院提起行政诉讼。

依照《税务行政复议规则》第八十三条规定延长行政复议期限的，以延长以后的时间为行政复议期满时间。

8. 行政复议期间具体行政行为不停止执行；但是有下列情形之一的，可以停止执行：

（1）被申请人认为需要停止执行的；

（2）行政复议机关认为需要停止执行的；

（3）申请人申请停止执行，行政复议机关认为其要求合理，决定停止执行的；

（4）法律规定停止执行的。

[例题8-8]（多项选择题） 税务行政复议机关收到纳税人提出的复议申请后，在决定是否受理税务行政复议申请时应当审查（　　）。

A. 提出的复议申请是否符合法定复议条件

B. 被申请复议的税务行政行为是否证据充分

C. 是否属于复议机关已处理过案件的重复申请

D. 被申请复议的税务行政行为是否具备合法性和适当性

E. 被申请复议的税务行政行为在行政程序上是否超过法定时限

[参考答案] AC

[答案解析] 本题考核税务行政复议受理。根据《税务行政复议规则》，行政复议申请符合下列规定的，行政复议机关应当受理：属于本规则规定的行政复议范围；在法定申请期限内提出；有明确的申请人和符合规定的被申请人；申请人与具体行政行为有利害关系；有具体的行政复议请求和理由；符合第三十三条和第三十四条规定的条件；属于收到行政复议申请的行政复议机关的职责范围；其他行政复议机关尚未受理同一行政复议申请，人民法院尚未受理同一主体就同一事实提起的行政诉讼。

[例题8-9]（多项选择题） 行政复议进行时期，可以停止执行的情况有（　　）。

A. 被申请人认为需要停止执行的

B. 行政复议机关认为需要停止执行的

C. 申请人想要停止执行的

D. 法律规定停止执行的

[参考答案] ABD

[答案解析] 根据法律规定：申请人申请停止执行，行政复议机关认为其要求合理，决定停止执行。即申请人不可以随意决定停止执行税务行政复议。

八、税务行政复议证据

1. 行政复议证据包括以下类别：

（1）书证；

（2）物证；

（3）视听资料；

（4）电子数据；

（5）证人证言；

（6）当事人陈述；

（7）鉴定意见；

（8）勘验笔录、现场笔录。

2. 在行政复议中，被申请人对其作出的具体行政行为负有举证责任。

3. 行政复议机关应当依法全面审查相关证据。行政复议机关审查行政复议案件，应当以证据证明的案件事实为依据。定案证据应当具有合法性、真实性和关联性。

4. 在税务行政复议中，下列证据材料不得作为定案依据：

（1）违反法定程序搜集的证据材料；

（2）以偷拍、偷录和窃听等手段获取侵害他人合法权益的证据材料；

（3）以利诱、欺诈、胁迫和暴力等不正当手段获取的证据材料；

（4）无正当事由超出举证期限提供的证据材料；

（5）无正当理由拒不提供原件、原物，又无其他证据印证，且对方不予认可的证据的复制件、复制品；

（6）无法辨明真伪的证据材料；

（7）不能正确表达意志的证人提供的证言；

（8）不具备合法性、真实性的其他证据材料；

（9）行政复议机关依据规定的职责所取得的有关材料（即向有关组织和人员调查取证，查阅文件和资料），不得作为支持被申请人具体行政行为的证据。

5. 在行政复议过程中，被申请人不得自行向申请人和其他有关组织或者个人搜集证据。

6. 行政复议机关认为必要时，可以调查取证。

行政复议工作人员向有关组织和人员调查取证时，可以查阅、复制和调取有关文件和资料，向有关人员询问。调查取证时，行政复议工作人员不得少于2人，并应当向当事人和有关人员出示证件。被调查单位和人员应当配合行政复议工作人员的工作，不得拒绝、阻挠。

需要现场勘验的，现场勘验所用时间不计入行政复议审理期限。

7. 申请人和第三人可以查阅被申请人提出的书面答复、作出具体行政行为的证据、依据和其他有关材料，除涉及国家秘密、商业秘密或者个人隐私外，行政复议机关不得拒绝。

[例题 8-10] **(单项选择题)** 下列关于税务行政复议证据的表述中，正确的是（ ）。

A. 现场笔录不可以作为税务行政复议的证据使用

B. 在税务行政复议的过程中，申请人应当对税务具体行政行为的违法性举证

C. 被申请人拒不提供具体行政行为的证据、依据及相关材料的，视为没有举证

D. 在行政复议过程中，被申请人可以自行向申请人和其他有关组织或个人收集证据

[参考答案] C

[答案解析] 根据《行政复议法》第五十二条规定，现场笔录可以作为税务行政复议的证据使用。第五十九条规定，在行政复议过程中，被申请人不得自行向申请人和其他有关组织或者个人收集证据。第五十三条规定，在行政复议中，被申请人对其作出的具体行政行为负有举证责任。

九、税务行政复议的审查、听证和决定

（一）税务行政复议的审查

税务行政复议机关应当自受理行政复议申请之日起 7 日内，将行政复议申请书副本或者行政复议申请笔录复印件发送被申请人。被申请人应当自收到申请书副本或者申请笔录复印件之日起 10 日内提出书面答复，并提交当初作出具体行政行为的证据、依据和其他有关材料。

对国家税务总局的具体行政行为不服申请行政复议的案件，由原承办具体行政行为的相关机构向行政复议机关提出书面答复，并提交当初作出具体行政行为的证据、依据和其他有关材料。

行政复议机关审理行政复议案件，应当由 2 名以上行政复议工作人员参加。

行政复议原则上采用书面审查的办法，但是申请人提出要求或者行政复议机关认为有必要时，应当听取申请人、被申请人和第三人的意见，并可以向有关组织和人员调查了解情况。

行政复议机关应当全面审查被申请人的具体行政行为所依据的事实证据、法律程序、法律依据和设定的权利义务内容的合法性、适当性。

申请人在行政复议决定作出以前撤回行政复议申请的，经行政复议机关同意，可以撤回。

申请人撤回行政复议申请的，不得再以同一事实和理由提出行政复议申请。但是，申请人能够证明撤回行政复议申请违背其真实意思表示的除外。

行政复议期间被申请人改变原具体行政行为的，不影响行政复议案件的审理。但是，申请人依法撤回行政复议申请的除外。

申请人在申请行政复议时，一并提出对有关规定的审查申请的，行政复议机关对该规定有权处理的，应当在 30 日内依法处理；无权处理的，应当在 7 日内按照法定程序逐级转送有权处理的行政机关依法处理，有权处理的行政机关应当在 60 日内依法处理。

处理期间，中止对具体行政行为的审查。

行政复议机关审查被申请人的具体行政行为时，认为其依据不合法，本机关有权处理的，应当在30日内依法处理；无权处理的，应当在7日内按照法定程序逐级转送有权处理的国家机关依法处理。处理期间，中止具体行政行为的审查。

（二）税务行政复议的听证

对重大、复杂的案件，申请人提出要求或者行政复议机关认为必要时，可以采取听证的方式审理。

行政复议机关决定举行听证的，应当将举行听证的时间、地点和具体要求等事项通知申请人、被申请人和第三人。

第三人不参加听证的，不影响听证的举行。

听证应当公开举行，但是涉及国家秘密、商业秘密或者个人隐私的除外。

行政复议听证人员不得少于2人，听证主持人由行政复议机关指定。

听证应当制作笔录，申请人、被申请人和第三人应当确认听证笔录内容。

行政复议听证笔录应当附卷，作为行政复议机关审理案件的依据之一。

（三）税务行政复议的决定

税务行政复议机关应当在受理税务行政复议申请的60日内作出行政复议决定。行政复议机关应当对被申请人的具体行政行为提出审查意见，经行政复议机关负责人批准，按照下列规定作出行政复议决定：

1. 具体行政行为认定事实清楚、证据确凿、适用依据正确、程序合法、内容适当的，决定维持。

2. 被申请人不履行法定职责的，决定其在一定期限内履行。

3. 具体行政行为有下列情形之一的，决定撤销、变更或者确认具体行政行为违法；决定撤销或者确认该具体行政行为违法的，可以责令被申请人在一定期限内重新作出具体行政行为：（1）主要事实不清、证据不足的；（2）适用依据错误的；（3）违反法定程序的；（4）超越职权或者滥用职权的；（5）具体行政行为明显不当的。

4. 被申请人自收到行政复议机关申请书副本或者申请笔录复印件之日起10日内，不能提出书面答复，提交当初作出具体行政行为的证据、依据和其他有关材料的，视为该具体行政行为没有证据、依据，决定撤销该具体行政行为。

5. 行政复议机关责令被申请人重新作出具体行政行为的，被申请人不得以同一事实和理由作出与原具体行政行为相同或者基本相同的具体行政行为；但是行政复议机关以原具体行政行为违反法定程序决定撤销的，被申请人重新作出具体行政行为的除外。

6. 行政复议机关责令被申请人重新作出具体行政行为的，被申请人不得作出对申请人更为不利的决定；但是行政复议机关以原具体行政行为主要事实不清、证据不足或适用依据错误决定撤销的，被申请人重新作出具体行政行为的除外。

7. 有下列情形之一的，行政复议机关可以决定变更：

（1）认定事实清楚、证据确凿、程序合法，但是明显不当或者适用依据错误的。

（2）认定事实不清、证据不足，但是经行政复议机关审理查明事实清楚、证据确凿的。

8. 有下列情形之一的，行政复议机关应当决定驳回行政复议申请：

（1）申请人认为税务机关不履行法定职责申请行政复议，行政复议机关受理以后发现该税务机关没有相应法定职责或者在受理以前已经履行法定职责的。

（2）受理行政复议申请后，发现该行政复议申请不符合《行政复议法》及其实施条例和本规则规定的受理条件的。

上级税务机关认为行政复议机关驳回行政复议申请的理由不成立的，应当责令限期恢复受理。行政复议机关审理行政复议申请期限的计算应当扣除因驳回耽误的时间。

（四）税务行政复议的中止

在税务行政复议期间，有下列情形之一的，行政复议中止：

1. 作为申请人的公民死亡，其近亲属尚未确定是否参加行政复议的。

2. 作为申请人的公民丧失参加行政复议的能力，尚未确定法定代理人参加行政复议的。

3. 作为申请人的法人或者其他组织终止，尚未确定权利义务承受人的。

4. 作为申请人的公民下落不明或者被宣告失踪的。

5. 申请人、被申请人因不可抗力，不能参加行政复议的。

6. 行政复议机关因不可抗力原因暂时不能履行工作职责的。

7. 案件涉及法律适用问题，需要有权机关作出解释或者确认的。

8. 案件审理需要以其他案件的审理结果为依据，而其他案件尚未审结的。

9. 其他需要中止行政复议的情形。

行政复议中止的原因消除以后，应当及时恢复行政复议案件的审理。

行政复议机关中止、恢复行政复议案件的审理，应当告知申请人、被申请人、第三人。

[例题 8－11]（单项选择题） 下列有关行政复议中止的说法中，错误的是（　　）。

A. 中止前已进行的复议行为仍然有效

B. 中止原因消除后，应当及时恢复行政复议案件的审理

C. 中止、恢复行政复议案件的审理，应当告知有关当事人

D. 撤回行政复议申请的，行政复议中止

[参考答案] D

[答案解析] 本题考核行政复议中止。撤回行政复议申请的，行政复议终止。

（五）税务行政复议的终止

在税务行政复议期间，有下列情形之一的，行政复议终止：

1. 申请人要求撤回行政复议申请，行政复议机关准予撤回的。

2. 作为申请人的公民死亡，没有近亲属，或者其近亲属放弃行政复议权利的。

3. 作为申请人的法人或者其他组织终止，其权利义务的承受人放弃行政复议权利的。

4. 申请人与被申请人经行政复议机关准许达成和解的。

5. 行政复议申请受理以后，发现其他行政复议机关已经先于本机关受理，或者人民法院已经受理的。

6. 依照规定中止行政复议，满 60 日后行政复议中止的原因未消除的，行政复议终止。

行政复议机关责令被申请人重新作出具体行政行为的，被申请人应当在 60 日内重新作出具体行政行为；情况复杂，不能在规定期限内重新作出具体行政行为的，经行政复议机关批准，可以适当延期，但是延期不得超过 30 日。

公民、法人或者其他组织对被申请人重新作出的具体行政行为不服，可以再依法申请行政复议，或者提起行政诉讼。

申请人在申请行政复议时可以一并提出行政赔偿请求，行政复议机关对符合《中华人民共和国国家赔偿法》的规定应当赔偿的，在决定撤销、变更具体行政行为或者确认具体行政行为违法时，应当同时决定被申请人依法赔偿。

申请人在申请行政复议时没有提出行政赔偿请求的，行政复议机关在依法决定撤销、变更原具体行政行为确定的税款、滞纳金、罚款和对财产的扣押、查封等强制措施时，应当同时责令被申请人退还税款、滞纳金和罚款，解除对财产的扣押、查封等强制措施，或者赔偿相应的价款。

[例题 8－12]（单项选择题） 根据《行政复议法》和《行政复议法实施条例》的相关规定，关于行政复议有关事项的处理，不正确的是（　　）。

A. 当事人达成和解的，复议机关不再继续审理该案件

B. 当事人达成调解协议的，复议机关应当制作加盖公章的调解书

C. 申请人对行政拘留不服申请复议，复议期间因申请人同一违法行为涉嫌犯罪，该行政拘留变更为刑事拘留的，行政复议中止

D. 申请人能够证明撤回行政复议申请违背其真实意思表示的，可以以同一事实和理由再次提出行政复议申请

[参考答案] C

[答案解析] 申请人与被申请人依法经准许达成和解的，导致行政复议终止的法律效果，即行政复议机构不再继续审理。所以选项 A 说法正确。根据《行政复议法实施条例》第五十条规定，当事人经调解达成协议的，行政复议机关应当制作行政复议调解书。调解书应当载明行政复议请求、事实、理由和调解结果，并加盖行政复议机关印章。所以选项 B 说法正确。申请人对行政拘留或者限制人身自由的行政强制措施不服申请行政复议后，因申请人同一违法行为涉嫌犯罪，该行政拘留或者限制人身自由的行政强制措施变更为刑事拘留的，行政复议终止。所以选项 C 说法错误。申请人撤回行政复议申请的，不得再以同一事实和理由提出行政复议申请。但是，申请人能够证明撤回行政复议申请违背其真实意思表示的除外。所以选项 D 说法正确。

（六）税务行政复议期间具体行政行为的效力

行政复议期间具体行政行为不停止执行；但是，有下列情形之一的，可以停止执行：被申请人认为需要停止执行的；行政复议机关认为需要停止执行的；申请人申请停

止执行，行政复议机关认为其要求合理，决定停止执行的；法律规定停止执行的。

[例题8－13]（多项选择题） 行政复议期间具体行政行为不停止执行；但是，有特殊情形的可以停止执行。可以停止执行的情形包括（　　）。

A. 被申请人认为需要停止执行的

B. 行政复议机关认为需要停止执行的

C. 第三人认为需要停止执行的

D. 申请人申请停止执行，行政复议机关认为其要求合理，决定停止执行的。

E. 法律规定停止执行的

[参考答案] ABDE

[答案解析] 根据《税务行政复议规则》规定，行政复议期间具体行政行为不停止执行；但是有下列情形之一的，可以停止执行：

（一）被申请人认为需要停止执行的。

（二）行政复议机关认为需要停止执行的。

（三）申请人申请停止执行，行政复议机关认为其要求合理，决定停止执行的。

（四）法律规定停止执行的。

（七）税务行政复议的执行

行政复议机关应当自受理申请之日起60日内作出行政复议决定。情况复杂，不能在规定期限内作出行政复议决定的，经行政复议机关负责人批准，可以适当延期，并告知申请人和被申请人；但是延期不得超过30日。

行政复议机关作出行政复议决定，应当制作《行政复议决定书》，并加盖行政复议机关印章。

《行政复议决定书》一经送达，即发生法律效力。

税务行政复议的被申请人应当履行行政复议决定，被申请人不履行、无正当理由拖延履行行政复议决定的，行政复议机关或者有关上级税务机关应当责令其限期履行。

税务行政复议的申请人、第三人逾期不起诉又不履行行政复议决定的，或者不履行最终裁决的行政复议决定的，按照下列规定分别处理：

1. 维持具体行政行为的行政复议决定，由作出具体行政行为的税务机关依法强制执行，或者申请人民法院强制执行。

2. 变更具体行政行为的行政复议决定，由行政复议机关依法强制执行，或者申请人民法院强制执行。

十、税务行政复议和解与调解

（一）税务行政复议可以和解和调解的事项

对下列税务行政复议事项，按照自愿、合法的原则，申请人和被申请人在行政复议机关作出行政复议决定以前可以达成和解，行政复议机关也可以调解：

1. 行使自由裁量权作出的具体行政行为，如行政处罚、核定税额、确定应税所得率等。

2. 行政赔偿。

3. 行政奖励。

4. 存在其他合理性问题的具体行政行为。

行政复议审理期限在和解、调解期间中止计算。

（二）申请人和被申请人达成和解的，应当向行政复议机关提交书面和解协议，和解内容不损害社会公共利益和他人合法权益的，行政复议机关应当准许。

（三）经行政复议机关准许和解终止行政复议的，申请人不得以同一事实和理由再次申请行政复议。

（四）税务行政复议调解应遵循的原则

税务行政复议的调解应当符合下列要求：

1. 尊重申请人和被申请人的意愿。

2. 在查明案件事实的基础上进行。

3. 遵循客观、公正和合理原则。

4. 不得损害社会公共利益和他人合法权益。

（五）税务行政复议调解程序

税务行政复议机关应按照下列程序调解：

1. 征得申请人和被申请人同意。

2. 听取申请人和被申请人的意见。

3. 提出调解方案。

4. 达成调解协议。

5. 制作《行政复议调解书》。

（六）《行政复议调解书》应当载明行政复议请求、事实、理由和调解结果，并加盖行政复议机关印章，《行政复议调解书》经双方当事人签字，即具有法律效力。

调解未达成协议，或者《行政复议调解书》不生效的，行政复议机关应当及时作出行政复议决定。

（七）申请人不履行《行政复议调解书》的，由被申请人依法强制执行，或者申请人民法院强制执行。

第二节　税务行政诉讼

一、税务行政诉讼的概念

税务行政诉讼是指纳税人或其他税务当事人不服税务机关作出的具体税务行政行为，认为侵犯了其合法权益，根据《行政诉讼法》和《税收征收管理法》的有关规定，依法向人民法院提起诉讼，由人民法院对税收具体行政行为进行审理并作出裁决的司法活动。

税务行政诉讼具有如下特点：

1. 税务行政诉讼不同于其他行政诉讼，它以审理税务行政案件、解决税务行政争议和纠纷为内容。

2. 税务行政诉讼的原告只能是税务管理的相对人，包括不服税务机关具体税务行政行为的公民、法人或其他组织。

3. 税务行政诉讼的被告必须是作出具体行政行为的税务机关或者是经法律、法规授权行使国家税务行政管理权的机关。

二、税务行政诉讼的范围

税务行政诉讼的范围是指公民、法人或者其他组织可以向人民法院提起行政诉讼的税务机关的税务行政行为的范围，也就是税务机关作出的可受司法审查的税务行政行为的范围。

《行政诉讼法》第二条和第十二条规定，公民、法人或者是其他组织认为行政机关或行政机关工作人员的具体行政行为侵犯其合法权益的，有权向人民法院提起行政诉讼，并以概括式列举和间接列举的方式，明确规定了行政诉讼的受案范围。

根据《行政诉讼法》的规定，并结合《税收征收管理法》的相关规定，税务行政诉讼的受案范围具体包括：

1. 税务机关作出的征税行为。

2. 税务机关作出的责令纳税人提交纳税保证金或提供纳税担保行为。

3. 税务机关作出的行政处罚行为。

4. 税务机关作出的通知出境管理机关阻止出境行为。

5. 税务机关作出的税收保全措施。

6. 税务机关作出的税收强制执行措施。

7. 认为符合法定条件申请税务机关颁发税务登记证和发售发票，税务机关拒绝颁发、发售或不予答复的行为。

8. 税务机关的复议行为。

依《行政诉讼法》和《税收征收管理法》的规定，对于上述属于人民法院受案范围的行政案件，当事人可以先申请复议，对复议不服的，再向人民法院起诉；也可以直接向人民法院起诉。但纳税人、扣缴义务人及其他当事人对税务机关的征税决定不服的，则只能先经复议，对复议结果不服的，才能向人民法院起诉。

[例题 8－14]（单项选择题） 根据《行政诉讼法》的规定，下列情形不属于法院受理范围的是（　　）。

A. 张某对税务机关拒绝向其颁发税务行政许可证的决定不服

B. 李某认为税务机关对其税收违法行为的罚款决定有误

C. 王某对税务机关实施查封其房产的行为不服

D. 赵某认为税务机关免除自己处长职务的决定不合理

［参考答案］D

［答案解析］根据《中华人民共和国行政诉讼法》第十三条规定，行政机关对行政机关工作人员的奖惩、任免等决定不属于法院受理范围，故选D。

三、税务行政诉讼的管辖

税务行政诉讼的管辖，是指在人民法院系统内部受理第一审税务行政案件的分工和权限。依法合理确定税务行政诉讼的审判管辖权，是当事人充分行使诉权、维护自身合法权益的客观需要，也是法院正确行使审判权的客观需要，它对于提高法院审判效率和接受人民群众的监督制约具有重要意义。

（一）级别管辖

级别管辖是指划分上下级人民法院之间受理第一审行政案件的分工和权限。根据《行政诉讼法》第十二条至第十七条的有关规定，税务行政诉讼级别管辖的主要内容是：基层人民法院管辖一般的行政诉讼案件；中高级人民法院管辖本辖区内重大、复杂的行政诉讼案件；最高人民法院管辖全国范围内重大、复杂的行政诉讼案件。据此，对国家税务总局作出的具体税务行政行为以及在本辖区重大、复杂的税务行政案件原则上由中级人民法院管辖。高级人民法院和最高人民法院的主要职责是审理第二审案件以及对下属各级人民法院进行监督和指导，因而基本上不受理第一审税务行政案件，但对在本辖区内重大、复杂的税务行政案件和在全国范围内有重大影响或极复杂的个别税务行政案件，也可分别由高级人民法院和最高人民法院行使管辖权。

（二）地域管辖

地域管辖是确定同级人民法院之间审理第一审行政案件的分工和权限。包括一般地域管辖、特殊地域管辖、专属管辖、选择管辖四种。根据《行政诉讼法》第十八条的规定，一般地域管辖的具体内容是："行政案件由最初作出具体行政行为的行政机关所在地人民法院管辖。经复议的案件，也可以由复议机关所在地人民法院管辖。"如税务行政诉讼案件，由最初作出具体行政行为的税务机关所在地人民法院管辖，但复议机关改变了原具体行政行为的，也可以由复议机关所在地人民法院管辖。

根据《行政诉讼法》第十九条的规定，特殊地域管辖内容为："对限制人身自由的行政强制措施不服提起的诉讼，由被告所在地或者原告所在地人民法院管辖。"如在税务行政诉讼案件中，未结清税款，又不提供担保的原告对税务机关通知出境管理机关阻止其出境的行政强制措施不服而提起的诉讼，由作出通知行为的税务机关所在地或原告所在地人民法院管辖。其中原告所在地包括原告户籍所在地和经常居住地。

根据《行政诉讼法》第二十条的规定，专属管辖的内容是指："因不动产提起的行政诉讼，由不动产所在地人民法院管辖。"因不动产的转让、出租的确认行为而发生的行政诉讼，由不动产所在地人民法院管辖。

根据《行政诉讼法》第二十一条的规定，选择管辖是指对："两个以上人民法院都有管辖权的案件，原告可以选择其中一个人民法院提起诉讼。原告向两个以上有管辖权的人民法院提起诉讼的，由最先立案的人民法院管辖。"

（三）裁定管辖

裁定管辖，是指人民法院依法自行裁定的管辖。它包括移送管辖、指定管辖及管辖权的转移三种情况。根据《行政诉讼法》第二十二条的规定，移送管辖的具体内容是："人民法院发现受理的案件不属于本院管辖的，应当移送有管辖权的人民法院，受移送的人民法院应当受理。"

根据《行政诉讼法》第二十三条的规定，指定管辖的内容是："有管辖权的人民法院由于特殊原因不能行使管辖权的，由上级人民法院指定管辖。人民法院对管辖权发生争议，由争议双方协商解决。协商不成的，报它们的共同上级人民法院指定管辖。"例如，作出税收具体行政行为的税务机关所在地发生严重水灾或其他自然灾害，中级人民法院即指定由复议机关所在地人民法院受理。再如，由于有管辖权的两个人民法院争夺或者推诿对某税务案件的管辖权，同时又协商不成，只得由其共同上级人民法院确定管辖法院。

根据《行政诉讼法》第二十四条的规定，"上级人民法院有权审判下级人民法院管辖的第一审行政案件。下级人民法院对其管辖的第一审行政案件，认为需要由上级人民法院审理或者指定管辖的，可以报请上级人民法院决定"。

[例题 8－15]（单项选择题） 人民法院发现受理的案件不属于自己管辖的，应当移送有管辖权的人民法院，受移送的人民法院认为受移送的案件按照规定不属于本院管辖的，下列做法正确的是（　　）。

A. 自行移送法律规定的有管辖权的法院

B. 自行退回原移送法院

C. 报请上级法院指定管辖

D. 直接裁定不予受理

[参考答案] C

[答案解析] 根据《行政诉讼法》第二十二条规定："人民法院发现受理的案件不属于本院管辖的，应当移送有管辖权的人民法院，受移送的人民法院应当受理。受移送的人民法院认为受移送的案件按照规定不属于本院管辖的，应当报请上级人民法院指定管辖，不得再自行移送。"

[例题 8－16]（单项选择题） 人民法院对管辖权发生争议，由争议双方协商解决。协商不成的，下列有指定管辖权的是（　　）。

A. 共同上级人民法院　　B. 最高人民法院

C. 当地高级人民法院　　D. 先立案法院

[参考答案] A

[答案解析] 根据《中华人民共和国行政诉讼法》第二十三条规定："人民法院对管辖权发生争议，由争议双方协商解决。协商不成的，报它们的共同上级人民法院指定管辖。"

[例题 8－17]（多项选择题） 下列关于行政诉讼的说法中，正确的有（　　）。

A. 行政案件由最初作出行政行为的行政机关所在地人民法院管辖

B. 被告应当在收到起诉状副本之日起十日内向人民法院提交作出行政行为的证据和所依据的规范性文件，并提出答辩状

C. 复议机关在法定期限内未作出复议决定，公民、法人或者其他组织起诉原行政行为的，作出原行政行为的行政机关是被告

D. 经人民法院传票传唤，原告无正当理由拒不到庭，或者未经法庭许可中途退庭的，可以按照撤诉处理；被告无正当理由拒不到庭，或者未经法庭许可中途退庭的，可以缺席判决

E. 当事人对税务机关作出的行政处罚决定不服申请行政复议或者提起行政诉讼的，行政处罚不停止执行，法律另有规定的除外

[参考答案] ACDE

[答案解析]《行政诉讼法》第六十七条规定："被告应当在收到起诉状副本之日起十五日内向人民法院提交作出行政行为的证据和所依据的规范性文件，并提出答辩状。"因此，选项 B 错误。

[例题 8－18]（多项选择题） 下列关于行政诉讼的说法中，错误的有（　　）。

A. 甲市税务局受理行政复议申请后，超过行政复议期限未作出答复，申请人赵某可以自行政复议期满之日起 15 日内，依法向人民法院提起行政诉讼

B. 大渔公司对经乙市税务局重大税务案件审理程序作出的行政处罚决定不服提起行政诉讼，重大税务案件审理委员会所在的税务机关为被告

C. 丙区人民法院发现受理的案件不属于本院管辖，应当报请上级人民法院指定管辖，不得自行移送

D. 丁区税务局拟对某行政诉讼案件提出管辖异议，应当在收到起诉状副本之日起 15 日内提出

E. 戊区税务局作出的不具有强制力的行政指导行为，不属于税务行政诉讼的受案范围

[参考答案] BC

[答案解析]《行政诉讼法》第二十六条规定："公民、法人或者其他组织直接向人民法院提起诉讼的，作出行政行为的行政机关是被告。"因此，选项 B 错误。《行政诉讼法》第二十二条规定："人民法院发现受理的案件不属于本院管辖的，应当移送有管辖权的人民法院，受移送的人民法院应当受理。受移送的人民法院认为受移送的案件按照规定不属于本院管辖的，应当报请上级人民法院指定管辖，不得再自行移送。"因此，选项 C 错误。

四、税务行政诉讼的程序

（一）起诉

税务行政诉讼起诉是指公民、法人和其他组织认为自己的合法权益受到税务机关具体税务行政行为的侵害，依法向人民法院提起诉讼请求，要求人民法院通过审理，行使审判权来依法保护自己合法权益的诉讼行为。

公民、法人或其他组织等税务管理相对人在提起税务行政诉讼时，应符合下列条件：

1. 原告是认为具体税务行政行为侵犯其合法权益的公民、法人或其他经济组织；

2. 有明确的被告，即被诉的税务机关明确；

3. 有具体的诉讼请求和事实、法律根据；

4. 属于人民法院的受案范围和受诉人民法院管辖；

5. 符合行政诉讼的法定期限和规定程序。公民、法人或者其他组织先进行行政复议的，如复议机关逾期不作决定，可在复议期满之日起 15 日内向人民法院提起诉讼。公民、法人或者其他组织直接向人民法院提起诉讼的，应当在知道作出具体行政行为之日起六个月内提出。

[例题 8－19]（单项选择题） 企业对税务机关作出的行政强制措施不服，下列说法正确的是（　　）。

A. 如该企业申请复议，申请复议的期限为 30 日

B. 如该企业对复议决定不服，可以在收到复议决定书之日起 20 日内向人民法院提起诉讼

C. 如该企业直接提起诉讼，提起诉讼期限为 3 个月

D. 如复议机关逾期不作决定，该企业可在复议期满之日起 15 日内向人民法院提起诉讼

[参考答案] D

[答案解析]《行政诉讼法》第四十五条规定："公民、法人或者其他组织不服复议决定的，可以在收到复议决定书之日起十五日内向人民法院提起诉讼。复议机关逾期不作决定的，申请人可以在复议期满之日起十五日内向人民法院提起诉讼。法律另有规定的除外。"

（二）受理

受理是指人民法院对公民、法人和其他组织的起诉申请进行审查，对符合法定条件的起诉申请进行立案审理的过程。对当事人的起诉，人民法院一般从以下几方面审查是否受理：

1. 审查是否属于法定的诉讼受案范围；

2. 审查是否具备法定的起诉条件；

3. 审查是否已经受理或者正在受理；

4. 审查是否有管辖权；

5. 审查是否符合法定的期限；

6. 审查是否经过必经的复议程序。

接到原告的起诉状后，经过审查，人民法院应当在 7 日内作出立案或者裁定不予受理的决定。原告对不予受理的裁定不服的，可以在 10 日内向上一级法院提起上诉。

[例题 8－20]（多项选择题） 下列案件中，不属于行政诉讼受案范围的有（　　）。

A. 普兰公司认为 A 区税务局税收专管员滥用职权，对其实施了行政处罚，要求 A

区税务局对该名专管员进行行政处分，并就该行政处罚决定向人民法院提起行政诉讼

B. 昭阳公司对B市税务局严格按照当地人民法院协助执行通知书作出的执行行为不服，向人民法院提起行政诉讼

C. 中山公司对C市税务局做出的信访事项复查意见不服，向人民法院提起行政诉讼

D. 西井公司对D市税务局作出不予行政许可的决定申请行政复议，在复议审理期间复议机关展开调解，该公司对调解行为不服，向人民法院提起行政诉讼

E. 观山小区居民郭某向D市税务局举报该小区物业公司存在税收违法行为，郭某对D市税务局检查后做出的处理决定不服，向人民法院提起行政诉讼

[参考答案] BCDE

[答案解析] 根据《行政诉讼法》第十二条规定，公民、法人或者其他组织对行政机关做出的行政处罚决定不服，可以提起行政诉讼。因此，选项A错误。

（三）审理

1. 审理应遵循的原则。

（1）起诉不停止执行的原则。即一般情况下，诉讼期间税务具体行政行为不停止执行，除非有特殊情况才停止执行，如被告认为需要停止执行的；原告申请停止执行，人民法院认为该行政行为的执行会造成难以弥补的损失，并且停止执行不损害社会公共利益，裁定停止执行的；法律、法规规定停止执行的。

（2）被告负举证责任的原则。即人民法院审理行政案件，应由作为被告的税务机关对其所作出的税务具体行政行为负举证责任，即提供证据证明被诉税务行政行为的合法性，如果不能提供，该税务机关就要承担败诉的后果。

2. 审理的范围。

（1）对税务机关法定职权的审查。行政机关是否依法定职权实施具体行政行为是判断具体行政行为合法与否的重要标准。

（2）对事实和证据的审查。事实和证据是认定具体税务行政行为是否合法的另一个重要方面。

（3）对适用法律、法规的审查。根据“依法行政”的原则，行政机关作出具体行政行为必须有特定的法律依据，没有法律依据或适用法律、法规错误的具体行政行为是不合法的行政行为。

（4）对作出具体税务行政行为的程序的审查。行政机关的具体行政行为，必须依法定程序作出。

（5）对税务行政处罚决定的合理性或适当性的审查。《行政诉讼法》第七十七条规定，法院在审理行政案件的过程中，发现“行政处罚明显不当，或者其他行政行为涉及对款额的确定、认定确有错误的，人民法院可以判决变更”。

人民法院经过法庭调查和法庭辩论等，由合议庭评议，并在评议的基础上依法作出判决。

[例题8－21]（多项选择题） 下列关于行政诉讼的说法中，正确的有（　　）。

A. “以违反法律强制性规定的手段获取且侵害他人合法权益的证据材料”属于行

政诉讼法规定的“以非法手段取得的证据”的情形

B.“行政行为的内容客观上不可能实施”属于行政诉讼法规定的“行政行为重大且明显违法”的情形

C. 政府信息公开案件可以适用简易程序进行审理

D.“一方当事人因不可抗力的事由不能参加诉讼的”属于行政诉讼法规定的“终止诉讼”的情形

E. 复议机关改变原行政行为所认定的主要事实和证据、改变原行政行为所适用的规范依据，但未改变原行政行为处理结果的，视为复议机关维持了原行政行为

[参考答案] ABCE

[答案解析] 根据《最高人民法院关于适用〈中华人民共和国行政诉讼法〉的解释》（法释〔2018〕1号）第八十七条有关规定，“一方当事人因不可抗力的事由不能参加诉讼的”属于中止行政诉讼的情形。因此，选项D错误。

（四）判决

税务行政诉讼的判决有以下几种：

1. 维持判决。适用于税务机关的具体行政行为证据确凿，适用法律、法规正确，符合法定程序的案件。

2. 撤销判决。适用于被诉的具体行政行为主要证据不足，适用法律、法规错误，违反法定程序，或者超越职权，滥用职权，人民法院应判决撤销或部分撤销，同时可判决税务机关重新作出具体行政行为。

3. 履行判决。适用于税务机关不履行或拖延履行法定职责的，判决其在一定期限内履行。

4. 变更判决。适用于税务行政处罚有失公正，人民法院应判决受理。

对一审人民法院的判决不服，当事人均有权自判决书送达之日起15日内向上一级人民法院提起上诉，逾期不上诉的一审判决即发生法律效力，当事人必须执行，否则人民法院有权依法对当事人的申请给予强制执行。

[例题8－22]（单项选择题） 企业对税务机关作出的处罚决定不服提起行政诉讼，案件处于一审期间。下列说法错误的是（　　）。

A. 一审宣告判决前，企业申请撤诉的，是否准许，由人民法院裁定

B. 税务机关重新作出不同的处罚决定，企业同意并申请撤诉，是否准许，由人民法院裁定

C. 税务机关重新作出不同的处罚决定，应当书面告知人民法院

D. 税务机关重新作出不同的处罚决定，企业仍要求确认原处罚决定违法的，人民法院不予判决

[参考答案] D

[答案解析]《行政诉讼法》第六十二条规定：“人民法院对行政案件宣告判决或者裁定前，原告申请撤诉的，或者被告改变其所作的行政行为，原告同意并申请撤诉的，是否准许，由人民法院裁定。”《最高人民法院关于适用〈中华人民共和国行政诉讼法〉

的解释》第八十一条规定："被告在一审期间改变被诉行政行为的，应当书面告知人民法院。原告或者第三人对改变后的行政行为不服提起诉讼的，人民法院应当就改变后的行政行为进行审理。被告改变原违法行政行为，原告仍要求确认原行政行为违法的，人民法院应当依法作出确认判决。原告起诉被告不作为，在诉讼中被告作出行政行为，原告不撤诉的，人民法院应当就不作为依法作出确认判决。"

（五）税务行政诉讼的二审和再审

1. 二审。即税务行政诉讼的第二审程序，又称上诉审程序、终审程序，是指上级人民法院对下级人民法院的第一审判决、裁定，在其发生法律效力之前，基于当事人的上诉，对案件进行重新审理的程序。由于行政诉讼实行二审终审制，上一级人民法院的二审判决或裁定是终审判决或裁定，对二审的判决不得再提起上诉。

2. 再审。即税务行政诉讼的再审程序，又称审判监督程序，是指人民法院对已发生法律效力的判决、裁定，发现违反法律、法规的规定，依法进行重新审判的程序。它是与二审程序完全不同的诉讼程序，是为了纠正人民法院的判决、裁定的错误而设置的一个特殊的审判程序，不具有审级性质，不是行政诉讼的必经程序；但它对于贯彻实事求是原则，保证人民法院正确行使案件的审判权，具有重要作用。

［例题 8－23］（多项选择题）《行政诉讼法》第九十条规定，"当事人对已经发生法律效力的判决、裁定，认为确有错误的，可以向上一级人民法院申请再审"。

下列关于行政诉讼案件再审的说法中，正确的有（　　）。

A. 当事人对已经发生法律效力的判决、裁定，认为确有错误的，可以向上一级人民法院申请再审，但判决、裁定不停止执行

B. 当事人向上一级人民法院申请再审，通常应当在判决、裁定或者调解书发生法律效力后 6 个月内提出

C. 税务机关应当在收到人民法院送达的再审申请书副本之日起 15 日内提交书面意见

D. 再审申请人经传票传唤，无正当理由拒不接受询问的，再审法院可以缺席判决

E. 人民法院审理再审案件，应当另行组成合议庭

［参考答案］ ABCE

［答案解析］ 根据《最高人民法院关于适用〈中华人民共和国行政诉讼法〉的解释》（法释〔2018〕1 号）第一百一十五条有关规定，"再审申请人经传票传唤，无正当理由拒不接受询问的，按撤回再审申请处理"。因此，选项 D 错误。

（六）税务行政诉讼的执行

执行程序是指人民法院作出的裁定、判决发生法律效力后，一方当事人拒不履行人民法院的裁定、判决，而由人民法院根据另一方当事人的申请实行强制执行的活动。《行政诉讼法》第九十四条规定，"当事人必须履行人民法院发生法律效力的判决、裁定、调解书"。第九十五条规定，"公民、法人或者其他组织拒绝履行判决、裁定、调解书的，行政机关或者第三人可以向第一审人民法院申请强制执行，或者由行政机关依法强制执行"。

第三节　税务行政赔偿

一、税务行政赔偿的概念和构成要件

(一) 税务行政赔偿的概念

税务行政赔偿是指税务机关及其工作人员违法行使职权，侵犯公民、法人或其他组织的合法权益并造成损害的，由税务机关代表国家承担赔偿责任的制度。

(二) 税务行政赔偿的构成要件

1. 侵权行为主体，指税务机关及其工作人员或法律、法规授权的组织。

2. 行为须为职务违法行为。这是构成税务行政赔偿责任的核心要件：(1) 必须是税务机关及其工作人员或法律法规授权组织执行职务的行为。(2) 该执行的职务行为违法。

3. 有具体的损害事实。

4. 侵权行为与损害事实之间存在因果关系。

[例题 8-24]（判断题） A税务局的执法人员小张依法扣押了纳税人周某的一台笔记本电脑并带回家中使用，在返还该笔记本时将其恢复原状。由于周某无财产损失，小张行为并无不妥之处。（　）

[参考答案] 错误

[答案解析]《中华人民共和国行政强制法》第二十六条规定，对查封扣押的场所、设施或者财物，行政机关应当妥善保管，不得使用或者损毁；造成损失的，应当承担赔偿责任。

(三) 税务行政赔偿的特点

所谓税务行政赔偿是指因税务机关行政行为违法或不当，给管理相对人的合法权益造成伤害，由行政机关承担以赔偿为形式的法律责任。行政赔偿是国家赔偿的一部分，税务行政赔偿有如下特点：

1. 损害是由税务机关造成的。

2. 造成损害的原因是行政机关执行公务时违法或不当。

3. 由税务行政机关承担赔偿责任。

4. 税务机关的行政行为对管理相对人的合法权益造成侵害。

5. 税务行政机关对工作人员故意或过失给管理相对人造成的损失有赔偿责任，对代征、代扣代缴义务人造成的行政损害先行承担责任，然后依法追究代征、代扣代缴义务人的责任。

6. 税务行政赔偿以金钱赔偿为主，以行政机关承认错误、赔礼道歉、恢复名誉、消除影响、返还权益等其他赔偿为辅助形式。

二、税务行政赔偿请求人

税务行政赔偿的请求人主要是：

1. 受害的纳税人和其他税务当事人。

2. 受害公民的继承人，其他具有抚养关系的亲属。当受害公民死亡后，其权利由其继承人、亲属继承。

3. 承受原法人或其他组织权利义务的法人或其他组织。

三、赔偿义务机关

1. 一般情况下，哪个税务机关及其工作人员在行使职权过程中侵害了公民、法人和其他组织的合法权益，该税务机关就是履行赔偿义务的机关。如果两个以上税务机关或其工作人员共同违法行使职权，侵害了纳税人和其他税务管理当事人的合法权益的，则共同行使职权的税务机关均为赔偿义务机关，赔偿请求人有权对其中任何一个提出赔偿要求。

2. 经过上级税务机关行政复议的，最初造成侵权的税务机关是赔偿义务机关，但上级税务机关的复议决定加重损害的，则上级税务机关对加重损害部分履行赔偿义务。

3. 应当履行赔偿义务的税务机关被撤销的，继续行使其职权的税务机关是赔偿义务机关；没有继续行使其职权的，撤销该赔偿义务机关的行政机关为赔偿义务机关。

四、税务行政赔偿的请求时效

请求税务行政赔偿的时效为 2 年，自税务机关及其工作人员行使职权时的行为被依法确认为违法之日起计算。如果在赔偿请求时效的最后 6 个月内，因不可抗力或者其他障碍不能行使请求权的，时效中止；从中止时效的原因消除之日起，赔偿请求时效期间继续计算。

五、请求税务行政赔偿的途径

请求行政赔偿是每个公民的合法权益。我国《宪法》第四十一条规定：由于国家机关和国家工作人员侵犯公民权利而受到损失的人，有依照法律规定取得赔偿的权利。《行政诉讼法》规定的行政赔偿责任，使《宪法》规定的公民权利得到有效的落实。行政损害的受害人请求行政赔偿有两个途径：一是向有关税务机关提出损害赔偿请求；二是对行政机关的处理不服，可以向人民法院提起行政诉讼。

六、税务行政赔偿的程序

（一）税务行政赔偿非诉讼程序

税务行政赔偿非诉讼程序，即税务行政赔偿先行处理程序，是指不通过司法程序而由税务机关自行处理行政赔偿问题的程序。税务行政赔偿非诉讼程序包括提出请求、受理、审理决定和执行等几个步骤。

1. 赔偿请求的提出。税务赔偿请求人应根据《国家赔偿法》的规定先向负有履行赔偿义务的税务机关提出赔偿要求。这是税务行政赔偿的必需程序。税务赔偿请求人要求赔偿的项数，可以是一项，也可以是数项。有共同税务行政行为的，赔偿请求人有权向其中任何一个赔偿义务机关要求赔偿，该赔偿义务机关应当依法先予以全部赔偿，然后依程序确认各自的责任大小，而不仅是赔偿自己致害的那一部分。这是因为受害人所受损害是税务机关的共同税务侵权行为造成的，它们对赔偿义务负有无限连带责任。如果税务行政赔偿请求人在要求税务行政赔偿的同时，还要求上级税务复议机关或人民法院确认致害的职务行为违法或者要求撤销该行为，则也可以在申请税务行政复议或者提起税务行政诉讼时，一并提出税务行政赔偿要求。

如果税务行政赔偿请求人书写申请书确有困难，可以委托他人代写，也可以口头申请，由赔偿义务机关记入笔录。

2. 税务行政赔偿义务机关在收到《行政赔偿申请书》后，填写《赔偿申请审查表》，并在10日内作出处理。对符合赔偿条件的予以受理，并送达《受理通知书》；对不符合赔偿条件的，送达《不予受理决定书》；对于申请书中证据材料不足的，以书面形式通知赔偿申请人在规定的期限内补正。

3. 对税务行政赔偿请求的处理。税务行政赔偿请求人在法定期限内提出赔偿请求后，负有赔偿义务的税务机关应当自收到申请之日起两个月内依照法定的赔偿方式和计算标准给予赔偿，逾期不赔偿或赔偿请求人对赔偿数额有异议的，赔偿请求人可以在期间届满之日起三个月内向人民法院提起诉讼。

4. 执行。

（二）税务行政赔偿诉讼程序

当税务机关逾期不予赔偿或者税务行政赔偿请求人对赔偿数额有异议时，税务行政赔偿请求人可以向人民法院提起诉讼，这时就进入了税务行政赔偿诉讼程序。税务行政赔偿诉讼与税务行政赔偿非诉讼程序中规定的可以在提起税务行政诉讼的同时，一并提起税务行政赔偿请求的具体做法有所不同。

1. 在提起税务行政诉讼时一并提出赔偿请求无须经过先行处理，而税务行政赔偿诉讼的提起必须以税务机关的先行处理为条件。

2. 依据《行政诉讼法》的规定，税务行政诉讼不适用调解，而税务行政赔偿诉讼可以进行调解。因为税务行政赔偿诉讼的核心是税务行政赔偿请求人的人身权、财产权受到的损害是否应当赔偿，应当赔偿多少，权利具有自由处分的性质，存在调解的基础。

3. 依据《行政诉讼法》的规定，在税务行政诉讼中，被告即税务机关承担举证责任，而在税务行政赔偿诉讼中，损害事实部分举证责任不可能由税务机关承担，也不应由税务机关承担。

[例题8－25]（单项选择题） 在行政赔偿、补偿的案件中，下列说法正确的是（　　）。

A. 被告应当对行政行为造成的损害提供证据

B. 原告和被告均应当承担举证责任

C. 原告应当对行政行为造成的损害提供证据

D. 若因原告的原因导致被告无法举证的，由原告承担举证责任

[参考答案] C

[答案解析] 根据《行政诉讼法》第三十八条规定，在行政赔偿、补偿的案件中，原告应当对行政行为造成的损害提供证据。因被告的原因导致原告无法举证的，由被告承担举证责任。

[例题 8-26]（多项选择题） 下列关于行政诉讼的说法中，正确的有（　　）。

A. 税务机关拒不履行人民法院生效判决、裁定，社会影响恶劣的，人民法院可以对该税务机关直接负责的主管人员和其他直接责任人员予以拘留

B. 行政诉讼法规定的应当出庭应诉的行政机关负责人，包括行政机关的正职、副职负责人以及其他参与分管的负责人

C. 税务机关以现场笔录作为证据的，应当载明时间、地点和事件等内容，且要有执法人员和当事人签名，否则该证据无效

D. 人民法院审理税务行政诉讼案件，不适用调解。但是，行政赔偿、补偿以及税务机关行使法律、法规规定的自由裁量权的案件可以调解

E. 在行政诉讼过程中，被告及其诉讼代理人不得自行向原告、第三人和证人收集证据

[参考答案] ABDE

[答案解析] 《最高人民法院关于行政诉讼证据若干问题的规定》第十五条规定："当事人拒绝签名或者不能签名的，应当注明原因。有其他人在现场的，可由其他人签名。"因此，选项 C 错误。

（三）税务行政追偿制度

税务行政追偿是指违法行政职权给纳税人和其他税务管理当事人的合法权益造成损害的税务机关的工作人员主观有过错，如故意和重大过失，税务机关赔偿其造成的损害之后，再追究税务工作人员责任的制度。它解决的是税务机关与其工作人员之间的关系。规定追偿制度是为了促使行政机关工作人员恪尽职守，防止其滥用职权。另外，对有故意或者重大过失的工作人员，应当依法给予行政处分；构成犯罪的，应当依法追究刑事责任。

七、税务行政赔偿方式和赔偿标准

（一）赔偿方式

税务行政赔偿的方式是指税务机关承担行政赔偿责任的具体形式，主要有以下几种：

1. 支付赔偿金，这是行政赔偿的主要方式。

2. 返还财产，一般是指原物，这是一种辅助性的赔偿方式，只适用于财产权损害。

3. 恢复原状，只要税务机关认为恢复原状既有可能，又有必要时，就可以采取这种方式进行赔偿。

（二）赔偿标准

1. 侵害人身权的赔偿标准。

（1）侵犯公民人身自由的，每日赔偿金按照国家上年度职工日平均工资计算。

（2）造成公民身体伤害的，应当支付医疗费，以及赔偿因误工减少的收入。减少的收入每日的赔偿金按照国家上年度职工日平均工资计算，最高额为国家上年度年平均工资的 5 倍。

（3）造成部分或者全部丧失劳动能力的，应当支付医疗费，以及残疾赔偿金。残疾赔偿金根据丧失劳动能力的程度确定，部分丧失劳动能力的最高额为国家上年度职工年平均工资的 10 倍，全部丧失劳动能力的为国家上年度职工年平均工资的 20 倍。造成全部丧失劳动能力的，对其扶养的无劳动能力的人，还应支付生活费。

（4）造成死亡的，应当支付死亡赔偿金、丧葬费，总额为国家上年度职工年平均工资的 20 倍。对死者生前扶养的无劳动能力的人，还应支付生活费。

上述规定的生活费发放标准参照当地民政部门有关生活救济的规定办理。被扶养的人是未成年人的，生活费给付至 18 周岁为止；其他无劳动能力的人，生活费给付至死亡时为止。

2. 侵害财产权的赔偿标准。

（1）违法征收税款、加收滞纳金的，应当返还税款及滞纳金，并以征收税款、加收滞纳金的行为依法确认违法行为之日的银行活期存款利率给付赔偿金。赔偿金的计算自赔偿请求人收到税务机关开具的缴款凭证之日起，至税务机关及其工作人员征收税款、加收滞纳金的行为依法确认为违法行为之日止。

（2）违法对应予出口退税而未退税的，除应予退税外，并以税务机关拒绝退税的行为依法被确认为违法行为之日银行活期存款利率给付赔偿金。赔偿金的计算自税务机关应予退税之日起，至税务机关拒绝退税的行为依法确认为违法行为之日止。

（3）罚款、没收非法所得或违反国家规定征收财物、摊派费用的，返还财产。

（4）查封、扣押、冻结财产的，解除对财产的查封、扣押、冻结，造成财产损坏或者灭失的，应当恢复原状或者给付相应的赔偿金。

（5）应当返还的财产损坏的，能恢复原状的恢复原状，不能恢复原状的，按照损坏程度给付赔偿金。

（6）应当返还的财产灭失的，给付相应的赔偿金。

（7）财产已经拍卖的，给付拍卖所得的款项。

（8）对财产权造成其他损害的，按照直接损失给予赔偿。

税务行政赔偿费列入各级财政预算，由各级财政按财政管理体制分级负担。

本章小结

税务行政救济是纳税人依法保障自身权利，合法维护自身利益的有效手段。税务行政救济主要包括三方面的内容，即税务行政复议、税务行政诉讼和税务行政赔偿。税务行政复议是指当事人不服税务机关及其工作人员作出的税务具体行政行为，依法向上一级税务机关（复议机关）提出申请，复议机关经审理对原税务机关具体行政行为依法作出维持、变更、撤销等决定的活动。税务行政诉讼是指公民、法人和其他组织认为税务机关及其工作人员的具体税务行政行为违法或者不当，侵犯了其合法权益，依法向人民法院提起行政诉讼，由人民法院对具体税务行政行为的合法性进行审查并作出裁决的司法活动。其目的是保证人民法院正确、及时审理税务行政案件，保护纳税人、扣缴义务人等当事人的合法权益，维护和监督税务机关依法行使行政职权。税务行政赔偿，是指税务机关和税务机关工作人员违法行使税收征管职权，对公民、法人和其他组织的合法权益造成损害，由国家承担赔偿责任，并由税务机关具体履行义务的一项法律制度。

第九章　税收的刑法保障

税务行政执法与刑事司法的衔接（以下简称“两法衔接”）是行政执法体制改革的重要内容之一。税务稽查部门是税务机关发生“两法衔接”频率最高的部门。税务稽查实践中，存在着行政执法与司法程序各自独立，与彼此间相互联系同时并存的情况，由于相关法律法规规定不够明确具体，由此演化出税务行政责任与刑事责任的竞合，进而产生了税务行政执法与刑事司法的衔接不畅问题。本章税收的刑法保障，就是为了普及税收刑法知识，为税务稽查人员准确把握稽查案件是否属于“两法衔接”案件提供依据。

第一节　刑法总论概述

刑法是关于明示允许或者禁止公民实施特定行为的行为规范，也是司法机关用于惩罚犯罪的专门规则。“刑法”一词，简而言之，就是事关犯罪和刑罚的法律规范。刑法学就是围绕刑法进行规范解释，确定犯罪认定和处理的一般标准的理论。判断是否构成犯罪，需要有较为坚实的刑法理论基础。

一、刑法的基本原则

刑法基本原则是刑法的灵魂，是刑法内在精神的集中体现。现行刑法对罪刑法定、罪刑均衡、刑法适用平等三个基本原则作了明确规定，这对于正确适用刑法，在刑事司法中坚守法治立场具有积极影响。

（一）罪刑法定原则

按照费尔巴哈的经典表述，罪刑法定的基本含义是没有法律就没有刑罚，没有法律就没有犯罪。换言之，如果没有成文法律规定某种行为是犯罪，并且应当受到相对确定的处罚，那么，对任何人的此种行为都不能以犯罪论处。

法治，就是规则之治！罪刑法定原则就是为了保障法治立场得到贯彻而在刑法上所做的制度设计。

1. 从形式上看，罪刑法定原则的基本要求是：

（1）法定化，即犯罪和刑罚必须事先由法律作出明文规定，不允许法官自由擅断。

（2）实定化，即对于什么是犯罪和犯罪所产生的具体法律后果，都必须作出实体性的规定。

（3）明确化，即刑法条文必须文字清晰、意思确切，不得含糊其辞或模棱两可。

如果某人实施了某种坏行为，提交审判，并要对其科以刑罚时，其基准就是刑法。刑法中必然规定了实施何种行为该科以何种刑罚。审判官在科以刑罚时，必须遵守刑法。所谓“必须遵守”，不仅是指对刑法中没有规定要科以刑罚的行为不能处罚，还意味着判定的刑罚不能超越刑法所规定的刑罚限度。这种原则叫作“罪刑法定主义”。①

必须看到，仅仅从形式上认识罪刑法定原则是不够的。不能简单地认为：只要有法律的规定，对任何行为都可以科以刑罚。适用刑法时，必须考虑是否必须动用刑罚进行处罚（处罚的必要性和合理性），而且，对于该种犯罪所定的刑罚是否与其他犯罪相平衡。所以，对罪刑法定原则的意义和内容，应当从实体的正当程序的角度加以讨论。

2. 从实质意义上看，罪刑法定主义的基本内容是：

（1）溯及既往的禁止（事前的罪刑法定）。犯罪及其惩罚必须在行为前预先规定，刑法不得对在其公布、施行前的行为进行追溯适用，因此，所有的刑法立法者都是在为未来设定规则。在有的国家，溯及既往的禁止是宪法原则。溯及既往之所以被禁止，是因为个人需要法律的指引，需要根据事先公布的法律确定行为的方向。对个人而言，能够左右其行为的，应当是行为当时的法律。司法机关不能把过去认为妥当的行为，按照后来制定的法律认定为违法。溯及既往的刑法，可能使个人无所适从，同时危及法律的安定性。对于溯及既往的刑法的弊端，富勒说得非常形象：在所有的部门法中，刑法最明显而且最直接地涉及塑造和约束人们的行为。回溯性的刑事法规会令人们直接联想到这样一种荒唐之极的情况：今天命令一个人昨天做某事。①

当然，禁止溯及既往也有例外的情况：在法律有变更，新的刑罚比犯罪行为时的法律规定的处罚要轻的情况下，从考虑被告人利益的角度允许新法溯及既往（从旧兼从轻）。与此相关，在行为时法和裁判时法之间，还存在“中间法”，且三个法律规范所确定的惩罚标准并不相同时，从有利于被告人的角度，也并不是一味适用行为时法，而应当适用处罚最轻的法律。如果一律适用行为时法，案件可能久拖不决，而且与此同时，社会观念、法律规定都已经发生变化，刑法对先前的犯罪变得非常宽容，再按照行为时法处理显得不合时宜。

（2）排斥习惯法（成文的罪刑法定）。在现代社会，虽然个人权利越来越广泛，但是它在强大的国家司法机器面前仍然弱不禁风，所以，应当对刑罚权进行控制，司法机关惩罚犯罪的范围以成文刑法的存在为边界，以此实现对个体权利的倾斜保护。在承认刑法规则有限性的前提下强调权利理念，实行罪刑法定就是明智选择。这就要求：在形式的意义上，犯罪与刑罚必须以文字形式记载下来，有其确定性。刑法的法源应当是立

---

① ［日］西原春夫，顾肖荣等译：《刑法的根基与哲学》，法律出版社 2004 年版。

法机关通过特定程序制定的成文法，刑事司法应该以成文法为准，而不能适用习惯法。

习惯法是指在某种事实反复出现的场合，多数人一般对此抱有法的确信的情况。例如，杀死奸夫行为、父母为教育子女实施暴力打骂行为的，在很多地方得到习惯法承认。但是，由于习惯法的内容、发生效力的时间不是特别确定，行为者可能不知道习惯法的存在和内容；此外，以习惯法为据裁判案件，可能难以防止法官的恣意，所以，对习惯法在刑法中的地位应予以排斥，法官不能直接以习惯法作为法源裁判案件。杀死奸夫的，可以构成故意杀人罪；父母打骂子女致伤的，可以视情况构成故意伤害罪或者虐待罪。但是，在极其特殊的情况下，解释刑罚法规时可以援用习惯法，例如，对过失犯中注意义务的有无，可以根据习惯法来判断。

成文法主义表明，立法者确定的罪刑规范，自然应当成为司法人员遵守的规范。但是，这并不是说，只要有法律规定，就可以将行为作为犯罪处理，并且可以科处刑罚。由于犯罪必须是行为，所以仅仅有恶的动机并不构成刑罚处罚的理由，对犯罪的处罚必须具有合理性和必要性。对具体案件的处理，必须确保在案件事实符合刑法分则的具体规定时，才能确定被告人有罪。例如，到餐馆吃饭后，发现账单金额超过万元时，为免除债务而翻窗逃跑的行为，并不符合成文刑法关于诈骗罪的规定，不能成立犯罪。

由于成文法具有稳定性特征，所以，法律一旦制定，不应当频繁修改。如果法律变化过于频繁，公民对自己行为的预测可能性仍然可能丧失，有违成文法主义的精神。

（3）禁止类推解释（严格的罪刑法定）。因为“所有的规则实际上都是相互冲突的期待与利益的一种混合的产物”[①]，所以，对刑法的适用就离不开解释。进一步看，刑法的适用事关对公民的生杀予夺，所以，在适用刑法过程中，对刑法进行解释就必须慎之又慎，法国《刑法典》第111—114条规定“刑法应严格解释之”的道理也就在于此。

类推解释，是指对于法律没有明文规定的行为，适用有类似规定的其他条文予以处罚。

在一般所谓法学上的类推适用中，有两件生活事实被相互比较，其一是可以毫无疑义地归属于法定构成要件之下的事实，相反地，另一事实则（似乎）未被规范。假使两者间具有足够的类似性，则后者就法效果这点并且仅就此点应与前者作相同处理；这两件事实关系的“类似性”便正当化其法效果上的相同处理。刑法中类推适用的禁止，其所指的乃是此等意义的类推。[②]

例如，将与现役军人的配偶长期通奸的行为解释为同居，从而认定行为人构成破坏军婚罪，就有类推解释的嫌疑。在德国，理论上认为，如果对那些为取得财物而将金属片塞入自动售货机的行为定诈骗罪，就属于类推解释。立法上为了回应这种质疑，专门在德国《刑法典》第265条a中规定骗取服务罪。由于类推解释在实体上违反成文法主义和禁止溯及既往原则，在程序上违反正当程序的要求，实际上是对事先在法律上没有预告要处罚的行为进行处罚，动摇了罪刑法定原则的晓谕功能，使司法权不当地侵入立

① ［美］昂格尔，吴玉章等译：《现代社会中的法律》，中国政法大学出版社1994年版，第192页。

② ［德］卡尔·拉伦茨，陈爱娥译：《法学方法论》，商务印书馆2003年版，第16页。

法的领地，属于司法恣意地对国民的行动自由进行压制，所以不被允许。对于处罚上的漏洞，不能通过类推解释填补，而只能借助于合理的刑法解释和立法方式。

类推思维可能会出错，这不仅因为它是一种形式主义，而且还因为其根据是对相关的相同点与不同点的一种判断，但是判断的理由并不充分。[①]

在大陆法系国家，禁止类推解释，但允许扩张解释。因为扩张解释以后，解释结论仍然在法律语言可能包括的意思范围内，一般国民在认识到该用语时，能够客观地进行预测。例如，假设有关医疗行政法规规定，药剂师按医生开具的处方配药的，即使出现医疗事故，药剂师也没有刑事责任。如果某药剂师按照具有故意杀人的医生的电话吩咐发药，致使病人死亡的，也完全可以将药剂师是因按照医生电话指示发药解释为按处方配药，由此宣判药剂师无罪。

类推解释与扩张解释的区别有时很难认定，但是，它们的区别仍然是不可否认的：对“条文上的词义”作扩张解释以后，使其与日常用语的含义相当，国民从该用语中能够预测行为的妥当与否的，是扩张解释。例如，将动物解释为财物，并将故意打开他人家中的狗笼，把他人豢养的价值极高的观赏狗放走的行为解释为故意毁坏财物行为，就是扩张解释。如果解释突破日常用语的含义，解释结论在一般民众看来是极其意外和难以接受的，则该解释是类推解释。

类推解释原则上是被禁止的，但当类推解释有利于被告人时，可以适用，例如，根据期待可能性并不存在的事实，肯定被告人没有责任，从而不构成犯罪的解释，也是一种类推解释，但是其解释结论是可以接受的。

3. 刑罚法规的适当（确定的罪刑法定）。刑罚法规的适当包括以下内容：

（1）刑法明确性。仅仅由法律明文规定犯罪与刑罚还不够。在作这种规定时，还应当保证其达到国民能够预测国家刑罚权的发动可能性的明确程度，即能让一般人看明白，实现其“昭谕”功能。当然，在规定各个犯罪的构成要件时，刑法不可能非常详细和具体，不可能达到“事无巨细”的程度，因为刑法规范过于明确，也会影响刑法的张力。至于刑法是否明确，应当根据具有通常判断能力的一般人的理解，以及在具体场合该行为人的判断可能性、预测可能性予以判断。

（2）禁止处罚不当罚的行为。有的行为严重违反道德要求，但是，并没有必要用刑罚方法进行处理的，不能规定为犯罪。这是由刑法的补充性、谦抑性、最后手段性所决定的。

（3）禁止不确定刑。刑罚越不确定，刑法可能就越严厉，越容易被滥用。所以，刑法对于刑种和刑度必须有明确规定。刑种、期限绝对不确定的刑罚（例如只规定“犯……罪的，判处刑罚”或者“犯……罪的，判处有期徒刑”），不能防止司法恣意，违反罪刑法定的要求。

（二）罪刑均衡原则

罪刑均衡原则的基本含义是：犯多大的罪，就应当承担多大的刑事责任，法院亦应

① ［美］凯斯·R. 孙斯坦，金朝武等译：《法律推理与政治冲突》，法律出版社2004年版，第87页。

判处其相应轻重的刑罚，做到重罪重罚、轻罪轻罚，罚当其罪、罪刑相称。对罪轻、罪重的评判，应当考虑犯罪行为本身的客观危害，以及其他各种影响罪犯个人责任大小的因素，使刑罚既与犯罪的客观危害相对应，也与行为人的个人情况相对应。我国刑法第五条规定，刑罚的轻重，应当与犯罪分子所犯罪行和承担的刑事责任相适应。这一规定就是顺应了罪刑均衡原则发展的趋势。

罪刑均衡原则在刑事立法中通过罪状与法定刑的对应关系表现出来，在刑事司法中则表现为宣告与犯罪人的具体犯罪大致相当的刑罚并确保其执行。

罪刑均衡原则来源于古老的报复观念。此后，刑事古典学派进一步强调，刑罚必须和犯罪的客观危害相当，以此来维持罪刑均衡关系。刑事古典学派认为：犯罪使社会公共福利、公民的自由和安全、社会治安、私人财产以及统治者利益受到实际危害，因而刑罚应当与客观犯罪行为及其危害结果相均衡。凡属于主观范畴的因素（如犯罪人的动机、目的等）不应当影响刑罚的确定。从这一原则出发，国家必须在罪刑法定的基础上制定一部反映犯罪和刑罚关系的阶梯式刑法典，即贝卡里亚在《论犯罪和刑罚》中所设想的一个“由上到下排列着一切违反公共福利的犯罪行为——由最重要的到最轻的——阶梯”式法典；并且，法官应当严格地根据法律进行形式逻辑式的推理量刑，既不允许法官对刑法典擅作解释和类推，也不允许法官量刑时自由裁量，如此，才能真正实现罪刑的均衡，从而满足刑罚正义的要求。

对于罪刑均衡原则，边沁曾经形象地指出：“让我们定个规则，多大的罪用多大的惩罚；应该用树枝纠正的过程，不用可怕的鞭子抽打。孟德斯鸠意识到了罪刑相称的必要性，贝卡里亚则强调了它的重要性。然而，他们仅仅做了推荐，并未进行解释；他们未告诉我们相称性由什么构成。让我们努力弥补这一缺憾，提出计算这个道德原则的主要规则。”①

边沁由此提出了罪刑均衡的5个规则：（1）刑罚之苦必须超过犯罪之利。（2）刑罚的确定性越小，其严厉性就应该越大。（3）当两个罪行相联系时，严重之罪应适用严厉之刑，从而使罪犯有可能在较轻阶段停止犯罪。（4）罪行越重，适用严厉之刑以减少其发生的理由就越充足。（5）不应该对所有罪犯的相同之罪适用相同之刑，必须对可能影响感情的某些情节给予考虑。

但是，在垄断资本主义时期，随着刑法客观主义遭受广泛的批评，以行为人为出发点的刑法思想大行其道：强调犯罪人的主观恶性对于犯罪行为的重要影响作用，竭力主张刑罚应当以改造犯罪、保全社会为出发点；刑罚不是对犯罪行为而是对犯罪者实施。在量刑时，虽然要考虑犯罪人的客观犯罪行为和危害后果，但更主要的应当是考虑犯罪人的反社会性或人身危险性。对犯罪人应当按照其个体的社会危险性程度进行分类，并相应地适用不同的刑罚。从这一原则出发，刑事实证学派主张改造传统的罪刑均衡原则，以人身危险性概念充实罪刑均衡原则的内容，刑罚必须根据个人的人身危险性或者再犯可能性来确定。

---

① ［英］吉米·边沁，李贵方等译：《立法理论》，中国人民公安大学出版社2004年版，第375页。

由于刑法学上的学派之争在20世纪垄断资本主义高速发展的新背景下渐趋缓，在量刑原则上两派也开始取长补短，既强调刑罚与犯罪行为相适应，又主张刑罚与犯罪人的人身危险性相适应。在这个意义上，可以说罪刑均衡原则是刑罚正义和刑罚个别化的统一：一方面，罪刑均衡要求刑罚应当与犯罪的客观危害之间建立对应关系，做到有罪必罚、无罪不罚，重罪重罚、轻罪轻罚，以满足分配正义的要求；另一方面，罪刑均衡要求刑罚适用不能一概而论，必须根据行为人的人身危险性的大小、心理类型等个别因素量刑，以实现刑罚个别化。

（三）刑法适用平等原则

刑法适用平等原则的基本含义就是：就犯罪人而言，任何人犯罪，都应当受到法律的追究；任何人不得享有超越法律规定的特权；对于一切犯罪行为，不论犯罪人的社会地位、家庭出身、职业状况、政治面貌、才能业绩如何，都一律平等地适用刑法，在定罪量刑时不应有所区别，一视同仁，依法惩处。就被害人而言，任何人受到犯罪侵害，都应当依法追究犯罪、保护被害人的权益；被害人同样的权益，应当受到刑法同样的保护，不得因为被害人身份地位、财产状况等情况的不同而对犯罪和犯罪人予以不同的刑法适用。

平等是世界各国普遍追求的价值理念，也是公民应当享有的一项法律上的权利，其在法律上首先是通过宪法性文件表达的。1789年法国《人权宣言》第1条开门见山地规定，人人生来就有权保持自由与平等。第13条更为具体地阐述了平等原则："法律表达普遍意志，所有公民都有权亲自或经由其代表来参与形成法律。不论是保护还是惩罚，法律必须对所有人一样。"法律面前人人平等是我国宪法确立的社会主义法治的一般原则。但是宪法规定较为抽象，存在其固有的局限性，这一原则要真正取得效果，有必要在各个部门法律中得到贯彻执行。鉴于我国司法实践中适用刑法不平等的现象在现阶段还比较严重，《刑法》第四条明确规定，对任何人犯罪，在适用法律上一律平等；不允许任何人有超越法律的特权。

刑法适用平等原则，意味着法律规定必须被平等地适用于所有法律规定而言"情况类似"的人，其具体体现在定罪、量刑和行刑三个方面。

1. 定罪平等。犯罪是侵犯法益的行为，刑法的目的是保护法益。任何人的行为只要对法益有侵害，就应该被作为犯罪进行追究，无论行为人身份、地位如何，都应当一律平等对待，适用相同的定罪标准。如果对一些罪犯因为其地位特殊、功劳大而使其逍遥法外、不予定罪，就不能有效地保护一部分合法权益；反之，对没有犯罪的普通公民进行任意追究，也会使这些人的合法权益受到侵害。所以，有罪不究或者罪及无辜，都是违反刑法适用平等原则的错误做法。

当然，定罪平等并不排斥法官根据刑法分则关于身份犯的规定处理案件，也不排斥法官根据共犯的规定，区别情况定罪。

2. 量刑平等。刑法规范是行为规范，更是裁判规范，具有普遍性特征。刑法的普遍性意味着刑法所设想的适用对象不是特定的个人及有关事件，而是一般的人和事。刑罚规范的普遍性特征使得平等地对罪犯量刑成为可能。量刑上的平等，并不等于对同样罪名必须判处同样的刑罚。虽然触犯相同罪名，但犯罪情节不同，犯罪的时间、地点有差别，行为的社会危害性就不相同，对不同罪犯的宣告刑就可能有所不同，这是正常现象，并不违反刑法适用平等原则。但是，单纯因为某些人地位高、权势大、经济实力强，就对其给予从宽发落，则是严重违反刑法适用平等原则的。

当然，量刑平等并不排斥法官根据被告人是否具有累犯、自首、立功、未遂等法定量刑情节和其他酌定情节适用刑罚。

3. 行刑平等。在执行刑罚过程中，对于所有的受刑人都应当平等对待，罪刑相同、主观恶性相同的人，刑罚处遇应当相同。减刑、假释的条件必须统一、均衡地予以把握。虽然犯罪的客观危害相同，但是，对教育改造效果好、悔罪表现明显的人给予减刑、假释，并不违反刑法适用平等原则。而对悔罪态度不好的人，不能因为其有权势、有经济实力就给予减刑、假释，否则，就是承认某些人享有超越法律的特权。

在落实平等原则时，需要防止踏入一些观念上的误区。对此，有学者指出：为了落实平等，我们必须考虑平等的社会价值与后果……事实上，我们所追求的并不是特定结果上的"平等"，而是一种基本的社会公正和理性；我们所反对的也不是特定的不平等，而是没有理性支持的任意或恶意歧视。

在实务中，即使不同被告人触犯了相同罪名，其犯罪的危害后果也大致相同，但司法机关根据每个案件不同的法定或者酌定量刑情节区别处理，对被告人适用轻重不同的法定刑的，不能简单地认为判决结论违反刑法适用平等原则。只要实际处罚结果与各个具体案件自身所具有的量刑情节相平衡，对该犯罪的量刑就是适当的。个罪量刑适当，同类案件之间便能达到相互平衡，但同类案件相互平衡并不一定表明个罪量刑就是适当的。因此，类似案件比较虽然对衡量量刑综合平衡具有参照作用，但其意义不能被人为夸大。在量刑实践中应该追求的是个案量刑综合平衡，进而达到类案间量刑结果的平衡，而不能简单追求同类案件之间量刑的绝对平衡，不能机械地理解刑法适用平等原则。对此，Kaufmann 曾经指出，为实现平等原则而在法律规范中予以相同对待的事实，其实从不曾真正相同：没有任何一个盗窃案件的情节会与另一件盗窃案件完全相同，没有任何人的实际行为能力或者责任能力与另一人的相同，因为所有人无论是在认识、能力、性格、理解力及意志力等各方面皆不相同。①

二、犯罪的构成要件

犯罪构成要件是刑法规定的对行为的社会危害性及其程度具有决定意义的而为该行为成立犯罪所必需的诸事实特征。即罪构成的要素。犯罪构成要件从不同角度说明行为对法益的侵犯性和行为人的罪过性的实质内容。如果某种因素不具有这种实质内容，就不可能被刑法规定为犯罪构成要件。犯罪构成要件是一种法律规定，而不是具体事实。最初的构成要件理论曾将符合法定构成要件的事实称为具体的构成要件，但当今刑法理论一般认为这种称谓混淆了法律规范与具体事实。以下所说的犯罪构成的具体要件或具

① ［德］考夫曼，刘幸义等译：《法律哲学》，法律出版社 2004 年版，第 23 页。

体构成要件是指法律规定，而非具体事实。犯罪构成由一系列主客观要素所组成，其中的“要素”就是构成犯罪所必须具备的条件（犯罪构成要素）；各个要素之中又包含若干因素（犯罪构成因素）。简而言之，若干因素组成一个要素，若干要素形成一个犯罪构成。犯罪构成不是各个要素的简单相加，而是各个要素的有机统一；各个要素按照犯罪构成的要求相互联系、相互作用、协调一致，形成一个整体。

犯罪构成的共同要件，是指一切犯罪构成都必须具备的要件，因此，也称犯罪构成的必要要件。虽然各个具体的犯罪构成要件都有特殊性，但如果将各种具体的犯罪构成要件归纳、整理加以概括抽象的话，任何犯罪构成都包括四个方面的要件：

1. 说明某种犯罪危害了什么样利益的要件，在刑法学中称之为犯罪客体。犯罪总是侵害了一定利益的。故意杀人罪侵害了人的生命权，故意伤害罪侵害了人的健康权，盗窃罪侵害了公私财物所有权等，诸如此类。犯罪所侵害的利益实质都是刑法所保护的社会关系，因此，犯罪客体就是犯罪行为所侵害的而为刑法所保护的社会关系。在刑法中，不侵害任何社会关系的犯罪是不存在的，因此，犯罪客体是任何犯罪都不可缺少的要件。

2. 说明犯罪是在什么样的客观条件下，用什么样的行为，使客体受到什么样危害的要件，在刑法学中称之为犯罪的客观方面。犯罪客观方面首先是指行为人实施了危害行为，没有危害行为，就没有构成犯罪的前提。其次，是指危害行为造成或可能造成的危害结果。不管具体的犯罪行为表现形式如何复杂或具体的危害结果表现形式如何，它们都是犯罪构成的不可缺少的因素。

3. 说明犯罪是由什么样的人所实施的要件，在刑法学上称之为犯罪主体。在司法实践中，各种具体犯罪的主体情况尽管千差万别，但作为自然人犯罪，其共同之处都必须是达到刑事责任年龄具有刑事责任能力的人。单位犯罪，也应具备一定的主体资格。

4. 说明犯罪主体实施犯罪时主观心理状态的要件，刑法学上称之为犯罪的主观方面。犯罪主观方面包括两种形式，即故意和过失。每种犯罪都必须具有一定形式的主观要件，行为人的行为在客观上虽然造成了损害结果，但不是出于故意和过失，则不构成犯罪。

第二节　危害税收征收管理罪

税收征收管理罪侵害的法益是社会主义市场经济秩序。市场经济秩序，是指国家通过法律对以市场进行资源配置的经济运行过程进行调节所形成的正常、协调和有序的状态。危害税收征收管理罪侵害的是国家税收征收管理、发票管理制度。本章罪在客观方面表现为违反税收管理法规，采用各种行为方式干扰国家对市场的税收管理活动，使市场经济秩序遭受严重损害的行为。

违反国家税收征收管理法规，是构成税收征收管理罪的前提。由于危害税收征收管理罪的具体表现形式往往直接取决于各种税收征收管理法规的规定，所以本章罪具有鲜明的法定犯性质。在认定危害税收征收管理罪时，往往要根据各种税收征收管理法规的规定予以把握。

一、逃税罪

《刑法》逃税罪第二百零一条规定，纳税人采取欺骗、隐瞒手段进行虚假纳税申报或者不申报，逃避缴纳税款数额较大并且占应纳税额10%以上的，处3年以下有期徒刑或者拘役，并处罚金；数额巨大并且占应纳税额30%以上的，处3年以上7年以下有期徒刑，并处罚金。

扣缴义务人采取前款所列手段，不缴或者少缴已扣、已收税款数额较大的，依照前款的规定处罚。

对多次实施前两款行为，未经处理的，按照累计数额计算。

有第一款行为，经税务机关依法下达追缴通知后，补缴应纳税款，缴纳滞纳金，已受行政处罚的，不予追究刑事责任；但是，5年内因逃避缴纳税款受过刑事处罚或者被税务机关给予二次以上行政处罚的除外。

逃税罪，是指纳税人采取欺骗、隐瞒手段进行虚假纳税申报或者不申报，逃避缴纳税款数额较大并且占应纳税额10%以上的行为，或者扣缴义务人不缴或者少缴已扣、已收税款，数额较大的行为。

（一）客观要件

本罪在客观方面表现为纳税人采取欺骗、隐瞒手段进行虚假纳税申报或者不申报，逃避缴纳税款数额较大并且占应纳税额10%以上的行为，或者扣缴义务人不缴或者少缴已扣、已收税款，数额较大的行为。

“虚假纳税申报”，是指在纳税人制造虚假材料进行申报。例如，不如实地填写或者提供纳税申报表、财务会计报表及其他纳税资料等。行为人为了达到虚假申报的目的，通常采用的欺骗和隐瞒手段主要包括：设立虚假的账簿、记账凭证，或者对账簿、记账凭证进行挖补、涂改、变造甚至隐匿，或者未经税务主管机关批准而擅自将正在使用中或尚未过期的账簿、记账凭证销毁等；在账簿上大量填写超出实际支出的数额以冲抵或减少实际收入的数额或者不列、少列收入数额。“不申报”，是指应依法办理纳税申报的纳税人，采取欺骗和隐瞒手段，不履行法律、行政法规规定的义务办理纳税申报的行为（不作为）。

不是采用伪造、变造账簿或凭证，隐瞒收入、涂改发票等手段逃税，而是利用税法上的漏洞、模糊之处或税法所允许的手段（如资金转移、费用转移、成本转移、利润转移等）躲避纳税义务，以少缴或不缴税款的避税行为，不构成本罪。

有逃税行为的，对纳税人而言，只有逃税数额和比例同时达到数额较大，并且占应纳税额10%以上的，才构成本罪。对扣缴义务人而言，只有不缴或者少缴已扣、已收税款，数额较大的，才构成本罪。根据《立案追诉标准（二）》第五十七条的规定，逃避缴纳税款，涉嫌下列情形之一的，应予立案追诉：（1）纳税人采取欺骗、隐瞒手段进行虚假纳税申报或者不申报，逃避缴纳税款，数额在5万元以上并且占各税种应纳税总额10%以上，经税务机关依法下达追缴通知后，不补缴应纳税款、不缴纳滞纳金或者不接受行政处罚的；（2）纳税人5年内因逃避缴纳税款受过刑事处罚或者被税务机关给予2次以上行政处罚，又逃避缴纳税款，数额在5万元以上并且占各税种应纳税总额10%以上的；（3）扣缴义务人采取欺骗、隐瞒手段，不缴或者少缴已扣、已收税款，数额在5万元以上的。纳税人在公安机关立案后再补缴应纳税款、缴纳滞纳金或者接受行政处罚的，不影响刑事责任的追究。

对多次逃税，未经处理的，按照累计数额计算。这里的“未经处理”，是指纳税人或者扣缴义务人在5年内多次实施逃税行为，但每次逃税数额均未达到犯罪数额标准，且未受行政处罚的情形。

特别需要指出的是，《刑法》第二百零一条第四款规定，纳税人有逃税行为，经税务机关依法下达追缴通知后，补缴应纳税款，缴纳滞纳金，已受行政处罚的，不予追究刑事责任。这是对逃税罪客观处罚条件的规定，也是关于“事实的处罚阻却事由”的规定，即因为补缴税款等事实的不存在，才能进行处罚。这主要是考虑到打击逃税犯罪的目的是加强税收征管力度，保证国家税款收入，巩固税源，提高公民、企业自觉纳税意识。根据前述《立案追诉标准（二）》第五十七条的规定，纳税人在公安机关立案后再补缴应纳税款、缴纳滞纳金或者接受行政处罚的，不影响刑事责任的追究。换言之，纳税人在公安机关立案后仍然没有补缴应纳税款、缴纳滞纳金或者接受行政处罚的，违法性可能升高到客观可罚的程度。

本罪的主体是特殊主体，即纳税人、扣缴义务人。

（二）主观要件

本罪在主观方面是故意。行为人由于过失而漏缴税款的，主观上欠缺逃税故意，不构成本罪。

（三）处罚的其他规定

根据《刑法》第二百一十一条的规定，单位犯本罪的，对单位判处罚金，并对其直接负责的主管人员和其他直接责任人员，依照自然人犯罪的规定处罚。

根据《刑法》第二百一十二条的规定，犯本罪，被判处罚金、没收财产的，在执行前，应当先由税务机关追缴税款和所骗取的出口退税款。

逃税数额，是指在确定的纳税期间，不缴或者少缴各税种税款的总额。逃税比例，是指一个纳税年度中的各税种逃税总额与该纳税年度应纳税总额的百分比。不按纳税年度确定纳税期的其他纳税人，逃税数额占应纳税额的百分比，按照行为人最后一次逃税行为发生之日前一年中各税种逃税总额与该年纳税总额的比例确定。纳税义务存续期间不足一个纳税年度的，逃税数额占应纳税额的百分比，按照各税种逃税总额与实际发生纳税义务期间应当缴纳税款总额的比例确定。逃税行为跨越若干个纳税年度，只要其中一个纳税年度的逃税数额及百分比达到逃税罪的定罪标准，即构成本罪。各纳税年度的逃税数额应当累计计算，逃税百分比应当按照最高的百分比确定。

［例题9-1］（多项选择题）下列关于逃税罪的说法中，正确的有（　　）。

A. 因不了解税法和有关税收政策造成未缴或少缴应纳税款的，构成逃税罪

B. 对多次犯有逃税行为未经处理的，按照累计的数额计算

C. 只要符合逃税罪构成的，就要追究刑事责任

D. 犯逃税罪，被判处罚金的，应在人民法院依据生效的刑事判决书执行财产刑之前先由税务机关追缴税款

E. 扣缴义务人可以成为逃税罪的主体

[参考答案] BDE

[答案解析] 根据《刑法》第二百零一条规定："纳税人采取欺骗、隐瞒手段进行虚假纳税申报或者不申报，逃避缴纳税款数额较大并且占应纳税额百分之十以上的。""对多次实施前两款行为，未经处理的，按照累计数额计算。有第一款行为，经税务机关依法下达追缴通知后，补缴应纳税款，缴纳滞纳金，已受行政处罚的，不予追究刑事责任；但是，五年内因逃避缴纳税款受过刑事处罚或者被税务机关给予二次以上行政处罚的除外"。《刑法》第二百一十二条规定："犯第二百零一条至第二百零五条规定之罪，被判处罚金、没收财产的，在执行前，应当先由税务机关追缴税款和所骗取的出口退税款。"

二、抗税罪

《刑法》抗税罪第二百零二条规定，以暴力、威胁方法拒不缴纳税款的，处三年以下有期徒刑或者拘役，并处拒缴税款一倍以上五倍以下罚金；情节严重的，处三年以上七年以下有期徒刑，并处拒缴税款一倍以上五倍以下罚金。

抗税罪，是指纳税人、扣缴义务人违反国家税收征收管理法规，以暴力、威胁方法拒不缴纳税款的行为。

（一）客观要件

抗税罪在客观方面表现为以公开对抗的手段拒不缴纳税款的行为。

抗税，是指违反国家税收征收管理法规，为逃避纳税义务而对税务机关工作人员使用暴力、威胁方法，拒不缴纳税款。暴力行为通常表现为对征收工作人员的人身实行打击或强制，如殴打、捆绑、围攻等。对物使用暴力，如砸毁征收人员的交通工具、冲击或砸打税务机关的，也应视为抗税罪中的暴力。为不缴、少缴税款而与税收征收人员讨价还价并最终发生推搡，暴力程度极其轻微的，不属于本罪中的暴力手段。威胁方法是指对税务人员以实施杀害、伤害以及其他殴打、人身强制、名誉损害、财产毁损等行为向要挟，意图使其受到精神强制被迫就范，放弃税款征收。

根据《立案追诉标准（二）》第五十八条的规定，以暴力、威胁方法拒不缴纳税款，涉嫌下列情形之一的，应予立案追诉：（1）造成税务工作人员轻微伤以上的；（2）以给税务工作人员及其亲友的生命、健康、财产等造成损害为威胁，抗拒缴纳税款的；（3）聚众抗拒缴纳税款的；（4）以其他暴力、威胁方法拒不缴纳税款的。

抗税人故意造成税务人员伤害或者死亡的，本罪和故意伤害罪、故意杀人罪之间有想象竞合关系，应以重罪处断。

税务机关工作人员因为工作疏忽，对税收征收管理法规理解错误等而对征收对象、应税项目和应税额有错误理解，对应当减免税款者未予减免，对不应征税者征税或重复征税的，被错误征税者使用暴力、威胁方法抗拒缴纳税款的，不构成抗税罪。本罪属于针对特定公务执行人员的妨害公务罪，与妨害公务罪之间有法条竞合的关系，公务执行的合法性必须给予强调，抗税罪中的拒不缴纳税款是针对纳税人、扣缴义务人依法应当缴纳的税款而言的，而错征的税款不是应缴税款；此外，抗税罪中暴力、威胁行为的实施者有抗拒缴纳税款、获取非法利益的目的，而在错征的情况下，行为人拒缴税款是为了维护自己的合法权益，行为带有正当防卫的性质。当然，对错征税款行为实施抗拒，造成税务工作人员人身损害的，仍然可能成立故意伤害等罪。

本罪的主体是特殊主体，即纳税人或者扣缴义务人。单位不能构成本罪。不具备纳税身份或扣缴义务人身份的其他人员，唆使、煽动纳税人、扣缴义务人抗税，或者在抗税现场为犯罪者提供实际帮助的，都构成本罪共犯。

（二）主观要件

抗税罪在主观方面是故意，实施暴力或对税务人员进行威胁是为了达到不缴纳税款的目的。纳税人在依法缴纳税款后，为发泄对税务人员税收征收行为的不满而报复、殴打税务人员的，可以成立侵犯人身权利的相应犯罪，而不构成本罪。

根据《刑法》第二百一十二条的规定，犯本罪，被判处罚金、没收财产的，在执行前，应当先由税务机关追缴税款和所骗取的出口退税款。

[例题 9-2]（多项选择题） 抗税罪“情节严重”的情形包括：（　　）。

A. 聚众抗拒缴纳税款的　　B. 聚众抗税的首要分子

C. 抗税数额在 10 万元以上的　　D. 多次抗税的

E. 故意伤害致人轻伤的

[参考答案] BCDE

[答案解析] 根据《最高人民法院关于审理偷税抗税刑事案件具体应用法律若干问题的解释》第五条规定，实施抗税行为具有下列情形之一的，属于《刑法》第二百零二条规定的“情节严重”：（一）聚众抗税的首要分子；（二）抗税数额在十万元以上的；（三）多次抗税的；（四）故意伤害致人轻伤的；（五）具有其他严重情节。

三、逃避追缴欠税罪

《刑法》逃避追缴欠税罪第二百零三条规定，纳税人欠缴应纳税款，采取转移或者隐匿财产的手段，致使税务机关无法追缴欠缴的税款，数额在 1 万元以上不满 10 万元的，处 3 年以下有期徒刑或者拘役，并处或者单处欠缴税款 1 倍以上 5 倍以下罚金；数额在 10 万元以上的，处 3 年以上 7 年以下有期徒刑，并处欠缴税款 1 倍以上 5 倍以下罚金。

逃避追缴欠税罪，是指纳税人违反税收征收管理法规，欠缴应纳税款，并采取转移或者隐匿财产的手段，致使税务机关无法追缴欠缴的税款，数额较大的行为。

构成本罪必须要有欠税事实，即纳税人超过税务机关核定的纳税期限，没有按时缴纳或者缴足应纳税款的行为。在应纳税款总额尚未被税务机关有效掌握的场合，不存在欠税事实，纳税人或扣缴义务人转移或隐匿财产，给税务机关工作人员造成其生产经营规模小、收入少的假象，隐瞒缴纳税款的能力的，不构成本罪，而构成逃税罪。

本罪的实行行为是逃避税款的追缴，逃避行为专指转移财产、隐匿财产，如转移开户行、提走存款、运走商品、隐匿货物等。不是转移或隐匿财产，而是欠税人本人逃匿、逃避纳税义务的，不构成本罪。

本罪是结果犯，逃避追缴税款的行为必须造成税务机关无法追缴欠款的事实才构成本罪。这里的“无法追缴”，应当理解为足以使行为人逃税，即只要行为人转移、隐匿财产的行为达到足以使其逃避纳税义务的程度，就可以认定为本罪。足以使行为人逃税”，一方面是指存在使行为人逃税的现实可能性；另一方面是指存在导致税务机关不能追缴欠税的可能性。欠税人转移、隐匿财产。但明显容易追查财产去向的，没有发生使税务机关无法追缴欠款的结果，不构成本罪，例如，将室内财产转移到室外并加以覆盖，但稍加注意即可发现的，不属于足以使行为人逃税。根据《立案追诉标准（二）》第五十九条的规定，纳税人欠缴应纳税款，采取转移或者隐匿财产的手段，致使税务机关无法追缴欠缴的税款，数额在1万元以上的，应予立案追诉。

根据《刑法》第二百一十一条的规定，单位犯本罪的，对单位判处罚金，并对其直接负责的主管人员和其他直接责任人员，依照自然人犯罪的规定处罚。

根据《刑法》第二百一十二条的规定，犯本罪，被判处罚金、没收财产的，在执行前，应当先由税务机关追缴税款和所骗取的出口退税款。

[例题9-3]（多项选择题） 关于逃避追缴欠税罪，下列表述正确的是（　　）。

A. 税务机关无法追缴欠缴的税款，数额在1万元以上不满10万元的，可处3年以下有期徒刑或者拘役

B. 税务机关无法追缴欠缴的税款，数额在1万元以上不满10万元的，可单处欠缴税款1倍以上5倍以下罚金

C. 数额在10万元以上的，可处3年以上5年以下有期徒刑，并处欠缴税款1倍以上3倍以下罚金

D. 数额在10万元以上的，可处3年以上7年以下有期徒刑，并处欠缴税款1倍以上5倍以下罚金

E. 数额在10万元以上的，可处3年以上7年以下有期徒刑，并处欠缴税款1倍以上5倍以下罚金

[参考答案] ABE

[答案解析] 根据《刑法》第二百零三条规定：纳税人欠缴应纳税款，采取转移或者隐匿财产的手段，致使税务机关无法追缴欠缴的税款，数额在1万元以上不满10万元的，处3年以下有期徒刑或者拘役，并处或者单处欠缴税款1倍以上5倍以下罚金；数额在10万元以上的，处3年以上7年以下有期徒刑，并处欠缴税款1倍以上5倍以下罚金。

四、骗取出口退税罪

《刑法》骗取出口退税罪第二百零四条规定："以假报出口或者其他欺骗手段，骗取国家出口退税款，数额较大的，处五年以下有期徒刑或者拘役，并处骗取税款一倍以上五倍以下罚金；数额巨大或者有其他严重情节的，处五年以上十年以下有期徒刑，并处骗取税款一倍以上五倍以下罚金；数额特别巨大或者有其他特别严重情节的，处十年以上有期徒刑或者无期徒刑，并处骗取税款一倍以上五倍以下罚金或者没收财产。"

纳税人缴纳税款后，采取前款规定的欺骗方法，骗取所缴纳的税款的，依照《刑法》第二百零一条的规定定罪处罚；骗取税款超过所缴纳的税款部分，依照前款的规定处罚。

骗取出口退税罪，是指纳税人以假报出口或者其他欺骗手段，骗取出口退税款，数额较大的行为。

（一）客观要件

本罪在客观方面表现为以假报出口或者其他欺骗手段，骗取国家出口退税款。

本罪的实行行为是假报出口和其他欺骗手段。根据最高人民法院《关于审理骗取出口退税刑事案件具体应用法律若干问题的解释》（2002 年 9 月 17 日）的规定，假报出口，是指以虚构已税货物出口事实为目的，且具有下列情形之一的行为：（1）伪造或者签订虚假的买卖合同；（2）以伪造、变造或者其他非法手段取得出口货物报关单、出口收汇核销单、出口货物专用缴款书等有关出口退税单据、凭证；（3）虚开、伪造、非法购买增值税专用发票或者其他可以用于出口退税的发票；（4）其他虚构已税货物出口事实的行为。

具有下列情形之一的，应当认定为有其他欺骗手段：（1）骗取出口货物退税资格的；（2）将未纳税或者免税货物作为已税货物出口的；（3）虽有货物出口，但虚构该出口货物的品名、数量、单价等要素，骗取未实际纳税部分出口退税款的；（4）以其他手段骗取出口退税款的，例如，假冒领导批示，虚报退税计税数额等情形。

根据《立案追诉标准（二）》第六十条的规定，以假报出口或者其他欺骗手段，骗取国家出口退税款，数额在 5 万元以上的，应予立案追诉。根据最高人民法院《关于审理骗取出口退税刑事案件具体应用法律若干问题的解释》的规定，骗取国家出口退税款 5 万元以上的，为数额较大；骗取国家出口退税款 50 万元以上的，为数额巨大；骗取国家出口退税款 250 万元以上的，为数额特别巨大。具有下列情形之一的，属于有其他严重情节：（1）造成国家税款损失 30 万元以上并且在一审判决宣告前无法追回的；（2）因骗取国家出口退税行为受过行政处罚，2 年内又骗取国家出口退税款数额在 30 万元以上的；（3）情节严重的其他情形。具有下列情形之一的，属于有其他特别严重情节：①造成国家税款损失 150 万元以上并且在第一审判决宣告前无法追回的；②因骗取国家出口退税行为受过行政处罚，2 年内又骗取国家出口退税款数额在 150 万元以上的；③情节特别严重的其他情形。

本罪的行为对象是出口退税款。出口退税是指国家为了鼓励国内企业出口创汇，增强国内企业产品在国际市场上的竞争能力，当企业将已经征收了产品税、增值税、营业税、特别消费税的产品出口到国际市场时，国家把已征税款再退还给企业的制度。

实施骗取出口退税犯罪，同时构成虚开增值税专用发票罪等罪的，依照处罚较重的规定定罪处罚。实施骗取国家出口退税行为，没有实际取得出口退税款的，构成本罪未遂，可以比照既遂犯从轻或者减轻处罚。纳税人缴纳税款后，采取假报出口或者其他欺骗方法，骗取所缴纳税款的，依照逃税罪定罪处罚；骗取出口退税款超过所缴纳税款的，超过部分依照本罪定罪处罚。依法获取出口退税款的企业，出口产品因合同纠纷等原因被外商退回，出口退税获得者未依法向有关国家机关返还先前获得的退税款的，不构成本罪，而成立逃税罪。

（二）主观要件

本罪在主观方面是故意，并且具有以欺骗手段骗取出口退税款非法获利的目的。

（三）处罚的其他规定

根据《刑法》第二百一十一条的规定，单位犯本罪的，对单位判处罚金，并对其直接负责的主管人员和其他直接责任人员，依照自然人犯罪的规定处罚。

根据《刑法》第二百一十二条的规定，犯本罪，被判处罚金、没收财产的，在执行前，应当先由税务机关追缴税款和所骗取的出口退税款。

［例题9－4］（单项选择题）下列关于骗税案件定性处理有误的是（　　）。

A. 故意将未纳税或者免税货物作为已税货物出口骗取出口退税的，按骗取出口退税定性处理

B. 未按规定进行单证备案（因出口货物的成就方式特征，企业没有有关备案单证的情况除外）的出口货物，按备案单证违法定性处理

C. 纳税人以不缴或者少缴税款为目的，采取伪造、变造、隐匿、擅自销毁账簿、记账凭证，按骗取出口退税定性处理

D. 虚构出口货物的品名、数量、单价等要素，骗取未实际纳税部分出口退税款的按骗取出口退税定性处理

［参考答案］C

［答案解析］偷税是指纳税人以不缴或者少缴税款为目的，采取伪造、变造、隐匿、擅自销毁账簿、记账凭证，在账簿上多列支出或者不列、少列收入，或者采取各种不公开的手段，或者进行虚假的纳税申报的手段，隐瞒真实情况，不缴或少缴税款，欺骗税务机关的行为。

五、虚开增值税专用发票、用于骗取出口退税、抵扣税款发票罪

《刑法》虚开增值税专用发票、用于骗取出口退税、抵扣税款发票罪第二百零五条规定，虚开增值税专用发票或者虚开用于骗取出口退税、抵扣税款的其他发票的，处3年以下有期徒刑或者拘役，并处2万元以上20万元以下罚金；虚开的税款数额较大或者有其他严重情节的，处3年以上10年以下有期徒刑，并处5万元以上50万元以下罚金；虚开的税款数额巨大或者有其他特别严重情节的，处10年以上有期徒刑或者无期

徒刑，并处5万元以上50万元以下罚金或者没收财产。

单位犯本条规定之罪的，对单位判处罚金，并对其直接负责的主管人员和其他直接责任人员，处3年以下有期徒刑或者拘役；虚开的税款数额较大或者有其他严重情节的，处3年以上10年以下有期徒刑；虚开的税款数额巨大或者有其他特别严重情节的，处10年以上有期徒刑或者无期徒刑。

虚开增值税专用发票或者虚开用于骗取出口退税、抵扣税款的其他发票，是指有为他人虚开、为自己虚开、让他人为自己虚开、介绍他人虚开行为之一的。

虚开增值税专用发票、用于骗取出口退税、抵扣税款发票罪，是指违反国家税收征管法规，为他人虚开、为自己虚开、让他人为自己虚开、介绍他人虚开增值税专用发票或者用于骗取出口退税、抵扣税款的其他发票的行为。

虚开，是指开票人为了取得非法所得或者牟取其他私利，在本人没有货物销售或没有提供应税劳务的情况下开具专用发票，或者虽有货物销售或者提供了应税劳务，但开具内容不实的专用发票给受票人，用以骗取抵扣税款或出口退税的行为。虚开，包括下述表现形式：

（1）为他人虚开增值税专用发票或者用于骗取出口退税、抵扣税款的其他发票；

（2）为自己虚开增值税专用发票或者用于骗取出口退税、抵扣税款的其他发票；

（3）让他人为自己虚开增值税专用发票或者用于骗取出口退税、抵扣税款的其他发票；

（4）介绍他人虚开增值税专用发票或者用于骗取出口退税、抵扣税款的其他发票。

根据《立案追诉标准（二）》第六十一条的规定，虚开增值税专用发票或者虚开用于骗取出口退税、抵扣税款的其他发票，虚开的税款数额在1万元以上或者致使国家税款被骗数额在5 000元以上的，应予立案追诉。

本罪的行为对象是增值税专用发票、用于骗取出口退税、抵扣税款的发票。增值税专用发票，是指以商品或者劳动增值额为征税对象，并具有直接抵扣税款功能的专门用于增值税的收付款凭证。其他发票，是指除增值税专用发票以外的普通发票中，具有与增值税专用发票相同功能的，可以用于骗取出口退税、抵扣税款的其他非增值税发票。

本罪在主观方面是故意，行为人对虚开的是增值税专用发票或者用于骗取出口退税、抵扣税款的其他发票有明确认识。

根据《刑法》第二百一十二条的规定，犯本罪，被判处罚金、没收财产的，在执行前，应当先由税务机关追缴税款和所骗取的出口退税款。

判断涉嫌本罪的要件：

1. 没有买入和销售货物，或者没有提供和接受应当纳税的劳务，而开具专用发票的，以及虽然有买入和销售货物，或者提供和接受了应当纳税的劳务，但开具数量或金额不实的专用发票的，都叫“虚开”专用发票；

2. 虚开增值税专用发票罪的法益侵害结果就是“骗取税款”。在判断是否成立本罪时，应当以一般的经济运行方式为根据，判断虚开行为是不是具有骗取国家税款的危险。

[案例分析9-1] 甲公司为了虚增业绩，和乙公司签订了虚假的买卖合同，乙公司给甲公司虚开了增值税专用发票。甲公司把7 000万元的货款打入乙公司，乙公司扣除了11%的增值税和2%的手续费后，再把剩余的款项打回给甲公司。甲公司向税务机关抵扣了11%的税款，乙公司向税务机关缴纳了11%的税款。甲公司是否构成虚开增值税专用发票、用于骗取出口退税、抵扣税款发票罪？

[答案解析] 虽然甲公司和乙公司之间没有实际的交易，乙公司还给甲公司开具了增值税专用发票，但是，无论甲公司还是乙公司都按照规定缴纳相应税款了，他们的行为没有造成国家税收实际损失，也没有造成国家税款损失的任何危险，所以，不构成虚开增值税专用发票罪。我们不能把虚开增值税专用发票却没有骗取税款危险的行为，等同于虚开增值税专用发票并骗取税款或者有骗取税款危险的行为，这样会导致处罚的不协调，违背刑法的公正性。听到这里你应该明白了，只要虚开了增值税专用发票就构成本罪的观点是有问题的，司法机关应该放弃这种观点。因此，《最高人民检察院关于充分发挥检察职能服务保障“六稳”“六保”的意见》第六条规定：“依法慎重处理企业涉税案件。注意把握一般涉税违法行为与以骗取国家税款为目的的涉税犯罪的界限，对于有实际生产经营活动的企业为虚增业绩、融资、贷款等非骗税目的且没有造成税款损失的虚开增值税专用发票行为，不以虚开增值税专用发票罪定性处理，依法作出不起诉决定的，移送税务机关给予行政处罚。”

[例题9-5]（多项选择题） 下列关于虚开增值税专用发票罪的定罪量刑的表述正确的有（　　）。

A. 虚开的税款数额在1万元以上5万元以下的，处3年以下有期徒刑或者拘役

B. 虚开的税款数额在5万元以上250万元以下的，处3年以上10年以下有期徒刑

C. 虚开的税款数额在250万元以上的，处10年以上有期徒刑或者无期徒刑

D. 虚开增值税专用发票有其他严重情节的，处3年以上10年以下有期徒刑

E. 虚开增值税专用发票有其他特别严重情节的，处10年以上有期徒刑或者无期徒刑

[参考答案] CDE

[答案解析] 根据《中华人民共和国刑法》第二百零五条及《关于虚开增值税专用发票定罪量刑标准有关问题的通知》，选项C、D、E正确，选项A、B错误。

六、虚开发票罪

《刑法》虚开发票罪第二百零五条之一规定，虚开本法第二百零五条规定以外的其他发票，情节严重的，处二年以下有期徒刑、拘役或者管制，并处罚金；情节特别严重的，处二年以上七年以下有期徒刑，并处罚金。

单位犯前款罪的，对单位判处罚金，并对其直接负责的主管人员和其他直接责任人员，依照前款的规定处罚。

虚开发票罪，是指违反国家税收征收管理法规，虚开增值税专用发票或者用于骗取出口退税、抵扣税款的其他发票之外的普通发票的行为。

行为人既虚开值税专用发票、用于骗取出口退税、抵扣税款发票，又虚开普通发票情节严重的，应当数罪并罚。

根据《立案追诉标准（二）》第六十一条之一的规定，虚开发票，涉嫌下列情形之一的，应予立案追诉：

1. 虚开发票100份以上或者虚开金额累计在40万元以上的；

2. 虽未达到上述数额标准，但5年内因虚开发票行为受过行政处罚2次以上，又虚开发票的；

3. 其他情节严重的情形。

七、伪造、出售伪造的增值税专用发票罪

《刑法》伪造、出售伪造的增值税专用发票罪第二百零六条规定，伪造或者出售伪造的增值税专用发票的，处3年以下有期徒刑、拘役或者管制，并处2万元以上20万元以下罚金；数量较大或者有其他严重情节的，处3年以上10年以下有期徒刑，并处5万元以上50万元以下罚金；数量巨大或者有其他特别严重情节的，处10年以上有期徒刑或者无期徒刑，并处5万元以上50万元以下罚金或者没收财产。

单位犯本条规定之罪的，对单位判处罚金，并对其直接负责的主管人员和其他直接责任人员，处3年以下有期徒刑、拘役或者管制；数量较大或者有其他严重情节的，处3年以上10年以下有期徒刑；数量巨大或者有其他特别严重情节的，处10年以上有期徒刑或者无期徒刑。

伪造、出售伪造的增值税专用发票罪，是指违反国家对增值税专用发票的管理规定，伪造或者出售伪造的增值税专用发票的行为。

伪造增值税专用发票，是指无权印制增值税专用发票的单位或者个人私自印制增值税发票的行为。变造增值税发票的，属于广义的伪造行为的范畴，按伪造增值税专用发票行为处理。出售伪造的增值税发票，是指以获取对价为目的，销售非法印刷的增值税专用发票的行为。出售一般是指出售他人伪造的增值税发票，本人伪造增值税专用发票后予以出售的，出售行为被伪造行为所吸收，只构成伪造增值税专用发票罪。

根据《立案追诉标准（二）》第六十二条的规定，伪造或者出售伪造的增值税专用发票25份以上或者票面额累计在10万元以上的，应予立案追诉。

八、非法出售增值税专用发票罪

《刑法》非法出售增值税专用发票罪第二百零七条规定，非法出售增值税专用发票的，处3年以下有期徒刑、拘役或者管制，并处2万元以上20万元以下罚金；数量较大的，处3年以上10年以下有期徒刑，并处5万元以上50万元以下罚金；数量巨大的，处10年以上有期徒刑或者无期徒刑，并处5万元以上50万元以下罚金或者没收财产。

非法出售增值税专用发票罪，是指违反国家对增值税专用发票的管理规定，非法出售增值税专用发票的行为。

非法出售真实的增值税专用发票的，才能构成本罪。出售伪造的增值税专用发票

的，不成立本罪，而构成出售伪造的增值税专用发票罪。

根据《立案追诉标准（二）》第六十三条的规定，非法出售增值税专用发票25份以上或者票面额累计在10万元以上的，应予立案追诉。

根据《刑法》第二百一十一条的规定，单位犯本罪的，对单位判处罚金，并对其直接负责的主管人员和其他直接责任人员，依照自然人犯罪的规定处罚。

九、非法购买增值税专用发票、购买伪造的增值税专用发票罪

《刑法》非法购买增值税专用发票、购买伪造的增值税专用发票罪第二百零八条规定，非法购买增值税专用发票或者购买伪造的增值税专用发票的，处五年以下有期徒刑或者拘役，并处或者单处2万元以上20万元以下罚金。

非法购买增值税专用发票或者购买伪造的增值税专用发票又虚开或者出售的，分别依照《刑法》第二百零五条、第二百零六条、第二百零七条的规定定罪处罚。

非法购买增值税专用发票、购买伪造的增值税专用发票罪，是指违反国家对增值税专用发票的管理规定，非法购买增值税专用发票或者购买伪造的增值税专用发票的行为。

非法购买增值税专用发票，是指从无权出售增值税专用发票的单位或者个人手中非法购买增值税专用发票的行为。购买伪造的增值税专用发票，是指明知是伪造的增值税专用发票而加以收买的行为。

为虚开增值税专用发票，或者为再次出售而非法购买增值税专用发票，或者购买伪造的增值税专用发票又虚开或者出售的，不构成本罪，而应当按照虚开增值税专用发票、用于骗取出口退税、抵扣税款发票罪或者出售伪造的增值税专用发票罪、非法出售增值税专用发票罪定罪处罚。

根据《立案追诉标准（二）》第六十四条的规定，非法购买增值税专用发票或者购买伪造的增值税专用发票25份以上或者票面额累计在10万元以上的，应予立案追诉。

本罪在主观方面是故意，对购买增值税专用发票行为的非法性，或者对购买的是伪造的增值税专用发票有明确认识。

根据《刑法》第二百一十一条的规定，单位犯本罪的，对单位判处罚金，并对其直接负责的主管人员和其他直接责任人员，依照自然人犯罪的规定处罚。

十、非法制造、出售非法制造的用于骗取出口退税、抵扣税款发票罪

《刑法》非法制造、出售非法制造的用于骗取出口退税、抵扣税款发票罪第二百零九条第一款规定，伪造、擅自制造或者出售伪造、擅自制造的可以用于骗取出口退税、抵扣税款的其他发票的，处3年以下有期徒刑、拘役或者管制，并处2万元以上20万元以下罚金；数量巨大的，处3年以上7年以下有期徒刑，并处5万元以上50万元以下罚金；数量特别巨大的，处7年以上有期徒刑，并处5万元以上50万元以下罚金或者没收财产。

非法制造、出售非法制造的用于骗取出口退税、抵扣税款发票罪，是指违反国家发

票管理法规，伪造、擅自制造或者出售伪造、擅自制造的可以用于骗取出口退税、抵扣税款的其他发票的行为。

非法制造用于骗取出口退税、抵扣税款发票的行为，包括伪造和擅自制造。伪造用于骗取出口退税、抵扣税款发票，是指无权印制用于骗取出口退税、抵扣税款发票的单位或者个人私自印制发票的行为。变造用于骗取出口退税、抵扣税款发票的，属于广义的伪造行为的范畴。

按非法制造用于出口退税、抵扣税款发票行为处理。擅自制造一般是指有权印制用于骗取出口退税、抵扣税款发票的企业超出税务机关的指定，以行使或出售为目的，自行决定印制用于骗取出口退税、抵扣税款发票的行为。

本罪的行为对象是用于骗取出口退税、抵扣税款的非增值税专用发票，如运输发票、废旧物品收购发票、农业产品收购发票等。

根据《立案追诉标准（二）》第六十五条的规定，伪造、擅自制造或者出售伪造、擅自制造的可以用于骗取出口退税、抵扣税款的非增值税专用发票50份以上或者票面额累计在20万元以上的，应予立案追诉。

本罪在主观方面是故意，对制造的是用于骗取出口退税、抵扣税款的发票，或者对出售的是伪造、擅自制造的发票有明确认识。

根据《刑法》第二百一十一条的规定，单位犯本罪的，对单位判处罚金，并对其直接负责的主管人员和其他直接责任人员，依照自然人犯罪的规定处罚。

十一、非法制造、出售非法制造的发票罪

《刑法》非法制造、出售非法制造的发票罪第二百零九条第二款规定，伪造、擅自制造或者出售伪造、擅自制造的前款规定以外的其他发票的，处2年以下有期徒刑、拘役或者管制，并处或者单处1万元以上5万元以下罚金；情节严重的，处2年以上7年以下有期徒刑，并处5万元以上50万元以下罚金。

非法制造、出售非法制造的发票罪，是指违反国家发票管理法规，伪造、擅自制造或者出售伪造、擅自制造的其他发票的行为。

本罪在客观方面表现为违反国家发票管理法规，伪造、擅自制造或者出售伪造、擅自制造其他发票的行为。本罪的行为对象是可以用于出口退税、抵扣税款的发票以外的其他发票。

根据《立案追诉标准（二）》第六十六条的规定，伪造、擅自制造或者出售伪造、擅自制造的不具有骗取出口退税、抵扣税款功能的普通发票100份以上或者票面额累计在40万元以上的，应予立案追诉。

根据《刑法》第二百一十一条的规定，单位犯本罪的，对单位判处罚金，并对其直接负责的主管人员和其他直接责任人员，依照自然人犯罪的规定处罚。

十二、非法出售用于骗取出口退税、抵扣税款发票罪

《刑法》非法出售用于骗取出口退税、抵扣税款发票罪第二百零九条第三款规定，

非法出售可以用于骗取出口退税、抵扣税款的其他发票的，依照第一款的规定处罚。

非法出售用于骗取出口退税、抵扣税款发票罪，是指违反国家发票管理法规，非法出售可以用于骗取出口退税、抵扣税款的其他发票的行为。

本罪在客观方面表现为违反国家发票管理法规，非法出售可以用于骗取出口退税、抵扣税款的其他发票的行为。本罪的行为对象是真实的用于骗取出口退税、抵扣税款的发票，出售伪造、擅自制造的可以用于骗取出口退税、抵扣税款的其他发票的，不构成本罪，而构成出售非法制造的用于骗取出口退税、抵扣税款发票罪。

根据《立案追诉标准（二）》第六十七条的规定，非法出售可以用于骗取出口退税、抵扣税款的非增值税专用发票50份以上或者票面额累计在20万元以上的，应予立案追诉。

本罪在主观方面是故意，对非法出售的是用于骗取出口退税、抵扣税款的发票有明确认识。

根据《刑法》第二百一十一条的规定，单位犯本罪的，对单位判处罚金，并对其直接负责的主管人员和其他直接责任人员，依照自然人犯罪的规定处罚。

十三、非法出售发票罪

《刑法》非法出售发票罪第二百零九条第四款规定，非法出售第三款规定以外的其他发票的，依照第二款的规定处罚。

非法出售发票罪，是指违反国家发票管理法规，非法出售用于骗取出口退税、抵扣税款的发票以外的其他发票的行为。

本罪在客观方面表现为违反国家发票管理法规，非法出售用于骗取出口退税、抵扣税款的发票以外的其他发票的行为。本罪的行为对象是真实的可以用于骗取出口退税、抵扣税款的发票以外的其他发票。明知是伪造、擅自制造的其他发票而出售的，不构成本罪，而构成出售非法制造的发票罪。

根据《立案追诉标准（二）》第六十八条的规定，非法出售普通发票100份以上或者票面额累计在40万元以上的，应予立案追诉。

本罪在主观方面是故意，对非法出售的是用于骗取出口退税、抵扣税款发票以外的其他发票有明确认识。

根据《刑法》第二百一十一条的规定，单位犯本罪的，对单位判处罚金，并对其直接负责的主管人员和其他直接责任人员，依照自然人犯罪的规定处罚。

十四、持有伪造的发票罪

《刑法》持有伪造的发票罪第二百一十条之一规定，明知是伪造的发票而持有，数量较大的，处2年以下有期徒刑、拘役或者管制，并处罚金；数量巨大的，处2年以上7年以下有期徒刑，并处罚金。

单位犯前款罪的，对单位判处罚金，并对其直接负责的主管人员和其他直接责任人员，依照前款的规定处罚。

持有伪造的发票罪，是指明知是伪造的发票而持有，数量较大的行为。

本罪的行为对象是伪造的发票，包括伪造的增值税发票和其他具有出口退税、抵扣税款功能的收付款凭证、完税凭证以及其他普通发票。

持有，是指行为人对伪造的发票处于占有、支配、控制的一种状态。随身携带、邮寄、运输伪造的发票是持有，在其住所、驾驶的运输工具上发现的，也同样可以认定为持有。持有伪造的发票，数量较大的才成立犯罪。持有时间长短无关紧要，只要认定行为人对其有事实的支配，即可成立本罪。

根据《立案追诉标准（二）》第六十八条之一的规定，明知是伪造的发票而持有，具有下列情形之一的，应予立案追诉：

1. 持有伪造的增值税专用发票50份以上或者票面额累计在20万元以上的；

2. 持有伪造的可以用于骗取出口退税、抵扣税款的其他发票100份以上或者票面额累计在40万元以上；

3. 持有伪造的前述两项发票以外的其他发票200份以上或者票面额累计在80万元以上的。

本罪在主观方面是故意，行为人必须明知其持有的是伪造的发票。

第三节 涉嫌危害税收征收管理罪案件的移送

一、涉嫌危害税收征收管理犯罪案件移送的基本问题

（一）案件移送的概念和要求

涉嫌危害税收征收管理犯罪案件的移送，是指税务行政执法机关在依法查处涉税违法案件过程中，发现违法行为涉嫌构成犯罪依法需要追究刑事责任的，而将案件移送司法机关的活动。

危害税收征收管理犯罪案件的主管侦查机关是公安机关。公安机关办理危害税收征收管理罪案件，其案件来源主要有三种途径：一是公安机关直接受理的报案、举报线索；二是有关国家机关转交的案件线索；三是税务机关按照规定移送的涉嫌犯罪案件。从现实情况来看，其中最常见的是由税务机关移送的案件。

涉嫌危害税收征收管理犯罪案件的移送，既是连接税务行政执法活动和税务司法活动的一个桥梁，也是实现《刑法》保障税收的有效途径之一。正确处理好移送问题，是税务机关办案工作的一项重要内容。如果应当移送的案件未移送，既不利于维护税收征收管理秩序，也会对危害税收征收管理犯罪行为的追究产生不利影响，对于相关执法干部而言，也存在执法风险的隐患。

（二）案件移送的依据和标准

危害税收征收管理犯罪行为，既违反了税法的规定，也违反了《刑法》的规定，具

有行政与刑事双重违法性。税务机关作为行政执法机关，一般执行的是《税收征收管理法》等税法规定，但在处理移送问题时，应以《刑法》和相关的司法解释为依据，来判断案件是否应当移送。因此，税务干部特别是办理税收违法案件的执法干部，应当掌握一定的刑法知识，掌握危害税收征收管理犯罪行为的构成和相应的刑事责任起点标准。例如，除抗税罪外其他的危害税收征收管理各罪，都有一个刑事责任的起点标准问题，这个刑事责任起点标准，就是区分税收行政违法与犯罪的界限。特别是对于偷税案件，如何计算和认定纳税人、扣缴义务人的偷税是否达到追究刑事责任的数额和比例标准，应当严格按照最高人民法院的相关司法解释。

税务机关移送的涉嫌犯罪的案件，最终是否构成犯罪应当由司法机关依据司法程序审判后予以确定。

（三）案件移送与其他税收执法工作的关系

税务机关将案件依法移送至公安司法机关办理，并不等同于与案件有关的全部工作都交给了公安司法机关。由于行政相对人的行为既违背了税法同时也触犯了《刑法》，案件在移送后会留下许多相应的税收征收管理工作需要税务机关处理。例如，骗取出口退税案件，一方面，由于涉嫌犯罪，税务机关应将案件移送司法机关；另一方面，犯罪人所骗取的退税款，税务机关需要追回，有关该纳税人出口退税管理方面的许多事项，都需要作出调整。另外，还可能牵涉一些其他单位或个人的涉税事务，需要及时作出处理。所以，一般认为，移送工作与日常的税收执法工作并不矛盾。案件移送后，除了查办该案件、追究犯罪人的刑事责任交由公安司法机关处理外，不影响税务机关应当开展的其他工作。

二、涉嫌危害税收征收管理犯罪案件的移送程序

税务机关移送危害税收征收管理犯罪案件，应当遵循以下主要规则：

1. 涉嫌犯罪案件移送的主体，是办案的税务机关，即具有独立执法权且负责该案件查处工作的税务机关。

2. 成立专案组。对涉嫌犯罪应移送的案件，税务机关应指定 2 名或者 2 名以上税务执法人员组成专案组，核实情况后提出移送涉嫌犯罪案件的书面报告。

3. 案件移送报审。案件移送须报经税务机关正职负责人或者主持工作的负责人审批。机关正职负责人或者主持工作的负责人应当自接到报告之日起 3 日内作出批准移送或者不批准移送的决定。决定批准的，应当在 24 小时内向同级公安机关移送；决定不批准的，应当将不予批准的理由记录在案。

4. 按照属地原则，向负责该案件查处工作的税务机关同级有管辖权的公安机关移送。

5. 附列资料。向公安机关移送涉嫌犯罪案件，应当附有下列材料：涉嫌犯罪案件移送书；涉嫌犯罪案件情况的调查报告；涉案物品清单；有关检验报告或者鉴定结论；其他有关涉嫌犯罪的材料。

6. 对公安机关不予立案的案件，接到公安机关不予立案的通知书后，认为依法应当

由公安机关决定立案的，可以自接到不予立案通知书之日起3日内，提请作出不予立案决定的公安机关复议，也可以建议人民检察院依法进行立案监督。

对公安机关决定不予立案的案件，应当依法作出处理；其中，依照有关法律、法规或者规章的规定应当给予行政处罚的，应当依法实施行政处罚。

7. 对公安机关决定立案的案件，应当自接到立案通知书之日起3日内将涉案物品以及与案件有关的其他材料移交公安机关，并办结交接手续；法律、行政法规另有规定的，依照其规定。

税务稽查综合试卷一

一、单项选择题（每题 1 分，共 25 分）

1. 某市稽查局 2020 年对甲企业 2019 年度企业所得税检查时，发现该企业 2019 年度发生工资薪金支出 600 万元，“管理费用——工会经费”明细账中列支：（1）工会组织活动开支 5 万元；（2）拨付工会 10 万元，并取得《工会经费收入专项收据》；（3）慰问困难家属 5 万元；（4）支付医疗费 11 万元。该企业 2019 年度可以在企业所得税税前扣除的工会经费是（　　）万元。

A. 10　　B. 12

C. 26　　D. 31

2. 某市稽查局对甲公司进行税务稽查，发现该公司 2019 年度“财务费用”账户中利息金额，含有以年利率 8% 向银行借入的 9 个月的生产用 200 万元资金的借款利息；也包括 12 万元的向本企业职工（与本企业无关联关系）借入的与银行借款同期的生产用 100 万元资金的借款利息。假设向本企业职工的借款，双方签订了借款合同，也取得了相关合法票据。则该企业 2019 年度在计算应纳税所得额时允许扣除的利息费用是（　　）万元。

A. 18　　B. 20

C. 21　　D. 28

3. 税务机关在 2020 年检查时，发现纳税人开展下列各项业务，其中应当征收消费税的是（　　）。

A. 化妆品厂作为样品赠送给客户的普通化妆品

B. 用于产品质量检验耗费的高尔夫球杆

C. 白酒生产企业向百货公司销售的试制药酒

D. 轮胎厂移送非独立核算门市部待销售的汽车轮胎

4. 税务稽查人员在查处虚开发票案件时，下列不应列入异常凭证范围的增值税专用发票是（　　）。

A. 纳税人丢失、被盗税控专用设备中开具的增值税专用发票

B. 非正常户纳税人未向税务机关申报或未按规定缴纳税款的增值税专用发票

C. 增值税发票管理系统稽核比对发现“比对不符”“缺联”“作废”的增值税专用发票

D. 直接走逃失踪不纳税申报，或虽然申报但通过填列增值税纳税申报表相关栏次，规避税务机关审核比对，进行虚假申报所开具的发票

5. 稽查局对某酒类生产企业 2019 年的纳税情况进行检查，该企业下列产品实行从量定额与从价定率相结合征收消费税的是（　　）。

A. 啤酒　　B. 白酒

C. 黄酒　　D. 葡萄酒

6. 税务稽查案件质效评价指标分值的评价特点不同，应当采用的计分方法不同。对评价标准不统一、适宜分段确定参考值的指标，一般采用的计分方法是（　　）。

A. 数量减分法　　B. 基准加减分法

C. 分段计分法　　D. 综合计分法

7. 税务稽查案件质效评价指标分值的评价特点不同，应当采用的计分方法不同。对评价标准不统一、适宜确定基准参考值的指标，一般采用的计分方法是（　　）。

A. 数量减分法　　B. 基准加减分法

C. 分段计分法　　D. 综合计分法

8. 税务稽查案件质效评价指标分值的评价特点不同，应当采用的计分方法不同。对评价标准统一的指标，一般采用的计分方法是（　　）。

A. 数量减分法　　B. 基准加减分法

C. 分段计分法　　D. 综合计分法

9. 自 2020 年 3 月 1 日至 12 月 31 日，除湖北省外，其他省、自治区、直辖市的增值税小规模纳税人，适用 3% 征收率的应税销售收入，减按较低的征收率征收增值税，这一比例是（　　）。

A. 2%　　B. 1.5%

C. 1%　　D. 0%

10. 受疫情影响较大的困难行业企业 2020 年度发生的亏损最长结转年限延长至 8 年，这些困难行业企业 2020 年度主营业务收入须占收入总额（剔除不征税收入和投资收益）达到一定比例，这一比例是（　　）。

A. 50%　　B. 75%

C. 85%　　D. 100%

11. 机动车车船税的扣缴义务人是（　　）。

A. 车船登记管理部门

B. 交通运输部门

C. 公安交警部门

D. 从事机动车第三者责任强制保险业务的保险机构

12. 下列车辆不属于专用作业车的是（　　）。

A. 救护车　　B. 洒水车

C. 扫路车　　D. 清障车

13. 税务稽查统计报表（年报）向国家税务总局稽查局的报送时间一般是（　　）。

A. 本年度12月31日前　　B. 下年度1月15日前

C. 下年度1月31日前　　D. 下年度3月31日前

14. 根据《税务检查证管理办法》的规定，税务人员到所在单位管辖区域以外临时执行检查公务的，可以核发相应有效期限的临时税务检查证。临时税务检查证有效期限不得超过（　　）。

A. 三个月　　B. 半年

C. 一年　　D. 三年

15. 税务机关以外人员需要查阅或者借阅税务稽查案卷的，应当报经批准的领导是（　　）。

A. 综合部门负责人　　B. 稽查局局长

C. 稽查局所属税务局领导　　D. 稽查局所属税务局局长

16. 税务机关人员需要查阅或者借阅税务稽查案卷的，应当报经批准的领导是（　　）。

A. 综合部门负责人　　B. 稽查局局长

C. 稽查局所属税务局领导　　D. 稽查局所属税务局局长

17. 欠缴税款的纳税人因怠于行使到期债权，对国家税收造成损害的，税务机关可以请求人民法院行使（　　）。

A. 抵押权　　B. 留置权

C. 代位权　　D. 撤销权

18. 根据《刑法》有关规定，虚开增值税专用发票、用于骗取出口退税、抵扣税款发票以外的其他发票，符合法律规定的量刑标准的是（　　）。

A. 情节严重的，处两年以下有期徒刑、拘役或者管制，并处罚金

B. 情节严重的，处三年以下有期徒刑、拘役或者管制，并处罚金

C. 情节特别严重的，处三年以下有期徒刑、拘役或者管制，并处罚金

D. 情节特别严重的，处三年以上七年以下有期徒刑，并处罚金

19. 甲公司以假报出口手段，骗取国家出口退税款300万元，甲公司法定代表人杨某应被判处的刑罚为（　　）。

A. 5年以下有期徒刑或拘役　　B. 5年以上10年以下有期徒刑

C. 10年以上有期徒刑或者无期徒刑　　D. 死刑

20. 以假报出口或者其他欺骗手段，骗取国家出口退税款，达到一定金额的，公安机关应予立案追诉。这一金额标准是（　　）。

A. 5 000元以上　　B. 1万元以上

C. 5万元以上　　D. 10万元以上

21. 根据《刑法》有关规定，下列情形不构成逃税罪的是（　　）。

A. 甲公司以在账簿上少计收入的方法，逃避缴纳税款10万元且占应纳税总额的

5%，经税务机关依法下达追缴通知后拒不补缴税款

B. 乙公司以在账簿上虚列支出的方法，逃避缴纳税款10万元且占应纳税总额的11%，经税务机关依法下达追缴通知后拒不补缴税款

C. 丙公司5年内因逃税被税务机关处以2次行政处罚后，又逃税3万元且占应纳税总额的5%，已补缴税款、滞纳金和罚款

D. 丁公司5年内因逃税受过刑事处罚后，又逃税2万元且占应纳税总额的11%

22. 根据《刑法》有关规定，明知是伪造的发票而持有，达到一定情节构成持有伪造的发票罪，该罪名符合法律规定的量刑标准是（　　）。

A. 数量较大的，处三年以下有期徒刑，并处罚金

B. 数量较大的，处三年以下有期徒刑、拘役或者管制，并处罚金

C. 数量巨大的，处两年以上七年以下有期徒刑，并处罚金

D. 数量巨大的，处三年以上七年以下有期徒刑，并处罚金

23. 属于骗取出口退税罪的"其他特别严重情节"之一的是，因骗取国家出口退税行为受过行政处罚，两年内又骗取国家出口退税款数额超过（　　）万元。

A. 100　　B. 150

C. 200　　D. 300

24. 纳税人欠缴应纳税款，采取转移或者隐匿财产的手段，致使税务机关无法追缴欠缴的税款达到一定金额的，公安机关应当立案追诉；这一金额是（　　）万元。

A. 1　　B. 3

C. 5　　D. 10

25. 在稽查组织建设和力量配置工作中，需保障稽查编制规模，充实稽查力量，各省税务系统稽查人员数量配置应不低于本省税务干部总数的（　　）。

A. 5%　　B. 8%

C. 10%　　D. 15%

二、多项选择题（每题2分，共40分）

1. 税务稽查案件查处质效评价内容包括（　　）。

A. 立案分配情况　　B. 检查取证情况

C. 受托协查情况　　D. 审理定性情况

E. 执行入库情况

2. 在查处虚开发票案件时，可通过网络查验的方式查询发票真伪，通过国家税务总局增值税发票查验平台可查验的发票种类有（　　）。

A. 增值税普通发票　　B. 增值税专用发票

C. 农产品收购发票　　D. 机动车销售统一发票

E. 二手车销售统一发票

3. 适用增值税征税政策的出口货物劳务，是指（　　）。

A. 出口企业或其他单位提供虚假备案单证的货物

B. 出口企业或其他单位增值税退（免）税凭证有伪造或内容不实的货物

C. 出口企业取得普通发票、废旧物资收购凭证、农产品收购发票、政府非税收入票据的货物

D. 出口货物在海关验放后，自己或委托货物承运人对该笔货物的海运提单或其他运输单据等上的品名、规格等进行修改，造成出口货物报关单与海运提单或其他运输单据有关内容不符的

E. 未实质参与出口经营活动、接受并从事由中间人介绍的其他出口业务，但仍以自营名义出口的

4. 税务机关查处骗税案件过程中，发现出口企业或者其他单位以下列情形之一的手段骗取国家出口退税款的，应按照《税收征收管理法》第六十六条处理、处罚，这些手段包括（　　）。

A. 虚开、伪造、变造、非法取得增值税专用发票或者其他增值税扣税凭证的

B. 将未纳税或者免税的货物劳务、跨境应税行为申报为已税货物劳务、跨境应税行为的

C. 为纳税人、扣缴义务人非法提供银行账户、发票、证明或者其他方便，导致骗取国家出口退税款的

D. 伪造、签订虚假的销售合同，或者以伪造、变造及其他非法手段取得出口报关单、运输单据等有关出口货物劳务、跨境应税行为单据、凭证的

E. 为骗取出口退税款，出口并申报退税的货物劳务、跨境应税行为不具备其报关申报产品功能（用途）或者不具备合理商业目的

5. 稽查局在税务检查过程中发现的特定问题，应当向相关部门提出建议，具体包括（　　）。

A. 涉及税收政策、管理等重大问题，需要相关部门积极加以应对的

B. 相关行业、领域、地区税收政策、管理中存在的典型性、普遍性、深层性问题，需要有关部门采取措施的

C. 税收政策、管理中存在漏洞、风险或者薄弱环节的

D. 税收违法出现新手段、新动向、新趋势、新规律，税收政策、管理措施需要及时调整的

E. 发现税务机关或者税务人员涉嫌失职渎职、索贿受贿或者侵犯公民、法人和其他组织合法权益等行为的

6. 下列税务稽查案卷材料的组合排列正确的有（　　）。

A. 案卷内材料原则上按照实际稽查程序依次排列

B. 每类证据主要证据材料排列在前，旁证材料排列在后

C. 其他材料按照材料形成的时间顺序，并结合材料的重要程度进行排列

D. 正件在前，附件在后

E. 基础性材料在前，汇总性材料在后

7. 税务稽查案卷分别立为正卷和副卷，应当列入正卷的稽查材料包括（　　）。

A. 检查通知书　　　　　　　　　　B. 审理会议纪要

C. 处理决定书　　　　　　　　　　D. 检举奖励决定书

E. 各类证据材料

8. 可以认定为办结稽查案件的情形包括（　　）。

A. 经过重大税务案件审理或者稽查局集体审理决定移送公安机关的

B. 人民法院已受理强制执行申请的

C. 已向人民法院提起代位权、撤销权诉讼的

D. 符合中止检查的情形，中止检查满 3 年未解除中止的

E. 符合案件中止执行的情形，中止执行满 3 年，未解除中止的

9. 被执行人存在特定情形的，稽查局可以填制《税收违法案件终结执行审批表》，经税务局相关部门审核并报所属税务局局长批准后，终结执行；可以终结执行的情形包括（　　）。

A. 被执行人死亡或者被依法宣告死亡

B. 被执行人确实没有财产抵缴税款

C. 被执行人依照破产清算程序确实无法清缴税款

D. 被执行人可执行财产被司法机关或者其他国家机关依法查封、扣押、冻结

E. 其他法定终结执行情形

10. 税务机关作出的下列具体行政行为，当事人可以向复议机关申请行政复议，也可以直接向人民法院提起行政诉讼的包括（　　）。

A. 通知出入境管理机关阻止出境行为　B. 对发票违法处罚行为

C. 不依法确认纳税担保行为　　　　　D. 征税行为

E. 确认纳税主体

11. 虚开增值税专用发票、用于骗取出口退税、抵扣税款发票罪以外的其他发票，涉嫌犯罪的，公安机关应予立案追诉刑事责任。应立案追诉的情形包括（　　）。

A. 虚开其他发票 100 份以上的

B. 虚开金额累计在 40 万元以上的

C. 虚开税额累计在 40 万元以下的

D. 5 年内因虚开发票行为受过刑事处罚，又虚开发票的

E. 5 年内因虚开发票行为受过行政处罚两次以上，又虚开发票的

12. 税务机关的下列具体行政行为可以向复议机关申请行政复议，也可以直接向人民法院提起行政诉讼的有（　　）。

A. 通知出入境管理机关阻止出境行为　B. 发票管理行为

C. 不依法确认纳税担保行为　　　　　D. 不予退税行为

E. 确认纳税主体行为

13. 根据《刑法》规定，纳税人有逃避缴纳税款行为，经税务机关依法下达追缴通知后，补缴应纳税款，缴纳滞纳金，已受行政处罚的，不予追究刑事责任；但特殊情形例外，例外的情形包括（　　）。

A. 5 年内因发票违法被税务机关给予过两次以上行政处罚

B. 5 年内因逃避缴纳税款被税务机关给予过行政处罚

C. 5 年内因逃避缴纳税款被税务机关列为重大税收违法失信案件当事人

D. 5 年内因逃避缴纳税款被税务机关给予两次以上行政处罚

E. 5 年内因逃避缴纳税款受过刑事处罚

14. 对特定行政复议事项，按照自愿、合法的原则，申请人和被申请人在行政复议机关作出行政复议决定以前可以达成和解，行政复议机关也可以调解。这些事项包括（　　）。

A. 行政赔偿　　B. 行政奖励

C. 行政处罚　　D. 核定税额

E. 加收滞纳金

15. 当事人对某市税务局稽查局做出的追缴税款并加收滞纳金的决定不服，并认为稽查局追缴税款所依据的规定不合法，申请行政复议时，可以一并向行政复议机关提出对有关规定的审查申请。下列规定当事人不能申请审查的包括（　　）。

A. 国家税务总局的规章　　B. 国家税务总局的规范性文件

C. 省人民政府的规范性文件　　D. 省人民代表大会的地方性法规

E. 省税务局的规范性文件

16. 税务稽查人员应当遵守工作纪律，恪守职业道德，不得有的行为包括（　　）。

A. 违反法定程序、超越权限行使职权　　B. 利用职权为自己或者他人谋取利益

C. 查处举报案件过程中向举报人隐瞒案情　　D. 接受被查对象的请客送礼

E. 未经批准私自会见被查对象

17. 税务稽查指挥管理信息化建设主要包括“1+3+1”稽查指挥管理信息化体系，即一个应用系统、三个执法场所、一个办案工具包。其中“一个办案工具包”包括（　　）。

A. 单兵执法工具包　　B. 团队执法工具包

C. 扩展执法工具包　　D. 共享执法工具包

E. 在线执法工具包

18. 税务稽查过程中，税务机关采集到的纳税人涉税信息，应当为纳税人保密的包括（　　）。

A. 纳税人的技术信息　　B. 纳税人的经营信息

C. 纳税人信用信息　　D. 纳税人税收违法信息

E. 纳税人不愿公开的个人事项

19. 跨区域稽查局实行专业化建设，围绕稽查重点工作，稽查人力资源应向专业部门倾斜。省、市级跨区域稽查局专业部门的人员比例应当不低于本单位稽查人员总数的三分之二。这些专业部门包括（　　）。

A. 选案部门　　B. 检查部门

C. 审理部门　　D. 执行部门

E. 综合部门

20. 稽查部门要强化纪律作风建设，实行高标准、严管理，打造稽查铁军。对稽查队伍的要求包括（　　）。

A. 忠诚担当　　　　B. 素质过硬

C. 作风优良　　　　D. 业务熟练

E. 执法公正

三、判断题（每题1分，共15分）

1. 税务部门要优化税务执法方式。坚持以案头分析为主，在疫情防控期间，减少或推迟直接入户检查，对需要到纳税人生产经营所在地进行现场调查核实的事项，经县以上税务局（分局）负责人确认，延至疫情得到控制或结束后办理。（　　）

2. 某公司于2020年3月将购买的一批口罩和消毒用品，直接向当地承担疫情防治任务的医院捐赠用于应对新型冠状病毒感染的肺炎疫情，可以免征相应的增值税及教育费附加、地方教育附加。（　　）

3. 出口企业骗取国家出口退税款的，税务机关可以在规定期间内停止其进出口经营权。（　　）

4. 根据有关规定，出口产品退还增值税、消费税的，同时退还已征收的城市维护建设税。（　　）

5. 从虚开发票案件司法判决实践来看，税务部门对虚开发票违法认定承担举证责任，稽查部门提供的发票流证据是行政定性、移送司法处最直接、最有力、最关键的证据。（　　）

6. 税收违法案件一案双查，是指由税务稽查部门和主管税务部门同时对纳税人、扣缴义务人和其他涉税当事人的税收违法行为进行调查。（　　）

7. 临时税务检查证有效期限不得超过6个月，临时公务执行完毕后应当及时缴销。（　　）

8. 税务稽查案卷内每份或者每组材料的排列规则是：正件在前，附件在后；重要材料在前，其他材料在后；基础性材料在前，汇总性材料在后。（　　）

9. 稽查局阻止欠税人出境的期限一般为3个月。（　　）

10. 国家工作人员参与实施骗取出口退税犯罪活动的，依照骗取出口退税罪的规定从重处罚。（　　）

11. 在行政诉讼中，原告可以提供证明行政行为违法的证据。若原告提供的证据不成立的，被告不再负有举证责任。（　　）

12. 行政诉讼中，被告对作出的行政行为负有举证责任，应当提供作出该行政行为的证据和所依据的规范性文件。被告不提供或者无正当理由逾期提供证据，可由原告进行举证。（　　）

13. 省、市税务局稽查局内部科室设置应当体现稽查“四分离”原则，其中审理部门可根据案件类型进行专业化分工。（　　）

14. 按照“谁审理、谁执行”的原则，跨区域稽查局负责相关案件的执行工作，实施税收保全、税收强制执行等措施。（ ）

15. 税务稽查人员应当依法为纳税人、扣缴义务人的商业秘密、个人隐私保密。但纳税人、扣缴义务人的税收违法行为不属于保密范围。（ ）

四、综合分析题（每问 2 分，共 20 分）

（一）

根据群众举报，甲市税务局第一稽查局 2020 年 9 月 1 日对 C 县华龙机械制造公司（以下简称华龙公司）2015—2019 年的纳税情况进行了检查。经查，发现该公司 2018 年度让乙公司为其虚开一张 10 万元的普通发票，列支成本费用，企业当年申报的企业所得税应纳税所得额为 -50 万元。第一稽查局对华龙公司编造虚假计税依据的行为处以 1 万元罚款，对接受虚开发票的行为处以 5 万元罚款。华龙公司在规定期限内缴纳了罚款。请根据以上材料，回答下列问题：

1. 该案件执行完毕后，审理部门应当在一定期限内收集稽查各环节与案件有关的全部资料，整理成税务稽查案卷，归档保管。这一期限是（ ）日。

A. 15　　B. 30
C. 60　　D. 90
E. 180

2. 该案件在四环节形成的稽查材料应列入正卷的包括（ ）。

A. 检举信　　B. 税务检查通知书
C. 文书送达回证　　D. 税务稽查报告
E. 税务处理决定书

3. 该案件在四环节形成的稽查材料应列入副卷的包括（ ）。

A. 检举信　　B. 税务检查通知书
C. 文书送达回证　　D. 税务稽查报告
E. 税务处理决定书

4. 该案件组卷存档后，案卷保管期限为（ ）。

A. 5 年　　B. 10 年
C. 15 年　　D. 30 年
E. 永久

5. 该案件组卷存档后，C 县税务局因工作需要查询该案卷，应审批的领导是（ ）。

A. 甲市税务局局长
B. 甲市税务局稽查局局长
C. 甲市税务局第一稽查局局长
D. 甲市税务局第一稽查局综合部门负责人
E. C 县税务局局长

（二）

2020年8月，天南省地北市税务局稽查局对惠民制药公司（以下简称惠民公司）2015—2019年纳税情况进行了税务检查，发现以下情况：

（1）惠民公司是增值税一般纳税人，符合小微企业的规定标准。

（2）2015年6月1日，韩国某医院与惠民公司洽谈，拟进口1 000箱防病毒口服液，双方签订合同，价格为每箱9 000元人民币（FOB），约定月底前将药品通过天津口岸发往韩国，货到后30日内付款。6月10日，惠民公司将货物报关后，韩国某医院通知惠民公司，称该公司药品不符合国际标准，决定终止合同。此时惠民公司已经申报出口退税，取得退税款81万元。惠民公司将该批药品运回后转为内销。

（3）2015年6月15日，国家调整了出口药品的退税率，由原来的9%调整为11%。

请根据以上情况，回答下列问题：

1. 惠民公司取得退税款81万元，其退税的计税依据，是出口货物劳务实际的（　　）。

A. 离岸价（FOB）　　B. 到岸价（CIF）

C. 结算价　　D. 合同价

E. 汇兑价

2. 2015年6月，国家调整了出口药品的退税率，稽查部门核查企业出口货物适用的退税率是否正确，其新、旧退税率划分时间的标准应以企业提供下列（　　）项资料为准。

A. 企业在财务账簿确认收入的时间

B. 出口货物报关单上注明的“出口日期”

C. 收到销货款的时间

D. 实际申报退税的时间

E. 签订出口合同的时间

3. 经税务机关调查，认定惠民公司未将货物实际出口，却申报取得退税款，该项行为是骗税行为，下列处理正确的包括（　　）。

A. 追缴该公司骗取的出口退税款

B. 按追缴税款的万分之五按日加收滞纳金

C. 处以骗取退税款50%以上5倍以下的罚款

D. 在一定时期停止其出口退（免）税资格

E. 该公司已涉嫌犯罪，移送司法机关追究刑事责任

4. 经税务机关调查，认定惠民公司骗取出口退税款81万元，税务机关决定在一定期限内停止其出口退（免）税资格，停止的期限应该是（　　）。

A. 半年以上一年以下　　B. 一年以上一年半以下

C. 一年半以上两年以下　　D. 两年以上三年以下

E. 终生停止其退税资格

5. 经税务机关调查，认定惠民公司骗取出口退税款81万元已涉嫌犯罪，移送司法

机关，经司法机关审理，认定惠民公司构成骗取出口退税罪，该公司及相关人员应该受到的刑事处罚是（　　）。

A. 对惠民公司处骗取税款1倍以上5倍以下的罚金

B. 对惠民公司直接负责的主管人员没收财产

C. 对惠民公司直接负责的主管人员处5年以下有期徒刑或者拘役

D. 对惠民公司直接负责的主管人员处5年以上10年以下有期徒刑

E. 对惠民公司直接负责的主管人员处10年以上有期徒刑或者无期徒刑

税务稽查综合试卷一答案与解析

一、单项选择题（每题1分，共25分）

1. **［参考答案］** A

［答案解析］《关于工会经费企业所得税税前扣除凭据问题的公告》（国家税务总局公告2010年第24号）规定，自2010年7月1起，企业拨缴的职工工会经费，不超过工资薪金总额2%的部分，凭工会组织开具的《工会经费收入专用收据》在企业所得税税前扣除。

甲企业2019年度发生工资薪金支出600万元，按照2%的比例，可以扣除工会经费12万元，但甲企业只有10万元取得《工会经费收入专项收据》，故税前只能扣除10万元。

2. **［参考答案］** A

［答案解析］ 可在计算应纳税所得额时扣除的银行利息费用为12万（200×8%÷12×9）；向本企业职工借入款项可扣除的利息费用限额为6万元（100×8%÷12×9），该企业支付职工的利息费用只能按同期同类银行贷款利率计算的限额扣除，超过部分不得税前扣除；该企业2019年度可在计算应纳税所得额时扣除的利息费用为18万元（12+6）。

3. **［参考答案］** C

［答案解析］ 普通化妆品不征收消费税，高档化妆品才征收消费税；用于产品质量检验耗费的高尔夫球杆属于必要的生产经营过程，不征收消费税。从2014年12月1日起，取消汽车轮胎消费税。

4. **［参考答案］** A

［答案解析］ 根据《国家税务总局关于异常增值税扣税凭证管理等有关事项的公告》（国家税务总局公告2019年第38号）规定："一、符合下列情形之一的增值税专用发票，列入异常凭证范围：

（一）纳税人丢失、被盗税控专用设备中未开具或已开具未上传的增值税专用发票；

（二）非正常户纳税人未向税务机关申报或未按规定缴纳税款的增值税专用发票；

（三）增值税发票管理系统稽核比对发现“比对不符”“缺联”“作废”的增值税专用发票；

（四）经税务总局、省税务局大数据分析发现，纳税人开具的增值税专用发票存在涉嫌虚开、未按规定缴纳消费税等情形的；

（五）属于《国家税务总局关于走逃（失联）企业开具增值税专用发票认定处理有关问题的公告》（国家税务总局公告2016年第76号）第二条第（一）项规定情形的增值税专用发票。”

选项A与上述规定不符，故不应列入异常凭证范围。

5. **［参考答案］** B

［答案解析］ 白酒实行从量定额与从价定率相结合征税办法，税率20%加0.5元/500克；黄酒实行从量定额征税办法240元/吨；啤酒实行从量定额征税办法：甲类啤酒250元/吨，乙类啤酒220元/吨。葡萄酒实行从价定率征税办法，税率为10%。

6. **［参考答案］** C

［答案解析］ 根据税务稽查案件质效评价办法有关规定，对评价标准不统一、适宜分段确定参考值的指标，一般采用分段计分法进行计分。

7. **［参考答案］** B

［答案解析］ 根据税务稽查案件质效评价办法有关规定，对评价标准不统一、适宜确定基准参考值的指标，一般采用基准加减分法进行计分。

8. **［参考答案］** A

［答案解析］ 根据税务稽查案件质效评价办法有关规定，对评价标准统一的指标，一般采用数量减分法进行计分。

9. **［参考答案］** C

［答案解析］ 根据《财政部　税务总局关于支持个体工商户复工复业增值税政策的公告》（国家税务总局公告2020年第13号）规定，自2020年3月1日至12月31日，除湖北省外，其他省、自治区、直辖市的增值税小规模纳税人，适用3%征收率的应税销售收入，减按1%征收率征收增值税。

10. **［参考答案］** A

［答案解析］ 根据《财政部　税务总局关于支持新型冠状病毒感染的肺炎疫情防控有关税收政策的公告》（国家税务总局公告2020年第8号）规定，受疫情影响较大的困难行业企业2020年度发生的亏损，最长结转年限由5年延长至8年。困难行业企业2020年度主营业务收入须占收入总额（剔除不征税收入和投资收益）的50%以上。

11. **［参考答案］** D

［答案解析］ 根据《中华人民共和国车船税法》规定，从事机动车第三者责任强制保险业务的保险机构为机动车车船税的扣缴义务人，应当在收取保险费时依法代收车船税，并出具代收税款凭证。

12. **［参考答案］** A

[答案解析] 根据国家税务总局《关于车船税征管若干问题的公告》(国家税务总局公告2013年第42号)规定，对于在设计和技术特性上用于特殊工作，并装置有专用设备或器具的汽车，应认定为专用作业车，如汽车起重机、消防车、混凝土泵车、清障车、高空作业车、洒水车、扫路车等。以载运人员或货物为主要目的的专用汽车，如救护车，不属于专用作业车。

13. [参考答案] C

[答案解析] 根据税务稽查统计报表报送要求。

14. [参考答案] C

[答案解析] 根据国家税务总局关于发布《税务检查证管理办法》的公告(国家税务总局公告2018年第44号)第十四条规定。

15. [参考答案] C

[答案解析] 根据《税务稽查工作规程》规定，税务机关人员需要查阅或者借阅税务稽查案卷的，应当经稽查局局长批准；税务机关以外人员需要查阅的，应当经稽查局所属税务局领导批准。

16. [参考答案] B

[答案解析] 根据《税务稽查工作规程》规定，税务机关人员需要查阅或者借阅税务稽查案卷的，应当经稽查局局长批准；税务机关以外人员需要查阅的，应当经稽查局所属税务局领导批准。

17. [参考答案] C

[答案解析] 根据《税收征收管理法》的规定，欠缴税款的纳税人因怠于行使到期债权，或者放弃到期债权，或者无偿转让财产，或者以明显不合理的低价转让财产而受让人知道该情形，对国家税收造成损害的，税务机关可以依照《中华人民共和国合同法》第七十三条、第七十四条的规定(2021年1月1日起为《中华人民共和国民法典》有关规定)行使代位权、撤销权。

代位权，是指债务人应当行使却不行使其对第三人(次债务人)享有的权利而有害税款顺利入库时，税务机关为保障税收权利，可以自己的名义代位行使债务人的权利。故本题应当行使的是代位权。

18. [参考答案] A

[答案解析] 根据《刑法(修正案八)》第二百零五条之一规定，虚开增值税专用发票、用于骗取出口退税、抵扣税款发票以外的其他发票，情节严重的，处2年以下有期徒刑、拘役或者管制，并处罚金；情节特别严重的，处2年以上7年以下有期徒刑，并处罚金。

19. [参考答案] C

[答案解析] 根据《刑法》第二百零四条规定，骗取国家出口退税款，数额特别巨大或者有其他特别严重情节的，处10年以上有期徒刑或者无期徒刑，并处骗取税款1倍以上5倍以下罚金或者没收财产。根据《最高人民法院关于审理骗取出口退税刑事案件具体应用法律若干问题的解释》第三条规定，骗取国家出口退税款250万元以上的，

为《刑法》第二百零四条规定的“数额特别巨大”。

20. ［**参考答案**］C

［**答案解析**］根据《最高人民检察院　公安部关于公安机关管辖的刑事案件立案追诉标准的规定（二）》第六十条规定，以假报出口或者其他欺骗手段，骗取国家出口退税款，数额在5万元以上的，应予立案追诉。

21. ［**参考答案**］A

［**答案解析**］根据《刑法》第二百零一条的规定：纳税人采取欺骗、隐瞒手段进行虚假纳税申报或者不申报，逃避缴纳税款数额较大并且占应纳税额10%以上的；扣缴义务人采取前款所列手段，不缴或者少缴已扣、已收税款，数额较大的，处以有关刑罚。对多次实施前两款行为，未经处理的，按照累计数额计算。有第一款行为，经税务机关依法下达追缴通知后，补缴应纳税款，缴纳滞纳金，已受行政处罚的，不予追究刑事责任；但是，5年内因逃避缴纳税款受过刑事处罚或者被税务机关给予两次以上行政处罚的除外。

22. ［**参考答案**］D

［**答案解析**］根据《刑法修正案（八）》第二百一十条之一规定，明知是伪造的发票而持有，数量较大的，处2年以下有期徒刑、拘役或者管制，并处罚金；数量巨大的，处2年以上7年以下有期徒刑，并处罚金。

23. ［**参考答案**］B

［**答案解析**］根据《最高人民法院关于审理骗取出口退税刑事案件具体应用法律若干问题的解释》第五条规定，具有下列情形之一的，属于《刑法》第二百零四条规定的“其他特别严重情节”，因骗取国家出口退税行为受过行政处罚，两年内又骗取国家出口退税款数额在150万元以上的。

24. ［**参考答案**］A

［**答案解析**］《最高人民检察院　公安部关于公安机关管辖的刑事案件立案追诉标准的规定（二）》第五十九条规定：纳税人欠缴应纳税款，采取转移或者隐匿财产的手段，致使税务机关无法追缴欠缴的税款，数额在1万元以上的，应予立案追诉。

25. ［**参考答案**］B

［**答案解析**］根据《国家税务总局关于规范稽查机构运转若干问题的通知》（税总发〔2019〕1号）规定，充实稽查力量，各省税务系统稽查人员数量配置不低于本省税务干部总数的8%，并在2020年底前到位。

二、多项选择题（每题2分，共40分）

1. ［**参考答案**］BCDE

［**答案解析**］根据税务稽查案件质效评价办法有关规定，案件查处质效评价内容包括：检查取证情况、受托协查情况、审理定性情况、执行入库情况、查处总体成果、其他案件查处情况。选项A属于案源管理质效评价的内容。

2. ［**参考答案**］ABDE

[答案解析] 根据《国家税务总局关于启用全国增值税发票查验平台的公告》(国家税务总局公告2016年第87号)规定，取得增值税发票的单位和个人可登录全国增值税发票查验平台，对新系统开具的增值税专用发票、增值税普通发票、机动车销售统一发票和增值税电子普通发票的发票信息进行查验。

根据《国家税务总局关于增值税发票管理若干事项的公告》(国家税务总局公告2017年第45号)规定，自2018年4月1日起，二手车交易市场、二手车经销企业、经纪机构和拍卖企业应当通过增值税发票管理新系统开具二手车销售统一发票。

3. [参考答案] ABDE

[答案解析] 根据《财政部 国家税务总局关于出口货物劳务增值税和消费税政策的通知》(财税〔2012〕39号)规定，出口企业取得普通发票、废旧物资收购凭证、农产品收购发票、政府非税收入票据的货物，适用增值税免税政策。故选项C不正确。

4. [参考答案] ABDE

[答案解析] 根据有关规定，税务机关发现出口企业或者其他单位以下列情形之一的手段骗取国家出口退税款的，按照《中华人民共和国税收征收管理法》第六十六条处理、处罚：

(1) 虚开、伪造、变造、非法取得增值税专用发票或者其他增值税扣税凭证的。

(2) 伪造、签订虚假的销售合同，或者以伪造、变造及其他非法手段取得出口报关单、运输单据等有关出口货物劳务、跨境应税行为单据、凭证的。

(3) 将未出口货物劳务、跨境应税行为作为出口货物劳务、跨境应税行为的。

(4) 将未纳税或者免税的货物劳务、跨境应税行为申报为已税货物劳务、跨境应税行为的。

(5) 虚构出口货物劳务、跨境应税行为的品名、数量、单价等要素，骗取未实际纳税部分出口退税款的。

(6) 为骗取出口退税款，出口并申报退税的货物劳务、跨境应税行为不具备其报关申报产品功能(用途)或者不具备合理商业目的。

(7) 以其他欺骗手段骗取出口退税款的。

选项C属于为他人提供骗税便利的，应按照《中华人民共和国税收征收管理法实施细则》第九十三条规定处理。

5. [参考答案] ABCD

[答案解析] 根据《全国税务稽查规范(1.1版)》规定，对案件查处过程中发现的下列问题，稽查局应当向相关部门提出建议：

(1) 涉及税收政策、管理等重大问题，需要相关部门积极加以应对的；

(2) 相关行业、领域、地区税收政策、管理中存在的典型性、普遍性、深层性问题，需要有关部门采取措施的；

(3) 税收政策、管理中存在漏洞、风险或者薄弱环节的；

(4) 税收违法出现新手段、新动向、新趋势、新规律，税收政策、管理措施需要及时调整的；

（5）其他有必要提出建议的情形。

6.［参考答案］ABCD

［答案解析］根据《税务稽查工作规程》规定，税务稽查案卷材料应当按照以下规则组合排列：

（1）案卷内材料原则上按照实际稽查程序依次排列；

（2）证据材料可以按照材料所反映的问题等特征分类，每类证据主要证据材料排列在前，旁证材料排列在后；

（3）其他材料按照材料形成的时间顺序，并结合材料的重要程度进行排列。

税务稽查案卷内每份或者每组材料的排列规则是：正件在前，附件在后；重要材料在前，其他材料在后；汇总性材料在前，基础性材料在后。

7.［参考答案］ACE

［答案解析］根据《税务稽查工作规程》的规定，税务稽查案卷分别立为正卷和副卷。正卷主要列入各类证据材料、税务文书等可以对外公开的稽查材料；副卷主要列入检举及奖励材料、案件讨论记录、法定秘密材料等不宜对外公开的稽查材料。如无不宜公开的内容，可以不立副卷。副卷作为密卷管理。

选项 B、D 属于应列入副卷的资料。

8.［参考答案］ABDE

［答案解析］根据《全国税务稽查规范（1.1 版）》规定，案件有下列情形之一的，可以认定为办结：

（1）经过重大税务案件审理或者稽查局集体审理决定移送公安机关的。

（2）依照法定职权确实无法查证全部或者部分税收违法行为，但有根据认为稽查对象涉嫌犯罪，按照规定提请公安机关提前介入，公安机关依法接受的。

（3）人民法院已受理强制执行申请的。

（4）人民法院已受理代位权、撤销权诉讼的。

（5）以债权人身份向人民法院申请对被执行人进行破产清算，且人民法院受理的；或者被执行人进入破产程序，税务机关已申报税收债权的。

（6）采取《中华人民共和国税收征收管理法实施细则》规定的其他送达方式无法送达，以公告形式送达《税务处理决定书》《税务行政处罚决定书》，生效后满 6 个月经查找仍无法找到被执行人的。

（7）符合本规范“3.5.7.3 中止检查”的情形，中止检查满 3 年未解除中止的。

（8）符合本规范“5.5.3 案件中止执行”的情形，中止执行满 3 年，未解除中止的。

（9）经查证未发现被执行人有财产抵缴税收款项的，或者虽有财产但无法拍卖变卖抵缴税收款项的。

选项 C 与上述规定不符，不正确。

9.［参考答案］BCE

［答案解析］根据《税务稽查工作规程》规定，被执行人确实没有财产抵缴税款或

者依照破产清算程序确实无法清缴税款，或者有其他法定终结执行情形的，稽查局可以填制《税收违法案件终结执行审批表》，依照国家税务总局规定权限和程序，经税务局相关部门审核并报所属税务局局长批准后，终结执行。

10. ［参考答案］ABC

［答案解析］根据《税务行政复议规则》规定，申请人对征税行为以外的其他具体行政行为不服，可以申请行政复议，也可以直接向人民法院提起行政诉讼；征税行为包括确认纳税主体、征税对象、征税范围、减税、免税、退税、抵扣税款、适用税率等征税行为。

11. ［参考答案］ABE

［答案解析］根据《最高人民检察院　公安部关于公安机关管辖的刑事案件立案追诉标准的规定（二）的补充规定》规定，虚开《刑法》第二百零五条规定以外的其他发票，涉嫌下列情形之一的，应予立案追诉：

（1）虚开发票100份以上或者虚开金额累计在40万元以上的；

（2）虽未达到上述数额标准，但5年内因虚开发票行为受过行政处罚两次以上，又虚开发票的；

（3）其他情节严重的情形。

12. ［参考答案］ABC

［答案解析］根据《税务行政复议规则》第三十四条规定，申请人对本规则第十四条第（一）项规定以外的其他具体行政行为不服，可以申请行政复议，也可以直接向人民法院提起行政诉讼；第十四条第一项主要列举了包括确认纳税主体、征税对象、征税范围、减税、免税、退税、抵扣税款、适用税率等征税行为。

13. ［参考答案］DE

［答案解析］根据《刑法》第二百零一条规定：纳税人构成逃税罪的，经税务机关依法下达追缴通知后，补缴应纳税款，缴纳滞纳金，已受行政处罚的，不予追究刑事责任；但是，5年内因逃避缴纳税款受过刑事处罚或者被税务机关给予两次以上行政处罚的除外。

14. ［参考答案］ABCD

［答案解析］根据《税务行政复议规则》规定，对下列行政复议事项，按照自愿、合法的原则，申请人和被申请人在行政复议机关作出行政复议决定以前可以达成和解，行政复议机关也可以调解：

（1）行使自由裁量权作出的具体行政行为，如行政处罚、核定税额、确定应税所得率等。

（2）行政赔偿。

（3）行政奖励。

（4）存在其他合理性问题的具体行政行为。

15. ［参考答案］AD

［答案解析］根据《税务行政复议规则》规定，申请人认为税务机关的具体行政行

为所依据的下列规定不合法，对具体行政行为申请行政复议时，可以一并向行政复议机关提出对有关规定的审查申请；申请人对具体行政行为提出行政复议申请时不知道该具体行政行为所依据的规定的，可以在行政复议机关作出行政复议决定以前提出对该规定的审查申请：

（1）国家税务总局和国务院其他部门的规定。

（2）其他各级税务机关的规定。

（3）地方各级人民政府的规定。

（4）地方人民政府工作部门的规定。

前款中的规定不包括规章。

16. **［参考答案］** ABDE

［答案解析］ 根据《税务稽查工作规程》规定，税务稽查人员应当遵守工作纪律，恪守职业道德，不得有下列行为：

（1）违反法定程序、超越权限行使职权；

（2）利用职权为自己或者他人谋取利益；

（3）玩忽职守，不履行法定义务；

（4）泄露国家秘密、工作秘密，向被查对象通风报信、泄露案情；

（5）弄虚作假，故意夸大或者隐瞒案情；

（6）接受被查对象的请客送礼；

（7）未经批准私自会见被查对象；

（8）其他违法乱纪行为。

选项 C 不是稽查工作规程中对稽查人员的要求。

17. **［参考答案］** ABC

［答案解析］ 根据《国家税务总局办公厅关于进一步加强稽查信息化应用　提升稽查指挥管理效能的通知》（税总办发〔2019〕64 号）规定，一个办案工具分为基础工具包和扩展工具包。基础工具包主要供稽查人员外出执法使用，包括执法过程中使用频率较高的设备，又细分为单兵包和团队包。扩展工具包主要包括体积较大、难以携带的设备，可供多小组、多团队共享的设备以及需要固定场所配套集成的设备或设备集群。

18. **［参考答案］** ABE

［答案解析］ 根据《纳税人涉税保密信息管理暂行办法》规定，纳税人涉税保密信息，是指税务机关在税收征收管理工作中依法制作或者采集的，以一定形式记录、保存的涉及纳税人商业秘密和个人隐私的信息。主要包括纳税人的技术信息、经营信息和纳税人、主要投资人以及经营者不愿公开的个人事项。

19. **［参考答案］** BC

［答案解析］ 根据《国家税务总局关于印发〈进一步完善税务稽查工作的意见〉的通知》（税总发〔2019〕115 号）规定，跨区域稽查局实行专业化建设，集中力量查处税收违法案件，减轻行政事务工作负担。围绕稽查重点工作，稽查人力资源向检查、审理等部门倾斜。省、市级跨区域稽查局检查及审理人员比例应当不低于本单位稽查人员

总数的三分之二。

20. ［**参考答案**］ABCE

［**答案解析**］根据《国家税务总局关于印发〈进一步完善税务稽查工作的意见〉的通知》（税总发〔2019〕115号）规定，……以“忠诚担当、素质过硬、作风优良、执法公正”为要求，对稽查队伍实行高标准、严管理，打造稽查铁军。选项D不是文件要求的内容。

三、判断题（每题1分，共15分）

1. ［**参考答案**］错误

［**答案解析**］根据《国家税务总局关于充分发挥税收职能作用　助力打赢疫情防控阻击战若干措施的通知》（税总发〔2020〕14号）规定，税务机关优化税务执法方式。进一步落实“无风险不检查、无批准不进户、无违法不停票”的要求，坚持以案头分析为主。在疫情防控期间，减少或推迟直接入户检查，对需要到纳税人生产经营所在地进行现场调查核实的事项，可经本级税务机关负责人确认，延至疫情得到控制或结束后办理。延期办理非经县以上税务局负责人确认，故题干不正确。

2. ［**参考答案**］正确

［**答案解析**］根据《财政部　国家税务总局关于支持新型冠状病毒感染的肺炎疫情防控有关捐赠税收政策的公告》（财政部　税务总局公告2020年第9号）规定，单位和个体工商户将自产、委托加工或购买的货物，通过公益性社会组织和县级以上人民政府及其部门等，或者直接向承担疫情防治任务的医院，无偿捐赠用于应对新型冠状病毒感染的肺炎疫情的，免征增值税、消费税、城市维护建设税、教育费附加、地方教育附加。

3. ［**参考答案**］错误

［**答案解析**］根据《税收征收管理法》第六十六条规定，对骗取国家出口退税的，税务机关可以在规定期间内停止为其办理出口退税。税务机关无权停止企业的进出口经营权。

4. ［**参考答案**］错误

［**答案解析**］根据《财政部关于城市维护建设税几个具体业务问题的补充规定》（〔1985〕财税字第143号）第三条的规定，对出口产品退还消费税、增值税的，不退还已纳的城市维护建设税。

5. ［**参考答案**］错误

［**答案解析**］从虚开发票案件司法判决实践来看，税务部门对虚开发票违法认定承担举证责任，稽查部门提供的资金流证据是行政定性、移送司法处最直接、最有力、最关键的证据。

6. ［**参考答案**］错误

［**答案解析**］根据税务机关开展税收违法案件一案双查的有关规定，一案双查，是指在查处纳税人、扣缴义务人和其他涉税当事人偷逃税、虚开发票和骗取出口退税等税

收违法案件的同时，对税务机关或者税务人员违纪违法行为依照有关规定进行调查和责任追究。

7. ［**参考答案**］错误

［**答案解析**］根据《检查证管理办法》（国家税务总局公告2018年第44号）第十四条规定，临时税务检查证有效期限不得超过一年，临时公务执行完毕后应当及时缴销。

8. ［**参考答案**］错误

［**答案解析**］根据《税务稽查工作规程》规定，税务稽查案卷内每份或者每组材料的排列规则是：正件在前，附件在后；重要材料在前，其他材料在后；汇总性材料在前，基础性材料在后。

9. ［**参考答案**］错误

［**答案解析**］根据《全国税务稽查规范（1.1版）》规定，稽查局阻止欠税人出境的期限一般为6个月。

10. ［**参考答案**］正确

［**答案解析**］根据《最高人民法院关于审理骗取出口退税刑事案件具体应用法律若干问题的解释》第八条规定，国家工作人员参与实施骗取出口退税犯罪活动的，依照《刑法》第二百零四条第一款的规定从重处罚。

11. ［**参考答案**］错误

［**答案解析**］根据《中华人民共和国行政诉讼法》规定，原告可以提供证明行政行为违法的证据。原告提供的证据不成立的，不免除被告的举证责任。

12. ［**参考答案**］错误

［**答案解析**］根据《中华人民共和国行政诉讼法》规定，被告对作出的行政行为负有举证责任，应当提供作出该行政行为的证据和所依据的规范性文件。被告不提供或者无正当理由逾期提供证据，视为没有相应证据。

13. ［**参考答案**］错误

［**答案解析**］根据《国家税务总局关于印发〈进一步完善税务稽查工作的意见〉的通知》（税总发〔2019〕115号）规定，省、市税务局稽查局内部科室设置应当体现稽查“四分离”原则，其中检查部门可根据案件类型进行专业化分工。

14. ［**参考答案**］错误

［**答案解析**］根据《国家税务总局关于规范稽查机构运转若干问题的通知》（税总发〔2019〕1号）规定，按照“谁检查、谁执行”的原则，跨区域稽查局负责相关案件的执行工作，实施税收保全、税收强制执行等措施。

15. ［**参考答案**］正确

［**答案解析**］根据《税务稽查工作规程》规定，税务稽查人员应当依法为纳税人、扣缴义务人的商业秘密、个人隐私保密。但纳税人、扣缴义务人的税收违法行为不属于保密范围。

四、综合分析题（每问 2 分，共 20 分）

（一）

1. **［参考答案］** C

［答案解析］ 根据《税务稽查工作规程》规定，稽查工作执行完毕后，审理部门应当在 60 日内收集稽查各环节与案件有关的全部资料，整理成税务稽查案卷，归档保管。

2. **［参考答案］** BCE

［答案解析］ 根据《税务稽查工作规程》规定，税务稽查案卷分别立为正卷和副卷。正卷主要列入各类证据材料、税务文书等可以对外公开的稽查材料；副卷主要列入检举及奖励材料、案件讨论记录、法定秘密材料等不宜对外公开的稽查材料。如无不宜公开的内容，可以不立副卷。副卷作为密卷管理。

3. **［参考答案］** AD

［答案解析］ 根据《税务稽查工作规程》规定，税务稽查案卷分别立为正卷和副卷。正卷主要列入各类证据材料、税务文书等可以对外公开的稽查材料；副卷主要列入检举及奖励材料、案件讨论记录、法定秘密材料等不宜对外公开的稽查材料。如无不宜公开的内容，可以不立副卷。副卷作为密卷管理。

4. **［参考答案］** E

［答案解析］ 根据《税务稽查工作规程》以及《国家税务总局关于印发〈税务稽查案卷管理暂行办法〉和〈税务稽查案卷电子文件管理参考规范〉的通知》（税总发〔2014〕127 号）规定，立案查处类中重大偷逃骗抗税、虚开发票等税收违法案件的案卷，保管期限为永久。

5. **［参考答案］** C

［答案解析］ 根据《税务稽查工作规程》规定，税务机关人员需要查阅或者借阅税务稽查案卷的，应当经稽查局局长批准。

（二）

1. **［参考答案］** A

［答案解析］ 根据《财政部　国家税务总局关于出口货物劳务增值税和消费税政策的通知》（财税〔2012〕39 号）规定，生产企业出口货物劳务（进料加工复出口货物除外）增值税退（免）税的计税依据，为出口货物劳务的实际离岸价（FOB）。

2. **［参考答案］** B

［答案解析］ 根据《财政部　税务总局关于提高部分产品出口退税率的公告》（财政部 税务总局公告 2020 年第 15 号）规定，货物适用的出口退税率，以出口货物报关单上注明的出口日期界定。之前历次调整出口退税率的均作出相同的规定。

3. **［参考答案］** ABDE

［答案解析］ 根据《税收征收管理法》规定，以假报出口或者其他欺骗手段，骗取国家出口退税款的，由税务机关追缴其骗取的退税款，并处骗取税款 1 倍以上 5 倍以下的罚款。

选项 C 不符合规定，不正确。

4. ［参考答案］ C

［答案解析］ 根据《国家税务总局关于发布〈出口货物劳务增值税和消费税管理办法〉的公告》（国家税务总局公告 2012 年第 24 号）规定，对骗取国家出口退税款的，由省级以上（含本级）税务机关批准，按规定停止其出口退（免）税资格；骗取国家出口退税款 50 万元以上不满 250 万元，或因骗取出口退税行为受过行政处罚、2 年内又骗取国家出口退税款数额在 30 万元以上不满 150 万元的，停止为其办理出口退税 1 年半以上 2 年以下。

5. ［参考答案］ AC

［答案解析］ 根据《刑法》以及《最高人民法院关于审理骗取出口退税刑事案件具体应用法律若干问题的解释》（法释〔2002〕30 号）规定，骗取国家出口退税款，数额巨大或者有其他严重情节的，处 5 年以上 10 年以下有期徒刑，并处骗取税款 1 倍以上 5 倍以下的罚金。数额巨大，指的是骗取国家出口退税款 50 万元以上。

单位犯骗取出口退税罪的，对单位判处罚金，并对其直接负责的主管人员和其他直接责任人员，依照《刑法》第二百零四条的规定处罚。

税务稽查综合试卷二

一、单项选择题（每题 1 分，共 25 分）

1. 某市稽查局对甲公司进行税务稽查，发现该公司 2019 年度“财务费用”账户中利息金额，含有以年利率 8% 向银行借入的 9 个月的生产用 200 万元资金的借款利息；也包括 12 万元的向本企业职工（与本企业无关联关系）借入的与银行借款同期的生产用 100 万元资金的借款利息。假设向本企业职工的借款，双方签订了借款合同，也取得了相关合法票据。则该企业 2019 年度在计算应纳税所得额时允许扣除的利息费用是（　　）万元。

A. 18　　B. 20

C. 21　　D. 28

2. 某市稽查局对甲公司进行税务稽查，发现该企业 2019 年度发放工资总额为 200 万元；为职工支付补充养老保险 12 万元、补充医疗保险 8 万元；均未做纳税调整。该企业 2019 年应调增的应税所得额为（　　）万元。

A. 2　　B. 8

C. 12　　D. 20

3. 某市稽查局对甲企业进行检查（增值税一般纳税人），发现该企业于 2019 年 12 月购进一座写字楼，该写字楼用于公司办公，计入固定资产，并于次月开始计提折旧。该纳税人取得增值税专用发票并认证相符，专用发票注明的金额为 200 万元，增值税税额为 18 万元。该公司当月购进该写字楼可抵扣的进项税额是（　　）万元。

A. 5　　B. 9

C. 12　　D. 18

4. 甲市稽查局于 2020 年 3 月对 A 企业（增值税一般纳税人）2018—2019 年纳税情况进行税务检查，发现该公司 2018 年 3 月取得的高速公路通行费发票，申报计算抵扣增值税进项税额，该公司可以计算抵扣的征收率是（　　）。

A. 2%　　B. 3%

C. 6%　　D. 11%

5. 增值税一般纳税人销售自行开发生产的软件产品，享受的增值税优惠政策是

（　　）。

A. 先征后退　　B. 即征即退

C. 先征后返　　D. 减半征收

6. 组织开展“一案双查”工作，省以下税务局的牵头部门是（　　）。

A. 人事部门　　B. 纪检机构

C. 稽查局　　D. 党建办

7. 稽查部门未认真落实税收违法“黑名单”制度和联合惩戒制度，属于稽查工作风险环节是（　　）。

A. 综合管理环节　　B. 案源环节

C. 审理环节　　D. 执行环节

8. 公布重大税收违法失信案件信息时，法人或者其他组织的法定代表人、负责人与违法事实发生时的法定代表人、负责人不一致的，应（　　）。

A. 公布当前的法定代表人、负责人

B. 公布违法事实发生时的法定代表人、负责人

C. 一并公布，并对违法事实发生时的法定代表人、负责人进行标注

D. 暂不公布，待法院判决明晰直接违法责任人后公布

9. 甲市稽查局对某药品生产企业进行检查，发现该企业 2020 年 5 月直接向承担疫情防治任务的医院捐赠用于应对新型冠状病毒感染的肺炎疫情的药品一批，该项捐赠允许在计算企业所得税时，按照利润总额扣除的比例是（　　）执行。

A. 0　　B. 12%

C. 20%　　D. 100%

10. 税务稽查部门在查处骗取疫情防控税收优惠案件中，发现部分行业受疫情影响较大，为支持这些困难行业，国家出台优惠政策，规定企业 2020 年度发生的亏损最长结转年限延长至（　　）。

A. 5 年　　B. 8 年

C. 10 年　　D. 15 年

11. 客货两用车车船税适用的计税单位和年基准税额应按照下列车辆征税的是（　　）。

A. 客车　　B. 货车

C. 专用作业车　　D. 轮式专用机械车

12. 纳税人排放应税大气污染物或者水污染物的浓度值低于国家和地方规定的污染物排放标准一定比例的，减按 50% 征收环境保护税。这一比例是（　　）。

A. 30%　　B. 50%

C. 75%　　D. 85%

13. 税务稽查案卷应当在立卷次年 6 月 30 日前移交所属税务局档案管理部门保管；稽查局与所属税务局异址办公的，可以适当延迟移交，但延迟时间最多不超过（　　）。

A. 1 年　　B. 2 年

C. 3 年　　D. 5 年

14. 一般行政处罚的税收违法案件，案卷保管期限为（　　）。

A. 5 年　　B. 10 年

C. 30 年　　D. 永久

15. 当欠缴税款的纳税人放弃到期债权，对国家税收造成损害致使税务机关无法追缴税款，税务机关可以行使（　　）。

A. 抵押权　　B. 留置权

C. 代位权　　D. 撤销权

16. 稽查局采取从被执行人开户银行或者其他金融机构的存款中扣缴税款、滞纳金、罚款措施时，应当向被执行人开户银行或者其他金融机构送达的文书是（　　）。

A.《税务事项通知书》　　B.《税务协助执行通知书》

C.《扣缴税收款项通知书》　　D.《扣缴税收款项决定书》

17. 甲企业出于营利目的，非法为他人虚开增值税专用发票抵扣税额累计共 10 万元，下列对甲企业的行为处理正确的是（　　）。

A. 按照逃避缴纳税款罪共同犯罪处罚　　B. 按照非法经营罪追究刑事责任

C. 按照虚开增值税专用发票追究刑事责任　　D. 不构成犯罪，给予行政处罚

18. 不属于涉税犯罪应当承担的刑事责任的是（　　）。

A. 拘役　　B. 有期徒刑

C. 无期徒刑　　D. 死刑

19. 当事人对税务机关作出的处罚决定不服提起行政诉讼，人民法院受理后，在案件审理期间，下列不符合法律规定的说法是（　　）。

A. 一审宣告判决前，企业申请撤诉的，是否准许，由人民法院裁定

B. 税务机关重新作出不同的处罚决定，企业同意并申请撤诉，是否准许，由人民法院裁定

C. 税务机关重新作出不同的处罚决定，应当书面告知人民法院

D. 税务机关重新作出不同的处罚决定，企业仍要求确认原处罚决定违法的，人民法院不予判决

20. 行政复议机关责令被申请人重新作出具体行政行为的，被申请人应当在一定时限内重新作出具体行政行为；情况复杂，不能在规定期限内重新作出具体行政行为的，经行政复议机关批准，可以适当延期，但是延期不得超过一定时限。

被申请人重新作出具体行政行为和可适当延长的时限分别是（　　）。

A. 10 日、5 日　　B. 15 日、10 日

C. 30 日、15 日　　D. 60 日、30 日

21. 甲企业 2019 年 10 月假报出口，骗取出口退税款 10 万元。经查，该企业 2019 年只缴纳税款 3 万元，则该企业的行为构成（　　）。

A. 骗取出口退税罪和逃税罪　　B. 骗取出口退税罪

C. 逃税罪和诈骗罪　　D. 逃税罪

22. 下列不属于《刑法》规定的主刑的是（　　）。

A. 拘役　　　　B. 有期徒刑

C. 无期徒刑　　　　D. 没收财产

23. 税务机关在开展税务检查时已经收集了纳税人违法行为的相关证据，但因不可抗力不能提供的，下列关于证据的说法正确的是（　　）。

A. 视为未提供证据　　　　B. 不再被准许提供证据

C. 经原告同意，可以延期提供　　　　D. 经法院准许，可以延期提供

24. 某市稽查局在检查过程中，发现 A 企业对外虚开发票，对其进行了行政处罚。A 企业不服，提起行政诉讼，税务机关提交的证据中，A 企业虚开的发票在证据的分类上属于（　　）。

A. 书证　　　　B. 物证

C. 勘验笔录　　　　D. 鉴定意见

25. 省、市税务局稽查局内部科室设置应当体现稽查“四分离”原则，其中专门执法部门可根据案件类型进行专业化分工，这一部门是（　　）。

A. 选案部门　　　　B. 检查部门

C. 审理部门　　　　D. 执行部门

二、多项选择题（每题 2 分，共 40 分）

1. 各级稽查局及其所属稽查人员在综合管理环节的主要风险点包括（　　）。

A. 未按规定管理案卷

B. 未按规定移送涉嫌犯罪案件

C. 各类报告、报表上报不及时，填写不完整，内容有误

D. 未按税收违法案件“一案双查”的规定转交线索和案件

E. 违反相关法律、法规和工作纪律规定，泄露国家秘密、商业秘密、个人隐私和工作秘密

2. 对走逃（失联）企业涉嫌虚开增值税专用发票的资金流相关情况进行检查时，应取得资金支付虚假的证据材料包括（　　）。

A. 交易资金信息不真实，如利用银行账户回流资金等

B. 大宗交易未付款或虚假现金支付

C. 利用银行承兑汇票虚假结算

D. 下游受票企业定性接受虚开的证明材料

E. 企业增值税专用发票与上下游开票、受票企业相应发票信息是否一致的相关证据

3. 受疫情影响较大的困难行业企业 2020 年度发生的亏损最长结转年限延长至 8 年，可以延长亏损结转年限的行业包括（　　）。

A. 交通运输　　　　B. 餐饮

C. 住宿　　　　D. 旅游

E. 娱乐

4. 自 2020 年 1 月 1 日至 2020 年 12 月 31 日，纳税人为满足城乡居民日常生活需求提供生活服务取得的收入，免征增值税，生活服务包括（　　）。

A. 文化体育服务　　B. 教育医疗服务

C. 旅游娱乐服务　　D. 餐饮住宿服务

E. 公共交通运输服务

5. 2020 年 10 月，某市稽查局在执行过程中发现被执行人存在以下情形，按照规定应该中止执行的情形有（　　）。

A. 甲企业于 2020 年 9 月进入破产清算程序，目前尚未终结

B. 乙企业的所有财产于 2020 年 7 月被公安机关依法查封，致使执行无法进行

C. 企业的账簿、凭证 2020 年 9 月被审计机关调取，目前尚未归还

D. 丁企业法人代表于 2020 年 8 月发生车祸昏迷，企业财务人员无法确定可执行财产

E. 戊企业不服税务处理决定，已向甲市税务局申请行政复议

6. 当欠缴税款的纳税人存在特定违法行为，对国家税收造成损害致使税务机关无法追缴税款，税务机关可以行使撤销权维护国家税收权益。纳税人的特定违法行为包括（　　）。

A. 隐匿财产　　B. 怠于行使到期债权

C. 放弃到期债权　　D. 无偿转让财产

E. 以明显不合理的低价转让财产而受让人知道该情形

7. 稽查局查办税收违法案件过程中采取的执法行为，当事人不服，拟提起行政诉讼的，必须先经过税务行政复议程序的有（　　）。

A. 稽查局做出的补征税款决定　　B. 稽查局做出的加收税款滞纳金决定

C. 稽查局采取税收保全措施　　D. 稽查局采取税收强制执行措施

E. 稽查局做出的罚款决定

8. 行政程序轻微违法的，人民法院判决确认违法，但不撤销行政行为。程序轻微违法的情形包括（　　）。

A. 未听取行政相对人的申辩　　B. 处理期限轻微违法

C. 通知、送达等程序轻微违法　　D. 未告知当事人权利义务

E. 其他程序轻微违法

9. 以下情形，追征税款时不予加收滞纳金的包括（　　）。

A. 善意取得虚开的增值税专用发票被依法追缴已抵扣税款的

B. 经税务机关核准延期申报并按规定预缴税款的，在核准的延期内办理税款结算的

C. 因纳税人、扣缴义务人计算错误等失误，未缴或者少缴税款的

D. 扣缴义务人应扣未扣、应收未收税款的，由税务机关向纳税人追缴税款，对扣缴义务人处应扣未扣、应收未收税款 50% 以上 3 倍以下的罚款

E. 预缴土地增值税后，清算补缴的土地增值税，在主管税务机关规定的期限内补缴的

10. 税务行政诉讼过程中，人民法院查明税务机关在税务检查过程中程序轻微违法，但对原告依法享有的听证、陈述、申辩等重要程序性权利不产生实质损害的执法行为，应当判决确认违法但不撤销行政行为。“程序轻微违法”包括（　　）。

A. 处理期限轻微违法
B. 通知、送达等程序轻微违法
C. 执法人员少于 2 人
D. 执法主体不具有行政主体资格
E. 其他程序轻微违法的情形

11. 人民法院审理行政案件的依据包括（　　）。

A. 法律
B. 行政法规
C. 地方性法规
D. 规章
E. 规范性文件

12. 税务机关在税务稽查过程中，确认当事人违法事实确凿并有法定依据，可以当场作出行政处罚决定的情形包括（　　）。

A. 对公民处以 50 元以下罚款
B. 对公民处以 2 000 元以下罚款
C. 对法人或者其他组织处以 1 000 元以下罚款
D. 对法人或者其他组织处以 2 000 元以下罚款
E. 对法人或者其他组织处以 10 000 元以下罚款

13. 抗税罪“情节严重”的情形包括（　　）。

A. 与纳税人共同实施抗税行为的
B. 聚众抗税的首要分子
C. 抗税数额在 10 万元以上的
D. 多次抗税的
E. 故意伤害致人轻伤的

14. 下列税收争议中，不属于行政诉讼受案范围的有（　　）。

A. 甲公司对某市稽查局税务检查行为不服，认为检查人员滥用职权，要求某市稽查局更换检查人员，并就稽查局的检查行为向人民法院提起行政诉讼

B. 张三向某市税务局稽查局举报甲公司存在税收违法行为，某市税务局稽查局对甲公司检查后做出的处理决定，张三不服该决定，向人民法院提起行政诉讼

C. 李四向某市税务局稽查局举报甲公司存在税收违法行为，某市税务局稽查局根据举报线索查实甲公司存在违法行为，并给予李四奖励 1 000 元，李四认为稽查局奖励太少，就举报奖励行为向人民法院提起行政诉讼

D. 乙公司对主管税务机关按照当地人民法院协助执行通知书作出的执行行为不服，向人民法院提起行政诉讼

E. 丙公司对某市税务局稽查局公布的“税收黑名单”中有该公司名称不服，向人民法院提起行政诉讼

15. 根据最高人民法院关于虚开增值税专用发票定罪量刑标准的规定，下列关于虚开增值税专用发票量刑错误的包括（　　）。

A. 虚开的税款数额在5万元以上的，以虚开增值税专用发票罪处3年以下有期徒刑或者拘役，并处2万元以上20万元以下罚金

B. 虚开的税款数额在50万元以上的，认定为《刑法》第二百零五条规定的“数额较大，处3年以上10年以下有期徒刑，并处5万元以上50万元以下罚金

C. 虚开的税款数额在50万元以上的，认定为《刑法》第二百零五条规定的“数额较大，处3年以上10年以下有期徒刑，并处10万元以上50万元以下罚金

D. 虚开的税款数额在250万元以上的，认定为《刑法》第二百零五条规定的“数额巨大”，处10年以上有期徒刑或者无期徒刑，并处5万元以上50万元以下罚金或者没收财产

E. 虚开的税款数额在250万元以上的，认定为《刑法》第二百零五条规定的“数额巨大”，处10年以上有期徒刑或者无期徒刑，并处10万元以上50万元以下罚金或者没收财产

16. 县税务局稽查局撤销后，各省税务局应制定专门办法，建立跨区域稽查局与县税务局查管互动机制，统一规定县税务局对接部门，对接部门负责在各方面进行协助配合，包括（　　）。

A. 案件协查　　B. 资料取证

C. 实地调查　　D. 数据提取

E. 案件执行

17. 税务稽查指挥管理信息化建设主要包括“1+3+1”稽查指挥管理信息化体系，即一个应用系统、三个执法场所、一个办案工具包。其中“一个办案工具包”包括（　　）。

A. 单兵执法工具包　　B. 团队执法工具包

C. 扩展执法工具包　　D. 共享执法工具包

E. 在线执法工具包

18. 按照国家税务总局关于加强稽查信息化应用工作的要求，各级税务机关要逐步建成“三个执法场所”，具体包括（　　）。

A. 稽查询问室　　B. 指挥会商室

C. 案件查账室　　D. 检举接待室

E. 远程审理室

19. 税务稽查过程中，税务机关采集到的纳税人涉税信息，应当为纳税人保密的包括（　　）。

A. 纳税人的技术信息　　B. 纳税人的经营信息

C. 纳税人信用信息　　D. 纳税人税收违法信息

E. 纳税人不愿公开的个人事项

20. 根据国税、地税征管体制改革后稽查机构设置和标准化要求，为进一步提升信息化稽查工作水平，省、市税务局稽查局应统筹规划实施各类稽查功能场所建设，这些场所包括（　　）。

A. 视频指挥　　B. 信息化查账
C. 远程审理　　D. 数字化约谈
E. 举报接待

三、判断题（每题 1 分，共 15 分）

1. 税务部门要优化税务执法方式。坚持以案头分析为主，在疫情防控期间，减少或推迟直接入户检查，对需要到纳税人生产经营所在地进行现场调查核实的事项，经县以上税务局（分局）负责人确认，延至疫情得到控制或结束后办理。（　）

2. 经税务总局、省税务局大数据分析发现，纳税人开具的增值税专用发票存在涉嫌虚开、未按规定缴纳消费税等情形，列入异常凭证范围。尚未申报抵扣增值税进项税额的，暂不允许抵扣。已经申报抵扣增值税进项税额的，除另有规定外，一律作进项税额转出处理。（　）

3. 出口企业骗取国家出口退税款的，税务机关可以在规定期间内停止其进出口经营权。（　）

4. 根据有关规定，出口产品退还增值税、消费税的，同时退还已征收的城市维护建设税。（　）

5. 从虚开发票案件司法判决实践来看，税务部门对虚开发票违法认定承担举证责任，稽查部门提供的发票流证据是行政定性、移送司法处最直接、最有力、最关键的证据。（　）

6. 已对外公布的偷税案件，在公布后能按照《税务处理决定书》《税务行政处罚决定书》缴清税款、滞纳金和罚款的，经实施检查的税务机关确认，可在公告满 3 年后撤出。（　）

7. 继续使用被查封的财产不会减少其价值的，税务机关可以允许被执行人继续使用；因被执行人保管或者使用的过错造成的损失，由被执行人承担。（　）

8. 对查封的商品、货物或者其他财产，税务机关可以指令被执行人负责保管，保管责任由税务机关承担。（　）

9. 自然人代表单位或者法人提供证言的，属于书证；以单位或者法人名义出具证明文件的，属于证人证言。（　）

10. 实施骗取出口退税犯罪，同时构成虚开增值税专用发票罪等其他犯罪的，依照《刑法》处罚较重的规定定罪处罚。（　）

11. 人民法院审理行政诉讼案件，不适用调解。但是，税收法律法规规定的自由裁量权的案件可以调解。（　）

12. 申请人对经重大税务案件审理程序作出的决定不服的，审理委员会所在税务机关为被申请人。（　）

13. 跨区稽查局检查的一般案件由跨区域稽查局进行审理，符合一定标准的重点案件由省、市税务局稽查局负责审理。稽查决定性文书等执法文书，均以审理单位的名义出具。（　）

14. 跨区稽查局检查的一般案件由跨区域稽查局进行审理，符合一定标准的重点案件需提交本级税务局重大税务案件审理委员会审理。（　　）

15. 在同一案件查办中，执行人员不得与案源处理（选案）人员、检查人员、审理人员交叉重复。（　　）

四、综合分析题（每问 2 分，共 20 分）

（一）

2020 年 7 月，甲市税务局第一稽查局（负责甲市 A 区、B 区、C 县的稽查工作）接到乙市税务局稽查局发来的《协查函》《已证实虚开通知单》及相关证据资料，称 C 县某股份公司涉嫌存在接受虚开发票等违法行为。第一稽查局决定对该公司立案检查，选派检查一股张三、李四对某股份公司开展税务检查工作。张三、李四履行执法程序后，在某股份公司经营场所对其法人代表进行了询问；同时，张三、李四还对该公司的银行账户进行了查询，获取了该公司 2019 年 1 月至 2020 年 6 月的银行资金往来情况。检查结束后，检查一股提交了稽查报告。审理部门经审理后，认定某股份公司存在涉税违法行为，决定追缴税款、加收滞纳金、并处一倍罚款 50 000 元。某股份公司在税务机关规定的时间内未主动补缴税款、滞纳金和罚款，甲市税务局第一稽查局执行部门采取强制执行措施进行了执行。请根据上述资料，回答以下问题：

1.（单项选择题）甲市税务局第一稽查局接到协查函后，对 A 公司立案检查，应由哪个税务机关决定（　　）。

A. 甲市税务局　　B. 甲市税务局稽查局

C. 甲市税务局第一稽查局　　D. 乙市税务局稽查局

E. C 县税务局

2.（判断题）张三、李四履行执法程序后，在某股份公司经营场所对其法人代表进行询问，可以不必下达《询问通知书》。（　　）

3.（单项选择题）张三、李四查询 A 股份公司的银行存款，应当请示批准的领导是（　　）。

A. 甲市税务局局长　　B. 甲市税务局稽查局局长

C. 甲市税务局第一稽查局局长　　D. C 县税务局局长

E. 甲市税务局第一稽查局检查一股股长

4.（单项选择题）审理部门收到检查一股提交的稽查报告后，应在一定期限内审理完毕，这一期限是（　　）。

A. 3 日内　　B. 10 日内

C. 15 日内　　D. 30 日内

E. 60 日内

5.（多项选择题）甲市税务局第一稽查局执行部门采取强制执行措施，下列做法符合法律规定的有（　　）。

A. 第一稽查局应经甲市税务局局长批准后，方可采取强制执行措施

B. 第一稽查局在作出强制执行决定前，应当事先以书面形式催告A公司履行义务

C. A公司对处罚决定逾期不申请行政复议也不向人民法院起诉、又不履行的，甲市第一稽查局才可以依法采取强制执行措施

D. 对价值超过应纳税额且不可分割的房屋，甲市第一稽查局在A公司无其他可供强制执行的财产的情况下，可以整体扣押、查封、拍卖

E. 拍卖或者变卖所得抵缴税款、滞纳金、罚款以及拍卖、变卖等费用后，剩余部分应当在1日内退还被执行人

（二）

2021年1月，天南省地北市税务局稽查局为查处骗取疫情税收优惠违法行为，对惠民制药公司（以下简称惠民公司）2020年纳税情况进行了税务检查，发现以下情况：

（1）惠民公司是增值税一般纳税人，符合小微企业的规定标准。

（2）2020年2月，惠民公司进口10台救护车，将其捐赠给地北市某公益组织，每台救护车关税完税价格是人民币30万元。

（3）2020年3月，向地北市各医院销售口罩5 000箱，每箱不含税售价1万元（生产成本每箱8 000元）。

（4）2020年3月，惠民公司将生产的100箱口罩直接捐赠给了地北市两所承担疫情防治任务的医院，并取得了医院开具的捐赠接收函。

（5）2020年4月，惠民公司将生产的10箱口罩作为防疫物资发放给该公司坚持生产的职工100人，每箱由10人平均分配，并对坚持生产的100名职工每人发放现金5 000元（指定用于购买疫情防护用品）。

请根据以上情况，回答下列问题：

1.（多项选择题）2020年2月，惠民公司进口10台救护车，将其捐赠给地北市某公益组织，对惠民公司捐赠用于疫情防控的救护车，可以免征的税收包括（　　）。

A. 进口关税　　B. 进口环节增值税

C. 进口环节消费税　　D. 车辆购置税

E. 车船税

2.（单项选择题）2020年3月，惠民公司将生产的100箱口罩直接捐赠给了地北市两所承担疫情防治任务的医院。惠民公司应计提的增值税销项税额是（　　）万元。

A. 0　　B. 7.2

C. 10.4　　D. 11.44

E. 13

3.（单项选择题）2020年3月，惠民公司将生产的100箱口罩直接捐赠给了地北市两所承担疫情防治任务的医院；惠民公司可以在企业所得税税前扣除的捐赠额是利润的（　　）。

A. 0　　B. 8%

C. 12%　　D. 70%

E. 100%

4. （单项选择题）2020 年 4 月，惠民公司将生产的 10 箱口罩作为防疫物资发放给该公司职工 100 人，每箱由 10 人平均分配，收到口罩的职工应计入“工资薪金”的所得是（　　）元。

A. 0
B. 500
C. 800
D. 880
E. 1 000

5. （单项选择题）2020 年 4 月，惠民公司对坚持生产的 100 名职工每人发放现金 5 000元（指定用于购买疫情防护用品），收到现金的职工应计入“工资薪金”的所得是（　　）元。

A. 0
B. 1 000
C. 2 000
D. 2 500
E. 5 000

税务稽查综合试卷二答案与解析

一、单项选择题（每题 1 分，共 25 分）

1. ［参考答案］A

［答案解析］可在计算应纳税所得额时扣除的银行利息费用为 12 万元（200 ×8% ÷12 ×9）；向本企业职工借入款项可扣除的利息费用限额为 6 万元（100 ×8% ÷12 ×9），该企业支付职工的利息费用只能按同期同类银行贷款利率计算的限额扣除，超过部分不得税前扣除。该企业 2019 年度可在计算应纳税所得额时扣除的利息费用为 18 万元（12 +6）。

2. ［参考答案］A

［答案解析］根据《财政部　国家税务总局关于补充养老保险费补充医疗保险费有关企业所得税政策问题的通知》（财税〔2009〕27 号）规定，企业根据国家有关政策规定，为在本企业任职或者受雇的全体员工支付的补充养老保险费、补充医疗保险费，分别在不超过职工工资总额 5% 标准内的部分，在计算应纳税所得额时准予扣除；超过的部分，不予扣除。

补充养老保险：实际发生 12 万元，扣除限额为 10 万元（200 ×5%），调增所得额 2 万元。

补充医疗保险：实际发生 8 万元，扣除限额 10 万元（200 ×5%），不需要调整。综上分析，上述费用应调增所得额为 2 万元。

3. ［参考答案］D

［答案解析］《财政部　税务总局　海关总署关于深化增值税改革有关政策的公告》

（财政部　税务总局　海关总署公告2019年第39号）规定，自2019年4月1日起，纳税人取得不动产或者不动产在建工程的进项税额不再分2年抵扣。增值税一般纳税人2019年4月1日起取得并在会计制度上按固定资产核算的不动产，购入后凭合法有效的抵扣凭证一次抵扣进项税额。

4. ［**参考答案**］B

［**答案解析**］《财政部　国家税务总局关于租入固定资产进项税额抵扣等增值税政策的通知》（财税〔2017〕90号）规定：自2018年1月1日起，纳税人支付的道路、桥、闸通行费，按照以下规定抵扣进项税额：

纳税人支付的道路通行费，按照收费公路通行费增值税电子普通发票上注明的增值税额抵扣进项税额。

2018年1月1日至6月30日，纳税人支付的高速公路通行费，如暂未能取得收费公路通行费增值税电子普通发票，可凭取得的通行费发票（不含财政票据，下同）上注明的收费金额按照下列公式计算可抵扣的进项税额：

高速公路通行费可抵扣进项税额＝高速公路通行费发票上注明的金额÷(1+3%)×3%

5. ［**参考答案**］B

［**答案解析**］增值税一般纳税人销售自行开发生产的软件产品，按基本税率征收增值税后，对其增值税实际税负超过3%的部分实行即征即退政策。

6. ［**参考答案**］B

［**答案解析**］根据税务机关开展税收违法案件“一案双查”的有关规定，“一案双查”的牵头部门税务总局是党建办，省以下税务局是纪检机构。

7. ［**参考答案**］A

［**答案解析**］根据《国家税务总局关于印发〈税务稽查风险内部控制制度（试行）〉的通知》（税总发〔2017〕29号）规定，稽查综合管理环节的主要风险点包括：

……

（七）未认真落实税收违法“黑名单”制度和联合惩戒制度。

8. ［**参考答案**］C

［**答案解析**］根据国家税务总局关于发布《重大税收违法失信案件信息公布办法》的公告（国家税务总局公告2018年第54号）有关规定，公布重大税收违法失信案件信息中法人或者其他组织的法定代表人、负责人与违法事实发生时的法定代表人、负责人不一致的，应一并公布，并对违法事实发生时的法定代表人、负责人进行标注。

9. ［**参考答案**］D

［**答案解析**］根据《财政部　税务总局关于支持新型冠状病毒感染的肺炎疫情防控有关捐赠税收政策的公告》（财政部　税务总局公告2020年第9号）规定，自2020年1月1日至2020年12月31日，企业和个人直接向承担疫情防治任务的医院捐赠用于应对新型冠状病毒感染的肺炎疫情的物品，允许在计算企业所得税或个人所得税应纳税所得额时全额扣除。

10. ［参考答案］B

［答案解析］根据《财政部　税务总局关于支持新型冠状病毒感染的肺炎疫情防控有关税收政策的公告》（财政部　税务总局公告2020年第8号）规定，受疫情影响较大的困难行业企业2020年度发生的亏损，最长结转年限由5年延长至8年。

11. ［参考答案］B

［答案解析］根据国家税务总局《关于车船税征管若干问题的公告》（国家税务总局公告2013年第42号）规定，客货两用车依照货车的计税单位和年基准税额计征车船税。

12. ［参考答案］B

［答案解析］根据《中华人民共和国环境保护税法》规定，纳税人排放应税大气污染物或者水污染物的浓度值低于国家和地方规定的污染物排放标准50%的，减按50%征收环境保护税。

13. ［参考答案］B

［答案解析］根据《税务稽查工作规程》第七十七条规定：税务稽查案卷应当在立卷次年6月30日前移交所属税务局档案管理部门保管；稽查局与所属税务局异址办公的，可以适当延迟移交，但延迟时间最多不超过2年。

14. ［参考答案］C

［答案解析］根据《税务稽查工作规程》规定，税务稽查案卷按照以下情况确定保管期限：

（1）偷税、逃避追缴欠税、骗税、抗税案件，以及涉嫌犯罪案件，案卷保管期限为永久；

（2）一般行政处罚的税收违法案件，案卷保管期限为30年；

（3）前两项规定以外的其他税收违法案件，案卷保管期限为10年。

15. ［参考答案］D

［答案解析］根据《税收征收管理法》的规定，欠缴税款的纳税人因怠于行使到期债权，或者放弃到期债权，或者无偿转让财产，或者以明显不合理的低价转让财产而受让人知道该情形，对国家税收造成损害的，税务机关可以依照《中华人民共和国合同法》第七十三条、第七十四条的规定（2021年1月1日起为《中华人民共和国民法典》有关规定）行使代位权、撤销权。

撤销权是指债务人以明显不合理的低价转让财产，对债权人造成损害，并且受让人知道该情形的，债权人也可以请求人民法院撤销债务人的行为。债权人撤销权也为债权的保全方式之一，是为防止因债务人的责任财产减少而致债权不能实现的现象出现。因债权人撤销权的行使是撤销债务人与第三人间的行为，从而使债务人与第三人间已成立的法律关系被破坏，当然地涉及第三人。

16. ［参考答案］C

［答案解析］根据《税务稽查工作规程》规定，稽查局采取从被执行人开户银行或者其他金融机构的存款中扣缴税款、滞纳金、罚款措施时，应当向被执行人开户银行或

者其他金融机构送达《扣缴税收款项通知书》。

17. [参考答案] C

[答案解析] 根据《刑法》有关规定。

18. [参考答案] D

[答案解析] 根据《刑法》规定，涉税犯罪的刑罚没有死刑。

19. [参考答案] D

[答案解析] 根据《最高人民法院关于适用〈中华人民共和国行政诉讼法〉的解释》规定，被告在一审期间改变被诉行政行为的，应当书面告知人民法院。原告或者第三人对改变后的行政行为不服提起诉讼的，人民法院应当就改变后的行政行为进行审理。被告改变原违法行政行为，原告仍要求确认原行政行为违法的，人民法院应当依法作出确认判决。原告起诉被告不作为，在诉讼中被告作出行政行为，原告不撤诉的，人民法院应当就不作为依法作出确认判决。

20. [参考答案] D

[答案解析] 根据《税务行政复议规则》规定，行政复议机关责令被申请人重新作出具体行政行为的，被申请人应当在60日内重新作出具体行政行为；情况复杂，不能在规定期限内重新作出具体行政行为的，经行政复议机关批准，可以适当延期，但是延期不得超过30日。

21. [参考答案] A

[答案解析] 根据《刑法》第二百零四条规定，纳税人缴纳税款后，采取欺骗方法，骗取所缴纳的税款的，依照本法第二百零一条的规定定罪处罚；骗取税款超过所缴纳的税款部分，依照骗取出口退税罪的规定处罚。

22. [参考答案] D

[答案解析] 根据《刑法》规定，主刑包括管制、拘役、有期徒刑、无期徒刑和死刑。没收财产属于附加刑。

23. [参考答案] D

[答案解析] 根据《中华人民共和国行政诉讼法》规定：被告在作出行政行为时已经收集了证据，但因不可抗力等正当事由不能提供的，经人民法院准许，可以延期提供。

24. [参考答案] B

[答案解析] 根据《中华人民共和国行政诉讼法》有关规定。

25. [参考答案] B

[答案解析] 根据《国家税务总局关于印发〈进一步完善税务稽查工作的意见〉的通知》(税总发〔2019〕115号) 规定，强化省、市税务局稽查局职能建设。省、市税务局稽查局内部科室设置应当体现稽查“四分离”原则，其中检查部门可根据案件类型进行专业化分工。

二、多项选择题（每题 2 分，共 40 分）

1. **［参考答案］** ACDE

［答案解析］ 根据《国家税务总局关于印发〈税务稽查风险内部控制制度（试行）〉的通知》（税总发〔2017〕29 号）规定，稽查综合管理环节的主要风险点有：

（1）违反相关法律、法规和工作纪律规定，泄露国家秘密、商业秘密、个人隐私和工作秘密；

（2）公文传递不及时、处理不准确；

（3）各类报告、报表上报不及时，填写不完整，内容有误；

（4）未按规定管理案卷；

（5）未按规定公开或提请公开应公开的各类信息，或公开的信息有误；

（6）未按税收违法案件“一案双查”的规定转交线索和案件；

（7）未认真落实税收违法“黑名单”制度和联合惩戒制度。

2. **［参考答案］** ABC

［答案解析］ 根据《国家税务总局关于走逃（失联）企业涉嫌虚开增值税专用发票检查问题的通知》规定，检查人员调取资金流信息，从企业报送的《企业存款账户报告表》以及增值税专用发票信息获得企业的有关银行账户信息，经审批后凭《检查存款账户许可证明》向相关银行、其他金融机构查询走逃（失联）企业所有已知银行账户及相关联人员个人账户（包括在检查中发现的其他银行账户）的银行流水账单，核对资金流，取得以下资金支付证据材料：（1）交易资金信息不真实，如利用银行账户回流资金等。（2）大宗交易未付款或虚假现金支付。（3）利用银行承兑汇票虚假结算。

选项 D、E 不在上述列举范围，不正确。

3. **［参考答案］** ABCD

［答案解析］ 根据《财政部　税务总局关于支持新型冠状病毒感染的肺炎疫情防控有关税收政策的公告》（财政部　税务总局公告 2020 年第 8 号）规定，受疫情影响较大的困难行业企业 2020 年度发生的亏损，最长结转年限由 5 年延长至 8 年。困难行业企业，包括交通运输、餐饮、住宿、旅游（指旅行社及相关服务、游览景区管理两类）四大类。

4. **［参考答案］** ABCD

［答案解析］ 根据《财政部　税务总局关于支持新型冠状病毒感染的肺炎疫情防控有关税收政策的公告》（财政部　税务总局公告 2020 年第 8 号）规定，自 2020 年 1 月 1 日至 2020 年 12 月 31 日，对纳税人提供公共交通运输服务、生活服务，以及为居民提供必需生活物资快递收派服务取得的收入，免征增值税。

生活服务是指为满足城乡居民日常生活需求提供的各类服务活动。包括文化体育服务、教育医疗服务、旅游娱乐服务、餐饮住宿服务、居民日常服务和其他生活服务。

5. **［参考答案］** AB

［答案解析］ 根据《税务稽查工作规程》规定，执行过程中发现有下列情形之一

的，由执行部门填制《税收违法案件中止执行审批表》，附有关证据材料，经稽查局局长批准后，中止执行：(1) 被执行人死亡或者被依法宣告死亡，尚未确定可执行财产的；(2) 被执行人进入破产清算程序尚未终结的；(3) 可执行财产被司法机关或者其他国家机关依法查封、扣押、冻结，致使执行暂时无法进行的；(4) 法律、行政法规和国家税务总局规定其他可以中止执行的。

6. ［参考答案］CDE

［答案解析］根据《税收征收管理法》的规定，欠缴税款的纳税人因怠于行使到期债权，或者放弃到期债权，或者无偿转让财产，或者以明显不合理的低价转让财产而受让人知道该情形，对国家税收造成损害的，税务机关可以依照《中华人民共和国合同法》第七十三条、第七十四条的规定（2021 年 1 月 1 日起为《中华人民共和国民法典》有关规定）行使代位权、撤销权。

7. ［参考答案］AB

［答案解析］根据《税务行政复议规则》规定，申请人对税务机关做出的征税行为不服的，应当先向行政复议机关申请行政复议；对行政复议决定不服的，可以向人民法院提起行政诉讼。

8. ［参考答案］BCE

［答案解析］根据《最高人民法院关于适用〈中华人民共和国行政诉讼法〉的解释》（法释〔2018〕1 号）规定，有下列情形之一，且对原告依法享有的听证、陈述、申辩等重要程序性权利不产生实质损害的，属于《行政诉讼法》第七十四条第一款第二项规定的"程序轻微违法"：(1) 处理期限轻微违法；(2) 通知、送达等程序轻微违法；(3) 其他程序轻微违法的情形。

9. ［参考答案］ABDE

［答案解析］根据《全国税务稽查规范（1.1 版）》的规定，不予加收滞纳金的情形如下：(1) 纳税人善意取得虚开的增值税专用发票被依法追缴已抵扣税款的；(2) 经税务机关核准延期申报并按规定预缴税款的，在核准的延期内办理税款结算的；(3) 纳税人按规定预缴土地增值税后，清算补缴的土地增值税在主管税务机关规定的期限内补缴的；(4) 扣缴义务人应扣未扣、应收而未收税款的，由税务机关向纳税人追缴税款，对扣缴义务人处应扣未扣、应收未收税款 50% 以上 3 倍以下的罚款的。

选项 C 需要加收滞纳金，不正确。

10. ［参考答案］ABE

［答案解析］根据最高人民法院关于适用《行政诉讼法》的解释（法释〔2018〕1 号）第九十六条规定，有下列情形之一，且对原告依法享有的听证、陈述、申辩等重要程序性权利不产生实质损害的，属于"程序轻微违法"：

(1) 处理期限轻微违法；

(2) 通知、送达等程序轻微违法；

(3) 其他程序轻微违法的情形。

11. ［参考答案］ABC

[答案解析] 根据《行政诉讼法》规定，人民法院审理行政案件，以法律和行政法规、地方性法规为依据。地方性法规适用于本行政区域内发生的行政案件。

人民法院审理民族自治地方的行政案件，并以该民族自治地方的自治条例和单行条例为依据。

人民法院审理行政案件，参照规章。

人民法院在审理行政案件中，经审查认为行政行为所依据的国务院部门和地方人民政府及其部门制定的规范性文件（不含规章）不合法的，不作为认定行政行为合法的依据，并向制定机关提出处理建议。

12. [参考答案] AC

[答案解析] 根据《行政处罚法》第三十三条规定，违法事实确凿并有法定依据，对公民处以50元以下、对法人或者其他组织处以1 000元以下罚款或者警告的行政处罚的，可以当场作出行政处罚决定。

13. [参考答案] BCDE

[答案解析] 根据《最高人民法院关于审理偷税抗税刑事案件具体应用法律若干问题的解释》规定，实施抗税行为具有下列情形之一的，属于《刑法》第二百零二条规定的“情节严重”：(1) 聚众抗税的首要分子；(2) 抗税数额在10万元以上的；(3) 多次抗税的；(4) 故意伤害致人轻伤的；(5) 具有其他严重情节。

14. [参考答案] ABD

[答案解析] 根据《行政诉讼法》有关规定。

15. [参考答案] CE

[答案解析] 根据《最高人民法院关于虚开增值税专用发票定罪量刑标准有关问题的通知》（法〔2018〕226号）规定，为正确适用《刑法》第二百零五条关于虚开增值税专用发票罪的有关规定，确保罪责刑相适应，2018年8月22日起，人民法院在审判工作中不再参照执行《最高人民法院关于适用〈全国人民代表大会常务委员会关于惩治虚开、伪造和非法出售增值税专用发票犯罪的决定〉的若干问题的解释》（法发〔1996〕30号）第一条规定的虚开增值税专用发票罪的定罪量刑标准。

在新的司法解释颁行前，对虚开增值税专用发票刑事案件定罪量刑的数额标准，可以参照《最高人民法院关于审理骗取出口退税刑事案件具体应用法律若干问题的解释》（法释〔2002〕30号）第三条的规定执行。即虚开的税款数额在5万元以上的，以虚开增值税专用发票罪处3年以下有期徒刑或者拘役，并处2万元以上20万元以下罚金；虚开的税款数额在50万元以上的，认定为《刑法》第二百零五条规定的“数额较大”；虚开的税款数额在250万元以上的，认定为《刑法》第二百零五条规定的“数额巨大”。

16. [参考答案] ABCD

[答案解析] 根据《国家税务总局关于规范稽查机构运转若干问题的通知》（税总发〔2019〕1号）规定，县税务局稽查局撤销后，各省税务局应制定专门办法，建立跨区域稽查局与县税务局查管互动机制，统一规定县税务局对接部门，对接部门负责在企业联系、数据提取、资料取证、案件协查、实地调查等方面进行协助配合。案件执行不

属于总局要求的范围。

17.［参考答案］ABC

［答案解析］根据《国家税务总局办公厅关于进一步加强稽查信息化应用 提升稽查指挥管理效能的通知》（税总办发〔2019〕64号）规定，一个办案工具分为基础工具包和扩展工具包。基础工具包主要供稽查人员外出执法使用，包括执法过程中使用频率较高的设备，又细分为单兵包和团队包。扩展工具包主要包括体积较大、难以携带的设备，可供多小组、多团队共享的设备以及需要固定场所配套集成的设备或设备集群。

18.［参考答案］ACD

［答案解析］根据《国家税务总局办公厅关于进一步加强稽查信息化应用 提升稽查指挥管理效能的通知》（税总办发〔2019〕64号）精神，各级税务机关到2020年底前要逐步建成稽查询问室、案件查账室和检举接待室等“三个执法场所”。

19.［参考答案］ABE

［答案解析］根据《纳税人涉税保密信息管理暂行办法》规定，纳税人涉税保密信息，是指税务机关在税收征收管理工作中依法制作或者采集的，以一定形式记录、保存的涉及纳税人商业秘密和个人隐私的信息。主要包括纳税人的技术信息、经营信息和纳税人、主要投资人以及经营者不愿公开的个人事项。

20.［参考答案］ABDE

［答案解析］按照《国家税务总局关于规范稽查机构运转若干问题的通知》（税总发〔2019〕1号）要求，根据国税、地税征管体制改革后稽查机构设置和业务流程变化情况，按照标准化要求，省、市税务局稽查局统筹规划实施视频指挥、信息化查账、数字化约谈和举报接待等稽查功能场所建设，进一步提升信息化稽查工作水平。

三、判断题（每题1分，共15分）

1.［参考答案］错误

［答案解析］根据《国家税务总局关于充分发挥税收职能作用 助力打赢疫情防控阻击战若干措施的通知》（税总发〔2020〕14号）规定，税务机关优化税务执法方式。进一步落实“无风险不检查、无批准不进户、无违法不停票”的要求，坚持以案头分析为主。在疫情防控期间，减少或推迟直接入户检查，对需要到纳税人生产经营所在地进行现场调查核实的事项，可经本级税务机关负责人确认，延至疫情得到控制或结束后办理。延期办理非经县以上税务局负责人确认，故题干不正确。

2.［参考答案］正确

［答案解析］《国家税务总局关于异常增值税扣税凭证管理等有关事项的公告》规定：“一、符合下列情形之一的增值税专用发票，列入异常凭证范围：……（四）经税务总局、省税务局大数据分析发现，纳税人开具的增值税专用发票存在涉嫌虚开、未按规定缴纳消费税等情形的；……三、增值税一般纳税人取得的增值税专用发票列入异常凭证范围的，应按照以下规定处理：（一）尚未申报抵扣增值税进项税额的，暂不允许抵扣。已经申报抵扣增值税进项税额的，除另有规定外，一律作进项税额转出处理。”

3. ［参考答案］错误

［答案解析］根据《税收征收管理法》第六十六条规定，对骗取国家出口退税的，税务机关可以在规定期间内停止为其办理出口退税。税务机关无权停止企业的进出口经营权。

4. ［参考答案］错误

［答案解析］根据《财政部关于城市维护建设税几个具体业务问题的补充规定》(〔1985〕财税字第143号）第三条的规定，对出口产品退还消费税、增值税的，不退还已纳的城市维护建设税。

5. ［参考答案］错误

［答案解析］从虚开发票案件司法判决实践来看，税务部门对虚开发票违法认定承担举证责任，稽查部门提供的资金流证据是行政定性、移送司法处最直接、最有力、最关键的证据。

6. ［参考答案］错误

［答案解析］根据《国家税务总局关于发布重大税收违法失信案件信息公布办法的公告》(国家税务总局公告2018年第54号）第九条规定，实施偷税行为的重大税收违法失信案件当事人，在公布后能按照《税务处理决定书》《税务行政处罚决定书》缴清税款、滞纳金和罚款的，经实施检查的税务机关确认，停止公布并从公告栏中撤出，并将缴清税款、滞纳金和罚款的情况通知实施联合惩戒和管理的部门。

7. ［参考答案］正确

［答案解析］根据《税收征收管理法实施细则》的相关规定。

8. ［参考答案］错误

［答案解析］根据《税收征收管理法实施细则》规定，对查封的商品、货物或者其他财产，税务机关可以指令被执行人负责保管，保管责任由被执行人承担。

9. ［参考答案］错误

［答案解析］自然人代表单位或者法人提供证言的，属于证人证言；以单位或者法人名义出具证明文件的，属于书证。

10. ［参考答案］正确

［答案解析］根据《最高人民法院关于审理骗取出口退税刑事案件具体应用法律若干问题的解释》第九条规定，实施骗取出口退税犯罪，同时构成虚开增值税专用发票罪等其他犯罪的，依照《刑法》处罚较重的规定定罪处罚。

11. ［参考答案］正确

［答案解析］根据《行政诉讼法》规定，人民法院审理行政案件，不适用调解。但是，行政赔偿、补偿以及行政机关行使法律、法规规定的自由裁量权的案件可以调解。

12. ［参考答案］正确

［答案解析］根据《税务行政复议规则》规定，申请人对经重大税务案件审理程序作出的决定不服的，审理委员会所在税务机关为被申请人。

13. ［参考答案］错误

［答案解析］根据《国家税务总局关于规范稽查机构运转若干问题的通知》（税总发〔2019〕1号）规定，一般案件由跨区域稽查局进行审理，符合一定标准的重点案件由市局稽查局负责审理，需要提交本级税务局重大税务案件审理委员会审理的案件，提交市局审理。稽查决定性文书等执法文书，均以检查单位的名义出具。

14. ［参考答案］错误

［答案解析］根据《国家税务总局关于规范稽查机构运转若干问题的通知》（税总发〔2019〕1号）规定，一般案件由跨区域稽查局进行审理，符合一定标准的重点案件由市局稽查局负责审理，需要提交本级税务局重大税务案件审理委员会审理的案件，提交市局审理。

15. ［参考答案］正确

［答案解析］根据《税务稽查工作规程》和《全国税务稽查规范1.1版》规定，在同一案件查办中，执行人员不得与案源处理（选案）人员、检查人员、审理人员交叉重复。

四、综合分析题（每问2分，共20分）

（一）

1. ［参考答案］C

［答案解析］根据《国家税务总局办公厅关于进一步加强税收违法案件发票协查工作的通知》（税总办发〔2019〕87号）规定，各级税务局稽查局和跨区域稽查局负责协查工作的管理和实施。对于需要立案检查的协查事项，由各级税务稽查部门负责实施。

2. ［参考答案］A

［答案解析］根据《稽查工作规程》规定，询问可以在被询问人办公场所、税务机关办公场所或者其他合适的场所进行。除在被查对象生产、经营或者办公场所询问外，检查人员应当制作并向被询问人送达《询问通知书》。

3. ［参考答案］A

［答案解析］根据《税务稽查工作规程》规定，稽查局查询从事生产、经营的纳税人、扣缴义务人存款账户的，应当经所属税务局局长批准，凭《检查存款账户许可证明》向相关银行或者其他金融机构查询。

4. ［参考答案］C

［答案解析］根据《税务稽查工作规程》规定，审理部门接到检查部门移交的《税务稽查报告》及有关资料后，应当在15日内提出审理意见。

5. ［参考答案］ABCD

［答案解析］根据《税务稽查工作规程》关于强制执行的有关规定。

（二）

1. ［参考答案］ABC

［答案解析］《财政部　海关总署　税务总局关于防控新型冠状病毒感染的肺炎疫情进口物资免税政策的公告》（2020年第6号）规定，自2020年1月1日至2020年3

月31日，适度扩大《慈善捐赠物资免征进口税收暂行办法》规定的免税进口范围，对捐赠用于疫情防控的进口物资，免征进口关税和进口环节增值税、消费税。

进口物资增加试剂、消毒物品、防护用品、救护车、防疫车、消毒用车、应急指挥车。

2. ［**参考答案**］A

［**答案解析**］根据《财政部　税务总局关于支持新型冠状病毒感染的肺炎疫情防控有关捐赠税收政策的公告》（财政部　税务总局公告2020年第9号）规定，自2020年1月1日至2020年12月31日，单位和个体工商户将自产、委托加工或购买的货物，通过公益性社会组织和县级以上人民政府及其部门等国家机关，或者直接向承担疫情防治任务的医院，无偿捐赠用于应对新型冠状病毒感染的肺炎疫情的，免征增值税、消费税、城市维护建设税、教育费附加、地方教育附加。

3. ［**参考答案**］E

［**答案解析**］根据《财政部　税务总局关于支持新型冠状病毒感染的肺炎疫情防控有关捐赠税收政策的公告》（财政部　税务总局公告2020年第9号）规定，自2020年1月1日至2020年12月31日，企业和个人直接向承担疫情防治任务的医院捐赠用于应对新型冠状病毒感染的肺炎疫情的物品，允许在计算企业所得税或个人所得税应纳税所得额时全额扣除。

捐赠人凭承担疫情防治任务的医院开具的捐赠接收函办理税前扣除事宜。

4. ［**参考答案**］A

［**答案解析**］根据《财政部　税务总局关于支持新型冠状病毒感染的肺炎疫情防控有关个人所得税政策的公告》（财政部　税务总局公告2020年第10号）规定，自2020年1月1日至2020年12月31日，单位发给个人用于预防新型冠状病毒感染的肺炎的药品、医疗用品和防护用品等实物（不包括现金），不计入工资、薪金收入，免征个人所得税。

5. ［**参考答案**］E

［**答案解析**］根据《财政部　税务总局关于支持新型冠状病毒感染的肺炎疫情防控有关个人所得税政策的公告》（财政部　税务总局2020年第10号）规定，自2020年1月1日至2020年12月31日，单位发给个人用于预防新型冠状病毒感染的肺炎的药品、医疗用品和防护用品等实物（不包括现金），不计入工资、薪金收入，免征个人所得税。

税务稽查综合试卷三

一、单项选择题（每题1分，共25分）

1. 某市稽查局2020年对甲企业进行税务检查，发现该公司2019年10月接受捐赠设备一台，取得增值税专用发票，注明该设备价值10万元，增值税额1.3万元；发生不含税运费1万元，取得运输企业开具的增值税专用发票，均未做账务处理。该公司固定资产折旧为直线法，预计使用年限10年，净残值为0。甲公司2019年调增应纳税所得额是（　　）万元。

A. 11　　　　B. 11.12

A. 11.3　　　　D. 12.39

2. 某市稽查局2020年9月对甲企业进行税务检查，发现该公司2019年1月1日将房屋出租给乙公司，合同约定租期为2年，每年收取租金100万元，增值税税额18万元，租金一次性付清，乙公司与合同签订当日将所有款项付清。截至检查时，甲公司未确认上述收入，则甲公司2019年应调增应纳税所得额（　　）万元。

A. 100　　　　B. 109

C. 200　　　　D. 218

3. 某市稽查局对甲房地产开发企业（增值税一般纳税人）进行检查，发现甲企业于2019年9月将开发的商铺开盘预售，甲房地产开发企业选择一般计税方法缴纳增值税，下列关于甲企业取得的商铺预售收入，处理正确的是（　　）。

A. 确认纳税义务发生，按11%税率计算销项税额

B. 确认纳税义务发生，按5%征收率计算应纳税额

C. 不确认纳税义务发生，但按3%的预征率预缴增值税

D. 不确认纳税义务发生，不缴纳或预缴增值税

4. 某市稽查局对某境内印刷企业进行税务检查，发现该公司承印的经新闻出版主管部门批准印刷且采用国际标准书号编序的境外图书，该印刷收入适用的增值税政策是（　　）。

A. 按照图书适用的税率征收增值税

B. 按照印刷劳务适用的税率征收增值税

C. 按照委托加工劳务适用的税率征收增值税

D. 免税

5. 下列项目中免征增值税的是（　　）。

A. 个人出租自有住房

B. 职业培训机构提供的非学历教育服务

C. 婚姻介绍服务

D. 个人销售受赠的住房

6. 下列关于选派税务稽查执法检查人员的说法符合要求的是（　　）。

A. 执法检查人员检查工作完成后，原则上 1 年内不得被选派对同一抽查对象再次实施检查

B. 对同一抽查对象选派执法检查人员不得少于 2 人

C. 执法检查人员与抽查对象有利害关系的，应当依法回避

D. 当前承担在查案件数量 5 起以上（含）的执法检查人员，原则上不再列入随机选派人员范围

7. 下列不属于重大税收违法失信案件公布内容的是（　　）。

A. 主要违法事实　　B. 调查审理过程

C. 适用的法律、法规依据　　D. 税务处理、税务行政处罚等情况

8. 非重点稽查对象的采录信息主要包括：登记类信息、税控开票，以及一定时期的纳税申报及财务报表，采录信息的时期为（　　）。

A. 前一年纳税申报及财务报表　　B. 前两年纳税申报及财务报表

C. 前三年纳税申报及财务报表　　D. 前五年纳税申报及财务报表

9. 为保障关于支持新型冠状病毒感染的肺炎疫情防控多项税收优惠政策落地见效，防止不法分子利用税费优惠政策实施违法活动，税务稽查部门严厉打击并不具备条件只为骗取疫情防控税收优惠政策的“假申报”，在核查当事人是否正确享受税收优惠，需要对税收优惠执行时间进行检查，疫情防控税费优惠政策执行期满的时间是（　　）。

A. 2020 年 6 月 30 日　　B. 2020 年 12 月 31 日

C. 2021 年 6 月 30 日　　D. 视疫情防控形势确定

10. 稽查局在查处骗税案件的过程中，如发现被查企业以假报出口或者其他欺骗手段，骗取国家出口退税款金额达到一定标准的，应移送公安机关立案追诉。被查企业骗取的退税款应移送的标准是（　　）。

A. 5 000 元以上　　B. 1 万元以上

C. 5 万元以上　　D. 10 万元以上

11. 某市稽查局对 A 饭店进行税务检查，发现该饭店 2019 年 12 月排放污水 100 吨，污水的污染当量值为 0.5 吨，当地适用税额为 10 元/污染当量。该饭店当月未申报环境保护税，稽查局应追缴的环境保护税为（　　）元。

A. 50　　B. 500

C. 1 000　　D. 2 000

12. 下列污染物中，不属于环境保护税征税对象的是（　　）。

A. 辐射污染　　B. 大气污染物

C. 水污染物　　D. 固体废物

13. 税务违法案件执行完毕后，审理部门应当收集稽查各环节与案件有关的全部资料，整理成税务稽查案卷，归档保管。归档工作应在一定时限内完成，这一时限是（　　）日。

A. 15　　B. 30

C. 60　　D. 90

14. 对价值超过应纳税额且不可分割的商品、货物或者其他财产，依法采取税收强制执行的，以拍卖或者变卖所得抵缴税款、滞纳金、罚款以及拍卖、变卖等费用后，尚有剩余的，应在规定期限内退还被执行人，这个期限不得超过（　　）日。

A. 15　　B. 10

C. 5　　D. 3

15. 根据《税收征收管理法》规定，对于纳税人、扣缴义务人编造虚假计税依据的，由税务机关（　　）。

A. 责令限期改正，并处 2 000 元以上 1 万元以下的罚款

B. 责令限期改正，逾期不改正的，处 2 000 元以上 1 万元以下的罚款

C. 责令限期改正，并处 5 万元以下的罚款

D. 责令限期改正，逾期不改正的，处 5 万元以下的罚款

16. 纳税人、扣缴义务人逃避、拒绝或者以其他方式阻挠税务机关检查的，由税务机关责令改正，可以处 1 万元以下的罚款；情节严重的，应处罚款的金额是（　　）。

A. 1 万元以上 3 万元以下　　B. 1 万元以上 5 万元以下

C. 5 万元以上 10 万元以下　　D. 10 万元以上 50 万元以下

17. 为纳税人、扣缴义务人非法提供银行账户、发票、证明或者其他方便，导致未缴、少缴税款或者骗取国家出口退税款的，税务机关除没收其违法所得外，可以处以罚款的幅度是（　　）。

A. 未缴、少缴或者骗取的税款 50% 至 5 倍的罚款

B. 未缴、少缴或者骗取的税款 50% 至 3 倍的罚款

C. 未缴、少缴或者骗取的税款 1 倍至 5 倍的罚款

D. 未缴、少缴或者骗取的税款 1 倍以下的罚款

18. 下列情形中，属于以暴力、威胁方法拒不缴纳税款情节严重的是（　　）。

A. 聚众抗拒缴纳税款的

B. 抗税数额在 10 万元以上的

C. 造成税务工作人员轻微伤以上的

D. 以给税务工作人员生命造成损害为威胁，抗拒缴纳税款的

19. 涉税犯罪最重的主刑刑罚是（　　）。

A. 拘役　　B. 有期徒刑

D. 无期徒刑　　D. 死刑

20. 下列涉税犯罪行为中，不能由单位构成犯罪的是（　　）。

A. 逃税罪　　B. 抗税罪

C. 逃避追缴欠税罪　　B. 非法出售发票罪

21. 根据《刑法》相关规定，下列有关逃税罪构成要件的表述中，正确的是(　　)。

A. 犯罪主体必须是纳税人或者扣缴义务人

B. 客观方面必须是纳税人因逃避缴纳税款被税务机关处罚 2 次以上又逃避缴纳税款

C. 纳税人逃避缴纳税款数额必须达到 10 万元以上

D. 行为人主观方面存在故意或者重大过失

22. 经行政复议的案件，复议机关改变原行政行为的，下列关于行政诉讼被告表述正确的是（　　）。

A. 作出复议决定的复议机关是被告

B. 作出原行政行为的行政机关是被告

C. 复议机关和作出原行政行为的行政机关是共同被告

D. 作出原行政行为的行政机关的上级机关是被告

23. 纳税人因不服某市税务局稽查局做出的处罚决定提起行政诉讼，关于被告表述正确的是（　　）。

A. 被告是某市税务局稽查局

B. 被告是某市税务局稽查局局长

C. 被告是某市税务局稽查局检查人员

D. 被告是某市税务局稽查局执行人员

24. 根据《行政诉讼法》的规定，下列情形不属于法院受理范围的是（　　）。

A. 甲公司对税务机关停止发售发票行为不服

C. 乙公司对税务机关罚款决定不服

C. 丙公司某员工对扣缴义务人扣缴税款行为不服

D. 丁公司对税务机关在辖区内开展随机抽查工作不服

25. 根据相关税收法律的规定，以下事项属于稽查局法定职责的是（　　）。

A. 清理漏征漏管户　　B. 进行纳税评估

C. 查处骗取出口退税　　D. 开展反避税调查

二、多项选择题（每题 2 分，共 40 分）

1. 税务稽查随机抽查信息向社会公布的内容，主要包括（　　）。

A. 税务稽查随机抽查的依据　　B. 税务稽查随机抽查的主体

C. 税务稽查随机抽查的执法人员　　D. 税务稽查随机抽查的对象

E. 税务稽查随机抽查的内容

2. 税务机关查处骗税案件中，违法行为的定性类型包括（　　）。

A. 虚构已纳税款骗取出口退税　　B. 虚构出口事实骗取出口退税

C. 暴力骗取出口退税　　D. 备案单证违法

E. 不规范的出口业务

3. 甲企业（增值税一般纳税人）从乙企业（增值税一般纳税人）购买货物并取得增值税专用发票，发现发票上注明的销售方与乙企业的真实名称不符，则下列说法正确的有（　　）。

A. 善意取得虚开的增值税专用发票，若甲企业申请抵扣进项税额，不以偷税论处

B. 如果甲企业申请抵扣进项税额或者出口退税的，则按偷税、骗取出口退税处理

C. 善意取得虚开的专用发票，可以抵扣进项税额

D. 甲企业如不能重新取得合法、有效的专用发票，不得抵扣进项税额

E. 甲企业如能重新取得合法、有效的专用发票，准许其抵扣进项税款

4. 开票方通过虚增增值税进项税额偷逃税款，受票方取得其开具的增值税专用发票，可以抵扣进项税额的条件有（　　）。

A. 开票方销售了货物，或者提供了增值税应税劳务、应税服务

B. 开票方收取了交易的款项，或者取得了索取销售款项的凭据

C. 开票方按规定开具的增值税专用发票内容，与实际业务相符

D. 开票方开具的发票是开票方合法取得、并以自己名义开具的

E. 开票方虚增进项税额偷逃税款的情形受票方事先知情

5. 稽查局在执行过程中，适用税款优先原则追缴税款说法正确的包括（　　）。

A. 税收优先于无担保债权

B. 税收优先于企业破产费用

C. 税收优先于没收非法所得

D. 税收优先于所欠职工伤残补助、抚恤费用

E. 纳税人发生欠税在前的，税收优先于抵押权

6. 某纳税人未按规定期限缴纳税款，经税务机关责令后，逾期仍不缴纳税款，税务机关遂依法通知该纳税人的某开户银行扣缴相当于应纳税款的存款，该银行以纳税人在其他银行也有账号为由，拒绝执行税务机关作出的扣缴税款决定。税务机关下列处理正确的包括（　　）。

A. 对该银行处应纳税款50%以上5倍以下的罚款

B. 对该银行10万元以上50万元以下罚款

C. 对该银行负责人处1 000元以上1万元以下的罚款

D. 对该银行直接负责的主管人员和其他直接责任人员处1 000元以上1万元以下的罚款

E. 对该银行处应纳税款50%以上3倍以下的罚款

7. 稽查局开展税务检查，检查过程中收集的下列证据材料在行政诉讼过程中不能作为定案依据的包括（　　）。

A. 税务机关违反法定程序收集的证据材料

B. 以利诱、欺诈、胁迫、暴力等不正当手段获取的证据材料

C. 当事人因正当事由超出举证期限提供的证据材料

D. 以偷拍、偷录、窃听等手段获取侵害他人合法权益的证据材料

E. 被当事人或者他人进行技术处理而无法辨明真伪的证据材料

8. 检查部门提交的《税务稽查工作报告》认定的税收违法事实清楚、证据充分，但存在其他问题的，审理部门应当另行提出税务处理、处罚意见。这些情形包括（　　）。

A. 适用法律、行政法规、规章及其他规范性文件错误

B. 提出的税务处理、处罚建议错误或者不当的

C. 不符合法定程序的

D. 税务文书不规范、不完整的

E. 超越法定权限的

9. 检查部门提交的《税务稽查工作报告》有特定情形的，审理部门可以将《税务稽查工作报告》及有关资料退回检查部门补正或者补充调查。这些情形包括（　　）。

A. 被查对象认定错误的

B. 税收违法事实不清、证据不足的

C. 不符合法定程序的

D. 税务文书不规范、不完整的

E. 适用法律法规错误的

10. 实施骗取国家出口退税行为，没有实际取得出口退税款的，可以比照既遂犯进行刑事处罚的方式包括（　　）。

A. 不予处罚

B. 免予处罚

C. 从轻处罚

D. 减轻处罚

E. 比照处罚

11. 下列情形中，属于骗取出口退税罪中“其他欺骗手段”的包括（　　）。

A. 骗取出口货物退税资格的

B. 签订未实际履行的虚假合同

C. 出口的货物劳务不具有合理的商业目的

D. 将未纳税或者免税货物作为已税货物出口的

E. 虽有货物出口，但虚构该出口货物的品名、数量、单价等要素，骗取未实际纳税部分出口退税款的

12. 明知是伪造的发票而持有，涉嫌犯罪的，公安机关应予立案追诉刑事责任；应立案追诉的情形包括（　　）。

A. 持有伪造的增值税专用发票 50 份以上的

B. 持有伪造的增值税专用发票票面额累计在 20 万元以上的

C. 持有伪造的可以用于骗取出口退税、抵扣税款的其他发票 100 份以上的

D. 持有伪造的可以用于骗取出口退税、抵扣税款的其他发票票面额累计在 40 万元以上的

E. 持有伪造的增值税专用发票、可以用于骗取出口退税、抵扣税款的其他发票以外的其他发票100份以上的

13. 下列关于行政诉讼的说法中，错误的有（　　）。

A. 对市税务局重大税务案件审理程序作出的行政处罚决定不服提起行政诉讼，重大税务案件审理委员会所在的税务机关为被告

B. 税务机关受理行政复议申请后，超过行政复议期限未作出答复，申请人可以自行政复议期满之日起3个月内，依法向人民法院提起行政诉讼

C. 税务机关拟对某行政诉讼案件提出管辖异议，应当在收到起诉状副本之日起15日内提出

D. 某市税务机关作出的加强成品油发票管理的决定，某加油站不服，可以向人民法院提起诉讼

E. 某基层人民法院发现受理的税务行政诉讼案件不属于本院管辖，应当决定驳回当事人的起诉请求

14. 行政复议期间具体行政行为不停止执行。但是，有特殊情形的可以停止执行。可以停止执行的情形包括（　　）。

A. 被申请人认为需要停止执行的

B. 行政复议机关认为需要停止执行的

C. 第三人认为需要停止执行的

D. 申请人申请停止执行，行政复议机关认为其要求合理，决定停止执行的

E. 法律规定停止执行的

15. 关于逃税罪处理，下列表述正确的包括（　　）。

A. 甲企业2019年度应纳税款10万元，但采取欺骗手段只缴纳1万元，甲企业构成逃税罪

B. 乙企业2015—2019年，采取欺骗手段多次逃避税款未被处理，2020年税务机关查处乙企业的逃税行为，逃税数额应当累计计算

C. 丙企业由于计算失误，少申报缴纳税款6万元，丙企业不构成逃税罪

D. 丁企业2018年度因偷税被税务机关处以罚款1万元，2020年又采取欺骗手段少缴纳税款3万元，丁企业构成逃税罪

E. 戊企业代扣员工个人所得税10万元，采取隐瞒手段未申报缴纳，税务机关检查发现后，戊企业按照税务机关决定补缴了税款、滞纳金和罚款，戊企业不构成逃税罪

16. 税务稽查人员应当遵守工作纪律，恪守职业道德，不得有的行为包括（　　）。

A. 违反法定程序、超越权限行使职权

B. 利用职权为自己或者他人谋取利益

C. 查处举报案件过程中向举报人隐瞒案情

D. 接受被查对象的请客送礼

E. 未经批准私自会见被查对象

17. 县税务局稽查局撤销后，各省税务局应制定专门办法，建立跨区域稽查局与县

税务局查管互动机制，统一规定县税务局对接部门，对接部门负责在各方面进行协助配合，包括（　　）。

A. 案件协查　　B. 资料取证

C. 实地调查　　D. 数据提取

E. 案件执行

18. 按照国家税务总局关于加强稽查信息化应用工作的要求，各级税务机关要逐步建成“三个执法场所”，具体包括（　　）。

A. 稽查询问室　　B. 指挥会商室

C. 案件查账室　　D. 检举接待室

E. 远程审理室

19. 跨区域稽查局实行专业化建设，围绕稽查重点工作，稽查人力资源应向专业部门倾斜。省、市级跨区域稽查局专业部门的人员比例应当不低于本单位稽查人员总数的三分之二。这些专业部门包括（　　）。

A. 选案部门　　B. 检查部门

C. 审理部门　　D. 执行部门

E. 综合部门

20. 稽查部门要强化纪律作风建设，实行高标准、严管理，打造稽查铁军。对稽查队伍的要求包括（　　）。

A. 忠诚担当　　B. 素质过硬

C. 作风优良　　D. 业务熟练

E. 执法公正

三、判断题（每题1分，共15分）

1. 自2020年2月1日至2020年12月31日，各省免征中小微企业基本养老保险、失业保险、工伤保险。（　　）

2. 符合留抵退税条件的纳税人存在被税务稽查立案且未结案的情形的，税务机关应暂停为其办理留抵退税。（　　）

3. 按现行税收政策规定，税务机关可以联系到企业代理记账、报税人员等，其知情也能联系到企业实际控制人的，不判定该企业为走逃（失联）企业。（　　）

4. 走逃（失联）企业是指不履行税收义务并脱离税务机关监管的企业。（　　）

5. 经税务总局、省税务局大数据分析发现，纳税人开具的增值税专用发票存在涉嫌虚开、未按规定缴纳消费税等情形，列入异常凭证范围。尚未申报抵扣增值税进项税额的，暂不允许抵扣。已经申报抵扣增值税进项税额的，除另有规定外，一律作进项税额转出处理。（　　）

6. 税务稽查案件质效评价指标的相关数据，来源于案件执法、管理各个环节和阶段产生的工作数据，主要通过税务稽查指挥管理应用系统采集。（　　）

7. 依据《税收征收管理法》规定，对于扣缴义务人应扣未扣税款，税务机关可以

责令其补扣补缴，并向扣缴义务人加收滞纳金。 （ ）

8. 需补证或者补充调查的，审理实施岗应当有明确的要求并且一次性全部告知，补证或者补充调查次数一般不得超过两次。 （ ）

9. 重大税务案件审理完成后，稽查局应当按照重大税务案件审理意见书，制作税务处理处罚决定等相关文书，加盖稽查局印章后送达执行。 （ ）

10. 要求听证的当事人，可以用口头或书面形式向税务机关提出听证；逾期不提出的、视为放弃听证权利。 （ ）

11. 国家工作人员参与实施骗取出口退税犯罪活动的，依照骗取出口退税罪的规定从重处罚。 （ ）

12. 实施骗取出口退税犯罪，同时构成虚开增值税专用发票罪等其他犯罪的，依照刑法处罚较重的规定定罪处罚。 （ ）

13. 跨区稽查局检查的一般案件由跨区域稽查局进行审理，符合一定标准的重点案件由省、市税务局稽查局负责审理。稽查决定性文书等执法文书，均以审理单位的名义出具。 （ ）

14. 跨区稽查局检查的一般案件由跨区域稽查局进行审理，符合一定标准的重点案件需提交本级税务局重大税务案件审理委员会审理。 （ ）

15. 税务稽查人员应当依法为纳税人、扣缴义务人的商业秘密、个人隐私保密。但纳税人、扣缴义务人的税收违法行为不属于保密范围。 （ ）

四、综合分析题（每问 2 分，共 20 分）

（一）

甲市税务局稽查局 2020 年 9 月 1 日对 C 县华龙机械制造公司（以下简称华龙公司）2015—2019 年的纳税情况进行了检查。经查，发现该公司 2018 年度少缴纳增值税 10 万元、城建税 7 000 元、教育费附加 3 000 元、地方教育附加 2 000 元，稽查局决定追缴华龙公司少缴税款，加收滞纳金，对华龙公司少缴纳税款处以 1 倍罚款，并于 2020 年 10 月 10 日向华龙企业送达了《税务处理决定书》《税务行政处罚决定书》。华龙公司在规定期限内未按照稽查局的决定执行。请根据以上材料，回答下列问题：

1. 华龙公司在规定期限内未按照稽查局的决定补缴增值税、城建税，稽查局可以在规定期限后采取强制执行措施。这一期限一般是（ ）。

A. 税务机关责令缴纳罚款的期限届满后

B. 华龙公司申请行政复议期限届满后

C. 华龙公司提起行政诉讼期限届满后

D. 华龙公司申请处罚听证期限届满后

E. 华龙公司申请国家赔偿期限届满后

2. 华龙公司在规定期限内未按照稽查局的决定缴纳罚款，不申请行政复议也不向人民法院起诉的，稽查局可以在规定期限后采取强制执行措施。这一期限一般是（ ）。

A. 税务机关责令缴纳罚款的期限届满后

B. 华龙公司申请行政复议期限届满后

C. 华龙公司提起行政诉讼期限届满后

D. 华龙公司申请处罚听证期限届满后

E. 华龙公司申请国家赔偿期限届满后

3. 华龙公司在规定期限内未按照稽查局的决定补缴教育费附加、地方教育附加，稽查局可以采取的措施有（　　）。

A. 对华龙公司未缴纳的教育费附加、地方教育附加按日加收滞纳金

B. 对华龙公司未缴纳的教育费附加、地方教育附加按日加处罚款

C. 从华龙公司的存款中扣缴教育费附加、地方教育附加

D. 拍卖、变卖华龙公司商品、货物或者其他财产，以拍卖、变卖所得抵缴教育费附加、地方教育附加

E. 申请人民法院强制执行华龙公司未缴纳的教育费附加、地方教育附加

4. 稽查局采取从华龙公司的存款中扣缴税款、滞纳金措施时，应当向被执行人开户银行或者其他金融机构送达的文书是（　　）。

A.《税务事项通知书》

B.《税务协助执行通知书》

C.《扣缴税收款项通知书》

D.《扣缴税收款项决定书》

E.《税务强制执行决定书》

5. 华龙公司在规定期限内未按照稽查局的决定缴纳税款、滞纳金、罚款。此时，华龙公司的法人代表准备出国洽谈业务，稽查局拟对其采取阻止出境执法手段。稽查局阻止欠税人出境的期限一般为（　　）。

A. 一个月

B. 两个月

C. 三个月

D. 六个月

E. 一年

（二）

2021 年 1 月，天南省地北市税务局稽查局对惠民制药公司（以下简称惠民公司）2019—2020 年纳税情况进行了税务检查，发现以下情况：

（1）惠民公司是增值税一般纳税人，符合小微企业的规定标准。

（2）惠民公司 2020 年 3 月，与地北市 A 公司签订合同，购买包装箱 1 万个，合同价款 113 万元，惠民公司已付款并收到货物。开具发票时，A 公司与惠民公司沟通，称 A 公司发票限购，本月已用完领购份数，可以提供老板经营的另外一家企业——海角省天涯市 B 公司的发票。惠民公司同意后，收到了 A 公司提供的 B 公司开具的海角省增值税专用发票，票面金额 100 万元，税额 13 万元。惠民公司当月进行财务处理，并认证抵扣。

（3）天南省地北市稽查局在检查过程中，向海角省天涯市稽查局发出《协查函》，要求查证 B 公司向惠民公司开具发票的情况，海角省天涯市稽查局回函称 B 公司已经走逃。

请根据以上情况，回答下列问题：

1. 惠民公司2020年3月取得B公司开具的发票，以下说法正确的有（　　）。

A. 惠民公司属于接受虚开发票行为，其增值税进项税额应转出

B. 惠民公司业务真实，应认定为善意取得增值税专用发票

C. 惠民公司取得B公司开具的发票，不允许在企业所得税前扣除

D. 惠民公司业务真实，按照真实性原则，允许在企业所得税前扣除

E. 惠民公司可以要求A公司重新为其开具发票，重新开具的发票合法有效的，可以扣除

2. 惠民公司陈述，该公司2020年3月取得B公司开具的发票，属于善意取得虚开的增值税专用发票的情形。稽查局未采纳其申辩意见，是由于该公司不符合下列（　　）标准。

A. 购货方与销售方存在真实的交易

B. 销售方使用的是其所在省（自治区、直辖市和计划单列市）的专用发票

C. 专用发票注明的销售方名称、印章、货物数量、金额及税额等全部内容与实际相符

D. 没有证据表明购货方知道销售方提供的专用发票是以非法手段获得的

E. 购货方已经支付货款并收到货物

3. 为惠民公司开具发票的B公司偷逃税款，惠民公司取得其开具的增值税专用发票，可以抵扣进项税额的条件有（　　）。

A. 开票方销售了货物，或者提供了增值税应税劳务、应税服务

B. 开票方收取了交易的款项，或者取得了索取销售款项的凭据

C. 开票方按规定开具的增值税专用发票内容，与实际业务相符

D. 开票方开具的发票是开票方合法取得、并以自己名义开具的

E. 开票方虚增进项税额偷逃税款的情形受票方事先不知情

4. 为惠民公司开具发票的B公司走逃，下列关于走逃（失联）企业的税务机关处理正确的包括（　　）。

A. 税务机关认定B公司为走逃（失联）企业，是由于B公司不履行税收义务并脱离税务机关监管

B. 稽查局负责核实确认并出具企业未按规定按期办理各类纳税申报及地址变更等涉税事项已经失联证明

C. 对走逃（失联）企业，在其他送达方式无法送达的情况下，税务机关应通过公告送达方式送达各类执法文书

D. 对走逃（失联）企业，稽查部门可通过集体审理程序，充分审查有关证据，分析认定事实和适用法律，提出相应的审理意见

E. 走逃（失联）企业所在地税务机关作出认定后，向受票企业所在地税务机关出具虚开认定文书，并附相关证据，说明企业基本情况和已走逃（失联）状况

5. 惠民公司2020年3月取得B公司开具的发票，其行为可能会受到税务机关的行政处理包括（　　）。

A. 惠民公司已经申报抵扣的增值税进项税额13万元应转出

B. 惠民公司取得B公司开具的发票对应的100万元成本，如果不能及时换取发票的，不允许在企业所得税前扣除

C. 若惠民公司进项转出、成本不允许扣除后，应补缴增值税或企业所得税，应按补缴税款的万分之五按日加收滞纳金

D. 若惠民公司进项转出、成本不允许扣除后，应补缴增值税或企业所得税，并处以1倍以上5倍以下的罚款

E. 对惠民公司接受虚开发票的行为，处以5万元以上50万元以下的罚款

税务稽查综合试卷三答案与解析

一、单项选择题（每题1分，共25分）

1. ［参考答案］B

［答案解析］根据《企业所得税法实施条例》规定，企业接受捐赠收入计入收入总额，按照实际收到捐赠资产的日期确认收入的实现。通过捐赠取得的资产，以该资产的公允价值和支付的相关税费为计税基础。

调增应纳税所得额 = (10 + 1.3) - (10 + 1) ÷ 120 × 2 = 11.12（万元）

2. ［参考答案］A

［答案解析］根据《国家税务总局关于贯彻落实企业所得税法若干税收问题的通知》（国税函〔2010〕79号）规定，企业提供固定资产、包装物或者其他有形资产的使用权取得的租金收入，应按交易合同或协议规定的承租人应付租金的日期确认收入的实现。其中，如果交易合同或协议中规定租赁期限跨年度，且租金提前一次性支付的，根据《中华人民共和国企业所得税法实施条例》第九条规定的收入与费用配比原则，出租人可对上述已确认的收入，在租赁期内，分期均匀计入相关年度收入。

3. ［参考答案］C

［答案解析］《房地产开发企业销售自行开发的房地产项目增值税征收管理暂行办法》第十条规定：一般纳税人采取预收款方式销售自行开发的房地产项目，应在收到预收款时按照3%的预征率预缴增值税。

第十一条规定：应预缴税款按照以下公式计算：

应预缴税款 = 预收款 ÷ (1 + 适用税率或征收率) × 3%

4. ［参考答案］A

［答案解析］国内印刷企业承印的经新闻出版主管部门批准印刷且采用国际标准书号编序的境外图书，按照图书适用的低税率征收增值税。

5. ［参考答案］C

［答案解析］婚姻介绍服务免征增值税。

6.［参考答案］B

［答案解析］根据《国家税务总局关于印发〈税务稽查随机抽查执法检查人员名录库管理办法（试行）〉的通知》（税总发〔2016〕74号）规定，选派执法检查人员应符合以下要求：（1）执法检查人员在检查工作完成后，原则上3年内不得被选派对同一抽查对象再次实施检查。（2）对同一抽查对象选派执法检查人员不得少于2人。（3）执法检查人员与抽查对象有利害关系的，应当依法回避。当前承担在查案件数量3起以上（含）的执法检查人员，原则上不再列入随机选派人员范围。

7.［参考答案］B

［答案解析］根据国家税务总局关于发布《重大税收违法失信案件信息公布办法》的公告（国家税务总局公告2018年第54号）第七条规定，公布重大税收违法失信案件信息，应当主要包括以下内容：

（1）法人或者其他组织基本信息；

（2）自然人的姓名、性别、身份证号码；

（3）主要违法事实；

（4）走逃（失联）情况；

（5）适用的相关法律依据；

（6）税务处理、税务行政处罚等情况；

（7）实施检查的单位；

（8）负有直接责任的涉税专业服务机构及从业人员的基本信息。

8.［参考答案］C

［答案解析］《国家税务总局关于印发〈税务稽查随机抽查对象名录库管理办法（试行）〉的通知》（税总发〔2016〕73号）规定，非重点稽查对象的采录信息主要包括：登记类信息、前三年纳税申报及财务报表、税控开票，以及是否为国家税务局、地方税务局共管户等信息。

9.［参考答案］B

［答案解析］根据《财政部　税务总局关于支持疫情防控保供等税费政策实施期限的公告》（财政部　税务总局公告2020年第28号）规定，《财政部　税务总局关于支持新型冠状病毒感染的肺炎疫情防控有关税收政策的公告》（财政部　税务总局公告2020年第8号）、《财政部　税务总局关于支持新型冠状病毒感染的肺炎疫情防控有关捐赠税收政策的公告》（财政部　税务总局公告2020年第9号）、《财政部　税务总局关于支持新型冠状病毒感染的肺炎疫情防控有关个人所得税政策的公告》（财政部　税务总局公告2020年第10号）、《财政部　国家发展改革委关于新型冠状病毒感染的肺炎疫情防控期间免征部分行政事业性收费和政府性基金的公告》（财政部　国家发展改革委公告2020年第11号）规定的税费优惠政策，执行至2020年12月31日。

10.［参考答案］C

［答案解析］根据《最高人民检察院　公安部关于公安机关管辖的刑事案件立案追

诉标准的规定（二）》（公通字〔2010〕23 号）规定，以假报出口或者其他欺骗手段，骗取国家出口退税款，数额在 5 万元以上的，应予立案追诉。

11. ［**答案解析**］A 饭店 12 月污染当量数 = 100 吨（水污染物的排放量）÷0.5 该污染物的污染当量值 = 200

应缴纳环境保护税为：200 × 10 元/污染当量 = 2 000 元

12. ［**参考答案**］A

［**答案解析**］根据《中华人民共和国环境保护税法》规定，应税污染物，共分为大气污染物、水污染物、固体废物和噪声四大类。

13. ［**参考答案**］C

［**答案解析**］根据《税务稽查工作规程》规定，《税务处理决定书》《税务行政处罚决定书》《不予行政处罚决定书》《税务稽查结论》执行完毕，或者依照本规程第四十五条进行终结检查或者依照第七十一条终结执行的，审理部门应当在 60 日内收集稽查各环节与案件有关的全部资料，整理成税务稽查案卷，归档保管。

14. ［**参考答案**］D

［**答案解析**］根据《税收征收管理法实施细则》规定，税务机关将扣押、查封的商品、货物或者其他财产变价抵缴税款后，拍卖或者变卖所得抵缴税款、滞纳金、罚款以及拍卖、变卖等费用后，剩余部分应当在 3 日内退还被执行人。

15. ［**参考答案**］C

［**答案解析**］根据《税收征收管理法》规定，纳税人、扣缴义务人编造虚假计税依据的，由税务机关责令限期改正，并处 5 万元以下的罚款。

16. ［**参考答案**］B

［**答案解析**］根据《税收征收管理法》规定，纳税人、扣缴义务人逃避、拒绝或者以其他方式阻挠税务机关检查的，由税务机关责令改正，可以处 1 万元以下的罚款；情节严重的，处 1 万元以上 5 万元以下的罚款。

17. ［**参考答案**］D

［**答案解析**］根据《税收征收管理法实施细则》规定，为纳税人、扣缴义务人非法提供银行账户、发票、证明或者其他方便，导致未缴、少缴税款或者骗取国家出口退税款的，税务机关除没收其违法所得外，可以处未缴、少缴或者骗取的税款 1 倍以下的罚款。

18. ［**参考答案**］B

［**答案解析**］根据《最高人民法院关于审理偷税抗税刑事案件具体应用法律若干问题的解释》第五条的规定：实施抗税行为具有下列情形之一的，属于《刑法》第二百零二条规定的“情节严重”：“（二）抗税数额在十万元以上的。”

19. ［**参考答案**］C

［**答案解析**］根据《刑法》有关规定，骗取出口退税罪、虚开增值税专用发票、用于骗取出口退税、抵扣税款发票罪等涉税犯罪，达到规定情形的，最高将对当事人处以无期徒刑。

20. ［参考答案］B

［答案解析］根据《刑法》第二百一十一条规定，单位犯逃税罪、逃避追缴欠税罪、非法出售发票罪的，对单位判处罚金，对单位直接负责的主管人员和其他责任人员，依照各罪的规定处罚。

21. ［参考答案］A

［答案解析］根据《刑法》第二百零一条规定，逃税罪的主体为纳税人或扣缴义务人，客观方面表现为采取欺骗、隐瞒手段进行虚假纳税申报或者不申报，逃避缴纳税款数额较大并且占应纳税额10%以上的行为，经税务机关依法下达追缴通知后，补缴应纳税款，缴纳滞纳金，已受行政处罚的，不予追究刑事责任；但是，5年内因逃避缴纳税款受过刑事处罚或者被税务机关给予两次以上行政处罚的除外。且主观方面为故意。

22. ［参考答案］A

［答案解析］根据《行政诉讼法》规定，经复议的案件，复议机关决定维持原行政行为的，作出原行政行为的行政机关和复议机关是共同被告；复议机关改变原行政行为的，复议机关是被告。

23. ［参考答案］A

［答案解析］根据《行政诉讼法》规定，公民、法人或其他组织为行政诉讼中原告，国家行政机关为行政诉讼中被告。

24. ［参考答案］D

［答案解析］根据《行政诉讼法》第十二条、第十三条规定，选项D涉及事项不属于法院受理范围。

25. ［参考答案］C

［答案解析］根据《税收征收管理法实施细则》关于稽查局专司偷税、逃避追缴欠税、骗税、抗税案件的查处规定。

二、多项选择题（每题2分，共40分）

1. ［参考答案］ABE

［答案解析］根据国家税务总局关于印发《推进税务稽查随机抽查实施方案》的通知》（税总发〔2015〕104号）和《全国税务稽查规范（1.1版）》有关规定，税务稽查随机抽查信息公开的内容，事前公示主要包括税务稽查随机抽查的依据、主体、内容、方式等事项；事后公示主要包括抽查情况概述、查处汇总结果。

2. ［参考答案］ABDE

［答案解析］骗税案件违法行为的定性分四种情形，分别是虚构已纳税款骗取出口退税、虚构出口事实骗取出口退税、备案单证违法、不规范的出口业务，不包含暴力骗取出口退税。故选项C不正确。

3. ［参考答案］BDE

［答案解析］根据《国家税务总局关于纳税人善意取得虚开的增值税专用发票处理问题的通知》（国税函〔2000〕187号）规定，善意取得虚开的增值税专用发票，对购

货方不以偷税或者骗取出口退税论处。不予抵扣进项税款或者不予出口退税；购货方已经抵扣的进项税款或者取得的出口退税，应依法追缴。选项A、C不符合以上规定，不正确。

4. ［**参考答案**］ABCD

［**答案解析**］根据《国家税务总局关于纳税人对外开具增值税专用发票有关问题的公告》（国家税务总局公告2014年第39号）规定，纳税人通过虚开增值税进项税额偷逃税款，但对外开具增值税专用发票同时符合以下情形的，不属于对外虚开增值税专用发票：

（1）纳税人向受票方纳税人销售了货物，或者提供了增值税应税劳务、应税服务；

（2）纳税人向受票方纳税人收取了所销售货物、所提供应税劳务或者应税服务的款项，或者取得了索取销售款项的凭据；

（3）纳税人按规定向受票方纳税人开具的增值税专用发票相关内容，与所销售货物、所提供应税劳务或者应税服务相符，且该增值税专用发票是纳税人合法取得、并以自己名义开具的。

受票方纳税人取得的符合上述情形的增值税专用发票，可以作为增值税扣税凭证抵扣进项税额。

选项E不符合上述规定，故不正确。

5. ［**参考答案**］ACE

［**答案解析**］根据《税收征收管理法》规定，税务机关征收税款，税收优先于无担保债权，法律另有规定的除外；纳税人欠缴的税款发生在纳税人以其财产设定抵押、质押或者纳税人的财产被留置之前的，税收应当先于抵押权、质权、留置权执行。纳税人欠缴税款，同时又被行政机关决定处以罚款、没收违法所得的，税收优先于罚款、没收违法所得。

根据《企业破产法》规定，破产财产在优先清偿破产费用和共益债务后，依照下列顺序清偿：（1）破产人所欠职工的工资和医疗、伤残补助、抚恤费用，所欠的应当划入职工个人账户的基本养老保险、基本医疗保险费用，以及法律、行政法规规定应当支付给职工的补偿金；（2）破产人欠缴的除前项规定以外的社会保险费用和破产人所欠税款；（3）普通破产债权。

6. ［**参考答案**］BD

［**答案解析**］根据《税收征收管理法》第七十三条规定，纳税人、扣缴义务人的开户银行或者其他金融机构拒绝接受税务机关依法检查纳税人、扣缴义务人存款账户，或者拒绝执行税务机关作出的冻结存款或者扣缴税款的决定，或者在接到税务机关的书面通知后帮助纳税人、扣缴义务人转移存款，造成税款流失的，由税务机关处10万元以上50万元以下的罚款，对直接负责的主管人员和其他直接责任人员处1 000元以上1万元以下的罚款。

7. ［**参考答案**］BDE

［**答案解析**］根据《最高人民法院关于行政诉讼证据若干问题的规定》第五十七条

的规定。

8. ［参考答案］AB

［答案解析］根据《税务稽查工作规程》规定，《税务稽查工作报告》认定的税收违法事实清楚、证据充分，但适用法律、行政法规、规章及其他规范性文件错误，或者提出的税务处理、处罚建议错误或者不当的，审理部门应当另行提出税务处理、处罚意见。

9. ［参考答案］ABCD

［答案解析］根据《税务稽查工作规程》规定，有下列情形之一的，审理部门可以将《税务稽查工作报告》及有关资料退回检查部门补正或者补充调查：

（1）被查对象认定错误的；

（2）税收违法事实不清、证据不足的；

（3）不符合法定程序的；

（4）税务文书不规范、不完整的；

（5）其他需要退回补正或者补充调查的。

10. ［参考答案］CD

［答案解析］根据《最高人民法院关于审理骗取出口退税刑事案件具体应用法律若干问题的解释》第七条规定，实施骗取国家出口退税行为，没有实际取得出口退税款的，可以比照既遂犯从轻或者减轻处罚。

11. ［参考答案］ADE

［答案解析］根据《最高人民法院关于审理骗取出口退税刑事案件具体应用法律若干问题的解释》第二条规定，具有下列情形之一的，应当认定为《刑法》第二百零四条规定的"其他欺骗手段"：（1）骗取出口货物退税资格的；（2）将未纳税或者免税货物作为已税货物出口的；（3）虽有货物出口，但虚构该出口货物的品名、数量、单价等要素，骗取未实际纳税部分出口退税款的；（4）以其他手段骗取出口退税款的。

12. ［参考答案］ABCD

［答案解析］根据《最高人民检察院　公安部关于公安机关管辖的刑事案件立案追诉标准的规定（二）的补充规定》规定，明知是伪造的发票而持有，具有下列情形之一的，应予立案追诉：

（1）持有伪造的增值税专用发票50份以上或者票面额累计在20万元以上的；

（2）持有伪造的可以用于骗取出口退税、抵扣税款的其他发票100份以上或者票面额累计在40万元以上的；

（3）持有伪造的第（1）项、第（2）项规定以外的其他发票200份以上或者票面额累计在80万元以上的。

13. ［参考答案］ABDE

［答案解析］根据《行政诉讼法》第二十六条规定，公民、法人或者其他组织直接向人民法院提起诉讼的，作出行政行为的行政机关是被告。故选项A错误。

根据《行政复议法》第十九条规定，法律、法规规定应当先向行政复议机关申请行政复议、对行政复议决定不服再向人民法院提起行政诉讼的，行政复议机关决定不予受理或者受理后超过行政复议期限不作答复的，公民、法人或者其他组织可以自收到不予受理决定书之日起或者行政复议期满之日起15日内，依法向人民法院提起行政诉讼。故选项B错误。

根据《行政诉讼法》第十三条规定，人民法院不受理公民、法人或者其他组织对行政法规、规章或者行政机关制定、发布的具有普遍约束力的决定、命令提起的诉讼。故选项D错误。

根据《行政诉讼法》第二十二条规定，人民法院发现受理的案件不属于本院管辖的，应当移送有管辖权的人民法院，受移送的人民法院应当受理。故选项E错误。

14. ［**参考答案**］ABDE

［**答案解析**］根据《税务行政复议规则》规定，行政复议期间具体行政行为不停止执行。但是有下列情形之一的，可以停止执行：

（1）被申请人认为需要停止执行的。

（2）行政复议机关认为需要停止执行的。

（3）申请人申请停止执行，行政复议机关认为其要求合理，决定停止执行的。

（4）法律规定停止执行的。

15. ［**参考答案**］BC

［**答案解析**］根据《刑法》以及《最高人民检察院　公安部关于公安机关管辖的刑事案件立案追诉标准的规定（二）》有关规定。

16. ［**参考答案**］ABDE

［**答案解析**］根据《税务稽查工作规程》规定，税务稽查人员应当遵守工作纪律，恪守职业道德，不得有下列行为：

（1）违反法定程序、超越权限行使职权；

（2）利用职权为自己或者他人谋取利益；

（3）玩忽职守，不履行法定义务；

（4）泄露国家秘密、工作秘密，向被查对象通风报信、泄露案情；

（5）弄虚作假，故意夸大或者隐瞒案情；

（6）接受被查对象的请客送礼；

（7）未经批准私自会见被查对象；

（8）其他违法乱纪行为。

选项C不是稽查工作规程中对稽查人员的要求。

17. ［**参考答案**］ABCD

［**答案解析**］根据《国家税务总局关于规范稽查机构运转若干问题的通知》（税总发〔2019〕1号）规定，县税务局稽查局撤销后，各省税务局应制定专门办法，建立跨区域稽查局与县税务局查管互动机制，统一规定县税务局对接部门，对接部门负责在企业联系、数据提取、资料取证、案件协查、实地调查等方面进行协助配合。案件执行不属于总局要求的范围。

18. ［参考答案］ACD

［答案解析］根据《国家税务总局办公厅关于进一步加强稽查信息化应用 提升稽查指挥管理效能的通知》（税总办发〔2019〕64号）精神，各级税务机关到2020年底前要逐步建成稽查询问室、案件查账室和检举接待室等“三个执法场所”。

19. ［参考答案］BC

［答案解析］根据《国家税务总局关于印发〈进一步完善税务稽查工作的意见〉的通知》（税总发〔2019〕115号）规定，跨区域稽查局实行专业化建设，集中力量查处税收违法案件，减轻行政事务工作负担。围绕稽查重点工作，稽查人力资源向检查、审理等部门倾斜。省、市级跨区域稽查局检查及审理人员比例应当不低于本单位稽查人员总数的三分之二。

20. ［参考答案］ABCE

［答案解析］根据《国家税务总局关于印发〈进一步完善税务稽查工作的意见〉的通知》（税总发〔2019〕115号）规定，强化纪律作风建设。以“忠诚担当、素质过硬、作风优良、执法公正”为要求，对稽查队伍实行高标准、严管理，打造稽查铁军。选项D不是文件要求的内容。

三、判断题（每题1分，共15分）

1. ［参考答案］错误

［答案解析］根据《人力资源社会保障部 财政部 税务总局关于阶段性减免企业社会保险费的通知》（人社部发〔2020〕11号）规定，自2020年2月1日至2020年12月31日，各省、自治区、直辖市及新疆生产建设兵团免征中小微企业基本养老保险、失业保险、工伤保险单位缴费部分。

2. ［参考答案］正确

［答案解析］根据《国家税务总局关于办理增值税期末留抵税额退税有关事项的公告》（国家税务总局公告2019年第20号）第十二条规定，税务机关在办理留抵退税期间，发现符合留抵退税条件的纳税人存在以下情形，暂停为其办理留抵退税：（1）存在增值税涉税风险疑点的；（2）被税务稽查立案且未结案的；（3）增值税申报比对异常未处理的；（4）取得增值税异常扣税凭证未处理的；（5）国家税务总局规定的其他情形。

3. ［参考答案］正确

［答案解析］根据《关于走逃（失联）企业开具增值税专用发票认定处理有关问题的公告》及税务登记管理有关规定，税务机关通过实地调查、电话查询、涉税事项办理核查以及其他征管手段，仍对企业和企业相关人员查无下落的，或虽然可以联系到企业代理记账、报税人员等，但其并不知情也不能联系到企业实际控制人的，可以判定该企业为走逃（失联）企业。

4. ［参考答案］正确

［答案解析］《国家税务总局关于走逃（失联）企业开具增值税专用发票认定处理有关问题的公告》（国家税务总局公告2016年第76号）规定，走逃（失联）企业是指

不履行税收义务并脱离税务机关监管的企业。

5. ［参考答案］正确

［答案解析］《国家税务总局关于异常增值税扣税凭证管理等有关事项的公告》（国家税务总局公告2019年第38号）规定：经税务总局、省税务局大数据分析发现，纳税人开具的增值税专用发票存在涉嫌虚开、未按规定缴纳消费税等情形的，列入异常凭证范围。增值税一般纳税人取得的增值税专用发票列入异常凭证范围的，尚未申报抵扣增值税进项税额的，暂不允许抵扣。已经申报抵扣增值税进项税额的，除另有规定外，一律作进项税额转出处理。

6. ［参考答案］错误

［答案解析］税务稽查案件质效评价指标的相关数据，来源于案件执法、管理各环节和阶段产生的工作数据，主要通过“金税”三期工程等税收信息化系统采集。

7. ［参考答案］错误

［答案解析］根据《税收征收管理法》规定，扣缴义务人应扣未扣、应收而不收税款的，由税务机关向纳税人追缴税款，对扣缴义务人处应扣未扣、应收未收税款50%以上3倍以下的罚款。

8. ［参考答案］正确

［答案解析］根据《全国税务稽查规范（1.1版）》规定，需补证或者补充调查的，审理实施岗应当有明确的要求并且一次性全部告知，补证或者补充调查次数一般不得超过两次。

9. ［参考答案］正确

［答案解析］根据《国家税务总局重大税务案件审理办法》（国家税务总局令第34号）第三十四条规定。

10. ［参考答案］错误

［答案解析］根据《税务行政处罚听证程序实施办法（试行）》规定，要求听证的当事人，应当在《税务行政处罚事项告知书》送达后3日内向税务机关书面提出听证；逾期不提出的、视为放弃听证权利。

11. ［参考答案］正确

［答案解析］根据《最高人民法院关于审理骗取出口退税刑事案件具体应用法律若干问题的解释》第八条规定，国家工作人员参与实施骗取出口退税犯罪活动的，依照《刑法》第二百零四条第一款的规定从重处罚。

12. ［参考答案］正确

［答案解析］根据《最高人民法院关于审理骗取出口退税刑事案件具体应用法律若干问题的解释》第九条规定，实施骗取出口退税犯罪，同时构成虚开增值税专用发票罪等其他犯罪的，依照《刑法》处罚较重的规定定罪处罚。

13. ［参考答案］错误

［答案解析］根据《国家税务总局关于规范稽查机构运转若干问题的通知》（税总发〔2019〕1号）规定，一般案件由跨区域稽查局进行审理，符合一定标准的重点案件

由市局稽查局负责审理，需要提交本级税务局重大税务案件审理委员会审理的案件，提交市局审理。稽查决定性文书等执法文书，均以检查单位的名义出具。

14. ［参考答案］错误

［答案解析］根据《国家税务总局关于规范稽查机构运转若干问题的通知》（税总发〔2019〕1号）规定，一般案件由跨区域稽查局进行审理，符合一定标准的重点案件由市局稽查局负责审理，需要提交本级税务局重大税务案件审理委员会审理的案件，提交市局审理。

15. ［参考答案］正确

［答案解析］根据《税务稽查工作规程》规定，税务稽查人员应当依法为纳税人、扣缴义务人的商业秘密、个人隐私保密。但纳税人、扣缴义务人的税收违法行为不属于保密范围。

四、综合分析题（每问2分，共20分）

（一）

1. ［参考答案］A

［答案解析］根据《税务稽查工作规程》规定，被执行人未按照《税务处理决定书》确定的期限缴纳或者解缴税款的，稽查局经所属税务局局长批准，可以依法采取强制执行措施，或者依法申请人民法院强制执行。

2. ［参考答案］C

［答案解析］根据《税务稽查工作规程》规定，执行人对《税务行政处罚决定书》确定的行政处罚事项，逾期不申请行政复议也不向人民法院起诉、又不履行的，稽查局经所属税务局局长批准，可以依法采取强制执行措施，或者依法申请人民法院强制执行。

3. ［参考答案］E

［答案解析］根据《税收征收管理法》规定，税收机关征收的税收适用《税收征收管理法》，代征的教育费附加、地方教育附加不适用《税收征收管理法》，税务机关不能采取《税收征收管理法》赋予的执法手段执行。

4. ［参考答案］C

［答案解析］根据《税务稽查工作规程》规定，稽查局采取从被执行人开户银行或者其他金融机构的存款中扣缴税款、滞纳金、罚款措施时，应当向被执行人开户银行或者其他金融机构送达《扣缴税收款项通知书》。

5. ［参考答案］D

［答案解析］根据《全国税务稽查规范（1.1版）》规定，稽查局阻止欠税人出境的期限一般为6个月。

（二）

1. ［参考答案］ACE。

［答案解析］根据增值税发票管理的有关规定，惠民公司虽然业务真实，但明知A公司提供的是虚开的发票，不属于善意取得，应不允许抵扣进项税额。

根据《国家税务总局关于发布〈企业所得税税前扣除凭证管理办法〉的公告》（国家税务总局公告2018年第28号）规定，税前扣除凭证的形式、来源需符合国家法律、法规等相关规定。企业应当取得而未取得发票、其他外部凭证或者取得不合规发票、不合规其他外部凭证的，若支出真实且已实际发生，应当在当年度汇算清缴期结束前，要求对方补开、换开发票、其他外部凭证。补开、换开后的发票、其他外部凭证符合规定的，可以作为税前扣除凭证。

2. **[参考答案]** BD

[答案解析] 根据《国家税务总局关于纳税人善意取得虚开的增值税专用发票处理问题的通知》（国税函〔2000〕187号）规定，购货方与销售方存在真实的交易，销售方使用的是其所在省（自治区、直辖市和计划单列市）的专用发票，专用发票注明的销售方名称、印章、货物数量、金额及税额等全部内容与实际相符，且没有证据表明购货方知道销售方提供的专用发票是以非法手段获得的，对购货方不以偷税或者骗取出口退税论处。

惠民公司收到B公司开具的发票不是A公司所在省份的增值税专用发票，并且惠民公司知道并且同意A公司为其提供B公司开具的发票，不符合善意取得的情形。

3. **[参考答案]** ABCD

[答案解析] 根据《国家税务总局关于纳税人对外开具增值税专用发票有关问题的公告》（国家税务总局公告2014年第39号）规定，纳税人通过虚开增值税进项税额偷逃税款，但对外开具增值税专用发票同时符合以下情形的，不属于对外虚开增值税专用发票：

（1）纳税人向受票方纳税人销售了货物，或者提供了增值税应税劳务、应税服务；

（2）纳税人向受票方纳税人收取了所销售货物、所提供应税劳务或者应税服务的款项，或者取得了索取销售款项的凭据；

（3）纳税人按规定向受票方纳税人开具的增值税专用发票相关内容，与所销售货物、所提供应税劳务或者应税服务相符，且该增值税专用发票是纳税人合法取得、并以自己名义开具的。

受票方纳税人取得的符合上述情形的增值税专用发票，可以作为增值税扣税凭证抵扣进项税额。

选项E不符合上述规定，故不正确。

4. **[参考答案]** ACDE

[答案解析] 依据《国家税务总局关于走逃（失联）企业涉嫌虚开增值税专用发票检查问题的通知》规定，由主管税务机关核实确认并出具企业未按规定按期办理各类纳税申报及地址变更等涉税事项的已经失联证明。

5. **[参考答案]** ABCE

[答案解析] 根据增值税、企业所得税、发票管理的有关规定，惠民公司接受虚开发票，造成少缴税款的，应按照偷税处以50%以上5倍以下的罚款，选项D不正确。